E-Book inside.

Mit folgendem persönlichen Code erhalten Sie die E-Book-Ausgabe dieses Buches zum kostenlosen Download.

9r65p-6wwm0-
01801-741g7

Registrieren Sie sich unter
www.hanser-fachbuch.de/ebookinside
und nutzen Sie das E-Book
auf Ihrem Rechner*, Tablet-PC
und E-Book-Reader.

* Systemvoraussetzungen:
  Internet-Verbindung und Adobe® Reader®

Hruschka

Business Analysis und Requirements Engineering

Bleiben Sie auf dem Laufenden!

Der Hanser Computerbuch-Newsletter informiert Sie regelmäßig über neue Bücher und Termine aus den verschiedenen Bereichen der IT. Profitieren Sie auch von Gewinnspielen und exklusiven Leseproben. Gleich anmelden unter
www.hanser-fachbuch.de/newsletter

Peter Hruschka

Business Analysis und Requirements Engineering

Produkte und Prozesse
nachhaltig verbessern

HANSER

Der Autor:
Dr. Peter Hruschka, Aachen

Alle in diesem Buch enthaltenen Informationen, Verfahren und Darstellungen wurden nach bestem Wissen zusammengestellt und mit Sorgfalt getestet. Dennoch sind Fehler nicht ganz auszuschließen. Aus diesem Grund sind die im vorliegenden Buch enthaltenen Informationen mit keiner Verpflichtung oder Garantie irgendeiner Art verbunden. Autor und Verlag übernehmen infolgedessen keine juristische Verantwortung und werden keine daraus folgende oder sonstige Haftung übernehmen, die auf irgendeine Art aus der Benutzung dieser Informationen – oder Teilen davon – entsteht.

Ebenso übernehmen Autor und Verlag keine Gewähr dafür, dass beschriebene Verfahren usw. frei von Schutzrechten Dritter sind. Die Wiedergabe von Gebrauchsnamen, Handelsnamen, Warenbezeichnungen usw. in diesem Buch berechtigt deshalb auch ohne besondere Kennzeichnung nicht zu der Annahme, dass solche Namen im Sinne der Warenzeichen- und Markenschutz-Gesetzgebung als frei zu betrachten wären und daher von jedermann benutzt werden dürften.

Bibliografische Information der Deutschen Nationalbibliothek:
Die Deutsche Nationalbibliothek verzeichnet diese Publikation in der Deutschen Nationalbibliografie; detaillierte bibliografische Daten sind im Internet über http://dnb.d-nb.de abrufbar.

Dieses Werk ist urheberrechtlich geschützt.
Alle Rechte, auch die der Übersetzung, des Nachdruckes und der Vervielfältigung des Buches, oder Teilen daraus, vorbehalten. Kein Teil des Werkes darf ohne schriftliche Genehmigung des Verlages in irgendeiner Form (Fotokopie, Mikrofilm oder ein anderes Verfahren) – auch nicht für Zwecke der Unterrichtsgestaltung – reproduziert oder unter Verwendung elektronischer Systeme verarbeitet, vervielfältigt oder verbreitet werden.

© 2014 Carl Hanser Verlag München, www.hanser-fachbuch.de
Lektorat: Brigitte Bauer-Schiewek
Copy editing: Petra Kienle, Fürstenfeldbruck
Herstellung: Irene Weilhart
Umschlagdesign: Marc Müller-Bremer, www.rebranding.de, München
Umschlagrealisation: Stephan Rönigk
Layout: Manuela Treindl, Fürth
Gesamtherstellung: Kösel, Krugzell
Ausstattung patentrechtlich geschützt. Kösel FD 351, Patent-Nr. 0748702
Printed in Germany

Print-ISBN: 978-3-446-43807-1
E-Book-ISBN: 978-3-446-43862-0

Inhalt

Vorwort IX

1 Probleme, Ziele, Ideen und Visionen 1
1.1 Wovon sprechen wir? 1
1.2 Quantitative Gründe 2
1.3 Qualitative Gründe 3
1.4 Warum macht es nicht jeder richtig? 4
1.5 Standardisierung und Zertifizierung 5
1.6 Drei Säulen erfolgreicher Projekte 5
1.7 Definition: Business Analysis und Requirements Engineering 7
1.8 Definition: Requirement 11
1.9 Arten von Anforderungen 12
1.10 Vier Hauptaufgaben eines Analytikers 14
1.11 Benötigte Fähigkeiten 15
1.12 Aufgabenverteilung im Team 17
1.13 Der Aufwand für die Analyse 19
1.14 Was erleichtert die Analyse? 21
1.15 Verschiedene Vorgehensweisen 23
1.16 Zusammenfassung 26

2 Erfolgreich starten 29
2.1 Drei Zutaten zu einem erfolgreichen Projektstart 29
2.2 Ziele 30
2.3 Ziele spezifizieren 32
2.4 Stakeholder 34
2.5 Stakeholder finden 36
2.6 Die wichtigsten Stakeholder: die Nutzer 39
2.7 Weitere Quellen für Anforderungen 41
2.8 Scope und Kontext 42
2.9 Scope und Analytiker 46
2.10 Umgang mit Grauzonen 48
2.11 Darstellung der System-/Produktgrenze 50
2.12 Alternative Notationen 55
2.13 Die drei Erfolgszutaten (nochmals) 57
2.14 Zusammenfassung 59

3 Geschäftsprozesse und Produktfunktionalität 61
3.1 Anforderungen unterschiedlicher Granularität. 61
3.2 Funktionale Anforderungen gliedern und strukturieren 63
3.3 Use Cases: die Grundidee. 65
3.4 Use Cases: Formalien 67
3.5 Use Cases strukturieren. 73
3.6 Use Cases und natürliche Sprache: ein Vergleich 76
3.7 Business Use Cases und Product Use Cases 78
3.8 Use Cases finden. 78
3.9 Die Anzahl von Use Cases 83
3.10 Drei Tricks zur Vereinfachung. 85
3.11 Use Cases beschreiben 88
    3.11.1 Beschreibung auf Drachenniveau 90
    3.11.2 Beschreibung auf Wellenniveau 91
    3.11.3 Beschreibung auf Fischniveau 93
    3.11.4 Der Stil auf Wellenniveau 94
3.12 Empfehlungen und Warnungen. 97
3.13 Zusammenfassung 99

4 Funktionen genauer betrachtet 101
4.1 Wenn die Use-Case-Spezifikation nicht ausreicht 101
4.2 Regeln für Aktivitätsdiagramme 103
4.3 Aktivitäten zerlegen 107
4.4 Swimlanes und Daten 108
4.5 Malen oder schreiben? 111
4.6 Wo hört man auf? 112
4.7 Top-down oder bottom-up? 116
4.8 Die Alternative: Datenflussdiagramme. 120
4.9 Zusammenfassung 122

5 Anforderungen in Umgangssprache. 123
5.1 IEEE-Forderungen an Anforderungen. 123
5.2 Zwischen Wahrnehmung und Niederschrift 125
5.3 Satzschablonen zur Fehlerminimierung 129
5.4 Generelle Stilvorgaben 133
5.5 Zusammenfassung 135

6 Der Umgang mit Dingen. 137
6.1 Eine kleine Geschichte 137
6.2 Das Glossar 140
6.3 Gute Definitionen 141
6.4 Vorgehensweise bei Glossareinträgen 143
6.5 Ein strukturiertes Glossar 144
6.6 (Entity-)Klassen und Objekte. 147
6.7 Entity-Klassen-Modelle. 151

6.8	Beziehungen	152
6.9	Spezielle Beziehungen	158
6.10	Malen oder schreiben?	160
6.11	Noch drei Beispiele	162
6.12	Abläufe und Daten	167
6.13	Ein Ausblick auf die Erstellung von Klassenmodellen	168
6.14	Zusammenfasssung	175

7 Verhaltensmodelle ... 177

7.1	Warum noch ein Modell?	177
7.2	Grundlagen von Zustandsmodellen	178
7.3	Aktionen und Aktivitäten	183
7.4	Zustandsmodelle erstellen und prüfen	186
7.5	Komplexe Zustandsmodelle	187
7.6	Ein Beispiel	192
7.7	Malen oder schreiben?	195
7.8	Zustandsmodelle und Aktivitätsdiagramme	196
7.9	Use Cases und Zustandsmodelle	198
7.10	Zusammenfassung	201

8 Qualitätseigenschaften und Randbedingungen ... 203

8.1	Was sind nichtfunktionale Anforderungen?	203
8.2	Kategorien nichtfunktionaler Anforderungen	207
8.3	Nichtfunktionale Anforderungen finden und zuordnen	211
8.4	Beispiele für äußere Qualitäten	214
8.5	Beispiele für innere Qualitäten	222
8.6	Beispiele für Randbedingungen	223
8.7	Messbarkeit von Anforderungen	227
8.8	Zusammenfassung	229

Intermezzo ... 231

9 Anforderungsdokumente ... 235

9.1	Viele Namen und mehrere Dokumente?	235
9.2	Warum überhaupt Dokumente?	236
9.3	Anforderungen an Requirements-Dokumente	238
9.4	Beispiele für die Struktur von Requirements-Dokumenten	240
9.5	Mindestinhalte	246
9.6	Zusammenfassung	247

10 Anforderungen ermitteln ... 249

10.1	Das Kano-Modell	249
10.2	Arten von Erhebungsmethoden	253
10.3	Was beeinflusst die Auswahl?	254
10.4	Beispiele für Frage-Antwort-Techniken	256

10.5	Beispiele für Beobachtungstechniken	261
10.6	Beispiele für vergangenheitsorientierte Techniken	262
10.7	Beispiele für Kreativitätstechniken	264
10.8	Erhebungstechniken und Hilfsmittel	265
10.9	Noch eine Kreativitätstechnik	270
10.10	Überblick (Reprise)	273
10.11	Zusammenfassung	273

11 Anforderungen prüfen und abstimmen ... 275

11.1	Quality Gates	276
11.2	Ziele der Prüfung	278
11.3	Arten der Prüfung	279
11.4	Wer sollte beteiligt sein?	282
11.5	Was wird geprüft?	283
11.6	Checklisten für inhaltliche Prüfungen	285
11.7	Was tun bei Mängeln?	289
11.8	Konfliktmanagement	290
11.9	Zusammenfassung	292

12 Requirements-Management ... 295

12.1	Definition: Requirements-Management	295
12.2	Vorbereitende Tätigkeiten	298
12.3	Der Requirements-Prozess	299
12.4	Rollen	302
12.5	Laufende Tätigkeiten	304
12.6	Attributierung von Requirements	305
12.7	Sichtenbildung	310
12.8	Priorisierung	311
12.9	Baselines und Releases	314
12.10	Change Management	315
12.11	Traceability	318
12.12	Zusammenfassung	322

13 Requirements-Werkzeuge ... 323

13.1	Kategorien von Werkzeugen	323
13.2	Leistungen von Werkzeugen	324
13.3	Stärken und Schwächen der Kategorien	326
13.4	Werkzeugauswahl	327
13.5	Einführung von Werkzeugen	328
13.6	Zusammenfassung	329

Literatur ... 331

Stichwortverzeichnis ... 333

Vorwort

Als ich 1976 direkt nach dem Studium meinen ersten Arbeitsvertrag in Händen hielt, war ich überrascht. Als Berufsbezeichnung war „Systemanalytiker" eingetragen. Ich war deshalb überrascht, weil ich „Programmierer" erwartet hatte. Denn was wir an der Technischen Universität Wien im Informatikstudium gelernt hatten, war Programmieren, formale Sprachen, Mathematik und Logik, Hardware- und Elektrotechnikgrundlagen und vieles andere, aber keine Systemanalyse. Die Berufsbezeichnung „Systemanalytiker" klang jedoch in meinen Ohren gut und ich fühlte mich aufgewertet. Ich habe mir jedoch vorgenommen, im Lauf meines Berufslebens herauszubekommen, was ein Systemanalytiker so tut.

In der Zwischenzeit haben wir die Berufsbezeichnung „Systemanalytiker" oft durch „Business Analyst" oder durch „Requirements Engineer" ersetzt. Im Kern geht es immer noch um das gleiche Thema: herauszubekommen, wo unsere heutigen Produkte und Prozesse Schwachstellen haben, was Kunden und Nutzer wirklich brauchen, wie Prozesse durch neue Ideen effektiver gemacht werden können oder was IT-Systeme wirklich leisten sollten, um das Business besser zu unterstützen. Und das, was wir herausbekommen haben, wollen wir effektiv miteinander besprechen und verhandeln können, bevor wir es in Lösungen umsetzen (lassen), Produkte erstellen oder IT-Systeme bauen.

Jedem Vorhaben oder Projekt, d. h. jeder Korrektur, Verbesserung, Erweiterung, Änderung oder Diversifizierung Ihrer Produkte oder Ihrer betrieblichen Prozesse sollte ein klares Verständnis des Ist-Zustands, eine gründliche Analyse von Schwachstellen und Risiken und die Identifizierung von Verbesserungsoptionen vorausgehen.

Das ist das Thema dieses Buchs. Sie können es gerne Business Analysis, Requirements Engineering oder auch Systemanalyse nennen. Das sind nur verschiedene „Jahrgänge" von Worten, die das gleiche Thema behandeln: analysieren und artikulieren, welche Anforderungen wir haben, um Produkte und Prozesse innovativ und nachhaltig zu verbessern.

Wie Sie alle bin auch ich beruflich und privat Nutzer von sehr vielen Softwaresystemen und Produkten. Das beginnt beim Mobiltelefon, bei den Programmen auf meinem Rechner, mit denen ich Kursfolien gestalte oder Bücher und Artikel schreibe; die Systeme, die die Abrechnungen erstellen, die ich jeden Monat erhalte und bezahlen muss, aber auch viele andere technische Systeme im Auto, mit denen ich täglich unterwegs bin, oder in meinem Kaffeevollautomaten, um mich mit verschiedenen Spezialitäten bei Laune zu halten. Mit diesem Buch möchte ich ganz einfach meinen Beitrag dazu leisten, dass diese Systeme und Produkte den Benutzern mehr Freude als Ärger bereiten.

Aachen, Januar 2014 *Peter Hruschka*

1 Probleme, Ziele, Ideen und Visionen

Wenn man ein Projekt aufsetzt, dann hat man entweder im heutigen geschäftlichen Alltag ein Problem oder eine Schwachstelle identifiziert, die man beseitigen möchte, oder man hat eine Idee oder eine Vision, wie ein Produkt oder ein Prozess etwas besser, schneller, effizienter, billiger etc. werden könnte. Nun ja, manchmal hat man vielleicht auch einfach noch Geld übrig und möchte es für irgendetwas ausgeben. Das alles sind Ausgangspunkte für Business Analysis und Requirements Engineering.

Im ersten Teil wollen wir uns mit einigen Grundbegriffen und einer Einführung in das Thema Business Analysis und Requirements Engineering auseinandersetzen. Um Sie zu motivieren, betrachten wir einige quantitative und qualitative Gründe für den Einsatz derartiger Methoden. Wir erwähnen aber auch Ursachen, warum es trotz aller guten Gründe manchmal nicht ernsthaft betrieben wird.

Danach werden wir die drei Säulen erfolgreicher Projekte betrachten, von denen Business Analysis und Requirements Engineering eine ist.

Wir besprechen Definitionen: Was sind überhaupt Requirements oder auf Deutsch, was sind Anforderungen? Und was bedeutet Business Analysis und was Requirements Engineering? Was gehört dazu; was gehört nicht dazu?

Dann diskutieren wir das Berufsbild eines Business Analyst und eines Requirements Engineer. Was haben diese Personen zu tun? Was müssen sie machen? Aber auch: Welche Fähigkeiten sollten sie mitbringen; welche Soft-Skills und welche methodischen Fähigkeiten?

Anschließend besprechen wir die drei wichtigen Arten von Anforderungen. Und zum Schluss des Kapitels betrachten wir verschiedene Vorgehensweisen, wie man unter unterschiedlichen Randbedingungen zu Anforderungen kommen kann – vom Wasserfallmodell bis zu sehr agilen Vorgehensweisen.

1.1 Wovon sprechen wir?

In immer stärkeren Maß unterstützen heute technische Produkte oder IT-Systeme unser Leben. Sie helfen uns, Ziele schneller und effektiver zu erreichen, erleichtern oft vormals manuelle Tätigkeiten oder ermöglichen Dinge, von denen wir vor einiger Zeit nicht einmal zu träumen gewagt haben. Wir nehmen Geldtransaktionen von zuhause aus vor, wir überlassen das Schalten der Gänge und die Traktionskontrolle unseren Autos, wir telefonieren und surfen mobil fast überall, wir nutzen medizinische Geräte zur Verbesserung der Diagnostik, wir gestalten Kundenprozesse benutzerfreundlicher und effektiver ...

Dazu ist es natürlich notwendig, unsere Probleme, Wünsche, Träume und Visionen so zu durchleuchten und aufzubereiten, dass die IT-Entwickler und Produktentwickler dafür geeignete Lösungen erstellen können oder bestehende Produkte und Prozesse nachhaltig verbessern können.

Ohne klare Kenntnis des Ist-Zustands und ohne klare Ideen, was wir erreichen wollen, verzetteln wir uns sonst mit Lösungen, die an den Marktbedürfnissen oder den Bedürfnissen einer Organisation vorbeigehen und mühevoll und aufwendig nachgebessert werden müssen. Deshalb brauchen wir Methoden und Techniken, um herauszubekommen, was das Geschäft wirklich braucht oder was Produkte leisten sollen. Das nennen wir Business Analysis oder Requirements Engineering.

■ 1.2 Quantitative Gründe

Wir können sicherlich sehr viele quantitative und qualitative Argumente anführen, warum wir uns mit dem Thema auseinandersetzen sollen. Sprechen wir zuerst mal über die Manager. Die wollen immer Zahlen hören. Sehr bekannt ist die Studie der Standish-Group über Fehler in Softwareprojekten. Software, die nie fertig wird, die viel zu teuer ist, die zu spät ausgeliefert wird und die weit überteuert ist. Oder sogar total scheitert. In dieser Studie, die jährlich erneuert wird, hat man die Top-10-Risiken, die zehn größten Risiken in Projekten festgehalten. In Bild 1.1 können Sie sehen, dass sich vier von diesen Top-10-Risiken mit dem Thema unseres Buchs beschäftigen, mit den Anforderungen.

Executive Support	18
User Involvement	16
Experienced Project Manager	14
Clear Business Objectives	12
Minimized Scope	10
Standard Software Infrastructure	8
Firm Basic Requirements	6
Formal Methodology	6
Reliable Estimates	5
Other	5

BILD 1.1
Die Top-10-Risiken in Projekten gemäß Standish-Studie

Erstens die wirkliche Integration der Benutzer, die das System haben wollen, in den Prozess; zweitens klare geschäftliche Zielsetzungen; drittens eine eindeutige Festlegung des Scope und viertens eine vernünftige Formulierung der Anforderungen. Die Zahlen hinten den Punkten sind Gewichtungen. Zusammengenommen machen diese vier Themen 44 von 100 Punkten aus, fast den halben Projekterfolg!

Aber ich glaube, noch deutlicher hat es der Großmeister der Zahlen, Capers Jones, ausgedrückt. Er hat auch untersucht, wie viele Fehler Teams machen, die keine guten Analysemethoden, keine guten Requirements-Methoden oder andere Qualitätsmethoden für Anforderungen haben [Jon08]. Sein Ergebnis: Teams machen 0,23 Fehler pro Function Point. Sie brauchen jetzt nicht genau zu verstehen, was ein Function Point ist. Vergleichen Sie den Wert nur mit dem Ergebnis beim Einsatz guter Analysemethoden.

Mit guten Requirements-Methoden kann man die Fehlerrate von 0,23 auf 0,08 pro Function Point reduzieren. Das ist ein Drittel davon. Dreimal weniger Fehler. Und sicherlich kennen die meisten von Ihnen die Statistiken, was es uns kostet, Fehler erst im Betrieb eines Produkts oder eines Systems zu korrigieren. Es ist aufwendiger, es ist viel teurer, als wenn wir Fehler zu dem Zeitpunkt finden, wo sie gemacht werden, nämlich beim Beschreiben des Problems. Manche Chefs fangen an zuzuhören, wenn man sagt, dass drei Mal weniger Fehler gemacht werden und drei Mal weniger Kosten hinterher für die Korrektur dieser Fehler aufgewandt werden müssen. Das sind schlagende betriebswirtschaftliche Argumente für den Einsatz guter Analysemethoden.

■ 1.3 Qualitative Gründe

Aber es gibt auch qualitative Argumente, warum wir Business Analysis und Requirements Engineering betreiben sollten.

Der Hauptgrund ist: Falsch verstandene oder nicht korrekte Anforderungen führen zu falschen Systemen. Wenn also die Anforderungen ungenügend klar sind, erhalten wir die falsche Software und Produkte und meistens merken wir das erst im Betrieb. Also, ich brauche gute Anforderungen, um zu guten Systemen zu kommen.

Falsche Anforderungen → falsche Systeme

Ein zweiter Punkt, warum das Thema so wichtig ist, sind die vielen zu impliziten Annahmen. Das ist ohnehin klar, da brauchen wir nicht drüber sprechen, das weiß doch jeder. Naja, scheinbar doch nicht. Denn wenn es nicht vorher klar gesagt wurde, kommen Designer und Programmierer auf ihre eigenen Ideen und entwickeln wieder vorbei an den Bedürfnissen des Markts.

Implizite Anforderungen

Sehr viele Anforderungen sind impliziter Natur und es ist gar nicht leicht, diese aus den entsprechenden Personen herauszulocken. Wenn man's aber nicht tut, bleibt es eine implizite Annahme und jemand trifft Entscheidungen.

Selbst wenn Anforderungen explizit gemacht werden, ist der Projekterfolg noch nicht gewährleistet. Denn viele Anforderungen sind interpretierbar. Der Auftraggeber hält eine Aussage für absolut klar und verständlich; der Auftragnehmer interpretiert die Aussage jedoch ganz anders – und schon wieder haben wir unter Umständen eine falsche Lösung.

Interpretierbare Anforderungen

Zuletzt wollen wir noch auf ein Problem hinweisen, das uns oft betrifft. Anforderungen ändern sich im laufenden Projekt. Wir verfolgen ein bewegliches Ziel. Saubere Methoden und Vorgehensweisen dieses „Requirements Creep" sollten Ihnen daher einiges wert sein.

Requirements Creep

1.4 Warum macht es nicht jeder richtig?

Man könnte sich jetzt die Frage stellen, warum macht es nicht jeder richtig, wenn wir wissen, dass schlampige Analyse sehr viele Fehler produziert und sehr teuer ist. Ich glaube, der Hauptgrund ist: Wir haben Kommunikationsprobleme miteinander. Es ist nicht leicht, Anforderungen in einer Weise auszudrücken, die alle Beteiligten verstehen. Das wird umso schwieriger, je weltweit verteilter unsere Projekte sind, wo wir nicht mehr die gleiche Sprache sprechen, wo wir in anderen Kulturen groß geworden sind, dann ist auch das gegenseitige Verständnis nicht so gut.

Das ist aber nur ein Argument. Ein weiteres Argument, warum es nicht jeder richtig macht, ist: Wir wollen einfach Geld sparen. Gutes Requirements Engineering kostet Zeit und Aufwand. Zeit und Aufwand, den man vielleicht erst ersetzt bekommt, indem man keine Nachbesserungen machen muss. Das ist aber *nach* Abwicklung des Projekts. Mancher Projektleiter ist heilfroh, wenn er seinen Abnahmetest bestanden hat und fertig ist, und nach ihm die Sintflut. Was es dann noch kostet, die Fehler auszubessern, ist unter Umständen nicht mehr in der Verantwortung eines Projektleiters. Und deshalb versucht man, möglichst wenig Analyse zu machen, um möglichst schnell zu Lösungen zu kommen, was aber vielleicht dann teure Nachbesserungen erfordert.

Vielleicht noch ein weiteres Argument: Es geht mitunter nicht nur um das Sparen von Geld, sondern manchmal auch von Zeit. Wir wollen einfach rasche Lösungen und wir nehmen uns nicht die Zeit, vorher festzulegen, was es sein soll, das wir hier produzieren. Das ist aber ein falsch verstandenes Zeitsparen, denn die Zeit brauchen Sie hinterher mehrfach wieder.

Aus vielen dieser Gründe werden Business Analysis und Requirements Engineering nicht von allen Leuten ernst genommen, aber in den letzten 15 Jahren haben viele Unternehmen erkannt, dass es ein sehr wichtiges Thema ist, haben viel in dieses Thema investiert und es ist deutlich besser geworden.

Natürlich sind auch die Methoden in den letzten 30 Jahren deutlich besser geworden. Als ich angefangen habe zu arbeiten, gegen Ende der 1970er-Jahre, gab es nicht viel an Analysemethodik. In den letzten 30 Jahren ist hier eine Menge dazugekommen an Verständnis, wie man systematisch Geschäftsprozesse untersucht und Anforderungen erheben kann, wie man sie dokumentieren, prüfen und im Lauf der Zeit verwalten kann.

1.5 Standardisierung und Zertifizierung

Business Analyst und Requirements Engineer sind heute keine geschützten Berufsbezeichnungen. Jeder, der möchte, kann sich diese Titel selbst verleihen, kann sich Systemanalytiker nennen oder Business Analyst oder auch Requirements Engineer, ohne dafür einen bestimmten Nachweis zu erbringen.

Zur Verbesserung dieser Situation hat sich 2006 eine Gruppe von Fachleuten zusammengeschlossen, um das IREB zu gründen, das International Requirements Engineering Board (*www.certified-re.com*). Die Hauptaufgabe dieses Boards war, das Wissen, das man zur Ausübung dieses Berufsbilds benötigt, zusammenzuschreiben, einen Lehrplan zu formulieren, zunächst für Basiskenntnisse, die man unbedingt nachweisen sollte, um den Beruf gut ausüben zu können. Neben diesem Lehrplan über das Basiswissen wurden Fragenkataloge erstellt, mit denen man nachweisen kann, das Wissen wirklich erworben zu haben. Sie können sich bei unabhängigen Stellen zertifizieren lassen, dieses Wissen zu haben.

Dieses Buch ist IREB-konform. Es bietet alle Grundlagen, die man kennen muss, um die Prüfung zum CPRE (Certified Professional for Requirements Engineering) auch erfolgreich bestehen zu können. Bis dato wurden mehr als 15 000 Personen nach diesem Programm weltweit zertifiziert. Der Verein bietet seit einigen Jahren auch entsprechende Aufbaumodule an, um das Basiswissen zu vertiefen.

Unabhängig davon ist auch in Kanada ein Programm entstanden: das IIBA (International Institute of Business Analysis, *www.iiba.org*), das ähnliche Ziele wie das IREB verfolgt. In diesem Buch lernen Sie auch alle relevanten Teile des BABOK (Business Analysis Book of Knowledge) kennen. Auch IIBA bietet ein mehrstufiges Zertifizierungsprogramm an.

1.6 Drei Säulen erfolgreicher Projekte

Beginnen wir mit einer Gesamtbetrachtung von Projekten. Wie passt unser Thema „Business Analysis & Requirements Engineering" in den gesamten Lebenszyklus hinein? Vielleicht hat Ihre Firma, Ihr Unternehmen, Ihre Organisation ein vorgeschriebenes Vorgehensmodell. Besonders populär im Behördenumfeld ist zum Beispiel das V-Modell, das von einigen Ministerien für staatliche Projekte vorgeschrieben wird. Ein anderes populäres Modell ist der Rational Unified Process, heutzutage von IBM Rational vertreten. Wenn Sie nach einem dieser Vorgehensmodelle arbeiten müssen, haben Sie sicherlich festgestellt, dass Sie sehr, sehr viele Tätigkeiten machen müssen, viele Dokumente erzeugen und verschiedenste Rollen besetzen. Die Zahl der Dokumente bei diesen Vorgehensmodellen ist dreistellig; es sind auch zirka 150–170 getrennte Tätigkeiten.

Ich möchte versuchen, Ihnen ein einfacheres Weltbild nahezulegen, das leichter zu merken ist und aus nur drei Grundpfeilern besteht (vgl. Bild 1.2). Einer von diesen dreien ist, herauszufinden, welches Problem der Auftraggeber, ein Kunde oder eine Organisation hat;

BILD 1.2
Drei Säulen für erfolgreiche Projekte

das Problem zu definieren, das Problem zu durchleuchten und zu verstehen. Das ist unser Thema Business Analysis und Requirements Engineering. Vielleicht sagen Sie auch Geschäftsprozessanalyse dazu; vielleicht verwenden Sie auch das Wort Systemanalyse. Wir meinen auf jeden Fall: herauszubekommen, was unser Geschäft oder unsere Kunden brauchen bzw. was unsere Anwender von IT-Systemen erwarten oder mit den Produkten machen wollen.

Die zweite Säule meines einfachen Weltbilds ist es, die Anforderungen in eine Lösung umzusetzen. Wenn diese Lösung eine IT-Lösung ist, dann gehört dazu der Aufbau einer Softwarearchitektur, vielleicht auch einer Hardwarearchitektur und die Entwicklung, der Test und die Inbetriebnahme von Software. Wenn die Lösungen organisatorisch bewerkstelligt werden sollen, dann umfasst dieser Block die detaillierten Festlegungen und die Umsetzung in Aufbau- und Ablauforganisation. Kurz gesagt: eine komplette Lösung für ein vorgegebenes Problem erstellen.

Und die dritte Säule in meinem einfachen Weltbild ist Projektmanagement: das richtige Team zu haben; diesem Team gute Ziele zu geben, vernünftige Pläne aufzustellen, Meilensteine festzulegen, die man überwachen kann und das Team erfolgreich zum Ziel zu führen.

Mit diesen drei Säulen können Sie Projekte erfolgreich abwickeln, Ihr Business effektiver gestalten und Ihre Produkte erfolgreicher machen. Dieses Buch handelt hauptsächlich von der ersten dieser drei Säulen: von Business Analysis und Requirements Engineering. Wir werden aber auch die Schnittstellen zwischen diesen beiden Themen und der Umsetzung in Lösungen, sowie die Schnittstellen zwischen Business Analysis/Requirements Engineering und Projektmanagement ausführlich behandeln.

1.7 Definition: Business Analysis und Requirements Engineering

Bevor wir uns mit den Inhalten von Business Analysis und Requirements Engineering näher beschäftigen, sollten wir uns auf Definitionen einigen. Was also verbirgt sich hinter den beiden Begriffen?

Das International Requirements Engineering Board [IREB], dessen Programm diesem Buch zugrunde liegt, hat die Gesamtheit des Themas als Requirements Engineering bezeichnet. Die beiden Hauptteile, die dazu gehören, sind einerseits die Requirements-Analyse – von vielen auch als Systemanalyse bezeichnet – und andererseits Requirements-Management, d. h., wenn ich einmal Anforderungen habe, diese auch zu managen, zu verwalten, zu pflegen. Zu den Unterpunkten der Requirements-Analyse gehört einerseits, Requirements aus Kunden herauszulocken, und andererseits, diese auch zu Papier zu bringen – also Requirements ermitteln und spezifizieren.

Sie sehen an dem einfachen Mengendiagramm in Bild 1.3 die drei Teile, aus denen dieses Gebiet besteht:

- Anforderungen ermitteln (oder herauslocken),
- Anforderungen spezifizieren (auf irgendeine Art niederschreiben oder zeichnen) und
- Anforderungen managen (verwalten, pflegen, versionieren, priorisieren).

Die ersten beiden davon werden oft auch als „Requirements-Analyse" oder „Systemanalyse" zusammengefasst. Welche Wörter Sie für die Summe aller dieser Tätigkeiten verwenden, überlasse ich Ihrer Entscheidung. Das IREB hat sich für „Requirements Engineering" als Oberbegriff entschieden; ob Sie das in Ihrem Umfeld als Requirements Engineering bezeichnen oder Requirements-Management als Oberbegriff verwenden oder vielleicht Problemanalyse oder Business-Analyse, überlasse ich Ihnen.

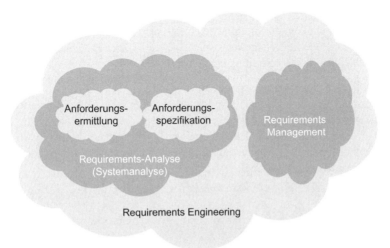

BILD 1.3 Die Hauptthemen im Requirements Engineering

> **Definition: Requirements Engineering**

Ich möchte Ihnen aber neben diesem Mengendiagramm doch noch eine ausführliche Definition geben. Requirements Engineering im heutigen Sinne ist ein kooperativer, iterativer und inkrementeller Prozess mit folgenden drei Zielen:

1. Alle relevanten Anforderungen sollen bekannt und im erforderlichen Detaillierungsgrad verstanden sein.
2. Die involvierten Personen und Organisationen (Stakeholder) sollen ausreichende Übereinstimmung über die bekannten Anforderungen erzielen.
3. Die Anforderungen sollen konform zu den Dokumentationsvorschriften der Organisation spezifiziert sein.

Alleine in der Einleitung dieser Definition stecken drei Aussagen drin. Ein kooperativer Prozess heißt: Wir arbeiten zusammen und nicht gegeneinander. Wir wollen nicht Anforderungen über den Zaun werfen zu anderen Leuten, sondern wir wollen sie gemeinsam entwickeln zwischen Auftraggeber und Auftragnehmer.

Die Wörter „iterativ" und „inkrementell" richten sich gegen das alte Wasserfallmodell. Ich muss nicht alle Anforderungen am Anfang perfekt kennen. Ich kann in Iterationen – schrittweise – Teile davon, weitere Teile davon, noch mehr Teile davon zeitgerecht entwickeln.

Danach lernen wir durch die Definition die drei wesentlichen Ziele dieses kooperativen Prozesses kennen.

Das erste Ziel ist: Ich möchte alle **relevanten** Anforderungen so gut und im **erforderlichen Detaillierungsgrad** kennen, dass ich eine Lösung darauf basieren lassen kann. Sehen Sie die Weichmacher in dieser Definition? Alle relevanten Anforderungen in hinreichendem Detaillierungsgrad? Was ist relevant? Was bedeutet hinreichender Detaillierungsgrad? Wir werden uns ausführlich mit beiden Fragen auseinandersetzen.

Das zweite Ziel besagt, dass die beteiligten und betroffenen Personen, die Stakeholder, die Organisationen, die mitspielen müssen, hinreichende Übereinstimmungen über diese Anforderungen erzielen sollten. Nun ja, in der Diktatur reicht es, wenn der Diktator ja sagt. Wenn Sie etwas demokratischer aufgestellt sind, brauchen Sie vielleicht die Zustimmung von ein paar mehr Leuten. Aber selbst in einer Demokratie sind 50,01 % eine Mehrheit. Es wird also immer wieder Personen geben, die dagegen sind, die andere Wünsche haben. Wir wollen aber, dass der Prozess dafür sorgt, dass wir eine hinreichende Übereinstimmung über die bekannten Anforderungen erzielt haben.

Und das dritte Ziel für diesen Prozess Requirements Engineering ist noch einfacher. Wir wollen, dass die Anforderungen nach den Regeln des Hauses, nach Ihren Spielregeln, nach Ihren Dokumentationsvorgaben aufgeschrieben werden. Wenn Sie in Ihrem Haus gar keine Vorschriften haben, wie man ein Pflichtenheft oder ein Lastenheft erstellt, sind Sie auf jeden Fall konform dazu ☺. Aber die meisten Firmen haben natürlich Vorgaben, was alles festzuhalten ist und wie es festgehalten werden sollte.

Requirements Engineering ist also ein kooperativer Prozess, der in Zyklen durchgeführt wird. In jedem Zyklus muss ich genügend herausfinden für das, was ich demnächst umsetzen möchte. Ich brauche genügend Übereinstimmung und ich muss es hausgerecht festhalten, nach unseren Dokumentationsvorschriften.

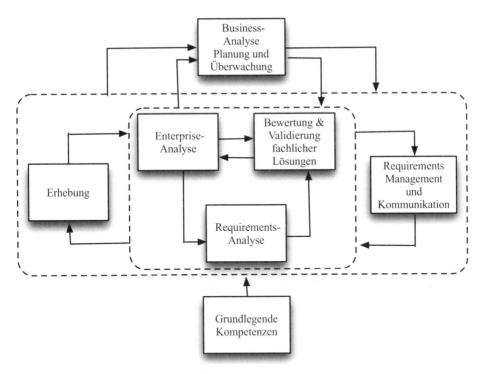

BILD 1.4 Wissensgebiete der Business-Analyse

Wenden wir uns nun dem etwas weiter gefassten Begriff „Business Analysis" zu. Das International Institute of Business Analysis [IIBA] definiert in seinem Business Analysis Body of Knowledge [BABOK] Folgendes:

Business Analysis ist eine Menge von Aufgaben und Techniken, die genutzt werden, als Liaison zwischen Stakeholdern zu arbeiten, um die Struktur, die Direktiven (Policies) und die Arbeitsweise einer Organisation zu verstehen und (fachliche) Lösungen vorzuschlagen, die es der Organisation ermöglichen, Ihre Ziele zu erreichen.

Definition: Business Analysis

Das entsprechende Überblickbild über Business-Analyse identifiziert acht Kernbereiche, die dort als Wissensgebiete (Knowledge Areas) bezeichnet werden (vgl. Bild 1.4).

Sicherlich sehen Sie die starken Überlappungen zu der Definition von Requirements Engineering. Auch hier stehen die Erhebung (von Anforderungen) und das Managen von Anforderungen rechts und links im Fokus. Analysieren wurde hier dreigeteilt: Enterprise-Analyse und Requirements-Analyse, natürlich nicht ohne beides zu bewerten und zu validieren. Eingerahmt werden diese Kerntätigkeiten durch die Planung und Überwachung des Gesamtvorgehens sowie die Forderungen nach grundlegenden Kompetenzen der Mitwirkenden, die wir später in diesem Kapitel genauer betrachten werden.

Was ist den beiden Definitionen gemeinsam? Sowohl bei Business Analysis wie auch beim Requirements Engineering geht es um das Verstehen eines Systems (d. h. eines Geschäfts, einer Organisation, eines Produkts oder eines Systems), mit dem Ziel, Schwachstellen zu identifizieren, Ideen für Verbesserungen zu entwickeln, damit zu besseren oder neuen Produkten bzw. zu optimierten Ablauf- und Aufbauorganisationen zu kommen. Bild 1.5 fasst die wesentlichen Aspekte von Business Analysis und Requirements Engineering zusammen:

- Wir gehen davon aus, dass es jemanden gibt, der mit dem Ist-Zustand von Produkten oder Organisationen nicht zufrieden ist. Jemand, der ehrgeizige Ziele hat, Wünsche und Ideen und Visionen, oder aber durch äußere Zwänge wie Gesetze und andere Auflagen gezwungen wird, am Status-quo etwas zu verändern.
- Durch Analyse des heutigen Zustands von Organisationen und Produkten identifiziert man Schwachstellen und entwickelt Lösungsideen und Verbesserungsvorschläge, die man in Form von möglichst präzisen Anforderungen an jemanden übergeben kann, der in der Lage ist, die Lösung in die Praxis umzusetzen. Entweder mittels IT-Systemen oder aber auch durch organisatorische Maßnahmen.
- Diese Tätigkeiten werden gemeinsam von allen Stakeholdern durchgeführt, die ein Interesse an der Sache haben, in einem kooperativen Prozess, wobei wir ausgewogen über kurz-, mittel- und langfristige Lösungen nachdenken. Je kurzfristiger wir etwas ändern wollen, desto genauer müssen wir Anforderungen spezifizieren. Je langfristiger Themen sind, desto vager können wir im Ergebnis bleiben. Durch iteratives und inkrementelles Vorgehen sichern wir jederzeit die Konzentration und Bündelung unserer Kräfte auf das zurzeit Notwendige.

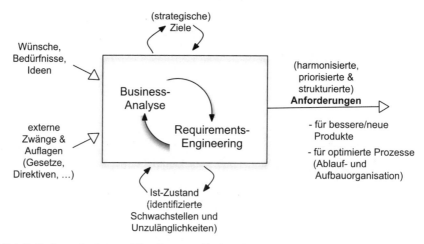

BILD 1.5 Business-Analyse und Requirements Engineering

1.8 Definition: Requirement

Jetzt haben wir so häufig das Wort „Requirements" erwähnt. Was überhaupt ist eine einzelne Anforderung, ein Requirement? Nicht alles, was uns Projektbeteiligte erzählen, ist automatisch eine Anforderung. Sie sprechen über viele Bedürfnisse, über Wünsche. Sie

> Anforderungen sind identifizierbar und halbwegs formalisiert

geben uns zahlreiche Hintergrundinformationen. Sie erklären uns vielleicht sogar, warum sie das Ganze haben wollen, und geben uns Erläuterungen aus dem bisherigen Leben, aus Altsystemen oder was in Zukunft sein soll. Zur Anforderung wird es erst dann, wenn Sie es halbwegs formalisieren und identifizierbar machen. Identifizierbar, denn im Zweifelsfall wollen wir sagen, das war eine Anforderung oder das war keine Anforderung. Es nur gesagt zu haben oder nur erwähnt zu haben, reicht oft nicht aus. Wir wollen eine identifizierbare Aussage haben und sie sollte auch halbwegs formalisiert sein.

Sie brauchen aber keine Angst zu haben. Sie müssen nicht unbedingt komplexe Diagramme lernen. Ein sauber geschriebener deutscher Satz mit Subjekt, Prädikat und Objekt oder ein sauber geschriebener englischer Satz erfüllt auch das Kriterium, halbwegs formalisiert zu sein. Aber die beiden Punkte brauchen wir, denn wir brauchen eine Einigung, ob irgendwas eine Anforderung war oder nicht, denn wir schreiben Anforderungen hauptsächlich deshalb, damit wir beim Übergeben einer Lösung, beim Abnahmetest, feststellen können, ob die Anforderung auch erfüllt ist. Wenn wir zu diesem Zeitpunkt nichts hätten, wogegen wir prüfen können, nichts, was wir identifizieren können, nichts, was halbwegs eindeutig formuliert ist, dann hätten wir Probleme; wir könnten nicht feststellen, ob das geliefert wurde, was wir bestellt haben oder haben wollten.

Für Formalisten hat IEEE, die amerikanische Ingenieursvereinigung, natürlich formale Definitionen festgehalten, was Anforderungen sind. Gemäß IEEE 610.12-1990 ist eine Anforderung

1. eine Bedingung oder Fähigkeit, die von einem Benutzer (Person oder System) zur Lösung eines Problems oder zur Erreichung eines Ziels benötigt wird.
2. eine Bedingung oder Fähigkeit, die ein System oder Teilsystem erfüllen muss, um einen Vertrag, eine Norm, eine Spezifikation oder andere, formell vorgegebene Dokumente zu erfüllen.
3. eine dokumentierte Repräsentation einer Bedingung oder Fähigkeit gemäß (1) oder (2).

Umgangssprachlich ausgedrückt heißt der erste Punkt: etwas, was wir **wollen**, was irgendjemand will. Der zweite Teil heißt umgangssprachlich ausgedrückt: etwas, was wir haben **müssen**, ob wir wollen oder nicht, weil ein Gesetz oder eine Norm oder eine Vorschrift dahinter steckt. Und egal, ob es ein Wunsch war oder ob wir es haben müssen, jede Niederschrift einer solchen Aussage zählt natürlich auch als Anforderung. Also nicht nur das gesprochene Worte, sondern vor allem die dokumentierte Form von solchen Wünschen oder Zwängen zählen als Anforderung.

Der neue IEEE-Standard 29148 ist etwas pragmatischer. Er definiert: Eine Anforderung ist eine Aussage, die einen Wunsch samt seinen Einschränkungen und Randbedingungen ausdrückt oder übersetzt.

BILD 1.6
Anforderungen –
das Bindeglied zwischen
den Beteiligten

Bild 1.6 bringt diese Aussagen auf den Punkt: Anforderungen sind das Bindeglied zwischen zwei Parteien: jemanden, der etwas haben will (Auftraggeber, Kunde, Anforderer, ...), und jemanden, der es liefern kann (Auftragnehmer, Solution Provider, ...).

Es ist egal, wer der Auftraggeber ist, Ihre interne Marketingabteilung, ein Kunde oder ein wirklicher Endnutzer. Es ist auch egal, ob Sie im gleichen Unternehmen sitzen oder in unterschiedlichen Unternehmen. Auftragnehmer ist jemand, der das Ganze umsetzen kann; jemand, der diese Anforderung nimmt und daraus eine (organisatorische oder technische) Lösung erstellen kann. Anforderungen sind das Bindeglied zwischen diesen beiden Welten, egal ob sich dazwischen Firmengrenzen, Abteilungsgrenzen oder Systemgrenzen befinden. Es ist das, was die beiden Parteien zusammenbringt.

■ 1.9 Arten von Anforderungen

Wir haben jetzt geklärt, was Anforderungen sind. Als Nächstes wollen wir über unterschiedliche Arten von Anforderungen sprechen. Die Klassifizierung soll uns helfen, Anforderungen leichter zu finden und zu erfassen. Wir wollen zwei bis drei Arten von Anforderungen unterscheiden (vgl. Bild 1.7). Die klassische Zweiteilung ist zwischen funktionalen Anforderungen und nichtfunktionalen Anforderungen.

Funktionale Anforderungen sind eher einfach. Das sind die Funktionen, die das System leisten soll; die Informationen, die es verarbeiten soll; das gewünschte Verhalten, das das System an den Tag legen soll.

Nichtfunktionale Anforderungen ist eigentlich ein Unwort. Auch im Englischen: Non-functional Requirements. Nichtfunktionale Anforderungen? Was soll das sein? Die Dinge, die hinterher nicht funktionieren? Nein. Das war nicht damit gemeint. Es ist einfach das

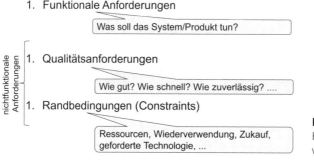

BILD 1.7
Kategorisierung
von Anforderungen

Gegenstück zu den funktionalen Anforderungen: alles andere außer den Funktionen und Informationen des Systems. Und es wird wesentlich klarer, wenn wir sie noch in zwei Teile unterteilen: in die Qualitätsanforderungen und in Randbedingungen.

Qualitätsanforderungen sind Ergänzungen zu den Funktionen; präziser gesagt: zu einer oder mehreren Funktionen. Sie sagen uns, wie gut soll die Funktion ausgeführt werden sollen, wie schnell, wie zuverlässig, wie gesetzestreu, wie sicher, wie wartbar, ... Es reicht nicht, zu sagen: „Mein Auto soll bremsen können." Sie wollen, dass es ein Meter vor der Mauer stehen bleibt und nicht erst ein Meter hinter der Mauer. Das ist eine Qualitätsanforderung an die Funktion „bremsen können". Und diese Qualitätsanforderungen sind genauso wichtig und wir wollen sie genauso sorgfältig erforschen und erfassen wie die funktionalen Anforderungen.

Die dritte Kategorie Randbedingungen, im englischen Constraints genannt, ist etwas schwieriger. Denn viele Leute sind der Meinung, dass das eigentlich keine Anforderungen sind. Aber zu dieser Kategorie gehören technische und organisatorische Vorgaben, die ein Auftraggeber natürlich machen kann. Wenn der Auftraggeber sagt: „Du darfst maximal € 300.000,- ausgeben", so ist das weder eine funktionale Anforderung noch eine Qualitätsanforderung. Es ist einfach eine Randbedingung. „Du musst bis Dezember fertig sein" ist eine zeitliche Randbedingung. „Du darfst die Aufbauorganisation nicht verändern" ist eine organisatorische Randbedingung. „Du sollst Rechner von Hersteller X einsetzen" oder „Du sollst diese Datenbank verwenden" sind technische Randbedingungen. „Du sollst dieses Framework verwenden". Alles Randbedingungen. Viele betrachten sie als unechte Anforderungen; sie gehören aber definitiv zu der Menge der Anforderungen dazu.

Etwas formaler ausgedrückt: Funktionale Anforderungen definieren Funktionen, die vom Gesamtsystem oder von einem Teilsystem, von einem Modul, von einer Komponente ausgeführt werden sollen.

Qualitätsanforderungen definieren qualitative Eigenschaften, die diese Funktionen haben sollen. Wiederum sind das entweder qualitative Eigenschaften vom Gesamtsystem oder von einem großen Teilsystem oder von einer einzelnen Funktion; aber sie stehen niemals im luftleeren Raum. Sie gehören immer zu einer oder mehreren funktionalen Anforderungen dazu. Und die Randbedingungen, die Constraints, sind organisatorische oder technische Vorgaben, die dem Designer, den Lösungsverantwortlichen, die Hände fesseln. Sie haben nicht jeglichen Freiheitsgrad, eine Lösung zu entwickeln, sondern sie müssen sich bei dieser Lösung an solche Randbedingungen halten, an Zeitvorgaben, an Budgetvorgaben, an Technologievorgaben. Freiheitsgrade, die dem Designer durch den Auftraggeber entzogen werden, aus gutem Grund. Das sind unsere drei Kategorien von Anforderungen.

1.10 Vier Hauptaufgaben eines Analytikers

Im nächsten Abschnitt wollen wir uns die Hauptaufgaben eines Business Analyst, eines Requirements Engineer oder eines Systemanalytikers ansehen. Bild 1.8 zeigt, dass wir sie auf vier wesentliche Punkte reduzieren können.

BILD 1.8
Die Hauptaufgaben eines Analytikers

Ermitteln

Erster wesentlicher Punkt: Ich muss Anforderungen ermitteln können. Ich muss sie herauskitzeln, ich muss sie begreifen und verstehen können, ich muss wissen, was der Kunde haben möchte, und Methoden haben, um darauf zu kommen. Als ich vor 30 Jahren gelernt habe, waren Interviews die einzige Technik, um aus Kunden Wünsche herauszubekommen. Wir werden später im Buch (in Kapitel 10) diskutieren, dass das bei Weitem nicht die einzige Technik ist. Wir haben heute Dutzende von Erhebungstechniken, um Anforderungen aus Stakeholdern herauszulocken, nicht nur Interviews.

Dokumentieren

Die zweite wesentliche Tätigkeit ist, verstandene Anforderungen zu dokumentieren. Ich hab sie begriffen, ich muss sie aber noch irgendwie schriftlich festhalten. Und dazu stehen uns im Wesentlichen drei Möglichkeiten zur Verfügung: schreiben, malen oder simulieren. Schreiben heißt, Sätze schreiben. Deutsche, englische, natürlichsprachige Sätze schreiben, die die Anforderung wiedergeben. Malen heißt, formale grafische Modelle einzusetzen: BPMN-Diagramme, Use-Case-Diagramme, Datenmodelle, Aktivitätsdiagramme; die vielen Modelle, die uns die Methoden heute zur Verfügung stellen, um vielleicht etwas präziser als nur in Umgangssprache auszudrücken, was gewollt wird. Und simulieren heißt, wir machen Screenshots von IT-Lösungen, wir zeigen Masken, wir zeigen Maskenfolgen, um zum Beispiel die Akzeptanz zu prüfen, ob eine derartige Umsetzung den Wünschen des Auftraggebers gerecht würde. Oder wir bauen Prototypen und Mock-Ups, die wir als Diskussionsgrundlage vorführen können. Sie haben also drei unterschiedliche Arten zur Verfügung, um zu spezifizieren, was Anforderer wollen oder brauchen. Wir werden uns sehr ausführlich mit allen drei Arten beschäftigen und die alternativen Dokumentationstechniken sowie ihre Vorteile und Nachteile genauer erläutern.

Prüfen und konsolidieren

Jetzt haben wir Anforderungen ermittelt und niedergeschrieben. Als Nächstes müssen wir sie prüfen und eventuell konsolidieren. Gerade wenn viele Leute gleichzeitig arbeiten und unabhängig voneinander Anforderungen niederschreiben, kann es schon vorkommen – ja nicht nur kann, es wird wahrscheinlich vorkommen –, dass wir Widersprüche haben, dass unterschiedliche Wünsche von unterschiedlichen Leuten nicht zusammenpassen. Und genau daran müssen wir arbeiten. Wer sollte jetzt Recht bekommen? Welche Anforderung wollen wir wirklich erfüllen? Sind wir schon widerspruchsfrei, sind wir in sich konsistent? Wir wollen den Lösungspartnern ja keine widersprüchlichen Wünsche übergeben. Das sicherzustellen, ist die dritte Haupttätigkeit.

Und für die vierte Haupttätigkeit hab ich leider noch eine sehr schlechte Nachricht für Sie. Anforderungen ändern sich mit ein bis drei Prozent pro Monat. Wenn wir also ein längeres Projekt machen, über mehr als einen Monat hinweg, ist die Wahrscheinlichkeit sehr groß, dass Anforderungen auch geändert werden – mit ein bis drei Prozent Wahrscheinlichkeit. Eine Projektdauer von zwölf Monaten und Sie haben die Chance auf 12 × 2 % – im Schnitt also 24 % – geänderte Anforderungen. Deshalb brauchen wir als weitere Tätigkeit Requirements-Management bzw. Requirements verwalten. Das Verfassen von Requirements fasst alle Tätigkeiten mit einmal geschriebenen Anforderungen zusammen. Wie versionieren wir sie? Wie stellen wir fest, welche momentan gültig ist? Wie legen wir Prioritäten fest? Wie gehen wir mit Change-Requests, mit Änderungsanträgen, um? Und wie machen wir Traceability zwischen Analyse und Design und Sourcecode und Testdaten? All diese Themen fallen in den Bereich „Requirements verwalten" oder „Requirements managen".

> Verwalten, managen

Herauskitzeln, Niederschreiben, Prüfen und Verwalten sind die vier Haupttätigkeiten, die ein Systemanalytiker durchzuführen hat.

Lassen Sie mich eine kleine Geschichte erzählen. Als ich 1976 meinen ersten Job angetreten habe und – wie im Vorort erwähnt – von meinem Chef meinen Arbeitsvertrag mit der Berufsbezeichnung Systemanalytiker überreicht bekam, wollte ich das, was wir an der Technischen Universität Wien nicht gelernt hatten, natürlich nachholen. Wir haben damals Kollegen zu 5-Tage-Kursen geschickt, um über Systemanalyse zu lernen. Als die zurückkamen, habe ich neugierig gefragt: Was habt ihr denn gelernt? Was ist und tut denn ein Systemanalytiker? Und die haben mir die Essenz des Kurses mitgeteilt: „Zieh' Dich anständig an, wenn Du zum Kunden gehst, sei höflich, tritt dem Kunden nicht auf die Füße, hör zu und schreib auf, was er sagt. Und das wichtigste Handwerkszeug sind Radiergummi, Bleistift und gesunder Menschenverstand." Nun, die Welt hat sich seither kräftig weiterentwickelt. Wir wissen heute viel mehr über dieses Berufsbild und das alles sollen Sie im Rest des Buchs erfahren.

■ 1.11 Benötigte Fähigkeiten

Vorher wollen wir uns allerdings ansehen, welche Eigenschaften ein Systemanalytiker, Business Analyst oder ein Requirements Engineer haben sollte, um den Job wirklich gut ausführen zu können.

Ich glaube, allem voran ist analytisches Denken gefragt. Ein Problem durchleuchten zu können, abstrahieren zu können, auf den Punkt zu bringen, das Wesentliche herauszufinden; ein gerütteltes Maß an analytischem Denken ist Voraussetzung für die Ausübung dieses Berufs.

> Analytisches Denken

Selbst-bewusstes Auftreten und Kommunizieren

Außerdem sollte ein Systemanalytiker ein halbwegs selbstbewusstes Auftreten haben. Als Programmierer können sie sich hinter dem Rechner verstecken. Sie müssen nur mit Ihrem Rechner kämpfen. Sie müssen nicht mit Menschen sprechen. Ich übertreibe bewusst ein bisschen. Als Systemanalytiker haben Sie ständig Kontakt mit vielen Leuten und Sie müssen diese auch koordinieren. Dazu gehören Moderationsfähigkeiten, aber auch ein gesundes Einfühlungsvermögen und auf jeden Fall gestandenes Selbstbewusstsein. Sie müssen sich mit größeren Gruppen von Leuten auseinandersetzen. Sie brauchen Überzeugungsfähigkeiten und Kommunikationsfähigkeiten. Sie müssen auf die Ausdrucksweise, die Sprechweise, das Verständnis Ihrer Gesprächspartner eingehen können. Manchmal kann man nur über Prototypen kommunizieren, manchmal über deutsche Sätze, manchmal mit grafischen Modellen. Nicht Sie bestimmen, was gute Kommunikation ist. Meistens bestimmen Ihre Projektpartner, wie man am besten und am effizientesten kommuniziert. Sie sollten all diese Variationen der Kommunikation beherrschen. Dazu gehört auch sprachliche Kompetenz. Sie müssen sich in der Projektsprache vernünftig ausdrücken und klare, eindeutige Sätze formulieren können.

Methodische Kompetenz

Zu den Fähigkeiten gehört auch methodische Kompetenz – das ist der Schwerpunkt, den Ihnen dieses Buch vermitteln kann. In den letzten 30 Jahren wurden viele Methoden entwickelt, wie man Anforderungen ermittelt, dokumentiert, prüft und verwaltet. Die können Sie lernen. Viele von den anderen Fähigkeiten sollten Sie mitbringen.

Domänenkenntnisse?

Lange diskutiert haben wir im IREB über Domänenkenntnisse. Muss ein Systemanalytiker gute Domänenkenntnisse haben, also zum Beispiel Versicherungsexperte sein, wenn wir ein Versicherungsprojekt durchführen, oder Getriebeexperte, wenn Sie über Getriebesteuerungen sprechen? Wir haben uns schließlich darauf geeinigt, Domänenkenntnisse helfen, sind aber nicht unbedingt Voraussetzung für einen guten Systemanalytiker. Sehen Sie mich an. Ich bin das beste Beispiel dafür. Ich arbeite in vielen Branchen, von denen ich anfangs wenig Ahnung habe. Irgendjemand in der Gruppe von Personen, mit denen Sie arbeiten, sollte allerdings Ahnung haben. Und Ihr Geschick als Systemanalytiker ist es, dieses Wissen aus den anderen herauszuholen und in geordneter Form zu Papier zu bringen. Sie müssen nicht Topspezialist in dieser Domäne sein. Aber ein gesundes Verständnis des Umfelds, in dem Sie arbeiten, hilft auf jeden Fall und macht Systemanalyse leichter.

Überlegen Sie einmal, was ein Systemanalytiker überhaupt nicht können muss, um seinen Job gut auszuüben: C# zum Beispiel, die neuesten NOSQL-Datenbanken, die letzten Versionen von irgendwelchen Hardwaresystemen. Dafür haben wir hinterher Designer, Programmierer, Hardwareingenieure. Deren Job ist es, eine Lösung zu bauen. Also, Sie brauchen kein Technologiespezialist sein. Es schadet natürlich auch nicht, wenn Sie die Sprache der Leute, die hinterher weiterarbeiten, verstehen. Aber das ist nicht Ihre Hauptaufgabe.

Ein paar andere Punkte noch: Sie müssen nicht auf jedem Gebiet, auf dem Sie Anforderungen schreiben, Topspezialist sein. Sie werden juristische Anforderungen schreiben. Für deren Formulierung holt man sich einen Rechtsanwalt oder Hausjuristen zu Hilfe. Sie werden Sicherheitsanforderungen schreiben. Dazu haben Sie im Haus vielleicht einen Sicherheitsbeauftragten oder einen Sicherheitsspezialisten. Sie müssen nur in der Lage sein, mit solchen Personengruppen vernünftig umzugehen und deren Wissen zu Papier zu bringen. Also bitte suchen Sie sich für Spezialgebiete Unterstützung. Sie müssen nicht alle Themen alleine beherrschen.

Ist also ein Systemanalytiker eher eine extrovertierte Person oder eine introvertierte Person? Ich glaube, Sie haben es herausgehört. Introvertiert können Sie als Programmierer sein; als Systemanalytiker sollten Sie extrovertiert sein und mit Menschen gerne und gut umgehen können.

■ 1.12 Aufgabenverteilung im Team

Wir haben bis jetzt immer über die Person eines Requirements Engineer, Business Engineer oder Systemanalytikers gesprochen. Sehen wir uns die Aufgabenverteilung im Team einmal an, wer alles eine Rolle in Zusammenhang mit Systemanalyse hat. Wenn Sie ein explizites Rollenbild eines Requirements Engineer oder eines Business Analyst haben, dann wird diese Person hauptsächlich die vier Tätigkeiten durchführen (ermitteln, dokumentieren, verwalten und auch prüfen und abgleichen). Ich kenne aber Projekte, wo es diese Rolle gar nicht explizit gibt. Und trotzdem muss irgendjemand diese Tätigkeiten durchführen. Irgendjemand im Team macht das dann. Ob das Entwickler oder der Projektleiter oder wer auch immer ist, ist egal.

Trotzdem, selbst wenn Sie diese Spezialrolle haben, haben auch andere Personen Aufgaben im Zusammenhang mit Business Analysis und Requirements Engineering, wie Bild 1.9 zeigt.

Nehmen wir einmal den Auftraggeber. Der trägt schließlich die Verantwortung für das Ganze; der will es haben; der ist der Geldgeber dafür und der wird vielleicht Ziele und grobe Anforderungen vorgeben. Und unsere Endbenutzer, die Personen, die später die Lösung nutzen sollen. Von denen wird der größte Teil der Anforderungen kommen, die Sie als Systemanalytiker aufschreiben sollen.

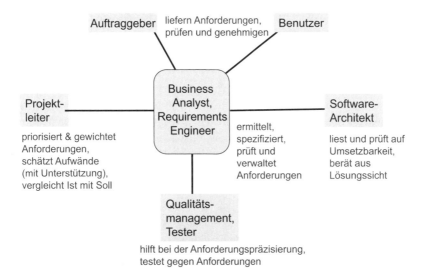

BILD 1.9 Aufgaben im Umfeld von Business Analysis und Requirements Engineering

Als Analytiker haben Sie meistens nicht sehr viel Macht, denn die Entscheidung über Prioritäten, wie wichtig diese Anforderung ist, ob sie frühzeitig oder später erledigt werden sollte, trifft sehr oft der Projektleiter in Abstimmung mit dem Auftraggeber. Sie bereiten vor, Sie geben Abhängigkeiten an, Sie sagen, das eine kann nicht gemacht werden ohne den anderen; aber die Entscheidung darüber trifft ein Projektleiter. Also hat auch ein Projektleiter eine Rolle in Zusammenhang mit Anforderungen. Und Projektleiter werden meistens auch Soll und Ist überwachen. Wie weit sind wir fortgeschritten? Und was ist das Nächstwichtige. Sie werden – vielleicht mit vielen anderen Leuten – Schätzungen vornehmen, was das Ganze kosten kann. Sie helfen natürlich als Systemanalytiker bei diesen Aufgaben.

Auch das Team, das später die Umsetzung machen soll (Design, Implementierung, Test, ...), hat eine Rolle bereits in der Business-Analyse oder im Requirements Engineering. Denn das Team muss beraten, aus Sicht technischer oder organisatorischer Risiken. Je früher Sie solchen Personen sehen lassen, was da gemacht werden soll, desto früher können die sagen: Das wird viel zu aufwendig, das ist hoch risikobehaftet. Versucht mal eine andere Lösung stattdessen, wir hätten hier gute Ideen. Das sind nicht die Leute, die hauptsächlich Anforderungen vorgeben, aber sie tragen sehr gut dazu bei, dass die Anforderungen machbar sind, dass sie umsetzbar sind, dass sie nicht zu teuer werden.

Also schalten Sie bitte auch das Entwicklungsteam ein, wenn Sie Pflichtenhefte oder Lastenhefte schreiben. Und – last but not least – Qualitätssicherung und Tester: In vielen Projektorganisationen kommen diese erst viel zu spät zum Zuge, wenn das System fertig entwickelt ist. Sie sollten sie frühzeitig einschalten. Dazu ein Zitat von Dorothy Graham, eine der berühmten Testerinnen, Buchautorin und Sprecherin auf vielen Konferenzen. Sie hat einmal gesagt: „Testen ist zu wichtig, um es den Testern zu überlassen." [DeM07] Was sie damit gemeint hat: Testen beginnt viel früher! Wenn Sie Anforderungsdokumente schreiben, ziehen Sie rechtzeitig Tester hinzu. Lassen Sie die das Dokument lesen und zwar unter der Vorgabe: „Kann ich das prüfen? Wüsste ich, wie man das Ganze umsetzt?" Denn wenn die Anforderungen noch zu vage sind, wird Ihnen der Tester sagen: „Das passt noch nicht. Ich weiß nicht, wie ich's prüfen sollte." Auch zum Zeitpunkt der Requirements-Erstellung spielen die Tester also schon eine gravierende Rolle. Ihre Hauptrolle kommt natürlich später. Es sind die Personen, die nach Fertigstellung des Systems prüfen, ob die Anforderungen auch wirklich erfüllt wurden.

Sie sehen also, fast jeder im Projekt muss früher oder später seinen Beitrag leisten zum Thema Anforderungen.

Was ich Ihnen gerade vorgestellt habe, ist eher die klassische Aufteilung. Wir haben jemanden, der das Projekt verantwortet, einen Projektleiter. Und der trifft auch Geldentscheidungen, Prioritätsentscheidungen. Wir haben jemanden, der die Systemanalyse erarbeitet und hauptsächlich für Pflichtenhefte, Lastenhefte zuständig ist. Wir haben jemanden, der testet. Jemanden, der umsetzt, designt, implementiert und wir haben Auftraggeber. In neueren Verfahren, in agilen Methoden werden diese Rollen ganz anders aufgeteilt.

Wenn Sie SCRUM als agiles Vorgehensmodell nehmen, gibt es viele von diesen Rollen nicht mehr. Wir haben neben dem SCRUM-Master, der für die Einhaltung der Spielregeln sorgt, im Wesentlichen einen Product Owner (einen Produkteigner) und ein Team. Und der Produkteigner ist quasi Projektleiter und Systemanalytiker und Auftraggeber in einem. Sie sehen: Viele Rollen werden hier zusammengefasst unter einer Verantwortung. Ich habe also als Product Owner nicht nur die Aufgabe, die Anforderungen vorzugeben und zwar so detailliert vorzugeben, dass das Team sie versteht und umsetzen kann; sondern ich habe auch die Aufgabe, alle beteiligten Personen zu koordinieren, eine einheitliche Meinung dem Team gegenüber zu vertreten, was gemacht werden soll und was nicht, und gleichzeitig auch Prioritäten aus Business-Sicht vorzugeben, was wie wichtig ist. Ich betrachte das als einen sehr guten Trend, weil damit das Dilemma Projektleiter gegen Analytiker gegen Auftraggeber vielleicht aus der Welt geschafft wird. Aber das neue Rollenbild des „Product Owner" ist erstens nicht einfach und zweitens sicherlich nicht in jeder Organisation umsetzbar, wo wir immer noch mit klassischen Rollen leben und die Verantwortungen, die diese klassischen Rollen vorschreiben, einfach wahrnehmen müssen.

■ 1.13 Der Aufwand für die Analyse

Betrachten wir in dem nächsten Abschnitt den Aufwand, den wir für die Problemanalyse veranschlagen müssen. Ich habe dafür eine einfache Faustformel entwickelt von 4 × 25 % (vgl. Bild 1.10).

Der Aufwand für Business Analysis und Requirements Engineering ist für mich in vielen Vorhaben ein Viertel des gesamten Aufwands des Vorhabens. 25 % der Zeit und 25 % der Kosten von dem gesamten Verbesserungsaufwand gehen in das Herausfinden, Niederschreiben und das Verwalten von guten Anforderungen. Das erscheint Ihnen viel? Sie müssen nicht so viel machen. Wenn Sie weniger vorgeben, dann treffen anschließend andere Personengruppen (z. B. Ihre Designer und Programmierer) die Entscheidung über das, was das System genau tut. Deshalb seien Sie von Anfang an ehrlich. Es ist viel Arbeit, herauszubekommen, was genau gemacht werden soll.

Die tröstliche Nachricht ist aber: Sie müssen diese 25 % nicht am Anfang eines Vorhabens erbringen. Der Aufwand erstreckt sich über den gesamten Vorhabensverlauf. Ich kann anfangs mit viel weniger auskommen; kann schon erste Teile einer Lösung zuführen (z. B.

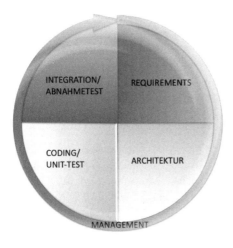

BILD 1.10
Aufwandsverteilung für Geschäftsoptimierung und (Teil-)Automatisierung

in Form eines ersten Release eines IT-Systems). Denn Sie erinnern sich an die Definition von Requirements Engineering: Es ist ein iterativer, inkrementeller Prozess. Aber der Gesamtaufwand liegt bei 25 %.

Die einfache 4 × 25 %-Formel stimmt nicht für alle Vorhabensgrößen. Sie ist aber durchaus schon anwendbar bei kleinen Projekten, wo Sie zu zweit oder zu dritt über drei Monate arbeiten. Selbst dann können Sie bereits mit dieser Faustformel arbeiten. Die Faustformel endet bei sieben bis zehn Personen über ein bis zwei Zeitjahre, also Vorhaben in der Größenordnung zwischen zehn und 20 Personenjahren.

Nur kurz zum Rest des Aufwands: Weitere 25 % gehen in das Design, in Grob- und Feinentwurf, nochmal 25 % in die Codierung, in die Umsetzung und den Unit Test und die letzten 25 % in Integrationstest, Abnahmetest, User Acceptance Test, wie immer Sie dazu sagen wollen.

Das ist nur eine Faustformel. Die realen Werte können davon abweichen, aber für mittelgroße Projekte zwischen einem halben Personenjahr und zehn bis 20 Personenjahren funktioniert diese Faustformel. Was ist, wenn die Projekte noch kleiner sind? Eine Person, die in 14 Tagen ein Problem lösen muss? Da überwiegt deutlich die linke Hälfte dieses Kreises. Sie werden hauptsächlich implementieren, testen und wieder ausliefern und integrieren. Wenn Ihr Projekt aber größer ist als zehn bis 15 Personen, dann überwiegt die rechte Hälfte dieses Kreises. Und es kann statt 50 % auch 60 %, 65 %, 70 % ausmachen, das Problem zu verstehen und Lösungsansätze im Großen zu konzipieren – zu Lasten der Umsetzung und Inbetriebnahme.

Ihnen fehlt Projektmanagement in dem Bild? Na gut. Sehen Sie den äußeren Rand an. Ziehen Sie 10 % von dem Ganzen ab. Dann bleiben in jedem Quadranten 22,5 % statt 25 % übrig. Ich habe zur Vereinfachung das Management in die jeweilige Tätigkeit mit hineingerechnet.

Ihnen fehlt Qualitätssicherung? Wir machen alle vier Bereiche inklusive Qualitätssicherung! Wir werden in den 25 % Requirements-Aufwand die Requirements qualitätssichern. Wir werden in den 25 % Design das Design qualitätssichern und wir liefern garantiert kein Produkt aus, das nicht getestet ist. Qualitätssicherung habe ich als integralen Bestandteil in die diversen Blöcke mit hineingerechnet.

Das ist die Aufwandsverteilung über ein komplettes Vorhaben. Damit ist nicht gesagt, dass Sie das alles in Ihrem Projektbudget machen müssen. Einen Teil der Anforderungen sollte ja der Auftraggeber beisteuern. In Bild 1.11 sehen Sie eine Überblendung mit den Verantwortungen von Auftraggeber und Auftragnehmer. Je nachdem, wie viel Prozent der Auftraggeber selbst an Requirements vorgibt, bleibt der Rest dann als Projektarbeit für den Solution-Provider. Im Idealfall bekommen Sie als Auftragnehmer Ihren Auftraggeber dahin, dass er mehr und größere Teile davon macht. Wenn Sie gute Requirements hereinbekommen, brauchen Sie im Projekt nicht mehr so viel Aufwand zu betreiben. Eine typische Verteilung der 25 % Requirements-Aufwand liegt jedoch eher bei 5 % Business- oder User-Requirements und 20 % Requirements-Präzisierung durch den Auftragnehmer. Seien Sie also nicht allzu optimistisch bezüglich der Qualität der auftraggeberseitig gelieferten Anforderungen. Mehr dazu in Kapitel 9.

Der Aufwand, der von irgendjemandem insgesamt erbracht werden muss, liegt bei 25 %. Ob der auftraggeberseitig oder auftragnehmerseitig geleistet wird, können wir offen lassen. Sicherlich wird der Endkunde einen Teil des Abnahmetests und den endgültigen Akzeptanztest erbringen. Sie liefern als Auftragnehmer eine gut getestete Lösung aus, aber ob diese gefällt, wird beim Auftraggeber festgestellt.

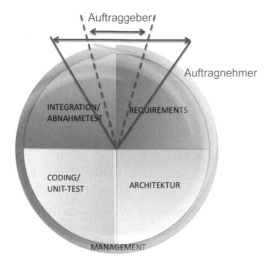

BILD 1.11
Arbeitsverteilung zwischen Auftraggeber und Auftragnehmer

Die Aufwandsverteilung ist also nicht eine Projektkostenverteilung, sondern eine reine Tätigkeitsverteilung: 25 % Requirements, 25 % Architektur, 25 % Umsetzung und 25 % Endarbeiten inklusive Test und Auslieferung.

■ 1.14 Was erleichtert die Analyse?

Betrachten wir in diesem Abschnitt, was den Prozess der Systemanalyse erleichtern kann und was ihn erschweren kann. Unter bestimmten Randbedingungen ist es viel leichter, zu Anforderungen zu kommen, als unter anderen. Was erleichtert also die Analyse, Spezifikation und Abstimmung unserer Wünsche?

Ein offensichtlich erster Punkt: Wenn sich die beteiligten Parteien schon gut und bereits länger kennen. Anforderungen sollten nicht interpretierbar sein; es sollten keine Missverständnisse möglich sein. Wenn man sich schon lange kennt und weiß, wie der andere denkt, wie der andere fühlt, welches Weltbild der Partner hat, ist es leichter, sich auch mit informellen Äußerungen, mit unpräzisen Äußerungen zu verständigen. Man kann davon ausgehen, dass einen der andere schon versteht. Wesentlich schwerer ist es, wenn man sich gerade kennengelernt hat.

Sie haben einen Auftragnehmer ins Projekt genommen, den Sie als Billigstanbieter kennengelernt haben? Er hat das günstigste Angebot abgegeben. Sie haben keine Ahnung, wie diese Firma arbeitet; Sie haben noch nie zusammengearbeitet. Das wird es natürlich schwieriger machen. Jetzt müssen wir uns über den Inhalt wesentlich eingehender verständigen, als wenn wir gegenseitiges Verständnis voraussetzen können. Denken Sie einmal an ein altes Ehepaar – 30, 35, 40 Jahre verheiratet. Die kommen ohne Worte aus. Man sieht sich gegenseitig an und man weiß ganz genau, was der andere jetzt denkt oder sagen möchte. Worte sind kaum notwendig. Ja, wenn Sie sich gerade kennengelernt haben, haben Sie sich noch viel zu erzählen.

Der zweite Punkt: Requirements Engineering wird dann leichter, wenn wir in der gleichen Muttersprache arbeiten; wenn wir die gleiche Sprache sprechen. Denn in jeder Sprache gibt es Nuancen von Wörtern, die jemand, der die Sprache als Fremdsprache gelernt hat, bestimmt nicht so gut interpretieren kann wie jemand, der mit der gleichen Sprache aufgewachsen ist. Es hilft also schon, ein Projekt so mit Personal auszustatten, dass alle die gleiche Sprache sprechen. Denken Sie jedoch einmal dran, was wir heute in unseren Projekten machen. Wir verteilen sie weltweit zwischen vielen Kulturen über Erdteile hinweg!

Kulturen sind das dritte Thema. Mein Musterbeispiel dafür ist die Sendung „Wer wird Millionär?". Haben Sie diese einmal in einem anderen Land gesehen? Haben Sie mal Armin Assinger statt Günther Jauch gesehen? Die ersten fünf Fragen sind in einem anderen Kulturkreis die schwierigen. Jemand, der in dem Kulturkreis aufgewachsen ist, kann die meist völlig locker beantworten. Jemand, der auch nur aus dem Nachbarland kommt, mit noch immer gleicher Muttersprache, aber etwas anderer Kultur, hat unter Umständen genau mit diesen einfachen Fragen Schwierigkeiten. Sobald es zu den Wissensfragen geht, können wir wieder gut zusammenarbeiten. In Deutschland reicht schon der Unterschied zwischen Westdeutschland und Ostdeutschland. Jemand, der im Osten groß geworden ist und Fragen bekommt, die sich eher auf den Westen beziehen, wird Schwierigkeiten in den Antworten haben genau wie umgekehrt Personen aus dem Westen, die die Kultur des Ostens nicht so detailliert kennengelernt haben. Sie sehen schon: Abstammung aus dem gleichen Kulturkreis würde wirklich beim Umgang mit Anforderungen das Leben erleichtern.

Der vierte Punkt ist gleicher Domänenhintergrund. Wenn Sie schon lange Zeit in einer Bank arbeiten oder Autos bauen, kennen Sie die Terminologie dieser Branche, Sie kennen die Begriffe; Sie wissen, was die meinen, wenn sie ein bestimmtes Wort sagen. Das hilft gewaltig, sich gegenseitig zu verstehen, ohne alles bis zum i-Tüpfelchen definieren zu müssen. Aber Vorsicht! Zu viel gleiche Branchenkenntnisse führen manchmal zu dem Effekt: Alles klar, brauchen wir nicht definieren, jeder versteht das Gleiche darunter. Und in Wirklichkeit hat doch jeder eine andere Meinung dazu. Hin und wieder ist ein Branchenfremder ganz nützlich, um Ideen zu hinterfragen, wo alle Beteiligten glauben, sich zu verstehen, und doch nicht wirklich verstehen. Also gemeinsamer Domänenhintergrund, gemeinsamer Branchenhintergrund kann schon hilfreich sein.

Der letzte Punkt ist noch heikler. Wenn Sie zueinander Vertrauen haben, ist die Systemanalyse leichter. Anders ausgedrückt: wenn untereinander keine politischen Spielchen gespielt werden. „Wir haben das absichtlich so formuliert, dass wir später sagen können, das ist doch klar, dass das und das und das und das auch noch dazu gehört." Für mich war das vielleicht klar. Jemand anderer hat den Satz vielleicht gelesen, viel zu gering eingeschätzt, die Komplexität, die dahinter steht, unterschätzt und kommt erst sehr spät im Projekt darauf, dass das mit Absicht so schwammig gesagt wurde, nur damit man billig einen Auftrag bekommt. Also Vorsicht: Politische Spielchen machen den Analyseprozess auch sehr schwierig. Wenn man sich gegenseitig verstehen will, wenn man keine Spielchen spielt, wenn man positiv vertrauensvoll zusammenarbeitet, ist der Umgang mit Anforderungen viel leichter.

Vergleichen Sie das mit unserer Realität. Wir wissen heute, dass Projekte an einem Standort mit eng zusammenarbeitenden Teams, die alle die gleiche Sprache sprechen, die alle aus der gleichen Kultur kommen, sicherlich erfolgreicher wären. Aber im realen Leben verteilen wir Projekte oft weltweit; wir nehmen Auftraggeber, Auftragnehmer, die weit auseinandersitzen, unterschiedliche Sprachen sprechen, und müssen trotzdem erfolgreich Projekte durchführen.

Ich möchte geografische Verteilung und Kulturunterschiede definitiv nicht verdammen. Ganz im Gegenteil. Multikulturell besetzte Projekte sind hoch erwünscht, wenn es um innovative Ideen, um andere Weltbilder, andere Anschauungen geht. Das kann einen wesentlichen Beitrag dazu leisten, nicht zu engstirnig zu werden, Lösungen zu sehen, die kein anderer gesehen hat. Aber meine Aussage ist: über Anforderungen zu sprechen, wird dadurch schwieriger. Wenn wir uns nicht selbstverständlich verstehen, müssen wir hart daran arbeiten, keine Missverständnisse aufkommen zu lassen. Und das ist immer schwieriger über Sprachgrenzen hinweg, über geografische Grenzen hinweg, über kulturelle Grenzen hinweg oder zwischen Parteien, die sich misstrauen und absichtlich Spielchen spielen.

Überlegen Sie, wie weit Sie durch organisatorische Maßnahmen und Projektbesetzung die Requirements-Arbeiten erleichtern können. Wie weit können Sie dafür sorgen, dass Sie gute Randbedingungen haben? Alles, was uns keine zusätzlichen Schwierigkeiten macht, reduziert das Risiko im Projekt und erhöht die Erfolgschance, auch mit etwas weniger als perfekten Requirements zum Ziel zu kommen.

■ 1.15 Verschiedene Vorgehensweisen

Lassen Sie uns zum Abschluss des ersten Teils nochmals auf die Definition „iterativer, inkrementeller Prozess" zurückgreifen. Sehen wir uns verschiedene Vorgehensweisen bei der Arbeit mit Anforderungen an. Die klassische Vorgehensweise ist das Wasserfallmodell (Bild 1.12).

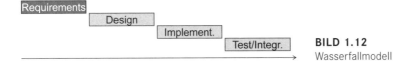

BILD 1.12 Wasserfallmodell

Wir definieren in einer eigenen ersten Phase alle Anforderungen. Wenn wir alle Anforderungen auf dem Tisch haben, dann erst werden Lösungen entworfen, implementiert und getestet. Von dieser Vorgehensweise sind wir heute in den meisten Projekten meilenweit entfernt. Eigentlich hat das nie funktioniert. Wir haben auch früher schon, während wir Anforderungen geschrieben haben, heimlich im Hintergrund Prototypen erstellt, schon ausprobiert, Risikoanalyse betrieben; wir durften es nur nie so nennen. Wir waren ja schließlich noch in der „Requirements-Phase". Heutzutage dürfen wir ehrlicher sein und sagen: Wasserfall alleine ist nicht das Allheilmittel.

Wir wollen den Prozess iterativer, inkrementeller durchführen. Sie sehen in Bild 1.13 viele kleine Wasserfälle, alle mit R(equirements-Analyse), D(esign), I(mplementierung) und T(est) und wieder Requirements-Analyse, Design, Implementierung und Test. Sie sehen, wir sprechen nicht mehr von einer Requirements-Phase, sondern die Analyse ist zur Tätigkeit geworden, die eigentlich nie aufhört, solange Sie ein Produkt weiter am Leben halten, und das kann ganz schön lange sein. Softwareprodukte leben oft fünf Jahre, zehn Jahre, 20 Jahre oder auch noch länger. So lange werden Sie immer wieder Anforderungen haben und Teile designen, implementieren und testen.

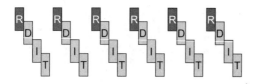

BILD 1.13
Iterative, inkrementelle Vorgehensweise

Der einzige Streitpunkt über dieses iterative, inkrementelle Modell ist die Länge einer Iteration. Wenn Sie Fan von Extreme Programming sind, ist die Iterationslänge zwei bis vier Stunden ☺. Sie hören sich (kurz) Wünsche an, Sie programmieren sie sofort. Wenn Sie fertig sind, hören Sie sich die nächsten Wünsche an, programmieren sie sofort. Sie haben sehr kurze Zyklen zwischen Äußerung eines Wunsches und Umsetzung in Source-Code.

Wenn Sie Anhänger der Methode SCRUM sind, machen Sie vielleicht 2-, 3- oder 4-Wochen-Zyklen. Der Product Owner macht Vorgaben aus dem Product Backlog für den nächsten Sprint. Das Team setzt die Vorgaben in dem zwei- bis vierwöchigen Sprint um. Der Product Owner nimmt am Sprintende das Produkt ab und macht wiederum Vorgaben für den nächsten Sprint.

Im Industrieschnitt von IT-Projekten haben Sie heute Zyklen von zwei bis vier Monaten bis zur Fertigstellung von Teillösungen. Also nicht unbedingt SCRUM-Sprint, sondern eher sechsmal im Jahr etwas liefern oder bei Dreimonatszyklen viermal im Jahr etwas liefern. Sehr oft findet man in der IT-Industrie zwei Hauptlieferungen (also alle sechs Monate) und zwischenzeitlich zwei kleinere Releases, die hauptsächlich Fehler ausbessern, Ergänzungen machen, um Personen, die betroffen sind, rasche Hilfe zu geben.

Zwei bis sechs Zyklen pro Jahr sind durchaus üblich bei Softwarelösungen. Nicht unbedingt, wenn Hardwareentwicklung mit im Spiel ist. Hardware braucht meistens ein bisschen länger. Aber selbst in solchen Projekten können die Softwareteams zwei bis drei Zyklen durchführen, während die Hardwareentwickler in einem Zyklus neue Chips entwickeln.

Wir gehen also iterativ, inkrementell an die Sache heran. Damit ist Anforderungsanalyse aber quasi zu einer Dauertätigkeit geworden, nur dass wir diese 25 % Aufwand nicht am Stück erbringen, sondern schön gestückelt nacheinander in jeder Iteration.

Manche von uns haben das große Glück, in einem sehr innovativen Projekt arbeiten zu dürfen, wo es um das Ausprobieren von neuen Ideen geht. Würden Sie in so einem Projekt perfekte Anforderungen am Anfang erwarten? Natürlich nicht!

Wir werden – wie Bild 1.14 zeigt – anfangs eher ganz grobe Requirements festlegen und anschließend vielleicht Prototyping betreiben und ausprobieren, wie es aussehen könnte. Und mit diesen Prototypen gehen wir zu potenziellen Kunden, lassen denen den Prototyp studieren und holen Feedback ein, ob es gefällt oder nicht gefällt. Und wenn bestimmte Features im Prototyp gut ankommen, dann werden wir sie weiter ausarbeiten. Wenn etwas nicht gefällt, werden wir alternative Ideen entwickeln. Sie sehen wiederum, dass Analyse in mehreren Stücken stattfindet, nicht alles an einem Stück. Sie können Ihr Projekt also beliebig aufbauen und gestalten. An dem Thema Anforderungen, verstehen, was es sein sollte, kommen Sie nicht ganz vorbei.

Ein verallgemeinertes Modell, um diese Zyklen auszudrücken, ist das T-Stich-Verfahren oder das T-Modell (vgl. Bild 1.15).

Wenn wir dieses Quadrat betrachten, sehen Sie in der x-Achse die volle Breite des Projekts, den Umfang des Projekts dargestellt, und in der y-Achse den Tiefgang der Anforderungen.

BILD 1.14
Innovative Projekte

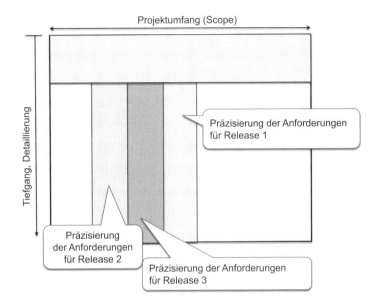

BILD 1.15
Das T-Stich-Verfahren

Der Vorschlag ist: Verschaffen Sie sich am Anfang auf jeden Fall einen Überblick über alles. Gehen Sie in die volle Breite, aber mit wenig Tiefgang. Und die Teile der Anforderungen, die uns am heißesten erscheinen, die am dringendsten benötigt werden, die werden wir als Erstes detailliert ausarbeiten. Sie sehen schon allein an der Form, warum dieses Modell T-Stich-Verfahren heißt. Es stellt den Buchstaben T dar. Sie sehen auch, dass hier noch große weiße Flächen übrig bleiben, die wir nicht ausfüllen. Die vollen 25 % des Aufwands muss ich nicht gleich erbringen. Wie groß ist der Aufwand für den oberen Balken des Ts? Naja, ich nehme so viel, wie man mir gibt. Wenn man mir 10 % der Projektzeit geben würde, würde ich sie nehmen. Ich kann damit Risiko reduzieren, ich kann mehr durchleuchten, mehr verstehen. In der Praxis bekommen Sie meistens 1, 2 oder 3 % – maximal 5 % des Projektaufwands.

Aber mit diesem „in die Breite gehen" sichere ich ab, dass ich alles im Überblick verstanden habe, was demnächst kommen soll. Und an einer bestimmten Stelle gehe ich in die Tiefe. Und wenn wir den einen Teil fertiggestellt haben, dann machen wir einen zweiten Zyklus und einen dritten Zyklus und suchen uns jeweils die Teile heraus, die inzwischen heiß geworden sind.

Ich hab Ihnen hier den T-Stich nur über das Thema Requirements Engineering dargestellt. In Wirklichkeit müssten Sie die anderen 25 %-Abschnitte des Projekts auch dahinter legen, wie in Bild 1.16 dargestellt ist. Sie werden also auch zum sehr frühen Zeitpunkt nicht nur die Anforderungen in voller Breite betrachten, sondern auch Architektureckpfeiler einschlagen und zum Beispiel wesentliche Technologieentscheidungen frühzeitig treffen und absichern.

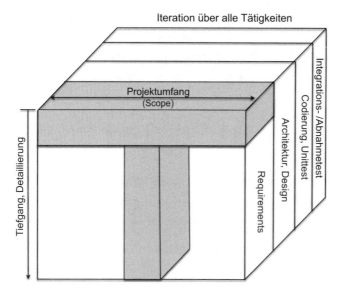

BILD 1.16
T-Stich für alle Aktivitäten

Vielleicht sorgen Sie durch ein bisschen Programmieren im Sinne von Prototypenentwicklung dafür, dass Akzeptanzrisiken (durch User-Interface-Prototypen) oder technische Risiken (durch technische Durchstiche, vertikale Prototypen) reduziert werden.

Alle Tätigkeiten können in dieser Weise durchgeführt werden, zuerst in der Breite und dann in mehreren tiefgehenden Säulen. Business-Analyse und Requirements Engineering ist immer ein wesentlicher Bestandteil von solchen Vorgehensweisen – im Wasserfallmodell eben „en bloc" und in iterativen Modellen aufgeteilt auf mehrere Schritte. Der Gesamtaufwand bleibt Ihnen aber nicht erspart.

■ 1.16 Zusammenfassung

Wir haben im ersten Kapitel festgehalten, dass es genügend quantitative und qualitative Argumente gibt, Business Analysis und Requirements Engineering ernst zu nehmen.

- Der wesentliche Punkt ist, es spart Geld.
- Der zweite Punkt ist, es erspart jede Menge lästigen, aufwendigen und teuren Aufwand für Nacharbeiten und
- der dritte Punkt ist, es hinterlässt glücklichere Kunden und Anwender unserer IT-Systeme.

Und ich glaube, das sollte uns den Aufwand wert sein.

Wir haben gelernt, dass ein guter Business Analyst oder Requirements Engineer sowohl funktionale wie auch nicht,-funktionale Anforderungen behandeln muss. Und dazu gehört, diese Anforderungen herauszufinden, sie in geeigneter Weise zu formulieren; textuell oder grafisch; sie zu prüfen und abzustimmen, falls es Konflikte zwischen den beteiligten Personen gibt, und – wenn Systeme und Produkte länger leben – diese Requirements auch zu verwalten. Denn wir haben gelernt, Requirements ändern sich mit ein bis drei Prozent pro Monat.

Um diese Tätigkeiten durchzuführen, braucht ein Analytiker eine ganze Menge Fähigkeiten. Soft-Skills, zum Beispiel Einfühlungsvermögen in die Materie, Domänenkenntnisse, Branchenkenntnisse; aber auch Moderationsfähigkeiten und die Fähigkeit, mit allen beteiligten Personen in geeigneter Art zu kommunizieren.

Neben diesen Soft-Skills sind aber auch solide Methodenkenntnisse über Verfahren und Techniken, die man anwenden sollte beim Finden, beim Dokumentieren, beim Prüfen, beim Verwalten von Anforderungen von enormer Bedeutung. Schließlich haben wir festgehalten, dass iterative, inkrementelle Vorgehensweisen unter Berücksichtigung von Projektfaktoren, von Randbedingungen, die Systemanalyse erleichtern oder erschweren können, notwendig sind. Dadurch reduzieren wir Projektrisiken und sichern unsere Erfolgschancen.

2 Erfolgreich starten

Im zweiten Kapitel betrachten wir, wie wir Vorhaben oder Projekte erfolgreich starten. Aus Sicht des Business Analyst oder Requirements Engineer sind es drei Punkte oder drei Zutaten, die zu einem erfolgreichen Projektstart unbedingt notwendig sind.

1. Wir brauchen eine Einigung über die Projektziele; über das, was wir wirklich erreichen wollen. Ziele sind die höchsten und abstraktesten Anforderungen. Oder kurz gesagt, Ziele sind auch Anforderungen und sie müssen genauso prüfbar sein wie alle Anforderungen im System.
2. Wir müssen die Stakeholder ermitteln. Damit gemeint sind alle relevanten Personen, die im Projekt mitwirken sollen, wollen und können.
3. Wir müssen den Scope eingrenzen; den Umfang unseres Projekts. Wir müssen wissen, was uns gehört und was uns nicht gehört. Unser Thema abgrenzen von der Umwelt, von Nachbarsystemen und die Schnittstellen zu diesen Nachbarsystemen festlegen.

■ 2.1 Drei Zutaten zu einem erfolgreichen Projektstart

Die Grundlage für den Erfolg oder den Misserfolg von Projekten wird schon sehr früh, ganz am Anfang gelegt. Deshalb wollen wir uns in diesem Kapitel die Ingredienzien ansehen, die dazu notwendig sind, ein Projekt erfolgreich zu beginnen. Drei Punkte sind es, auf die wir am Anfang achten sollten: die Festlegung der Projektziele, die Festlegung der Mitspieler (im Englischen „Stakeholder" genannt) und die Festlegung des Umfangs des Projekts (im Englischen als „Scope" bezeichnet). Wie Bild 2.1 verdeutlicht, haben diese drei Punkte Wechselwirkungen untereinander. Es ist klar: Andere Mitspieler haben unter Umständen andere Ziele. Umgekehrt, wenn Ziele vorgegeben werden, kann man die beteiligten Personen so auswählen, dass diese Ziele gut erreichbar sind.

Die Ziele geben aber auch den Umfang des Projekts vor und der Umfang bestimmt wiederum, was innerhalb des Zielbereichs liegt und was nicht. Und natürlich haben auch die Stakeholder und der Scope ihre Wechselwirkungen. Wir werden in den folgenden Abschnitten alle drei Ingredienzien ausführlich behandeln.

BILD 2.1
Drei Zutaten ausbalancieren

■ 2.2 Ziele

Beginnen wir mit den Zielen. Natürlich sollte jedes Projekt Projektziele haben. Aber ist das wirklich Ihre Aufgabe als Systemanalytiker? Sind Sie dafür verantwortlich, dass es Projektziele gibt? Das ist doch der Job eines Projektleiters. Oder vielleicht noch besser, der Job eines Auftraggebers, denn als Projektleiter würde ich meine Auftraggeber fragen, was sie eigentlich anstreben. Warum sollten Sie sich als Systemanalytiker also um Ziele kümmern? Nun ja. Ziele sind die höchste und abstrakteste Form von Anforderungen. Alle weiteren (detaillierteren) Anforderungen, die Sie erheben, sollten sich aus diesen Zielen ableiten. Deshalb sollten Ziele Ihre Ausgangsbasis sein. Und wenn der Projektleiter oder der Auftraggeber sie noch nicht formuliert haben, dann müssen Sie ran und diese Ziele formulieren.

Ich habe vor ein paar Jahren einmal im Oktober ein Team kennengelernt, das mit fünfzehn Personen an einem großen Thema arbeitete. Wir haben dann für den Anfang Januar vereinbart, einen Einführungskurs zu machen und auch ein bisschen Projektberatung. Nach den beiden Tagen des Einführungskurses, mit ähnlichen Inhalten wie in diesem Buch, habe ich am Mittwochmorgen die Fragen gestellt: Wo sind Eure Projektziele? Ihr arbeitet schließlich schon mit fünfzehn Leuten seit drei Monaten zusammen. Kann mir jemand die Ziele nennen? Alle sahen sich ratlos um. Insbesondere der deutsche Softwareprojektleiter und der italienische Hardwareprojektleiter sahen sich tief in ihre blauen Augen und sagten: Wir haben keine expliziten Projektziele. Daraufhin habe ich die beiden Projektleiter in ein Kämmerchen verbannt, mit der Aufgabenstellung, diese Ziele doch schriftlich festzulegen, und habe mit dem Rest des Teams am Vormittag weitergearbeitet. Kurz vor dem Mittagessen wollten die beiden wieder heraus aus ihrem Kämmerchen. Und sie kamen ganz stolz mit einer PowerPoint-Folie, mit zwei dicken Bullet-Punkten, großer Schrift und haben die beiden Ziele dem Team vorgestellt. Das Erstaunliche war nicht, dass die beiden Projektleiter es in zwei Stunden geschafft hatten, sich auf diese beiden Sätze zu einigen, sondern das Erstaunliche waren die Gesichter der anderen dreizehn Projektmitglieder, die die Sätze gelesen haben und sagten: „Ach, das ist unser Hauptziel in dem Projekt!" Natürlich hatte jeder im Team seine Meinung zu dem Thema, aber die Meinungen waren sehr unterschiedlich.

Sie sehen also, Ziele sind unbedingt notwendig, um ein Projekt in die gleiche Richtung zu treiben, sonst arbeitet jeder nach seinen eigenen Zielen. Wie würden wir also Ziele formulieren? Wir versuchen es zweiteilig, wie in Bild 2.2 vorgeschlagen: Teil 1 ist die Ausgangssituation, die uns veranlasst, etwas zu tun. Und Teil 2 sind die eigentlichen Ziele.

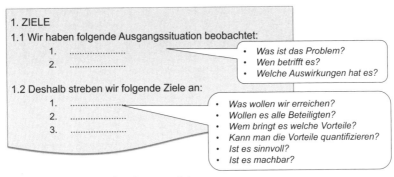

BILD 2.2 Ziele aus Ausgangssituationen motivieren

BILD 2.3
Mehrstufige Ziele

Beschreiben Sie zuerst Ihre Problemstellung, Ihre Ausgangssituation. Das, wo der Schuh drückt, warum Sie überhaupt ein Projekt aufgesetzt haben. Und danach versuchen Sie, die Ziele in Worte zu fassen. In großen Projekten ist es für den zweiten Teil sinnvoll, zwischen den Zeithorizonten für die Ziele noch weiter zu unterscheiden, wie in Bild 2.3 dargestellt ist.

Nach der Ausgangssituation kommen die Langfristziele, die Ziele für die nächsten zwei bis fünf Jahre vielleicht, und darunter die Ziele für das jeweils nächste Release. Egal, wie weit es noch weg ist; drei Monate oder sechs Monate. Formulieren Sie als Release-Ziele die Zwischenziele, die Sie in drei bis sechs Monaten erreichen wollen. Oder, wenn Sie nach SCRUM arbeiten, die Sprintziele für die nächsten 30 Tage.

Ziele sind auch Anforderungen. Oder noch härter ausgedrückt: Ziele sind (eine Art von) Anforderungen. Das wird sehr oft missverstanden. Sehr oft finden Sie in der Literatur Aussagen wie: Ziele sind intentionale Aussagen über das Projekt. Was sind intentionale Aussagen anderes als etwas Gewünschtes, also eine Anforderung?

Wir haben in der Einleitung besprochen, dass Anforderungen sich mit 1–3 % pro Monat ändern. Wir schärfen daher unsere Definition von Zielen noch, wie in Bild 2.4 dargestellt.

die
ZIELE SIND ANFORDERUNGEN,
die sich hoffentlich im Laufe des Projektes NICHT ändern!

BILD 2.4
Ziele sind (hoffentlich) stabil.

Ziele sollten (für den gewählten Zeitraum des Gesamtprojekts, des Release, eines SCRUM-Sprints) stabile Anforderungen sein. Denn die detaillierten Anforderungen werden sich mit hoher Wahrscheinlichkeit mit 1 – 3 % pro Monat ändern.

■ 2.3 Ziele spezifizieren

Wie können wir diese Ziele spezifizieren? Einige von Ihnen haben bestimmt Projektmanagementkurse gemacht und eine entsprechende Abkürzung gelernt. Die populärste Abkürzung ist SMART. Ziele sollten smart sein. S wie spezifisch, wir wollen definitiv spezifische Projektziele. M wie messbar, das gehört ebenfalls dazu: Jede Anforderung sollte messbar sein. Ziele sind auch Anforderungen. Also brauchen wir Messbarkeit auch für Ziele. A wie angemessen oder adäquat, R wie realistisch und T wie terminiert. Normalerweise wird Ihnen ein Zeitrahmen vorgegeben, in dem Sie diese Ziele erreichen sollten.

Die Abkürzung ist zwar sehr bekannt, aber wir arbeiten bei der Atlantic Systems Guild mit einem etwas kürzeren Akronym: PAM (vgl. Bild 2.5).

Zumindest die Baywatch-Fans können sich diese Abkürzung gut merken. Aber PAM steht nicht für Pamela Anderson, sondern für Purpose, Advantage, Measure. Purpose: Schreiben Sie einfach einen Satz, was das System tun soll. Das System soll das und das erreichen.

Überlegen Sie unter dem Buchstaben A: Wer hat etwas davon? Das Ziel sollte irgendjemandem Vorteile bringen. Was ist der Vorteil und wer sind diejenigen, die den Vorteil haben? Vorteile könnten z. B. folgende sein:

- Kostenreduktion/Geschäft vereinfachen
- Gewinne erhöhen
- Service verbessern
- Gesetze erfüllen

Wenn Sie niemanden finden, ist vielleicht das Ziel falsch gewählt.

Und wie bei SMART: Das M in PAM steht auch für Measure. Sie brauchen eine Metrik, woran Sie nach Ende des Projekts oder des Release feststellen können, ob Sie das Ziel erreicht haben oder nicht.

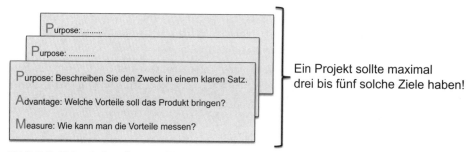

BILD 2.5 Ziele mit dem Akronym PAM spezifizieren

Verwenden Sie für jedes einzelne Ziel die Abkürzung PAM: Purpose – Advantage – Measure. Jetzt hat ein Projekt aber nicht beliebig viele Ziele. Wir versuchen im Normalfall, die Anzahl irgendwo zwischen ein, zwei, drei – bis maximal fünf zu begrenzen. Ein Projekt hat keine 97 Ziele. Sie können 97 Anforderungen haben. Sie können vielleicht 300 Anforderungen haben. Vielleicht auch 5000. Aber wir haben garantiert nicht so viel Ziele. Beschränken Sie die Anzahl der Ziele auf maximal eine Handvoll, die Sie nach dieser Formel: Purpose – Advantage – Measure formulieren.

Ziele sind also die abstrakteste Form unserer Anforderungen. Deshalb sind sie oft vage und schwer prüfbar. Es lohnt sich aber trotzdem, sich über die Prüfbarkeit, über die Messbarkeit, Gedanken zu machen, auch wenn es schwierig ist. Manchmal kann man ein Ziel erst prüfen, wenn man die Anforderungen zerlegt hat und die Erreichung dieser Summe der zerlegten Anforderungen zusammengenommen die Zielerreichung auf oberer Ebene gewährleistet.

SMART und PAM sind zwei Möglichkeiten, die Ziele zu formulieren. In den letzten Jahren haben sich im Zuge der agilen Methoden auch noch andere Techniken etabliert, Ziele zu definieren. Eine Möglichkeit ist, einen Produktkoffer anzufertigen. Basteln Sie einen Würfel oder einen Quader. Schreiben Sie darauf den Produktnamen. Lassen Sie das Team (oder die Grafikabteilung) ein Logo entwickeln, das das Projekt oder Produkt charakterisiert. Und arbeiten Sie dann in zwei, drei dicken Punkten die Highlights heraus, die das Produkt erfüllen soll. Diesen Koffer stellen Sie sichtbar im Konferenzraum oder in Ihrem War Room auf, wo Sie sich für Projektbesprechungen treffen, sodass jeder Beteiligte diese Ziele immer vor Augen hat. In [DeM07] haben wir ein eigenes Kapitel über die Bedeutung von guten Zielen im Projekt. Meine Kollegin Susanne Robertson hat eine sehr nette Story aus einem ihrer Projekte erzählt. Ein Team hat die Ziele auf ein großes Flipchart geschrieben, dieses Flipchart-Blatt dann auf Pappe aufgeklebt und zu jeder Besprechung mitgenommen. Und die Ziele bekamen einen Platz am Konferenztisch. Sie waren also ständig Teilnehmer bei jeder Besprechung, sodass niemand, der bei der Besprechung anwesend war, vergessen konnte, worum es eigentlich ging. Das ist eine etwas andere Form des Zielkoffers.

In der agilen Welt hat sich noch eine zweite Technik bewährt: einen Zeitungsartikel zu schreiben; eine Kolumne, nur eine Spalte, ein Drittel einer Seite; nicht mehr als 20, 25 Zeilen. Stellen Sie sich dazu vor, das Projekt wäre gerade eben fertig geworden. Und Sie beschreiben am Tag nach der Freigabe als Zeitungsreporter, warum das System so toll geworden ist. Das setzt natürlich voraus, dass Sie sich a) Gedanken über die Ziele gemacht haben und b) ein guter Redakteur oder ein guter Schriftsteller sind, um das auch in Form eines interessanten und spannenden Artikels wiedergeben zu können.

Der „Produktkoffer" | Der „Zeitschriftenartikel "

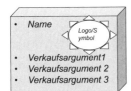

- Name
- Verkaufsargument 1
- Verkaufsargument 2
- Verkaufsargument 3

Ein fiktiver Artikel, warum das Produkt „klasse ist" und Sie es kaufen sollten (oder das System beauftragen sollten).

BILD 2.6
Zwei agile Wege zur Zielformulierung

Für viele ist das Akronym „PAM" (Purpose – Advantage – Measure) wesentlich leichter umzusetzen in der Praxis, als einen 25-zeiligen Zeitungsartikel zu schreiben. Versuchen Sie es aber einmal und versuchen Sie, dem Leser klar zu machen, warum er das System kaufen sollte, indem Sie in dem Artikel die Vorteile in ganz wenige Zeilen verpacken.

■ 2.4 Stakeholder

Das zweite Thema, das wir am Projektanfang angehen müssen, sind die Stakeholder. Die deutsche Bezeichnung dafür ist schwierig zu finden. Wir haben selbst bei großen Konferenzen Preisausschreiben unter 120, 150 Teilnehmern gemacht: Gebt uns ein gutes deutsches Wort für das Wort Stakeholder. Üblicherweise sagt man Interessensvertreter oder Interessensträger. Wir haben auch sehr oft Projektbeteiligte und Projektbetroffene gehört. Das klingt so negativ: Projektbetroffene. Aber das ist genau das, was gemeint ist. Alle, die am Projekt Anteil haben. Alle, die von dem Projekt in irgendeiner Weise betroffen sind. Die originellste Lösung, die wir als Übersetzung bekommen haben, war „Platzhirsch". Ja, die Platzhirsche sind Stakeholder. Das sind die Leute, die was zu sagen haben. Aber das sind nicht alle. Nicht jeder Stakeholder ist unbedingt Platzhirsch.

Sehen wir uns mal die formale Definition dazu an:

Stakeholder sind also alle Personen oder Organisationen, die direkt oder indirekt Einfluss auf die Anforderungen des Systems haben.

Alternativ können wir festlegen: Stakeholder sind Personen oder Gruppen, die von dem Projekt oder dem Produkt in irgendeiner Weise betroffen sind.

Sie sehen, es können Einzelpersonen sein, es können Organisationen sein. Sie sind vielleicht direkt am Projekt beteiligt oder sie sind nur die grauen Eminenzen im Hintergrund und haben sehr indirekten Einfluss; aber alle Personen und alle Gruppen, die Einfluss auf das Projekt haben, die in irgendeiner Weise von dem Projekt betroffen sind, gehören zu der Gruppe der Stakeholder. Unser amerikanischer Kollege Jerry Weinberg, der sehr, sehr viele Bücher geschrieben hat, hat mal gesagt: „Wenn in dieser Liste der Stakeholder nicht mindestens 200 Einträge drin sind, habt ihr bestimmt noch jemanden übersehen." Naja, 200 ist vielleicht übertrieben, aber 30 – 50 Rollen haben wir sehr schnell gefunden.

Warum sprechen wir überhaupt über Stakeholder? Der wichtigste Grund ist:

Verpasste Stakeholder sind verpasste Requirements!

Wenn Sie irgendjemanden nicht berücksichtigt haben im Projekt, hat der vielleicht auch Wünsche und Anforderungen an das System, ist aber nicht gehört worden. Und jetzt hängt es ein bisschen von Ihrer Projektorganisation ab, ob Ihnen das weh tut oder nicht. Wenn Sie Personen oder Gruppen übersehen haben und Sie haben Ihren Abnahmetest trotzdem erhalten und Sie bekommen Ihr Geld, dann könnten Sie eigentlich zufrieden sein. Aber es bleibt ein Nebengeschmack. Da ist jemand, der ist nicht zufrieden. Der hätte noch Wünsche an das System gehabt, wurde aber nicht berücksichtigt.

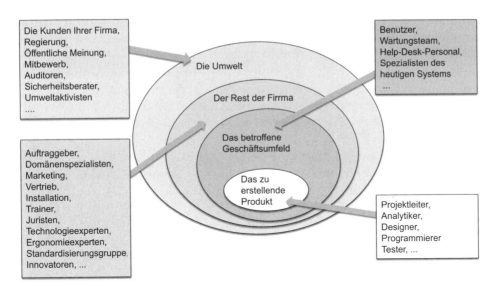

BILD 2.7 Projektnähere und -fernere Stakeholder

Das Schlimmste, was Ihnen passieren kann, ist, dass diese übersehenen Personen Stimmung gegen Sie machen und schlecht über Ihr System sprechen, Meinungen vertreten, die Ihnen gar nicht angenehm sein könnten. Deshalb: Verpasste Stakeholder sind verpasste Requirements. Sie sollten niemanden übersehen.

Wenn Sie die Personen oder Gruppen identifiziert haben, können Sie immer noch darüber nachdenken, ob deren Anforderungen ernst genommen werden sollen oder nicht. Aber sie gar nicht zu kennen, ist schlecht. Deshalb wollen wir über Stakeholder nachdenken. Meine englischen Kollegen Susanne und James Robertson haben die Stakeholder in Form eines Zwiebelschemas aufgezeichnet [Rob12]. Sie sehen in Bild 2.7 ganz in der Mitte die Personen, die an dem Projekt mitarbeiten. Projektleiter, Systemanalytiker, Designer, Programmierer, Tester, Qualitätssicherer; alle, die direkt an der Entwicklung des Systems beteiligt sind. Natürlich ist auch jeder aus der Entwicklungsmannschaft ein Stakeholder in dem Projekt. Aber wahrscheinlich sind das nicht diejenigen, die die meisten Anforderungen vorgeben.

Die meisten Anforderungen kommen aus dem direkten Umfeld des Projekts. In dieser zweiten Ebene der Zwiebel sind die Personen enthalten, die das System heute nutzen: unsere momentanen Benutzer und Anwender; die Spezialisten des heutigen Systems, die Leute, die am Helpdesk sitzen, die Leute, die Auskunft geben, die Leute, die Trainings machen für das System. Aus dieser Richtung stammt wahrscheinlich die Majorität der Anforderungen für ein neues System.

Sie sehen, der Auftraggeber ist schon in der dritten Ebene dieses Zwiebelschemas enthalten. Das ist der Geldgeber. Als ich studierte, waren das die Einzigen, die wir ernst nehmen sollten. Man hat unser immer eingetrichtert: Achte auf diejenigen, die das Geld haben! Aber diejenigen, die den Budgettopf besitzen, sind oftmals nicht diejenigen, die die detaillierten Anforderungen kennen und vorgeben können. Trotzdem sind sie natürlich wichtig in dem Projekt. Außer den Geldgebern hat man uns damals nur noch auf eine zweite Gruppe hingewiesen: Vielleicht sollte man auch an die künftigen Benutzer denken – obwohl die meist kein Geld für die Systementwicklung haben und daher aus Managementsicht sicherlich nicht so „wichtig" sind wie die Geldgeber. Aber: Wie Jerry Weinberg gesagt hat, es gibt viel mehr als nur die Geldgeber und die Benutzer.

In dieser dritten Ebene der Zwiebel sind neben dem Auftraggeber auch alle Domänenspezialisten enthalten; Leute, die die Branche gut kennen, die die Geschäftsregeln kennen. Dort sind auch Vertrieb und Marketing angesiedelt, da sind Juristen, da sind Trainer, Leute, die das Produkt trainieren, einschulen. Da sind aber auch Standardisierungsgruppen und Technologieexperten.

Und noch weiter außen haben wir die Umwelt. Sie sehen, je weiter wir nach außen kommen, desto indirekter wird der Einfluss. Da sind dann die Kunden Ihrer Firma. Da ist die Regierung, der Gesetzgeber, die öffentliche Meinung, der Mitbewerb. Da sitzen auch Auditoren, die sehen, ob Sie Projekte nach den Hausvorschriften abwickeln. Letztere interessieren sich nicht so sehr für Ihr einzelnes Projekt, sondern für Ihre Vorgehensweisen, weil Sie unter Umständen CMMI zertifiziert sein wollen oder ISO 9000 zertifiziert. Da sind auch Umweltaktivisten und viele andere. Sie sollten alle diese Personen suchen und deshalb wollen wir uns im nächsten Abschnitt ein bisschen darüber unterhalten, wie wir Stakeholder finden können.

■ 2.5 Stakeholder finden

Die einfachste Art, Stakeholder zu finden, ist, am Anfang des Projekts eine Kerngruppe zusammenzubringen und ein kleines Brainstorming zu veranstalten. Wenn Sie fünf bis sieben Personen am Tisch sitzen haben, wie lange dauert es, in einem Brainstorming eine Liste von potenziell betroffenen und beteiligten Personen aufzustellen? Ich bin sicher, in 20, 30 Minuten haben Sie bereits 30 bis 40 Einträge in dieser Liste.

Was wollen wir wissen? Vier Punkte sollten Sie berücksichtigen:

1. Wer hat Interesse? (Name und Rolle)
2. Was können sie beitragen? Was wissen sie?
3. Welchen Einfluss haben sie (Wichtigkeit für das Projekt)
4. Was sind ihre Interessen?

Nicht so sehr die Namen der Einzelpersonen, sondern in welcher Rolle die Personen unserem Projekt helfen können oder in welcher Rolle sie unter Umständen auch unser Projekt behindern können, sollte im Vordergrund stehen. Natürlich brauchen wir hinter jeder Rolle konkrete Personen, die wir ansprechen können. Aber wichtig ist, alle Rollen abgedeckt zu haben.

Wir brauchen nicht jeden Stakeholder zu jedem Thema. Deshalb ist es wichtig, herauszufinden, wer welchen Beitrag zu unserer Analyse leisten kann. Welches Wissen wollen wir bei den unterschiedlichen Stakeholdern anzapfen?

Und dann wollen wir natürlich festhalten, wie wichtig diese einzelnen Rollen und Personen für unser Projekt sind. Wenn wir hinterher Streit über Anforderungen bekommen, die unterschiedlich priorisiert werden, als wichtiger oder unwichtiger eingestuft, dann werden wir immer wieder zurückkehren in die Stakeholder-Liste und schauen, wer hat es eigentlich gefordert; wer hat es gesagt. Deshalb wollen wir die Wichtigkeit für das Projekt, den Einfluss der Stakeholder auf das Projekt auf jeden Fall festhalten.

Was haben die Leute für Interessen? Nicht immer spielen alle mit offenen Karten. Als Analytiker will ich aber die Motivation der Beteiligten kennen und auch verborgene Interessen (Hidden Agendas) kennenlernen.

Sie brauchen dazu keine besonderen Werkzeuge. Es reicht eine einfache Tabelle in Word oder in Excel mit ein paar Spalten (vgl. Bild 2.8), wo Sie die Rollen, die Personen, deren Wichtigkeit und ihren Einfluss und das Thema, zu dem sie was zu sagen haben, festhalten.

Name	Rolle	Bedeutung/ Einfluss	Wo können sie helfen?

BILD 2.8
Eine einfache Stakeholder-Tabelle

Ein kleiner Trick noch am Rande: Wenn Sie im Brainstorming in 20, 30 Minuten diese erste Liste erstellt haben, verschicken Sie sie an jeden in der Liste per E-Mail und bitten Sie: Kennt ihr sonst noch Personen, die mitwirken sollten, die wir vergessen haben?

Mit diesem Schneeballeffekt, alle Personen auf der Liste zu befragen, ob noch jemand fehlt, ist die Liste sehr schnell vollständig. Es sind nur ein paar Minuten oder höchstens – über die Zeit verteilt – ein paar Stunden, die sich aber lohnen.

Übertreiben Sie nicht. Sie brauchen kein Dossier über jede einzelne Person anzulegen. Sie sind ja nicht beim CIA oder beim KGB. Wir wollen nur wissen, mit wem wir unter Umständen in dem Projekt sprechen müssen.

Wir werden diese Liste einmal am Projektanfang erstellen, aber wir werden immer wieder ein Auge darauf werfen, ob in der Zwischenzeit andere Personen dazugekommen sind, die wir am Anfang übersehen haben.

Auch dazu eine kleine Geschichte. Wir hatten in einem großen Konzern eine gute Stakeholder-Analyse in einem Projekt gemacht und trotzdem jemanden vergessen. Beim nächsten Meilenstein und beim nochmaligen Durchschauen stießen wir auf Stakeholder, nämlich andere Abteilungen, die schon mit der gleichen Technologie Erfahrungen gemacht hatten. Als wir die entdeckt hatten, änderte sich sofort unser Projektplan. Anstatt mühevoll aus dicken Standards Wissen herauszusaugen, vereinbarten wir ganz einfach Meetings mit denen, um sie zu fragen: Könnt ihr uns eure Erfahrungen mit dieser Technologie weitergeben? Das war auf jeden Fall die schnellere Art, Wissen zu gewinnen, als dicke Standards auszuwerten. Sie sehen also, immer wieder einmal auf diese Liste zu schauen, macht sich im Projekt bezahlt und Sie sollten diese paar Minuten investieren.

Lassen Sie uns noch ein paar Punkte diskutieren. Muss ich wirklich jeden gefundenen Stakeholder berücksichtigen? Nun ja. Nicht unbedingt. Wenn Sie jemanden, von dem Sie wissen, dass er Interesse an dem Projekt hat, bewusst ausschalten, dann gehen Sie ein Risiko ein. Das ist ganz normales Risikomanagement. Haben Sie schon einmal versucht, den Betriebsrat außen vor zu lassen? Der Betriebsrat ist unter Umständen mächtig. Der hat seine Rechte und Pflichten. Und wenn Sie etwas gegen die Interessen des Betriebsrats im

Projekt beschließen, werden Sie früher oder später Einsprüche hören. Sie können natürlich versuchen, alles möglichst geheim zu halten. Früher oder später wird es dennoch auffallen.

Hat schon jemand von Ihnen die Datenschützer übersehen? Dazu gibt es Gesetze, die eingehalten werden müssen. Ich muss diese Gruppen nicht immer beteiligen, aber ich sollte. Oder den Security-Beauftragten der Firma? Aber Sie sehen schon, nicht jeder Stakeholder muss bei jedem Meeting anwesend sein.

Wir haben dafür den Satz von der „artgerechten Aufzucht und Haltung" von Stakeholdern geprägt. Sorgen Sie dafür, dass jeder Stakeholder artgerecht behandelt wird. Wenn Sie von einer Person wissen, dass sie grundsätzlich jedes Meeting stört, dann werden Sie diese Person nicht mehr zu Meetings einladen. Sie können denen ja ein 150-seitiges Dokument drei Stunden vor dem Meeting schicken und genau zwei Stunden Zeit geben, um darauf zu reagieren ☺. Das ist in diesem Fall vielleicht die artgerechte Behandlung von Störenfrieden.

Sie sehen schon, ich möchte alle kennen, die am Projekt beteiligt und davon betroffen sind. Ich behalte mir aber vor, wie ich mit diesen einzelnen Gruppen umgehe; wie intensiv ich sie brauche, wie wenig intensiv ich sie brauche und wann ich sie zu Rate ziehe und in welcher Form ich mit ihnen kommuniziere.

Einen Punkt sollten wir noch erwähnen. Nicht immer ist es leicht, die Stakeholder kennenzulernen. Einer meiner Kunden hat auf einer unserer Requirements-Konferenzen einen fantastischen Vortrag über verborgene Stakeholder gehalten. In dem Projekt war sehr klar festgelegt, wer offiziell welche Rolle spielt. Aber die vom Auftraggeber benannten Personen hatten nicht die geringste Macht. Beim Auftraggeber spielten andere Leute im Hintergrund, die wir nicht kannten, die wichtigere Rolle und die wesentlichen Entscheidungen wurden von Leuten getroffen, die uns vollkommen unbekannt waren. In dem Fall war es also notwendig, als Projektleiter herauszufinden, wer wirklich das Heft in der Hand hat. Nicht die, die in dem Projektplan schriftlich als Ansprechpartner festgelegt waren, waren die wichtigen Personen, sondern die, die im Hintergrund die Stimmung gemacht haben.

In dem Fall war es so schlimm, dass die Fachabteilung sehr viele Wünsche hatte und der Einkauf kein Geld geben wollte. Und daher passten Aufwand und Anforderung nie zusammen und dieser Krieg wurde auf Auftragnehmerseite, als Stellvertreterkrieg, natürlich ausgetragen. Wir mussten also erst herausbekommen, wer wirklich das Sagen hatte und wo die wirklichen Wünsche lagen, bevor wir weiterarbeiten konnten.

Muss man diese Stakeholder-Liste im Requirements-Dokument niederschreiben? Naja. Sie werden, wenn Sie Negatives über Stakeholder festhalten wollen, das nicht gerade in dem Dokument tun.

Einer meiner Kunden hat einmal gesagt: Doch, wir machen Stakeholder-Analyse. Alle, die wichtig sind, stehen bei uns auf dem Titelblatt und müssen auch unterschreiben. Ja. Die, die da auf dem Titelblatt standen, waren bestimmt wichtige Stakeholder. Aber bei weitem nicht alle. Das waren nur die, die formal eine Unterschrift leisten mussten. Also sorgen Sie dafür, dass Sie alle kennen, aber nicht unbedingt alle im Dokument schriftlich festhalten. Aber das Entwicklungsteam sollte über alle betroffenen Personen Bescheid wissen.

2.6 Die wichtigsten Stakeholder: die Nutzer

Die allerwichtigsten Stakeholder sind unsere Nutzer, diejenigen, die das Softwareprodukt später nutzen wollen. Diesen sollten Sie deshalb ganz besonderes Augenmerk schenken. Die zukünftigen Benutzer sollten das Produkt bestimmen. Prüfen Sie, ob Sie an all die Personenkreise gedacht haben, die in Bild 2.9 aufgeführt sind.

> **Denken Sie auch an …**
>
> - Personen mit Behinderungen
> - Analphabeten
> - Menschen, die eine andere Sprache sprechen
> - Menschen mit Brillen
> - Personen, die Fonts und Farben ändern müssen
> - Personen, die Pakete oder Babies tragen
> - Personen, die normalerweise nicht mit Computern arbeiten
> - Personen, die wütend, frustriert oder in Eile sind

BILD 2.9
Haben Sie alle Nutzergruppen auf Ihrem Radar?

Das sind die, für die wir das Produkt entwickeln wollen. Sie sollten sie kennen, Sie sollten wissen, wer sie sind, Sie sollten vor allem wissen, welche Fähigkeiten diese Personen haben und wie sie so drauf sind. Wir machen Projekte unter Umständen auch für Analphabeten. Eine Tatsache, die mich sehr erstaunt hat. Deutschland hat etwa 4,5 % Analphabeten. Manche Zahlen sind sogar wesentlich höher. Kuba und auch Österreich haben eher 2 %. Also wenn Sie ein Projekt für die breite Masse entwickeln, müssen Sie damit rechnen, dass ein Teil nicht vernünftig lesen und schreiben kann.

Sie entwickeln ein Produkt unter Umständen auch für Leute wie mich, die schlecht sehen und eine Brille tragen müssen. Und eine 5-Punkt-Schrift, die man am Bildschirm nicht vergrößern kann, ist vielleicht nicht gerade die richtige Lösung für solche Personen. Oder denken Sie einmal daran, dass Leute auch bepackt sind. Wenn Sie also einen Parkscheinautomaten für Parkhäuser entwickeln, sollten Sie auch daran denken, dass man Pakete irgendwo abstellen will, um nach Münzen zu kramen und das Parkticket auszulösen. Eine kleine Ablagefläche wäre ein sehr willkommenes Feature, damit man seine Einkäufe nicht auf den Boden stellen muss. Das hat in diesem Fall nichts mit Software zu tun, aber das ist Produktdesign. Und ein Produkt, wie ein Parkscheinautomat, sollte solch eine Möglichkeit bieten.

Machen Sie sich Gedanken über die Fähigkeiten Ihrer Stakeholder (vgl. Bild 2.10) und berücksichtigen Sie dies in Ihrer Analyse.

Manche Branchen machen sich heftige Gedanken darüber, wer die späteren Benutzer sind. Im Bereich der Mobiltelefone haben wir inzwischen seniorengerechte Lösungen mit ganz wenigen, großen Tasten, die leicht zu bedienen sind.

In der Hotelbranche haben sich bestimmte Ketten darauf spezialisiert, Zimmer für geschäftsreisende Frauen anzubieten. Und Sie wissen, Frauen haben unter Umständen in Hotelzimmern andere Bedürfnisse als Männer. Wir Männer sind einfach: Fernsehapparat und Minibar reicht. Für Frauen dürfen es auch schöne Stoffe, schöne Farben, wie zum Beispiel Pastellfarben sein; ein Schminkspiegel im Bad und ähnliche Ausstattungsmerkmale gehören ebenfalls dazu.

- Domänenwissen
- Technologieerfahrung
- Geistige Fähigkeiten
- Einstellung zur Arbeit
- Einstellung zur Technologie
- Ausbildung
- Sprachliche Fähigkeiten
- Alter (ältere Menschen haben andere Erfahrungen als junge und können sich u.U. nicht mehr so leicht an ganz neue Konzepte anpassen)
- Geschlecht (Männer und Frauen denken und arbeiten vielleicht anders)

BILD 2.10
Welche Fähigkeiten haben Ihre geplanten Nutzer?

Sie sehen, wenn man sich Gedanken darüber macht, für wen wir ein Produkt entwickeln, dann kann man das Produkt auch zielgerechter viel besser gestalten. Als Entwickler von Videorekordern sollte man durchaus daran denken, dass auch eine Seniorin ihre Lieblingssendung aufnehmen möchte. Vielleicht könnte man die Bedienung dann so gestalten, dass sie nicht nur für Teenager und andere Technologiefreaks geeignet ist.

Denken Sie auch daran, welche Fähigkeiten die Benutzer haben; welche sprachlichen Fähigkeiten, welche geistigen Fähigkeiten. Wie ist überhaupt deren Einstellung zur Arbeit? Sie wissen sicherlich: Ältere und jüngere Leute gehen jeweils anders an Themen heran. Haben Sie schon mal einen Jugendlichen gesehen, der bei einem Videospiel eine Gebrauchsanweisung liest? Wenn das Videospiel nicht selbsterklärend ist oder Freunde erzählen können, wie's geht, wird es einfach weggelegt. In meinem Alter liest man vielleicht noch Gebrauchsanweisungen.

Diese Nutzer wollen wir sehr ernst nehmen und wir wollen Genaueres über diese Personengruppen wissen, damit wir unser Produkt in der richtigen Richtung gestalten können.

Einen Trick möchte ich Ihnen noch mitgeben, nämlich die Entwicklung von Personas.

Personas Personas sind hypothetische Gestalten von unseren Zielkunden, also diejenigen, die typische Anwender unseres Produkts repräsentieren. Machen Sie's ruhig sehr konkret. Geben Sie ihnen einen Namen, ein Alter, eine berufliche Ausbildung, Hobbies, Neigungen; machen Sie sie sehr transparent und stellen Sie sich immer wieder die Frage, würde Manfred diese Produktfeatures mögen? Würde Manfred Gefallen an bestimmten Produkteigenschaften finden? Diskutieren Sie bei jedem Requirement, ob es für diese Personas geeignet ist. Wir wenden diesen Trick übrigens auch beim Schreiben eines Buchs an. Wann immer wir ein Buch verfassten, haben wir solche Personas sogar gezeichnet und an die Wand gehängt und bei jedem Absatz, den wir formulieren, fragen wir uns immer wieder: Würde Hilde daran Gefallen finden? Personas zu entwickeln, ist nicht schwierig, aber ein guter Trick, um sich ganz konkret in die späteren Benutzer hineinzuversetzen.

■ 2.7 Weitere Quellen für Anforderungen

Wir haben nun lange Stakeholder behandelt, aber es gibt auch weitere Quellen für Anforderungen (vgl. Bild 2.11). Stakeholder sind garantiert die beste Quelle. Wenn Sie Personen haben, mit denen Sie sprechen können, lernen Sie am schnellsten und am effizientesten über die Anforderungen des Systems.

Aber es gilt auch die alte Tatsache: 80 % der Anforderungen an ein neues System stecken bereits im alten System, im Vorgängersystem drin. Wenn Sie also User Guides von dem Vorgängersystem haben oder alte Spezifikationen davon oder vielleicht noch schlimmer, Datenbankbeschreibungen und Source Code des Vorgängersystems, erfahren Sie eine ganze Menge über die Anforderungen. Es ist nicht leicht, aus diesen alten Beschreibungen, die zum Teil vielleicht gültig sind, zum Teil vielleicht nicht mehr gültig sind, die Anforderungen herauszukitzeln.

In dem Kapitel über Erhebungsmethoden bezeichnen wir das als Softwarearchäologie – aus den alten Aufzeichnungen herausfinden, was das System eigentlich tut und was daher das neue System vielleicht auch wieder tun soll. Wenn Sie keine Ansprechpartner haben, ist das oftmals Ihre einzige Möglichkeit, etwas über die Anforderungen zu erfahren, denn das neue System soll sehr oft mindestens das Gleiche können wie das alte System.

Manchmal haben Sie Visionsdokumente in Firmen, wo irgendjemand Whitepapers geschrieben und darin Strategien vorgegeben hat. Wenn so etwas existiert, ist es ein hervorragender Ausgangspunkt, um konkrete Anforderungen herauszufinden, abgeleitet aus Firmenzielen und den Firmenvisionen.

Manche Firmen beschäftigen eigene Abteilungen von Business Analysts für Geschäftsprozessanalyse, die dann mit Mitteln wie ARIS-Diagrammen, Ereignis-Prozessketten oder BPMN (Business Process Model and Notation) bereits geschäftliche Abläufe formuliert haben, ohne direkten Bezug zur IT, hauptsächlich um das Geschäft besser zu verstehen. Wenn Sie eine derartige Ausgangsbasis haben, ist das schon die halbe Miete. Sie brauchen dann aus den geschäftlichen Vorgaben nur mehr die IT-Anforderungen abzuleiten. Wenn diese Voraussetzung nicht gegeben ist, werden wir als Teil unsere Analyseaufgaben auch Geschäftsprozessanalyse betreiben.

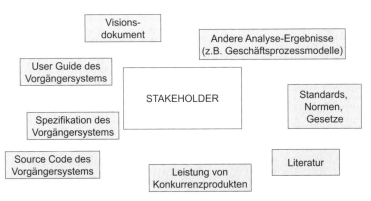

BILD 2.11 Stakeholder und andere Quellen für Anforderungen

Auch in Standards, Gesetzen, Normen, Erlassen sind zahlreiche Anforderungen versteckt. Oftmals sind es die Anforderungen, die in Branchen als selbstverständlich angesehen werden und daher nicht explizit von den Stakeholdern benannt werden. Wenn Sie lange Zeit im Bankenumfeld leben, dann ist Ihnen klar, dass Sie sich an Basel II und Basel III halten müssen. Wenn Sie in der Sicherheitstechnik leben, dann gibt es zahlreiche nationale und internationale Normen und Standards, die einzuhalten sind, etwa beim Bau von Eisenbahnen oder Flugzeugen oder im Bereich der Medizintechnik.

Eine weitere Quelle für Anforderungen sind natürlich Konkurrenzprodukte. Sehr oft hört man, wir müssen mindestens das können, was unsere Konkurrenz kann. Nur zwei bis drei zusätzliche USPs („Unique Selling Points, also Punkte, die wir besser machen als die anderen) sollten noch dazukommen. Konkurrenzprodukte sind eine wertvolle Quelle für Anforderungen.

Und – last but not least – gibt es auch zu bestimmten Themen ziemlich viel an Literatur. Immer wieder wird ein Thema systematisch aufbereitet, in Buch oder Artikelform, und Sie können auch dort sehr viel abschreiben.

Stakeholder sind also unsere ertragreichste Quelle, um etwas über Anforderungen zu erfahren, aber es gibt viele weitere Quellen. Insbesondere unsere Altsysteme, die Sie vielleicht ablösen wollen, enthalten 80 % der Anforderungen.

2.8 Scope und Kontext

Der dritte wichtige Bestandteil der Arbeit am Projektanfang ist die Festlegung des Scope, des Umfangs des Projekts. Der Scope ist unsere Spielwiese. Das ist der Bereich, wo wir aktiv werden dürfen, wo wir gestalterisch tätig werden können, wo wir Vorschläge machen können, wie das System sich verhalten soll und was es tun soll.

Der Scope eines Systems ist der Bereich von Dingen, die bei der Entwicklung eines Systems bewusst gestaltet und beeinflusst werden können.

Rund um diesen Scope befindet sich der Kontext, die relevante Umgebung des zu analysierenden Systems. Relevant ist der Kontext deshalb, weil er unser System betreffen kann und weil er Auswirkungen auf das zu erstellende System haben kann; aber der Kontext ist nicht mehr Teil unserer Spielwiese. Er kann nicht ohne Verhandlung verändert werden. Er gehört uns nicht, aber es gibt Berührungspunkte. Wir bekommen Eingaben aus dem Kontext, wir müssen Gesetze beachten, die im Kontext gelten, und wir wollen Ausgaben dorthin liefern.

Noch weiter außen ist die irrelevante Umgebung. Dinge, die dort passieren, interessieren uns nicht; sie haben auch keinerlei Auswirkung auf unser System.

Warum wollen wir über Scope und Kontext sprechen? Der Hauptgrund ist: Wir müssen die Grenzen kennen. Wir haben es in [DeM07] verglichen mit dem Tennis, mit der weißen Linie im Tennis. Die weiße Linie gibt klipp und klar vor, was drin ist und was draußen ist. Früher konnte John McEnroe noch mit dem Schiedsrichter streiten, ob der Ball noch innerhalb der Grenzen oder außen war. Heutzutage haben wir Kameras zur Überwachung und können

BILD 2.12
Scope und Kontext

BILD 2.13
Die „weiße Linie"
(Photo: David Lee, Agency: Dreamstime.com)

durch sofortige Wiedergabe sehen, ob noch irgendein Härchen dieser gelben Filzkugel die Linie berührt hat oder nicht, ob der Ball gut oder nicht mehr gut ist. Diese weiße Linie sollten Sie auch in Ihrem Projekt kennen. Wir wollen sehr früh unseren Scope gegen den Kontext abgrenzen und eventuell auch den Kontext gegen den irrelevanten Bereich.

Das Wichtigere ist die Abgrenzung unseres Systems gegen den Kontext. Wir wollen diese weiße Linie auch im Projekt ziehen. Die weiße Linie rund um den Scope nennen wir Systemgrenze oder Produktgrenze. Die Systemgrenze trennt also Scope vom Kontext. Die weiße Linie rund um den Kontext nennen wir Kontextgrenze und sie trennt Relevantes von Irrelevantem (vgl. Bild 2.14).

Wir gehen in vielen Fällen sogar noch eine Stufe weiter. Wir betrachten beim Scope zwei unterschiedliche Bereiche. Der allerinnerste Bereich ist unser Produkt, das wir bauen wollen, Scope of Product oder System Scope. Rundherum können wir aber auch noch den Scope unseres Arbeitsgebiets abgrenzen (Business-Scope, Scope of Business oder auch Scope of Work" genannt.)

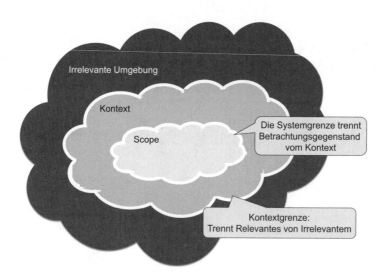

BILD 2.14
System- und Kontextgrenze

Der Produkt-Scope ist der potenziell zu automatisierende Teil unseres Geschäfts. Warum sollten wir nicht nur über unser Produkt nachdenken, sondern auch über unser Arbeitsgebiet? Lassen Sie mich dazu eine kleine Geschichte erzählen. James Robertson in London hat einen fantastischen Service, um den ich ihn beneide. Wenn er von einer Dienstreise nach Hause kommt, ruft er bei einer Firma an und erzählt am Telefon alles, was er an Einkäufen benötigt: seine zwei Flaschen Whiskey, ein Kasten Mineralwasser, Toilettenpapier, Putzartikel und Ähnliches. Zwei Stunden später steht die Lieferung vor der Tür und er braucht sie nur entgegenzunehmen und zu bezahlen. James hat folgende Überlegung angestellt:

Warum muss ich jedes Mal, wenn ich von einer Dienstreise nach Hause komme, den Lieferanten sagen, was ich brauche. Ich bin seit fünf Jahren Kunde bei diesem Unternehmen. Die wissen, wie viel ich normalerweise nach vier Wochen Abwesenheit brauche. Die könnten doch ihrerseits mit einem Vorschlag kommen, mit einer Liste, die ich nur noch in den Mengen korrigieren oder leicht ergänzen muss. Dieses Mal brauche ich nur eine Flasche Whiskey; ich habe noch etwas übrig. Aber Toilettenpapier ist ausgegangen.

Oder gehen wir noch weiter: Warum installieren die Lieferanten nicht bei mir zuhause Sensoren in den diversen Schränken, die dann feststellen, wie viel von den diversen Artikeln noch vorrätig ist, um automatisch eine gute Vorschlagsliste präsentieren zu können. Naja, Sie sehen, man kann es auch übertreiben mit der Automatisierung, aber die Grenze des Systems, das wir bauen, ist nicht so offensichtlich. Muss ich anrufen und Wünsche durchgeben oder erhalte ich eine Vorschlagsliste, die ich nur noch korrigieren muss.

Damit wir diese Entscheidung nicht zu früh treffen, wollen wir zunächst unser Arbeitsumfeld und unsere Geschäftsprozesse betrachten. Erst danach treffen wir eine Entscheidung, wie viel wir davon automatisieren werden und welche Teile weiterhin manuell bleiben sollen.

Ähnliche Überlegungen kann man auch am Beispiel des Buchhandels anstellen. Ich habe in Aachen eine der schöneren und größeren Buchhandlungen in Deutschland, die Mayersche Buchhandlung, wo ich auch regelmäßig Bücher einkaufe. Dort kennt mich aber kaum jemand, obwohl auch meine eigenen Bücher im Regal stehen. Wenn ich mich hingegen bei Amazon anmelde, erhalte ich als Begrüßung schon die Meldung: „Herzlich willkommen, Herr Hruschka,

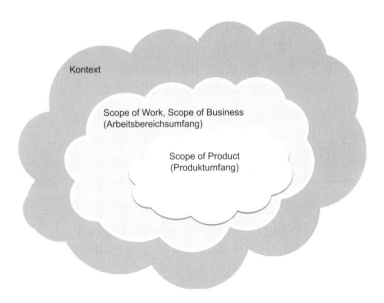

BILD 2.15
Was ist Ihr System?
Ein ganzes Arbeitsgebiet oder ein Produkt?

wir haben Vorschläge für Sie". Amazon ist doch im Wesentlichen auch nur eine elektronische Buchhandlung – natürlich inzwischen mit einem wesentlich breiteren Sortiment.

Warum können die einen anderen Service bieten als meine Mayersche Buchhandlung in Aachen. Ja, sie wissen viel mehr über mich. Sie speichern viel mehr Informationen. Wenn ich in meiner Buchhandlung nach dem Einkauf bar bezahle, haben die an der Kasse keine Ahnung, wer hier eingekauft hat. O.k., wenn ich mit Scheckkarte oder Kreditkarte zahle, sehen sie wenigstens meinen Namen. Amazon speichert über lange Zeit hinweg mein ganzes Einkaufsverhalten. Die können sogar noch mehr machen. Amazon bietet mir Musik an, obwohl ich normalerweise keine CDs oder DVDs kaufe, und die angebotene Musik entspricht noch dazu meinem Geschmack. Woher wissen die, welche Musik ich gut finde? Nun ja. Andere Leute, die so komische Bücher lesen, hören auch so schräge Musik und daraus können die Schlüsse ziehen und mir entsprechende Angebote machen, obwohl ich dort noch nie Musik gekauft habe.

Sie sehen also, wenn wir das Geschäftsfeld etwas ausdehnen können, kommen wir vielleicht auf ganz neue Ideen, die wir durch ein Produkt unterstützen könnten. Lassen Sie uns von dem Buchhandelsbeispiel wegkommen. Wir haben das ernsthaft einmal in einer Versicherung angewandt, als wir uns überlegten: Was weiß ein cleverer Versicherungsvertreter in einem kleinen Dorf? Er kennt natürlich alle Personen, er geht zum Stammtisch am Donnerstagabend, er liest die Aushänge am Rathaus und an der Kirche und kommt schon mal auf die Idee, Ausbildungsversicherungen rechtzeitig zu verkaufen oder andere Versicherungen, weil er das Dorfgeschehen kennt. Wir haben uns überlegt, wie viel von dem, was ein gewiefter Versicherungsvertreter im Dorf weiß, ist in der heutigen Versicherungsdatenbank enthalten und können wir Teile von dem, was der gewiefte Versicherungsvertreter an Informationen nutzt, unter Umständen in die Versicherungsdatenbank packen?

Sie sehen, nicht immer ist die Grenze des Produkts so eindeutig festgelegt. Manchmal hilft es, das Arbeitsgebiet zu betrachten, um daraus Schlüsse zu ziehen, wie viele Teile davon automatisiert werden sollten. Deshalb unser Vorschlag: Arbeiten Sie zweistufig im Scope.

Legen Sie nicht nur den Produkt-Scope fest, also die Grenze des Produkts, das wir bauen wollen, sondern auch den Business-Scope, unser Arbeitsgebiet. Außerhalb befindet sich jeweils der Kontext. Außerhalb unseres Produkts ist der Produktkontext und außerhalb des Arbeitsgebiets befindet sich der Arbeitsgebietskontext.

■ 2.9 Scope und Analytiker

Nachdem wir die Scope-Begriffe kennen- und unterscheiden gelernt haben, können wir uns noch mal den unterschiedlichen Berufsbildern im Bereich der Systemanalyse zuwenden. Oftmals finden wir in Unternehmen organisatorische Trennungen zwischen denen, die für den Business-Scope zuständig sind (normalerweise Business Analysts), und denen, die für den Produkt-Scope zuständig sind (oft in der IT-Abteilung angesiedelt, mit dem Titel „Requirements Engineer" oder „(IT-)Systemanalytiker"). Leider sind die organisatorischen Trennungen manchmal sogar unüberwindliche Gräben für die Kommunikation untereinander. Es kann noch schlimmer kommen: Beide Gruppen bestehen darauf, die Ergebnisse Ihrer Analysearbeiten mit ihren Lieblingsnotationen zu dokumentieren, natürlich in ihren Lieblingstools. Oft sind weder die Notationen noch die Tools untereinander verträglich und automatisch aufeinander abbildbar. Die geschäftlichen Forderungen werden von der IT nicht verstanden und die IT-Anforderungen werden vom Geschäft nicht mehr gelesen und kommentiert, weil ja „ohnehin schon gute Business-Anforderungen vorliegen".

Machen Sie sich das Leben doch nicht gegenseitig schwer. Arbeiten Sie miteinander, statt gegeneinander. Sicherlich liegt der Schwerpunkt in der Business-Analyse im Verstehen des heutigen Systems mit allen seinen Schwachstellen und Unzulänglichkeiten und im Erarbeiten von Anforderungen und Vorschlägen, was sich ändern soll. Ob diese Änderung durch IT-Systeme oder durch organisatorische Maßnahmen (neue Abläufe, neue Aufbauorganisation) erfolgen soll, ist zunächst aus Sicht der Business Analysts nebensächlich.

Bei konkreten Anforderungen an IT-Systeme – worauf das Gebiet „Requirements Engineering" (leider) manchmal eingeschränkt wird – steht im Vordergrund eine möglichst präzise Vorgabe von Anforderungen als Ausgangsbasis für die Arbeit von IT-Entwicklungsteams. Nicht immer wird dabei (leider) zunächst einmal von dem heutigen Zustand abstrahiert und überlegt, ob man es nicht auch ganz anders machen könnte, um den gleichen – oder sogar einen besseren – geschäftlichen Nutzen zu erzielen. Das führt dann manchmal zu getrennten Arbeiten und getrennten Dokumenten (vgl. Bild 2.16).

Business Analysts und Requirements Engineers sollten jedoch – ausgehend von Zielen – gemeinsam überlegen, was erreicht werden soll und welche Teile davon mit welchen Mitteln (organisatorisch, technisch, mit Hardware, mit Software, auf andere Weise, ...) entwickelt werden sollen. Dazu sollten Sie eine gemeinsame Sprache über Anforderungen verwenden. Dieser „gemeinsamen Sprache" in Form von vielen Bildern mit erläuternden Texten oder von umgangssprachlich möglichst präzise ausgedrückten Anforderungen ist der Großteil des Buchs gewidmet (Kapitel 3 – 8). Sie wählen für Ihr Unternehmen dann die Notationen und Werkzeuge aus, die Vorgehensweisen, Methoden und Techniken, mit denen Sie in Ihrem Umfeld am schnellsten und effektivsten zu einem gemeinsamen Verständnis kommen.

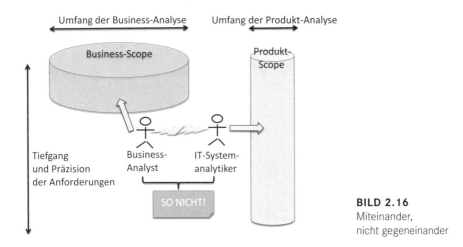

BILD 2.16
Miteinander,
nicht gegeneinander

Im Umfeld von kommerziellen IT-Projekten ist das eben geschilderte Problem ausgeprägter als bei technischen Systemen, weil es in vielen Fällen, in denen Geschäftsprozesse nicht zu hundert Prozent automatisiert werden, einen deutlicheren Unterschied zwischen den zu erledigenden Geschäftsprozessen und den Teilen davon, die durch IT-Systeme unterstützt werden, gibt.

In technischen Systemen (vor allem in Embedded-Real-Time-Systemen) liegen Business-Scope und Produkt-Scope oftmals durch äußere Randbedingungen sehr viel näher zusammen. Es ist häufig sehr klar, wo die Mensch-Maschine-Schnittstelle und wo die Schnittstellen zu anderen technischen Systemen liegen. Aber auch in diesen Fällen sollten Analytiker versuchen, „das größere Bild" zu sehen. Was will der Arzt wirklich erreichen und wie können ihn diverse Systeme dabei möglichst reibungslos unterstützen? Was erwartet der Autofahrer an Unterstützung von den vielen heutzutage im Auto integrierten Hardware-/Softwaresystemen? Nicht die Details der einzelnen Produkte sollten zunächst im Mittelpunkt stehen, sondern deren Einbettung in den gesamten Prozess des Autofahrens.

Aus diesen Ideen ergibt sich mein „Manifest für die Systemanalyse":

1. **Arbeiten Sie miteinander, nicht gegeneinander.**
   Ein gemeinsames Verständnis des nächstgrößeren Scope ermöglicht gezielte Entscheidungen über die Schnittstellen Ihres Systems und die präzise Festlegung Ihres System-/Produkt-Scope. Es öffnet die Augen für Chancen und Risiken.

2. **Machen Sie anfangs die Scheuklappen etwas weiter auf.**
   Was auch immer Sie verbessern, effektiver gestalten oder neu machen wollen: Betrachten Sie das Umfeld, in das Ihr System eingebettet ist. Ein besseres Verständnis der übergeordneten Ziele, Abläufe und Strukturen führt – auch bei nicht perfekt geäußerten Detailwünschen – dazu, dass sich ein konkret zu entwickelndes System oder Produkt reibungsloser in übergreifende Prozesse einfügt.

3. **Minimieren Sie die Anzahl der Notationen und Tools, mittels derer Sie kommunizieren.**
   Welche das sind, ist beliebig, aber es sollten möglichst wenige sein, die von allen verwendet und verstanden werden. Vermeiden Sie Notationsbrüche und die Notwendigkeit für Werkzeugbrücken. Dadurch werden Vorgehensmodelle nur komplexer und die Anzahl von unterschiedlichen – potenziell widersprüchlichen – Dokumenten wird größer.

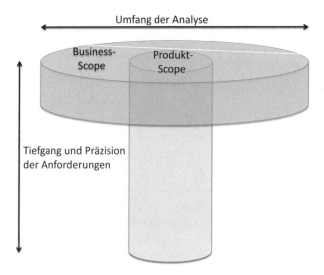

BILD 2.17
Zwei Seiten derselben Medaille

Kurzum: Business Analysis und Requirements Engineering sind zwei Seiten derselben Medaille (siehe Bild 2.17). Wenn wir sie überhaupt unterscheiden wollen, dann hauptsächlich bezüglich des Umfangs (Business-Scope gegen Produkt-Scope) und des Tiefgangs der Anforderungen (d. h. deren Detaillierung und Formulierungspräzision):

- Business Analysis konzentriert sich eher auf den Business-Scope, Requirements Engineering setzt den Fokus eher auf den Produkt-Scope.
- Business Analysis darf Anforderungen abstrakter, konzeptioneller, weniger scharf vorgeben; Requirements Engineering muss eine präzise Kommunikation mit den Personen, die eine (IT-)Lösung entwickeln sollen, sicherstellen.

Unterscheiden Sie lieber nicht. Arbeiten Sie gemeinsam mit allen Stakeholdern daran, auf der Basis von heutiger Unzufriedenheit oder neuen Ideen und Randbedingungen – ausgerichtet auf Ziele – iterativ und inkrementell Anforderungen zu formulieren. Vergleichen Sie dazu Bild 1.4 und lesen Sie nochmals die Definitionen von Business Analysis und Requirements Engineering in Kapitel 1 oder im Glossar.

2.10 Umgang mit Grauzonen

Nicht immer ist diese weiße Linie, die wir in Abschnitt 2.8 beschrieben haben, so eindeutig. Egal, ob um welche Abgrenzung es sich handelt: Es existieren Grauzonen an all diesen Grenzen. Warum gibt es diese Grauzonen? Warum existiert oft eine Grauzone zwischen dem, was wir bauen wollen, und unserem Arbeitsgebiet. Ein Grund könnte sein: Wir haben noch nicht darüber gesprochen, ob es dazugehört oder nicht. Das lässt sich als Systemanalytiker relativ leicht beheben. Sprechen Sie einfach darüber. Warum vermeiden es manche gerne, darüber ein klärendes Gespräch zu führen? Oh, ich kenne Ihre Antwort: Weil der Auftraggeber die falsche Antwort für Sie hat. „Selbstverständlich gehört das auch noch zum Produkt" und das wollten Sie nicht hören. Sie waren ohnehin schon überlastet mit den bisherigen Anforderungen. Deshalb spricht man manchmal nicht über die Grauzonen. Tun Sie es bitte trotzdem. Spätestens beim Abnahmetest fällt es auf, wenn Teile fehlen. Und dann ist es oft zu spät, um noch Korrekturen anzubringen bzw. Nachbesserungen sind wesentlich teurer. Hören Sie die unangenehmen Nachrichten lieber früher als später.

Einer der Gründe ist also: Wir haben uns noch nicht darüber unterhalten.

> Bei einem meiner Kunden ist folgende Situation aufgetreten: Ein Auftraggeber hat drei Projekte an den gleichen Auftragnehmer gegeben, in der irrigen Hoffnung, dass die drei Projektleiter miteinander reden und ihre Gebiete gegeneinander sauber abgrenzen werden. Die Projektleiter haben sich alle auf ihren minimalen Umfang zurückgezogen und wir kamen als Gutachter erst ins Spiel, als ein Streit darüber entbrannte, wer schuld ist, dass die drei Systeme nicht zusammenarbeiten. Das hätte man früher regeln können, wenn man diese Grauzone rechtzeitig aufgelöst hätte, eine saubere Scope-Aufteilung für alle drei Projekte frühzeitig festgelegt und die offenen Punkte dem einen oder dem anderen oder dem dritten Projekt zugeschlagen und gesagt hätte: Das ist eure Aufgabe, liebes Team 1, oder eure Aufgabe, liebes Team 2.

Etwas heikler ist die Situation mit der Grauzone, wenn es um gewünschte, nicht ganz so öffentliche Grenzverschiebungen geht. Das ist der Fall, wenn jemand auf Auftraggeberseite Spielchen spielt und nicht explizit darüber spricht, dass er bestimmte Teile haben oder nicht haben möchte und daher mit dieser Grauzone bewusst Politik macht. Als geschickter Systemanalytiker sollten Sie trotzdem versuchen, diese Grauzone möglichst bald im Projekt zu entfernen und eine klare Grenzlinie zu ziehen. Sie erinnern sich, Scope ist Ihre Spielwiese und Sie müssen wissen, was drin ist und was draußen ist.

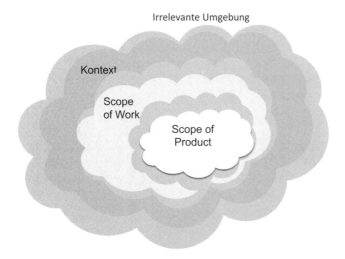

BILD 2.18
Grauzonen an den Grenzen

■ 2.11 Darstellung der System-/Produktgrenze

Wir haben viel über die weiße Linie und über die Grauzonen gesprochen. Wie machen wir es denn konkret? Wie können wir die Grenze eines Systems darstellen? Hier bedienen wir uns eines Tricks, den man als Grafiker, als Zeichner lernt. Wir malen nicht direkt das, was wir am Ende haben wollen, in Bild 2.19 rechts das Flugzeug, sondern wir wollen den „Black Space" modellieren. Wir wollen versuchen, die Umrisse zu zeichnen, ohne das Innere gleich zu zeichnen. Sie modellieren also zunächst nur die Grenzlinie dessen, was **nicht** dazugehört. Das, was in der Mitte dann übrig bleibt, ist Ihr System.

BILD 2.19 Negativer Raum
(*http://mrsdahl.wordpress.com/tag/positive-negative-space/*)

Wenn Sie Zeichenschüler sind, lernen Sie, sich auf diesen negativen Raum zu konzentrieren. Sie zeichnen zunächst eine Linie rund um alles, was nicht dazugehört, und gestalten nicht gleich das Innere aus. Diesen Trick wenden wir auch an.

Wir zeichnen diese Linie rund um unseren Scope und unseren Kontext, damit wir die beiden Grenzen festlegen können. Jetzt ist es bei IT-Systemen nicht so leicht wie bei Zeichnern, diese Grenze zu erfassen.

BILD 2.20
Aus der Trickkiste
von Illustratoren

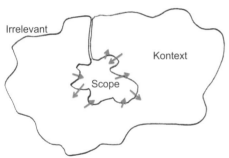

BILD 2.21
Identifizieren der Grenze anhand von Datenflüssen

Im Lauf der letzten Jahrzehnte hat sich als beste Möglichkeit zur Scope-Festlegung herauskristallisiert, über die Schnittstellen in Form von Daten nachzudenken. Konkret: Welche Daten überqueren diese Grenze? Wo kommen Daten in das System hinein und welche Daten gehen aus dem System hinaus? Wir versuchen, diese weiße Linie durch Datenflüsse festzulegen. Schematisch sehen Sie das in Bild 2.21. Das Denken in Datenflüssen über die Grenze hinweg ist leichter, als über Funktionen nachzudenken, denn eine Funktion ist manchmal sowohl innerhalb wie auch außerhalb des Systems. Ein Teil davon ist automatisiert, ein anderer Teil ist nicht automatisiert. Also Funktionen aufzuzählen, die dazugehören oder nicht dazugehören, ist schwierig. Wenn man allerdings klipp und klar die Informationen (d. h. die Datenflüsse) benennt, finden wir eher zu der Grenze: Bei Eintreffen dieses Datenflusses sind wir im System.

Und sobald dieses Ergebnis an ein Nachbarsystem weitergegeben wird, sind wir außerhalb des Systems. So kommen wir zu einer sehr klaren Darstellung dieser System- oder Kontextschnittstelle. Betrachten Sie die weiße Linie durch die Ein- und Ausgabedaten in Bild 2.22, durch die wir Funktionalität innerhalb und außerhalb des Scope trennen.

Das klassische Ausdrucksmittel für die Abgrenzung von Scope und Kontext erhielt in der Strukturierten Analyse [DeM79] die Bezeichnung „Kontextdiagramm". Ein Kontextdiagramm ist ein Bild, in dessen Mittelpunkt mein ganzes System, ohne jede Zerlegung, als EINE Blackbox, z. B. als Kreis, gezeichnet wurde.

> Das Kontextdiagramm

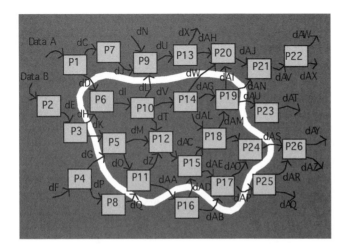

BILD 2.22
Bewusste Grenzziehung durch Datenflüsse

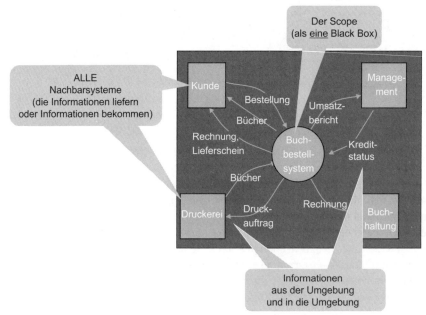

BILD 2.23 Beispiel eines Kontextdiagramms

Rundherum ordnen wir alle Nachbarsysteme an; Menschen, andere IT-Systeme, Software, Sensoren; jeden, der Berührung mit unserem System hat. Und wir benennen alle diese Nachbarsysteme. Klassischerweise haben wir dafür Rechtecke oder Quadrate verwendet. Wenn Sie stattdessen heute Strichmännchen zeichnen wollen oder andere Symbole ist das in Ordnung. Wir wollen aber ALLE Nachbarsysteme aufzählen. Bild 2.23 zeigt ein Beispiel eines Kontextdiagramms.

Als Nachbarsystem betrachten wir alles, wo wir Eingaben herbekommen oder wohin wir Ausgaben schicken oder vielleicht beides. Wir haben Ein- und Ausgaben von und zu diesen Nachbarsystemen. Und wir beschriften alle eingehenden und alle ausgehenden Kanten. Wir vergeben logische Namen. Welchen Input erhalten wir von diesen Nachbarn und welchen Output liefern wir an diese Nachbarn?

Meine englischen Kollegen behaupten immer: „Das ist das wichtigste Bild, das Sie überhaupt in einem Projekt zeichnen können." Wenn Sie also nur ein einziges Bild zeichnen, vergessen Sie all die Use-Case-Diagramme und Activity-Diagramme und Datenmodelle und Zustandsautomaten, die wir im Lauf dieses Buchs noch kennenlernen werden. Wenn Sie nur ein einziges Bild malen, bitte nehmen Sie dieses Kontextdiagramm.

Sie brauchen nur drei einfache Grundelemente:

- das ganze System als Blackbox,
- alle Nachbarsysteme (mit Namen versehen),
- alle Eingaben und alle Ausgaben (ebenfalls mit logischen Namen beschriftet).

Der Zweck des Kontextdiagramms ist eine präzise Abgrenzung meines Scope gegen den Kontext. Ich möchte festlegen, was dazugehört, was innen ist und was außen ist. Und ich möchte vor allem die Schnittstelle zwischen innen und außen identifizieren.

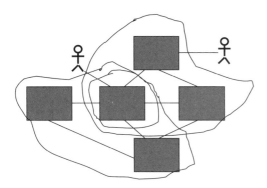

BILD 2.24
Ein unklarer Scope

Sehen Sie sich einmal die Kästchen und Strichmännchen in Bild 2.24 an. Wissen Sie bei dem System, was innen und außen ist? Sie haben ein paar Kästchen, ein paar Striche, ein paar Strichmännchen. Die eine Box in der Mitte, die mit dem kleinen Lasso umrahmt ist, könnte der gewünschte Systemumfang sein. Vielleicht ist aber auch diese Dreiergruppe unten im Bild Ihr geplantes System oder die Dreiergruppe oben? Vielleicht ist es auch ein ganz anderer Bereich.

Wenn das Bild die Antwort auf die Frage, was innen und außen ist, nicht hergibt, hat es versagt. Die Notation ist egal. Ob Sie hier mit Kästchen, mit Wolken, mit Strichmännchen oder anderen Symbolen arbeiten, ist Ihnen freigestellt, aber das Bild muss die klare Antwort geben, was innen und außen ist.

Zu den Muss-Elementen in einer Kontextdarstellung gehören also

- mein ganzes System als eine Blackbox,
- alle Nachbarsysteme, egal ob es Menschen oder Software oder Hardware oder Maschinen oder Sensorik ist und
- logischer Input und logischer Output, das heißt beschriftete Pfeile, die in das System hereinkommen und aus dem System herauskommen.

Betrachten wir in Bild 2.25 einige typische Fehler, die in einem solchen Kontextdiagramm oft gemacht werden:

Sie haben einen Pfeil ohne einen Namen. Wir wissen also nicht, welche Schnittstelle zwischen Kunde und unserem Buchbestellsystem gemeint ist.

Sie haben Nachbarsysteme mit Fragezeichen. Man weiß nicht genau, wer ist hier das Nachbarsystem.

Und noch kritischer ist die Verbindung zwischen den beiden Boxen links oben. Sie sehen hier zwei Nachbarsysteme, die miteinander Informationen austauschen (die Buchspende zwischen Kunde und Bibliothek im konkreten Bild).

Hier ist einer von zwei Fehlern passiert. Entweder Sie haben Ihren Scope zu klein gewählt und Sie hätten das in den Scope einschließen sollen, weil es für Sie interessant ist. Das heißt, diese Tätigkeit und die Ausgabe gehören noch zu Ihrem System. Oder aber, der andere Fehler: Sie sind von Natur aus neugierig und interessieren sich immer für Sachen, die Sie überhaupt nichts angehen. Denn was Nachbarsysteme untereinander machen, außerhalb Ihres Scope, sollte für Sie nicht von Interesse sein. Also müssen Sie entweder den Scope vergrößern oder diese Verbindungen weglassen.

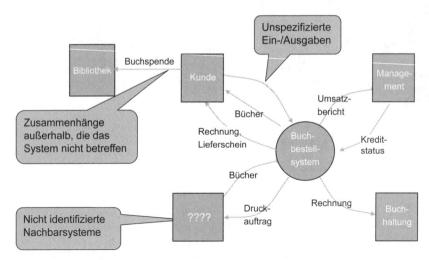

BILD 2.25 Typische Fehler in Kontextdiagrammen

Was sollte definitiv nicht in einem Kontextdiagramm enthalten sein?

- Alle Innereien des Systems
- Eine Zerlegung des Gesamtsystems in Funktionen; Geschäftsprozesse oder in Use Cases oder eine Zerlegung nach beliebigen anderen Kriterien
- Alle Stakeholder, die nicht als Nachbarsystem entweder Informationen liefern oder Informationen bekommen. (Diese finden Sie aber hoffentlich in Ihrer Stakeholder-Liste.)

Für diese absichtlich nicht dargestellten Informationen verwenden wir andere Diagramme und Notationen. Es ist nicht Aufgabe des Kontextdiagramms, die Systemfunktionalität zu zerlegen. Wir wollen nur die Schnittstelle festhalten.

Machen wir einen kleinen Test. Um Ihr System zu implementieren, benötigen Sie ein Personenverwaltungssystem, das Sie als Teil Ihrer Implementierung verwenden wollen. Sie wollen das nicht selbst schreiben, denn dazu gibt es genügend Angebote am Markt. Sie entschließen sich, ein Personenverwaltungssystem als Teil Ihrer Lösung einzukaufen. Würden Sie dieses Personenverwaltungssystem als Nachbarsystem im Kontextdiagramm einzeichnen? Ihre Antwort sollte „Nein" lauten! Alles, was Teil Ihrer Lösung ist, egal ob Sie es selbst schaffen oder ob Sie es zukaufen, verschwindet innerhalb der Blackbox. Wenn wir später in der Architektur oder im Design z. B. Komponentendiagramme zeichnen, dann werden Sie dieses System sehen, zusammen mit allen anderen Komponenten, die Ihr System ausmachen. Aber nicht im Kontextdiagramm, es verschwindet im Inneren.

Ja, aber wir müssen doch mit dem Lieferanten dieses Personenverwaltungssystems jede Menge Absprachen über Lieferumfang und Leistung des Personenverwaltungssystems und andere Vereinbarungen – z. B. Service Level Agreements – treffen. Stakeholder ist der Lieferant des Systems natürlich. Das heißt, in der Stakeholder-Liste wird er auftauchen. Aber das System selbst ist kein Nachbarsystem.

Anders sieht es aus, wenn Sie bei sich im Unternehmen schon ein Personenverwaltungssystem haben und von Ihrer neuen Applikation aus „anzapfen". Sie nutzen dieses vorhandene System zum Speichern und Wiederfinden von Personen. Das heißt, Sie schicken Daten hin und Sie erhalten Daten zurück. Jetzt ist es ein existierendes Nachbarsystem, auch wenn es eventuell erst parallel zu Ihrem Projekt entwickelt wird und noch gar nicht da ist. Es ist in Ihrem Kontext. Es ist zwar außerhalb Ihres Einflussgebiets, aber Sie haben eine Schnittstelle dorthin.

Wenn Sie es aber selbst als Teil Ihrer Lösung im Griff haben, sieht es kein anderer und es verschwindet im Inneren.

2.12 Alternative Notationen

Das gute, alte Kontextdiagramm aus der strukturierten Analyse ist die klassische Art, die Kontextabgrenzung sichtbar zu machen. Es gibt natürlich alternative Notationen dafür. So können Sie zum Beispiel, wenn Sie Bilder nicht mögen, das Ganze als Tabelle darstellen. Der Name der Tabelle ist dann der Name des Systems, im Beispiel in Bild 2.26 „Frühwarnsystem". Sie sehen in der ersten Spalte die drei Nachbarsysteme: den Benutzer, den Sensor und den Admin. In der zweiten Spalte sehen Sie alle Eingaben und in der dritten Spalte alle Ausgaben. Eine derartige Tabelle ist natürlich leichter groß zu machen, wenn Sie sehr viele Nachbarsysteme und sehr viele Ein- und Ausgaben haben als das Diagramm. Suchen Sie es sich aus. Die Tabelle enthält die gleiche Information wie das Diagramm: Name des Systems, Name aller Nachbarsysteme und benannte Ein- und Ausgaben.

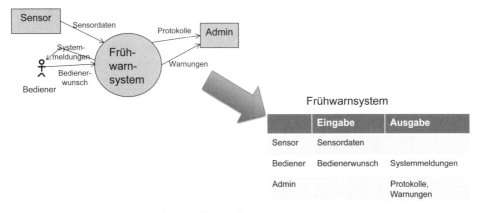

BILD 2.26 Tabellen als Alternative zum Kontextdiagramm

Da die UML das Kontextdiagramm nicht mehr explizit als Diagrammtyp anbietet, versuchen heute auch viele, es durch ein Use-Case-Diagramm zu simulieren. Sie können ein Use-Case-Diagramm, wie Sie es in Bild 2.27 sehen, „aufbohren", indem Sie ALLE Nachbarsysteme einzeichnen – nicht nur diejenigen, die Prozesse triggern – und indem Sie an ALLE Verbindungen zwischen Akteuren und Use Cases mit Pfeilspitzen und mit Namen versehene Ein- und Ausgaben einzeichnen. Das ist nicht der normale Stil eines Use-Case-Diagramms. Es ist ein Use-Case-Diagramm, das auch als Kontextdiagramm verwendet wird. Wenn Ihr Tool das aber unterstützt, warum sollten Sie es nicht machen?

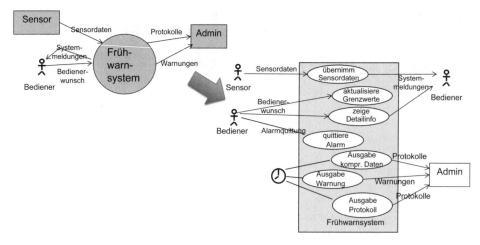

BILD 2.27 Ein „aufgebohrtes" Use-Case-Diagramm als Alternative

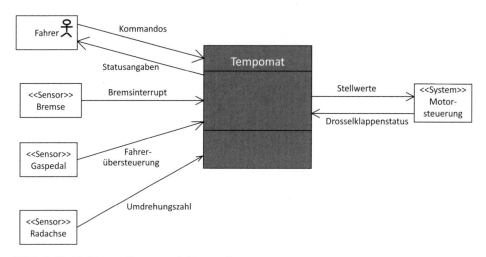

BILD 2.28 Ein Klassendiagramm als Kontextdiagramm

Außerdem kann man auch fast jedes andere Diagramm der UML als Kontextdiagramm einsetzen. In Bild 2.28 sehen Sie beispielsweise ein UML-Klassendiagramm, das als Kontextdiagramm genutzt wird. Das System „Tempomat" bei einem Fahrzeug soll spezifiziert werden und Sie haben alle Nachbarsysteme, den Fahrer, diverse Sensorik wie die Bremse und das Gaspedal als Klassen (evtl. mit entsprechenden Stereotypes), eingezeichnet und nutzen gerichtete, benannte Assoziationen für die entsprechenden Datenflüsse in und aus dem System „Tempomat".

Sie sehen, in diesem Fall hat man ein Klassendiagramm zum Zweck der Darstellung des Kontexts genommen. Es spielt keine Rolle, welche grafische Notation Sie verwenden, solange die drei Kernelemente (mein System, alle Nachbarn und alle Ein- und Ausgaben) in dieser Notation präzise wiedergegeben werden.

Kontextdiagramme passen oftmals auf ein DIN-A4-Blatt. Wenn Sie sehr viele Nachbarsysteme haben, zum Beispiel zwölf bis fünfzehn, dann nehmen Sie ein DIN-A3-Blatt und zeichnen es ein bisschen größer. Das allergrößte, was wir jemals gezeichnet haben, war ein System mit 150 Nachbarsystemen und 400 Ein- und Ausgaben. Dazu haben wir ein Flipchart mit sehr kleinen Symbolen verwendet, aber es war noch immer als Diagramm gezeichnet.

Und es hing im Konferenzraum an der Wand, sodass alle 400 Schnittstellen zu all den 150 Nachbarsystemen des Systems auf einen Blick sichtbar waren. Das ist ungewöhnlich. Im Normalfall kommen Sie mit DIN A4 oder DIN A3 sehr gut aus.

■ 2.13 Die drei Erfolgszutaten (nochmals)

Bevor wir uns in zu vielen Details verlieren, fassen wir noch mal die Erfolgszutaten für einen gelungenen Projektanfang, für einen erfolgreichen Projektstart zusammen. Ich stelle Ihnen an der Stelle das Volere-Schema vor [Rob12] [VOLERE], ein Schema mit 27 „Schubladen", das meine englischen Kollegen James und Susanne Robertson zur kompletten Sammlung aller Requirements entwickelt haben (siehe Bild 2.29). Bitte betrachten Sie die Schubladen als

```
Projekttreiber
        1. Ziele des Projekts
        2. Stakeholders
Randbedingungen für das Projekt
        3. Geforderte Randbedingungen
        4. Namenskonventionen und Terminologie
        5. Relevante Fakten und Anforderungen
Funktionale Anforderungen
        6. Einbettung in das Arbeitsgebiet
        7. Datenmodell
        8. Umfang des Produkts
        9. Funktionale Anforderungen
Nichtfunktionale Anforderungen
        10. Anforderungen an die Benutzerschnittstelle
        11. Ergonomieanforderungen
        12. Performanzanforderungen
        13. Operative und Umweltanforderungen
        14. Maintainability & Support Requirements
        15. Sicherheitsanforderungen
        16. Kulturelle Anforderungen
        17. Rechtliche Anforderungen
Projektanforderungen
        18. Offene Punkte
        19. Kauf und Wiederverwendung
        20. Neue Probleme
        21. Projektplanung
        22. Anforderungen an Migration und Inbetriebnahme
        23. Risiken
        24. Kosten
        25. Anwenderdokumentation und Schulung
        26. Warteraum
        27. Lösungsideen
```

BILD 2.29
Volere im Überblick

Aufbewahrungsort für alles, was für Ihre Systemanalyse relevant ist, nicht als Requirements-Dokument. Was von den 27 Schubladen Sie für wen als Dokument erstellen, das besprechen wir in Kapitel 9. Für den Augenblick nehmen wir Volere als Requirements Repository, wo sie alles unterbringen können, was wichtig ist.

Ich möchte hier nicht auf die Details aller Schubladen eingehen, sondern nur die paar herausheben, die wir schon behandelt haben. Sie sehen hinter der Hauptüberschrift „Projekttreiber" die Ziele als allererste Schublade. Fangen Sie nie ein Vorhaben ohne diese Ziele an. Die zweite, wichtige Zutat kommt direkt danach: Schublade 2 enthält die Stakeholder, und zwar alle. Die Geldgeber, die Benutzer und die vielen anderen Stakeholder werden hier festgehalten, so wie wir es vorgeschlagen haben. Und unter der Hauptüberschrift „Funktionale Anforderungen" haben Sie in Schublade 6 den Business-Scope und in Schublade 8 den Produkt-Scope. Wir grenzen unser Arbeitsgebiet ab und wir grenzen das Produkt ab.

Wenn Sie hauptsächliche Business-Analyse betreiben, so konzentrieren Sie sich auf die Schublade 6, auf den Umfang Ihres Arbeitsgebiets. Die konkrete Produktabgrenzung in Schublade 8 ist vor Beauftragung einer konkreten Lösung oder eines konkreten IT-Entwicklungsauftrags unbedingt notwendig; die Schnittstellen des Arbeitsgebiets, unseren Business-Scope, zu verstehen und zu durchleuchten, wäre höchst wünschenswert, damit Sie die Produktgrenzen nicht zu früh und zu eng ziehen. Diese Bestandteile sollten in jeder guten Requirements-Dokumentation enthalten sein: Ziele, Stakeholder und Scope-Abgrenzung(en).

Im ersten Kapitel (in Abschnitt 1.10) haben wir bei der Vorgehensweise über den T-Stich-Ansatz gesprochen. Jetzt können wir beginnen, den oberen Teil des Ts mit den ersten Inhalten auszufüllen, die frühzeitig im Analyseprozess erzeugt werden sollten – und das sind Ziele, Stakeholder und Scope, wie Sie in Bild 2.30 sehen.

Die Pünktchen deuten schon an, dass hier noch mehr kommt. Wir werden frühzeitig ein paar andere wichtige Dinge erledigen. Der Umfang von diesen Anfangstätigkeiten ist aber nicht mehr als 1–5 % des Gesamtprojekts. Wenn wir diese Sachen festgelegt haben, können wir irgendwo in die Tiefe bohren und detailliertere Anforderungen für einen ausgesuchten Bereich spezifizieren. Mit den richtigen Leuten am Tisch schaffe ich es in vielen Projekten, die Ziele, Stakeholder und den Scope innerhalb eines Tages fertig zu bekommen. Und selbst bei großen Projekten klappt das normalerweise innerhalb einer Woche. Es ist kein großer Aufwand, aber die drei Punkte sind so wichtig für die weitere Arbeit, dass Sie ohne diese nie anfangen sollten.

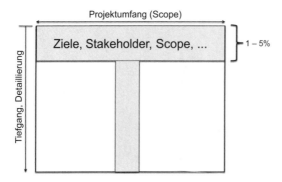

BILD 2.30
Der obere T-Balken, teilweise gefüllt

2.14 Zusammenfassung

Fassen wir das zweite Kapitel noch mal zusammen. Was ist nötig, um ein Projekt erfolgreich zu starten?

- Erstens, die Kenntnis der Projektziele ist eine unabdingbare Voraussetzung. Wenn wir nicht wissen, wo wir hin wollen, können wir auch keine detaillierten Anforderungen sinnvoll erfassen. Denn Ziele gehören zu den Anforderungen dazu.
- Zweitens, die wichtigste Quelle für Anforderungen sind Stakeholder. Es gibt andere Quellen für Requirements, wie Altsysteme, Gesetze, Konkurrenzsysteme, aber der Umgang mit den Personen, die von dem System betroffen sind und die das System nutzen sollen oder die in irgendeiner Weise in ihrer Arbeit von dem System beeinflusst sind, ist sicherlich die wertvollste Quelle für Anforderungen.
- Drittens, wir haben gelernt, unser System gegen die Umwelt abzugrenzen. Frühzeitige Kenntnis dessen, was uns gehört und was uns nicht gehört, was Nachbarsysteme sind, und vor allem die frühzeitige Diskussion der Schnittstellen zu diesen Nachbarsystemen erleichtern die Planung und die Aufwandsschätzung und reduzieren auf jeden Fall den Ärger und die Risiken beim Integrations- und Abnahmetest.

Die drei Säulen eines erfolgreichen Projektbeginns sind daher: Ziele definieren, Stakeholder identifizieren und Business- und Produkt-Scope abgrenzen.

3 Geschäftsprozesse und Produktfunktionalität

Im dritten Teil beginnen wir, uns mit funktionalen Anforderungen auseinanderzusetzen. Im kommerziellen Umfeld nennen wir das eher „unsere Geschäftsprozesse", im technischen Umfeld sprechen wir vielleicht eher von der „gewünschten Produktfunktionalität". Ich nenne es im Folgenden einfach „funktionale Anforderungen".

Wir diskutieren am Anfang, dass uns Anforderungen auf unterschiedlichem Abstraktionsniveau entgegengebracht werden: sehr grobe Anforderungen, feinere Anforderungen, sehr detaillierte Anforderungen. Dann besprechen wir, wie man ein großes System möglichst so aufteilen kann, dass man die Teile getrennt voneinander spezifizieren und behandeln kann. Das erfolgreichste Konzept dazu ist die prozessorientierte Zerlegung. Ivar Jacobson hat für diese Technik 1992 die Begriffe Use Cases (oder Anwendungsfälle) eingeführt. Wir betrachten, wie man Use-Case-Diagramme zeichnet, aber noch viel wesentlicher: Wie findet man überhaupt Prozesse, wie kann man Ereignislisten als Hilfe einsetzen, um zu solchen Anwendungsfällen zu kommen?

Wenn wir sie einmal entdeckt und gefunden haben, dann müssen sie höchst wahrscheinlich genauer beschrieben werden. Daher wollen wir zusätzlich zu den Use-Case-Diagrammen noch Use-Case-Spezifikationen für unterschiedliche Stakeholder auf unterschiedlichem Abstraktionsniveau kennenlernen.

■ 3.1 Anforderungen unterschiedlicher Granularität

Dieses Kapitel handelt hauptsächlich von Use-Case-Modellen. Use Cases sind eine Art, funktionale Anforderungen auszudrücken. Bevor wir auf diese Spezialitäten eingehen, kehren wir nochmals zur Kategorisierung von Anforderungen zurück. Wir haben im Einleitungskapitel funktionale Anforderungen, Qualitätsanforderungen und Randbedingungen unterschieden und die letzteren beiden auch als nicht funktionale Anforderungen bezeichnet. In diesem Kapitel (und auch in den folgenden) behandeln wir ausschließlich funktionale Anforderungen.

Die einfachste Art, eine funktionale Anforderung auszudrücken, ist ein umgangssprachlicher deutscher Satz oder englischer Satz. Zum Beispiel könnte bei einem Navigationssystem eines Autos gefordert werden:

> „Requirement 27: Das Navigationssystem soll dem Fahrer die Möglichkeit geben, das Fahrziel durch Eingabe einer Adresse auszuwählen."

Das ist eine funktionale Anforderung. Diskutieren wir deutsche Sätze im Zusammenhang mit ihrer Granularität. Anforderungen kommen in unterschiedlicher Körnigkeit bei Analytikern an, von sehr grob granularen Anforderungen über mittelmäßig granulare bis zu sehr feinen Anforderungen.

Im letzten Kapitel haben wir über Ziele gesprochen. Ziele waren sehr abstrakt, sehr grobkörnig. Aber es waren Anforderungen und sie werden meist umgangssprachlich ausgedrückt. Doch solche deutschen Sätze können Sie auf jedem Niveau von Ihren Anwendern erhalten. Sehen wir uns zu dem Navigationssystem einmal eine grobgranulare Anforderung an:

> „Das Navisystem soll dynamische Zielführung ermöglichen."

Für Entwickler, die sich in der Branche auskennen, ist damit ganz klar ausgesagt: Wir wollen während der Routenführung Verkehrsmeldungen berücksichtigen. Wir wollen Staus möglichst schnell einschätzen bzw. umfahren können.

Aber „soll dynamische Zielführung ermöglichen" ist eine sehr grobe Aussage. Eine mittelmäßig granulare Aussage wäre:

> „Das Navisystem soll unterschiedliche Möglichkeiten bieten, das Ziel auszuwählen."

Und eine sehr feine Anforderung wäre:

> „Bei der Eingabe von Stadt- oder Straßennamen soll das Navisystem nur noch Buchstaben zulassen, die einen erlaubten Stadt- oder Straßennamen bilden."

Anwender versuchen schon, uns möglichst präzise Wünsche zu übermitteln, aber sie werden auf allen Abstraktionsebenen sprechen. Manche werden Ihnen grobe Anforderungen erzählen, manche sehr feine, manche mittelmäßige. Sie können Ihre Anwender kaum dazu bekommen, es nur auf einem Abstraktionsniveau zu bieten.

Deshalb ist unsere Herausforderung als Business Analyst oder als Requirements Engineer, die funktionalen Anforderungen irgendwie zu sortieren und zu ordnen, von sehr grob bis zu sehr fein. Wir versuchen natürlich, Anforderungen immer so präzise wie möglich auszudrücken, aber wir müssen mit unterschiedlichen Granularitätsebenen leben. Manche Leute scherzen und sagen, die endgültige Wahrheit liegt im Java-Code oder im C#-Code und in der Hardware. Das ist das, was das IT-System wirklich tut. Aber auf diesem Niveau wollen wir natürlich keine Anforderungen ausdrücken. Was wir erreichen wollen, ist eine hierarchische Gliederung unserer Anforderungen: ausgehend von den Zielen über grob granulare, mittelmäßig granulare, bis zu sehr feinen Anforderungen. Die gröbste Ebene sind unsere Ziele. Wir wollen die Anforderungen – egal, in welcher Reihenfolge wir sie bekommen – so unter den Zielen strukturieren, dass sie eine derartige Granularitätshierarchie bilden.

Ziele (= gröbste Anforderungen)

grobe Anforderungen

mittlere Granularität

feinste Anforderungen

BILD 3.1
Hierarchisch gegliederte Anforderungen

3.2 Funktionale Anforderungen gliedern und strukturieren

Anforderungen gliedern und strukturieren ist unser großes Thema. Sehen wir uns das mal von „unten kommend" an. Sie haben vielleicht eine Menge an Anforderungen (in Bild 3.2 charakterisiert durch die kleinen, dunklen Kästchen). 23 Stück, wenn Sie nachzählen. 23 ist uns vielleicht zu viel und wir wollen sie lieber gliedern in 7 größere Anforderungen. Vielleicht ist uns auch 7 noch zu viel und wir hätten lieber 3 sehr grobe Anforderungen für den Überblick. Jetzt haben wir bei 23 und 7 und 3 sicherlich noch kein Mengenproblem.

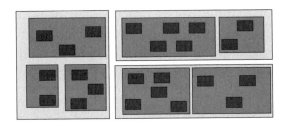

BILD 3.2
Anforderungen bündeln

Wenn Sie insgesamt nur 23 Anforderungen haben, so schreiben Sie diese bitte in eine Excel-Tabelle von 1 bis 23 nummeriert untereinander. Dazu brauchen wir kein Gliederungsschema. Oder nummerieren Sie sie in Word einfach von 1 bis 23 durch.

Es sieht aber schon anders aus, wenn Sie real unter Umständen 3000 Anforderungen haben, die Sie lieber in 300 grobe oder in 30 noch gröbere Anforderungen zusammenfassen oder in 3 Ziele gliedern.

Je größer die Anzahl Ihrer Anforderungen ist, desto eher brauchen wir ein derartiges Gliederungsschema. Wir haben im letzten Kapitel festgehalten, dass wir als unser Thema, unser „Ganzes", sowohl den Scope unseres Arbeitsgebiets definieren wollen wie auch den Scope unseres Produkts abgrenzen. Jetzt geht es darum, diese Spielwiesen zu zerlegen, in sie hineinsehen. Was auch immer Ihr „Ganzes" ist: Sie wollen dies nach irgendeinem Kriterium aufzuteilen; nach dem guten alten Motto „Teile und herrsche".

Aber nach welchem Kriterium sollen wir einen großen, unverdaulichen Block in Teile zerlegen? Was würden Sie spontan tun? Die offensichtlichste Art, ein großes Gebiet in Teile

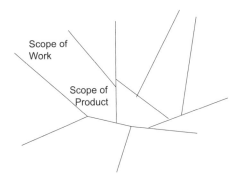

BILD 3.3
Das Arbeitsgebiet oder das Produkt strukturieren

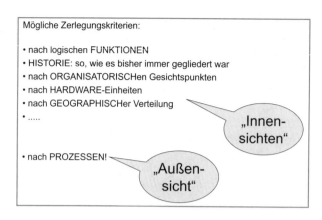

BILD 3.4
Alternative Zerlegungskriterien für Anforderungen

aufzuteilen, sind logische Funktionen. Das System soll diese Funktion erledigen und jene Funktion und auch diese Funktion. Sie wählen daher vielleicht eine Aufteilung in logische Funktionen. Gibt es auch andere Möglichkeiten, ein großes System aufzuteilen? Ja, selbstverständlich! Bild 3.4 zeigt Ihnen einige Alternativen.

Die einfachste Art ist, so aufzuteilen, wie das Vorgängersystem bisher strukturiert ist. Wahrscheinlich haben Sie ein Vorgängersystem und es existiert ein organisatorisches oder technisches Design dafür. Wir nehmen die Komponenten oder Module oder Subsysteme oder Systeme in ihrer Anwendungslandschaft als Gliederungsschema und schreiben genauere Anforderungen zu jeder dieser Komponente, die sich ändern soll. Damit haben Sie nicht logische Funktionen als Gliederungskriterium betrachtet, sondern heutige Systeme oder Teilsysteme.

Geht's auch noch anders? Selbstverständlich. Nach organisatorischen Gesichtspunkten. Teilen Sie die vielen Anforderungen in die Anforderungen für den Vertrieb, für Marketing, und für Entwicklung auf oder wie auch immer Ihre Organisationsstruktur aussieht.

Bitte beachten Sie, dass logische Funktionen nicht unbedingt mit Ihrer Organisationsstruktur deckungsgleich sind. Eine logische Funktion zieht sich unter Umständen durch drei Abteilungen. Oder umgekehrt, eine Abteilung erledigt sieben logische Funktionen. Sie sehen, es sind unterschiedliche Kriterien und Sie müssen entscheiden, nach welchem Kriterium Sie eine Menge von Anforderungen bündeln bzw. eine grobe Anforderung in Teile zerlegen.

Was gibt es sonst noch, außer der Vergangenheit und organisatorischen Gesichtspunkten und logischen Funktionen? Vielleicht auch nach Hardwareeinheiten? Das sind neue Anforderungen für den Client und das sind Anforderungen für den Server. Oder nach geografischen Gesichtspunkten: Das sind Anforderungen für München, Zürich und Wien. Bitte beachten Sie wiederum, dass diese geografische Gliederung nicht unbedingt Ihre Organisationsstruktur ist. Organisationseinheiten können völlig konträr zur geografischen Einteilung liegen. Sie könnten auch deckungsgleich sein. Mir würden noch einige andere Kriterien einfallen, nach denen man gliedern könnte. Aber wirklich ans Herz legen möchte ich Ihnen eine Gliederung nach Prozessen, nach Geschäftsprozessen.

Was unterscheidet diese Prozessgliederung von all den anderen Gliederungen, die wir angesprochen haben; von logischen Funktionen, Geografie, Historie usw.? Alle, die wir am Anfang angesprochen haben, sind Innensichten des Systems. Sie betrachten Ihr System und seine internen logischen Funktionen. Sie betrachten Ihr System und seine organisatorischen Einheiten; Ihr altes System und seine bisherige Gliederung.

Das Einzige, was eine Außensicht darstellt, ist die Prozessgliederung. Aus Sicht unseres Systems sagt jemand von außen: Wir wollen etwas damit tun – egal, wie es intern organisiert ist, egal, wie es intern in Funktionen aufgeteilt ist, wie es verteilt ist, in Form welcher Teilsysteme und Komponenten es gelöst ist. Die Gliederung in Prozesse ist eine Außensicht und das ist auch die Grundidee der Use-Case-Modellierung und anderer Ansätze, die Prozesse in den Mittelpunkt stellen.

Lassen Sie bitte für den Augenblick die Darstellung der Prozesse außer Acht. Konzentrieren wir uns auf die Zerlegung eines Ganzen in Teile, nicht auf die Notation.

■ 3.3 Use Cases: die Grundidee

Wir können ein System immer auf zwei Arten betrachten. Sehen Sie die Struktur an, die in Bild 3.5 in Form eines Kästchendiagramms gezeichnet ist. Was stellt man normalerweise in einem Unternehmen so dar? Selbstverständlich Organigramme. Die Kästchen könnten also die Struktur einer Firma darstellen: ganz oben das Gesamtunternehmen, darunter die geografischen Niederlassungen, darunter Hauptabteilungen usw.

Es könnte auch die Struktur eines Softwaresystems sein: ganz oben unser Gesamtsystem, darunter die Hauptsysteme, Subsysteme, die Module, die Komponenten usw.

Oder aber es könnte auch eine Hardwarestruktur sein. Unser ganzes Rechenzentrum bestehend aus den drei Servern und diese bestehen wiederum aus Prozessoren und mathematischen und grafischen Coprozessoren.

Die Kästchen sind auf jeden Fall ein internes Strukturbild eines Systems. Wir nutzen solche Strukturbilder nach dem guten alten Motto „Teile und herrsche", um komplexe Systeme einfacher, überschaubar und beherrschbar zu machen. Wir werden auch in der Organisationsanalyse solche Strukturbilder verwenden – für die Aufbauorganisation, die gewollte Geschäftsprozesse abarbeiten muss. Ebenso werden wir in der Softwareentwicklung solche Strukturbilder verwenden, aber nicht so sehr in der Systemanalyse, sondern hauptsächlich im Design.

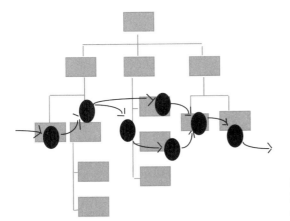

BILD 3.5
Zwei unterschiedliche Sichtweisen auf ein System

In der Systemanalyse wollen wir uns auf eine andere Betrachtung konzentrieren, die ich in Bild 3.5 mit Kreisen und Pfeilen überblendet habe, nämlich auf die Prozesse, die quer über diese Struktureinheiten laufen. Irgendwo kommt ein Auslöser, eine Eingabe aus der Systemumgebung (aus dem Kontext). Wir machen innerhalb unseres Scope eine Menge Schritte, um ein Ergebnis zu erzeugen. Das ist eine Betrachtung, die orthogonal zu der anderen Betrachtung liegt. Unabhängig von Hardware, unabhängig von Abteilungen, unabhängig von Software wollen wir eine Prozesskette abwickeln.

Wir wollen in Geschäftsprozesse zerlegen und das Ziel dieser Zerlegung ist Wertschöpfung – betriebliche Wertschöpfung. Am Ende wollen wir mehr Wert haben, als wir am Anfang hatten. Durch unseren Prozess wollen wir Mehrwert schaffen. Wir ersetzen also die klassische Top-down/Bottom-up-Denkweise über Chef und Mitarbeiter und Abteilungen durch eine „West-Ost-Betrachtung", eine Betrachtung vom Lieferanten zum Kunden, wenn Sie im produzierenden Gewerbe tätig sind. Sie kaufen irgendwo Rohstoffe ein, Sie bearbeiten sie in mehreren Schritten, in der Hoffnung, dass das Endprodukt mehr Geld bringt, als die Kosten für den Einkauf und Ihre Arbeit. Das ist Wertschöpfung. Wenn Sie im Dienstleistungsgewerbe sind, dann geht es *vom* Kunden *zum* Kunden. Der Kunde stellt eine Anfrage. Wir haben mehrere Bearbeitungsschritte, die hoffentlich Mehrwert erzeugen, sodass wir für das Ergebnis mehr Geld verlangen können, als wir an Arbeit hineingesteckt haben.

Dieses Umdenken in Richtung Prozessorientierung wurde von vielen Leuten fast gleichzeitig über einen Zeitraum von zehn bis fünfzehn Jahren entwickelt. Ich habe Ihnen hier einige Quellen mitgebracht für dieses Querdenken von außen. Sehr berühmt geworden sind Michael Hammer und James Champy [Ham93]. Sie haben 1993 ein Buch geschrieben mit dem Titel „Reengineering the Corporation". Der Untertitel war sehr martialisch: ein Manifest zur Geschäftsrevolution. Sie haben mit diesem Buch den Grundstein für Geschäftsprozessoptimierung und Geschäftsprozessanalyse gelegt. Die Kernbotschaft in dem Buch war „Obliterate, don't automate". Auf Deutsch: „Mache es lieber überflüssig, statt es auch noch zu automatisieren." Sie haben den großen amerikanischen Konzernen ins Gewissen geredet, **nicht** ihre heutigen Abläufe mit IT zu unterstützen, sondern **zuerst** über sinnvollere Abläufe **nachzudenken**, die bisherigen Abläufe zu optimieren und überflüssige Schritte zu entfernen. Und erst danach sollte man für die optimierten Abläufe IT-Systeme bauen.

So neu war die Idee 1993 gar nicht mehr. Denn meine beiden Kollegen von der Atlantic Systems Guild Steve McMenamin und John Palmer haben bereits 1984 ein Buch geschrieben unter dem Titel „Essential Systems Analysis" [McM84]. Sie richteten sich damals gegen den vorherrschenden Zeitgeist, dass man das Kontextdiagramm der strukturierten Analyse

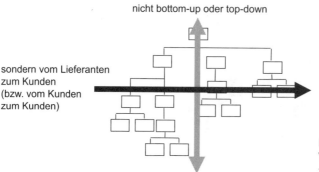

BILD 3.6
Von hierarchischen Strukturen zum Prozessdenken

top-down in seine 7 ± 2 Hauptfunktionen zerlegen sollte. Stattdessen schlugen sie vor, man sollte statt dieser internen Zerlegung lieber einen Auslöser suchen und dann der ganzen Prozesskette nachlaufen, bis man zu einem Ergebnis kommt. Sie haben es „ereignisorientierte Zerlegung" genannt: ausgehend von einem Ereignis die Prozesskette aufzuzeigen. Diese Idee wurde von Professor Scheer in Deutschland mit seinen Ereignisprozessketten (EPKs) aufgegriffen [Sch01]. Die Grundidee gab es also bereits zehn Jahre vor der Revolution durch Hammer und Champy im Bereich Business Engineering.

Den Vogel schoss allerdings Ivar Jacobson 1992 ab, als er in seinem Buch „Object Oriented Software Engineering" mit dem Untertitel „A Use Case Driven Approach" [Jac92] eine derartige Prozesskette als Use Case bezeichnete. Dieser Ausdruck ist populär geworden. Sie müssen Herrn Jacobson verzeihen. Er ist Schwede und er dachte, Use Case sei ein englisches Wort. „Use" heißt benutzen und „Case" ist der Fall, also ein Benutzungsfall, ein Anwendungsfall. Die Engländer und Amerikaner haben es auch nicht gleich verstanden, denn es war ein Kunstwort, das von einem Schweden erfunden wurde. Ein Anwendungsfall, ein Geschäftsvorfall.

2005 hat der Zusammenschluss der Business Process Management Initiative mit der Object Management Group eine neue grafische Notation standardisiert: BPMN (Business Process Model and Notation), derzeit in der Fassung von 2011 verfügbar [BPMN11], [Han13].

Aber die Grundidee hinter all diesen Methoden und Notationen ist identisch: Sie sollen lieber von außen durch das System hindurch querdenken, statt sofort in internen Strukturen zu denken.

■ 3.4 Use Cases: Formalien

Betrachten wir im nächsten Abschnitt ein paar Formalien zu Use Cases und zu Use-Case-Modellen. Unser Ziel ist es, alle funktionalen Anforderungen in Form von Prozessen zu gliedern. Und diese Prozesse stellen wir als Use-Case-Modell dar. Es setzt sich aus zwei Hauptbestandteilen zusammen (wie auch in Bild 3.7 ersichtlich):

- aus Use-Case-Diagrammen und
- den dazugehörenden Use-Case-Spezifikationen.

Das Diagramm ist der grafische Überblick über die gewünschte Funktionalität. Es enthält einerseits die Akteure, die als Auslöser fungieren und irgendetwas von dem System wollen, und andererseits (im Inneren des Systems) die Use Cases (die Anwendungsfälle, die Geschäftsvorfälle), die diese Wünsche der Akteure erfüllen. Die Akteure sind über Assoziationen mit den Prozessen verbunden.

Das Bild zeigt uns, welcher Akteur welchen Prozess ausgeführt haben möchte. Und nachdem in dieser Ellipse, die den Use Case repräsentiert, nicht viel drin steht, außer einem Namen, braucht man dazu eine Use-Case-Spezifikation als umgangssprachliche, z. B. schwedische Beschreibung, was aus Sicht des Akteurs vom System getan werden soll. Natürlich können Sie auch Deutsch oder Englisch als Umgangssprache verwenden, um zu beschreiben, was dieser Prozess tun soll ☺.

> Modell =
> Bild und erläuternder Text

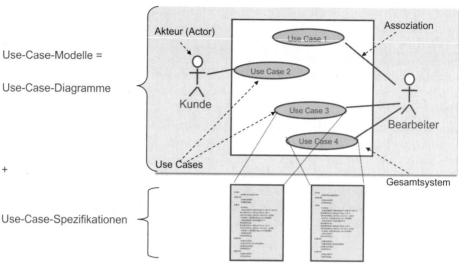

BILD 3.7 Use-Case-Modelle

Der Rahmen um das Ganze (das Rechteck rund um die Use Cases) ist unser Gesamtsystem. Wir haben also durch eine Use-Case-Analyse unser System in n solche Geschäftsprozesse zerlegt, in n Use Cases.

Akteure

Sehen wir uns die Hauptelemente dieses Use-Case-Diagramms einmal näher an. Beginnen wir mit den Akteuren. Das Wichtigste, was Sie über Akteure wissen sollten: Akteure sind **außerhalb** des Scope, im Kontext. Sie sehen also, wie wichtig es war, dass wir am Anfang des Projekts die Grenze gezogen haben, um zu wissen, was außerhalb und was innerhalb ist.

BILD 3.8 Darstellungsalternativen für Akteure

Denn per Definition sind Akteure immer außerhalb dieser Grenze. Sie wollen etwas von unserem System. Ivar Jacobson hat für die Akteure Strichmännchen als Notation erfunden Das ist manchmal ein bisschen irreführend. Die Idee kommt daher, dass oftmals das betrachtete System ein Rechner mit Software ist. Und der Akteur ist derjenige, der mit den Fingern an der Tastatur ist und dieses System bedient. Aber das System kann ja nicht nur ein Rechner mit Software sein. Das System kann ein ganzes Rechenzentrum sein. Das System kann eine ganze Firma sein oder eine Hauptabteilung. Natürlich kann man sich hinter dem Strichmännchen auch noch eine Nachbarabteilung als Auslöser vorstellen oder aber einen Kunden sehen, der von dem gesamten System etwas will.

Aber vielleicht haben Sie auch Prozesse, die nicht von Menschen, sondern von anderen Softwaresystemen ausgelöst werden. Die Ausgabe aus einem (Nachbar-)Softwaresystem ist Eingabe und Trigger für Sie. Wenn z. B. aus SAP ein Ergebnis herauskommt, sollen wir in unserem System eine Nachbearbeitung vornehmen; damit wäre das Strichmännchen „SAP" (oder jedes andere Softwaresystem). Also Auslöser können nicht nur Menschen oder Organisationen sein. Auslöser können auch andere Softwaresysteme sein.

> Andere Arten von Akteuren

Auslöser kann auch Hardware sein. Auslöser können Sensoren sein, die Temperaturen oder Drücke messen. Was auch immer Ihr System dazu veranlasst, einen Prozess durchzuführen, ist im Sinne von Ivar Jacobson „Actor". Deshalb ist das Strichmännchen als Symbol ein bisschen irreführend. Und als die drei Amigos (die drei, die die UML geschaffen haben: Ivar Jacobson, Grady Booch und James Rumbaugh) noch keine Amigos waren, haben die beiden Amerikaner Jacobson vorgeschlagen, man solle doch statt des Strichmännchens lieber das Klassensymbol – also ein Rechteck – nehmen, um die Akteure darzustellen. Das ist heute auch in der UML erlaubt.

Sie dürfen in das Klassensymbol aber als zusätzliche Information das kleine Strichmännchen hineinzeichnen zur Kennzeichnung, dass es sich um eine „externe Klasse" handelt. Oder wenn Sie keine Grafiksymbole zur Verfügung haben, dürfen Sie in Doppelspitzklammern – die UML-Notation für Stereotypes – einfach <<Actor>> schreiben. Alles das sind Symbole, um den Auslöser darzustellen.

Merken Sie sich bitte ganz einfach: Der Auslöser ist immer im Kontext, kommt immer von außen und möchte etwas von meinem System, egal, ob Sie den Business-Scope betrachten oder es auf den Produkt-Scope reduziert haben. Er ist definitiv immer außerhalb, im Kontext.

Das Gegenstück dazu im Inneren sind die Use Cases oder Anwendungsfälle oder Geschäftsvorfälle oder Geschäftsprozesse. Diese spezifizieren eine Folge von Schritten, die unser System durchführt, um für einen oder mehrere Akteure einen Mehrwert zu schaffen.

> Use Cases als Reaktion des Systems

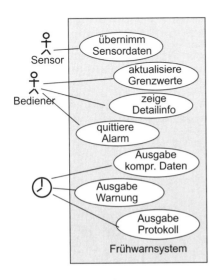

BILD 3.9
Beispiel eines Use-Case-Diagramms mit unterschiedlichen Akteuren

| Was ist ein Use Case? | Ein Use Case ist eine Schrittfolge von Aktionen, die ausgeführt wird, um ein beobachtbares Ergebnis zu erzeugen. Und dieses beobachtbare Ergebnis bringt hoffentlich dem einen oder anderen einen Mehrwert. Sie erinnern sich an die Zieldefinition mittels PAM. Das A veranlasste uns dazu, an „Advantage", einen Vorteil für irgendjemanden zu denken. Wer hat etwas davon? Wir würden die Funktionalität ja nicht haben wollen, wenn niemand etwas davon hat. Der Actor löst also etwas aus und der Use Case ist die Reaktion des Systems auf diesen Auslöser; die Funktionalität, die das System ausführen soll, um für den Actor einen Mehrwert zu schaffen. Und jetzt hängt es von Ihrem Scope ab. Wenn Ihre ganze Firma der Scope ist, dann geht der Use Case quer durch die ganze Firma. Wenn nur diese Abteilung der Scope ist, geht der Use Case quer durch diese Abteilung. Also setzen Sie bitte niemals folgende drei Personen an einen Tisch: einen Gesamtsystemverantwortlichen für ein Software- und Hardwareprojekt zusammen mit dem Leiter der Softwareentwicklung und dem Designer, der für die Benutzeroberfläche verantwortlich ist, um über Use Cases zu diskutieren. Jeder von den Dreien wird einen anderen Scope im Kopf haben: das Gesamtsystem, nur die Software oder nur die Oberfläche. Und man wird sich nie darauf einigen können, was jetzt der Use Case ist. Sie brauchen also für eine vernünftige Use-Case-Diskussion immer Ihre Grenzen: Wo beginnt und wo endet dieser Use Case? Sie können die Technik aber für beliebige Systeme anwenden: für große System, für mittlere Systeme und auch für Teile davon, für kleine Systeme. |

Diskutieren wir ein bisschen darüber, wer der „wirkliche" Akteur ist. Ich habe in Bild 3.10 als Beispiel ein Kreditbearbeitungssystem bei einer Bank ausschnittsweise dargestellt. Der eine Use Case, den wir behandeln wollen, ist: „bearbeite Kreditantrag". Wer ist der Akteur?

In dem ursprünglichen Buch von Ivar Jacobson wäre wahrscheinlich der Sachbearbeiter drin gestanden. Denn das ist derjenige, der einen Kreditantrag bei dieser Bank ausfüllen und behandeln muss, derjenige, der mit dem Computer arbeiten wird, um diesen Prozess durchzuführen. Denken Sie aber mal ein bisschen darüber nach. Möchte der Sachbearbeiter wirklich diesen Prozess ausführen? Nein. Er ist nur angestellt und muss das einfach im Rahmen seiner Arbeit machen. Will er denn wirklich einen Kredit beantragen? Wer ist denn derjenige, der den Kredit haben möchte? Es wäre besser, Sie würden den wirklichen Auslöser einzeichnen, nämlich den Antragsteller. Nur wenn Sie absolut sicher sind, dass sich

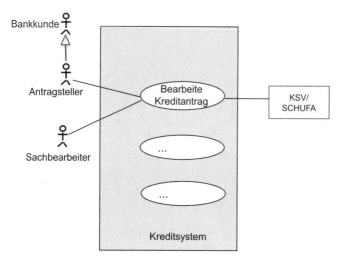

BILD 3.10
Wer ist der wirkliche Akteur?

die nächsten fünf Jahre nichts an Ihrem Prozess ändern wird (und Sie beispielsweise keine Weboberfläche für den Antragsteller direkt zur Verfügung stellen, sondern immer noch der Sachbearbeiter die Schnittstelle des Produkts sein wird), dann sollten Sie den Sachbearbeiter einzeichnen. Ansonsten halten Sie es lieber ein bisschen neutraler und nehmen Sie den wahren Auslöser – den Antragsteller – als Akteur in das Modell auf.

Für die meisten von Ihnen ist ja auch die Post nicht diejenige, die Ihnen die Aufträge bringt. Die Post ist „nur" der Übermittler. Denn die Aufträge kommen von Kunden an Sie und werden nur durch die Post oder andere Zustelldienste bei Ihnen in der Firma übergeben. Nehmen Sie also bitte nicht den Zustellerdienst als Auslöser für „Bearbeite Auftrag". Irgendwann waren es die Schöpfer der UML jedoch leid, diese Diskussion zu führen, und sie haben gesagt: Zeichne doch beide ein! Zeichne sowohl den Antragsteller ein wie auch den Sachbearbeiter. Man darf also bei einem Use Case mehr als einen Akteur anführen, wenn sie an der Abarbeitung dieses Prozesses irgendwie beteiligt sind und Einfluss haben. Bei dem Prozess „Bearbeite Kreditantrag" könnte man jetzt auch noch auf die Idee kommen, dass dies ja nicht ohne Rückfrage geht. In Österreich erfolgt dies beim Kreditschutzverband KSV, in Deutschland bei der SCHUFA; auch die brauche ich als Schnittstelle zu diesem System.

Also hänge ich noch einen Akteur an, in dem Fall als Kästchen dargestellt und nicht als Strichmännchen, und beschrifte ihn mit KSV/SCHUFA. Was Sie nicht tun sollten, ist, die SCHUFA als *einzige* Schnittstelle einzuzeichnen. Denn ohne dass der Prozess von einem Antragsteller oder von einem Sachbearbeiter ausgelöst wird, wird er nie stattfinden. Die SCHUFA ist ein Partner in dem Prozess, der abgefragt wird, aber nicht der Auslöser für diesen Vorgang. Wenn Sie nur diese Partner identifiziert haben, dann wäre das in meinen Augen ein Modellierungsfehler.

UML erlaubt es Ihnen, so viele oder so wenige Akteure rund um den Use Case einzuzeichnen, wie Sie wollen. Der eine Akteur, den wir definitiv brauchen, ist der wirkliche Auslöser des Prozesses. Denn dieser Akteur rechtfertigt die Existenz des Use Case. Wenn es außerhalb meines Systems einen solchen Auslöser nicht gäbe, bräuchten wir den ganzen Prozess nicht. Also nehmen Sie bitte unbedingt immer den dazu, der den Prozess auslöst, und so viele von den anderen, wie Sie gerne einzeichnen möchten.

Die Syntax der Diagramme erlaubt es Ihnen auch, Akteure zu generalisieren. Sie können also sagen, wir haben einen Bankkunden. Und ein Antragsteller ist ein spezieller Bankkunde. Dieses Dreieck im Diagramm werden wir im Zuge der Datenmodellierung mit Klassendiagrammen in Kapitel 6 noch genauer kennenlernen. Ich nehme an, die meisten haben es schon mal gesehen: gelesen in Pfeilrichtung als „Ist ein": Ein Antragsteller ist ein Bankkunde.

Meine Lieblingslösung für eine gute Use-Case-Darstellung ist folgende: Suchen Sie den wahren Auslöser. Nicht die Übermittler oder die Überbringer, sondern denjenigen, der wirklich den Wunsch nach diesem Prozess hat. Und diese Diskussion der wahren Auslöser liefert Ihnen die Existenzgrundlage für den Use Case. Nur deshalb, weil wir diesem Akteur einen Mehrwert bieten wollen, haben wir diesen Prozess als funktionale Anforderung an unser System aufgenommen.

Sehen wir uns für ein Use-Case-Diagramm noch mal die Formalien der Syntax an. Bild 3.11 fasst die wichtigsten Beschreibungselemente zusammen. Wir haben einen Namen für das Gesamtsystem, in dem Fall „Frühwarnsystem". Das ist unser betrachtetes System. (Es ging bei dem Projekt um eine Überwachung von Kohlenmonoxid im Untertagebau in einer Kohlengrube nördlich von Aachen – ein Projekt, das wir vor vielen Jahren abgewickelt haben.)

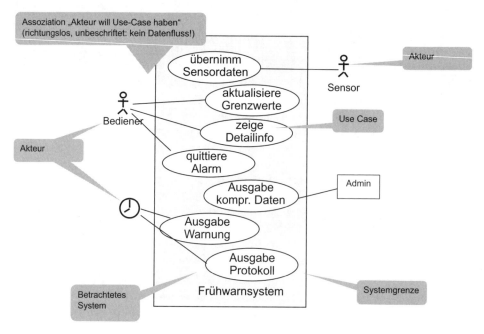

BILD 3.11 Die Elemente eines Use-Case-Diagramms

Der große Rahmen ist unsere Grenze; das Rechteck rundherum ist die Darstellung der Systemgrenze unseres Frühwarnsystems. Akteure können Sie rundherum einzeichnen; wo auch immer Platz ist, denn außen ist außen. Ob das links oder rechts oder oben oder unten ist, spielt keine Rolle. Dennoch lesen wir in Mitteleuropa meistens von links nach rechts und es ist schon sinnvoll, die Akteure eher auf der linken Seite einzuzeichnen. Wenn da aber wenig Platz ist, können sie durchaus auch oben oder rechts oder woanders stehen. Sie sehen hier auch schon ein Uhrsymbol als Akteur. Darauf kommen wir später noch. Denn manche Prozesse werden auch durch die Zeit ausgelöst und nicht durch Personen oder Nachbarsysteme.

Die Ellipsen sind unsere Use Cases. Die Summe aller Use Cases zusammengenommen bildet die komplette geforderte Funktionalität unseres Systems. Wenn Sie ein Use-Case-Diagramm haben, sollten außerhalb dieser Use Cases keine funktionalen Anforderungen verborgen sein. Das Use-Case-Diagramm sollte in diesem Sinne vollständig sein. Alle Prozesse, die wir haben wollen, sind in diesem Diagramm dargestellt.

Die Verbindungslinie zwischen Akteuren und Use Cases nennt die UML eine Assoziation, eine Beziehung. Die Beziehung zwischen dem Akteur und dem Use Case hat die einfache Bedeutung: Dieser Akteur möchte diesen Use Case haben. (Wenn Sie mehr als die Auslöser eingezeichnet haben, dann auch in der Bedeutung: Dieses Nachbarsystem kann oder muss bei dem Use Case mitwirken.) Die Linie drückt nicht mehr und nicht weniger aus. Nehmen Sie daher eine normale Linie ohne Pfeilspitzen und ohne Anschriften. Sie sollten normalerweise damit keine Richtung (Eingabe oder Ausgabe) suggerieren. Es sei denn, Sie ziehen sich auf das zurück, was wir im vorherigen Kapitel über Kontextdiagramme diskutiert haben, und Sie nehmen das Use-Case-Diagramm gleichzeitig als Kontextdiagramm. Dann arbeiten Sie bitte immer mit benannten Eingabe- und Ausgabepfeilen. Und dann achten Sie auch darauf,

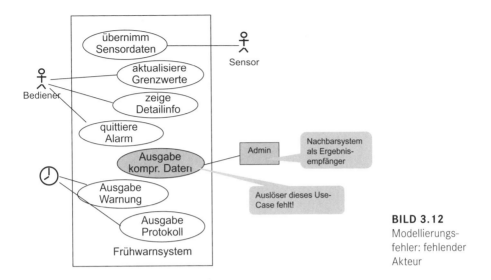

BILD 3.12
Modellierungsfehler: fehlender Akteur

möglichst vollständig zu sein, d. h. alle Nachbarsysteme anzuführen, nicht nur die, die etwas auslösen, und alle Ein- und Ausgaben zu benennen.

Stellen Sie sich bei dem Use Case „Ausgabe komprimierter Daten" in Bild 3.12 vor, dass die deutschsprachige Anforderung dahinter heißt: „Jeden Tag um 14.00 Uhr soll das System dem Administrator komprimierte Daten ausgeben." Wenn Sie es dann so dargestellt haben wie in Bild 3.12, so hätten Sie den Ergebnisempfänger (Admin) eingezeichnet; den Auslöser (um 14.00 Uhr) jedoch weggelassen. Das würde ich als Fehler in der Use-Case-Modellierung betrachten: ein Use Case, wo zwar Ergebnisempfänger eingezeichnet sind, der Auslöser aber fehlt.

Korrekt wäre, wie in Bild 3.11 dargestellt, die Uhrzeit als Auslöser einzuzeichnen und optional auch den Ergebnisempfänger (Admin) zusätzlich. Aber garantiert nicht den Ergebnisempfänger alleine! Ich bevorzuge es, die Diagramme einfach zu halten und nur die Auslöser einzuzeichnen. Die volle Schnittstelle mit allen Nachbarsystemen des Systems haben Sie ja im Kontextdiagramm (falls Sie eines erstellt haben).

■ 3.5 Use Cases strukturieren

Zu dem Zeitpunkt, als Use Cases erfunden wurden, schlug Ivar Jacobson einige Strukturierungsmöglichkeiten vor, denn damals gab es noch keine Aktivitätsdiagramme oder andere Arten von Diagrammen, um den Prozess genauer darzustellen. Um ein bisschen Struktur in diese Diagramme zu bekommen, wurden drei Arten von Strukturierungsmöglichkeiten vorgeschlagen. Ich nehme es einmal vorneweg. Ich möchte Ihnen von diesen Strukturierungsmöglichkeiten abraten. Verwenden Sie diese bitte möglichst nicht. Es gibt bessere Arten, einen Use Case genauer zu spezifizieren, und die nächsten Kapitel handeln von diesen besseren Arten, z. B. es über Aktivitätsdiagramme, Zustandsdiagramme oder Datenflussdiagrammen wesentlich genauer auszudrücken als nur durch ein Use-Case-Modell mit den Strukturierungsmitteln. Trotzdem sollten Sie diese Strukturierungsmöglichkeiten einmal kennengelernt haben.

<<include>> Relativ häufig vorzufinden sind „Includes" für wiederverwendbare Teilprozesse. Sie haben in Bild 3.13 zwei Hauptprozesse und beide verwenden einen gemeinsamen Teilprozess, in diesem Fall „identifiziere Sensor". Weil wir von Natur aus schreibfaul sind, wollen wir das natürlich nicht doppelt spezifizieren, sondern verweisen von den Hauptprozessen auf diesen Teilprozess und beschreiben nur an der einen Stelle, was „identifiziere Sensor" tun soll. Und dieses Einschließen (ein Programmierer würde sagen: das Aufrufen als Unterprogramm) ist in der syntaktischen Darstellung eine gestrichelte Linie mit der Anschrift <<include>>. Ein kleiner Test für Sie: Wie viele Hauptprozesse brauchen wir *mindestens*, damit wir von einem *wiederverwendbaren* Teilprozess sprechen können? Ich hätte gerne als Antwort größer oder gleich zwei gehört!

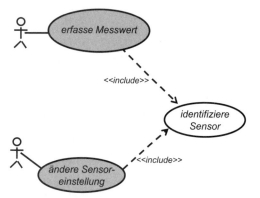

BILD 3.13
<<include>> für wiederverwendbare Teilprozesse

Nehmen Sie also bitte <<include>> nicht, um einen Teilprozess aus einem Prozess auszulagern, sondern wirklich nur, wenn Sie wiederverwendbare Teilprozesse von zwei oder mehreren Hauptprozessen haben. Dann können Sie <<include>> anwenden.

Es gibt Ausnahmesituationen, wann man es auch an einen Use Case anhängen kann, beispielsweise wenn der Teilprozess auch alleine verwendet werden kann, also einen eigenen Akteur besitzt und ohne den Hauptprozess ausgeführt werden kann. Dann können Sie ihn einerseits einschließen, andererseits auch separat verwenden. Mit einer weiteren Ausrede kommen Sie bei mir auch noch durch in der Qualitätssicherung der Spezifikation. Wenn Sie mir erläutern: „Wir haben den Teilprozess schon einmal herausgelöst, weil wir wissen, dass im Release 7 noch ein anderer Prozess dazukommt, der diesen Teil dann auch brauchen wird. Wir haben ein Stückchen vorausgedacht."

Aber Sie sehen, der Hauptanwendungszweck sind wiederverwendbare Teilprozesse und hauptsächlich dazu sollten Sie <<include>> einsetzen.

<<extend>> Die zweite Art von Erweiterung sind Extensions. Beachten Sie, dass der Pfeil jetzt in die andere Richtung weist, nicht vom Hauptprozess zum Unterprozess, sondern vom Unterprozess zum Hauptprozess. Ein Teilprozess drängt sich sozusagen in den Hauptprozess hinein. Diese Extension wurde für seltene Sonderfälle und

Ausnahmen entwickelt. Das heißt, dass man im Normalfall den Hauptprozess alleine sehr gut verstehen kann, auch ohne Kenntnis des Erweiterungsprozesses, aber hin und wieder drängt sich der Erweiterungsprozess in den Hauptprozess. Das Beispiel, das Ivar Jacobson öfter verwendet hat, war die Rückgabe von Leergut im Supermarkt. Sie kommen mit Ihren Getränkekisten, Bierdosen und anderen Pfandflaschen und stopfen diese in den Automaten hinein und erhalten Ihr Pfand oder einen Bon mit dem Aufdruck über den Pfandwert.

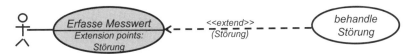

BILD 3.14 <<extend>> für seltene Sonder- oder Ausnahmefälle

Eine Ausnahmesituation ist natürlich „Automat ist verklemmt; bitte Bedienpersonal rufen". Das sollte eine seltene Konstellation sein. Wenn sich der Automat bei jeder Leergutrückgabe verklemmt, so würde ich mit dem Hersteller sprechen. Also in dem seltenen Sonder- und Ausnahmefall „Störung aufgetreten" ist dieser Erweiterungsteilprozess relevant und Sie würden das in dem Haupt-Use-Case als „Extension point" anmerken: „Störung". Wenn eine Störung erkannt wurde, würden Sie diese Erweiterung aufrufen.

Zu dem Zeitpunkt, da die Amigos noch keine Amigos waren, haben die Amerikaner wieder gegen Ivar Jacobson protestiert. Warum hast du zwei unterschiedliche Pfeile für Unterprogramme: <<include>> und <<extend>>? Beides sind Unterprogramme. Das eine wird häufiger aufgerufen. Die Extension wird eher selten gebraucht, nur für Sonder- und Ausnahmefälle. Hängt es also nur von der Wahrscheinlichkeit des Aufrufs ab, ob man <<include>> oder <<extend>> verwenden sollte. Ja. An der Kritik ist viel Wahres dran. Deshalb auch meine Empfehlung: Verzichten Sie auf solche Erweiterungen. Sie können bei der Beschreibung eines Use Case mit Aktivitätsdiagrammen alle diese Feinheiten sehr gut und ausführlich beschreiben, wesentlich präziser spezifizieren als mit den genannten Mechanismen.

Es gibt in der Literatur eine Hitparade der „Todsünden bei der Use-Case-Modellierung". Wenn Sie diese Hitparade von Platz 10, 9, 8 abarbeiten und Sie kommen schön langsam zu den Spitzenreitern, finden Sie auf Platz 1 dieser Hitparade: eine halbe Stunde darüber diskutieren, ob irgendetwas ein <<include>> oder ein <<extend>> ist. Das ist die größte Todsünde bei der Use-Case-Modellierung. Tun Sie es also nicht. Ich habe in den letzten Jahren ganz selten Fälle gefunden, wo wir wirklich mit Extensions arbeiten mussten. Gedacht sind sie für seltene Sonder- und Ausnahmefälle, wo man den Hauptprozess auch verstehen kann, ohne notwendigerweise diese Erweiterungen komplett durchschaut zu haben.

Der dritte Erweiterungsmechanismus ist noch seltener, nämlich Generalisierung und Spezialisierung von Prozessen. Hier wird wieder das Dreieck verwendet, das Sie vielleicht aus der Klassenmodellierung als Generalisierung/Spezialisierung oder als „is-a"-Beziehung kennen. Der Hauptprozess, in Bild 3.15 „identifiziere Sensor", ein verallgemeinerter Prozess, kann konkretisiert oder spezialisiert werden, indem man die ID dieses Sensors prüft. Alternativ dazu sehen Sie sich das eingehende Protokoll an und an dem Protokoll-Header können Sie feststellen, welcher Sensor es war. Unterschiedliche Implementierungen ein- und desselben Prozesses mit unterschiedlichen Techniken – es sollte Ihnen in der Systemanalyse ganz selten begegnen, dass Sie solche Arten von Modellen machen wollen.

> Generalisierung/ Spezialisierung

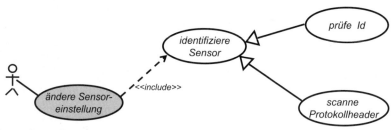

BILD 3.15 Generalisierung und Spezialisierung von Prozessen

Trotzdem noch mal in der Zusammenfassung die drei Erweiterungen:

- <<include>> für wiederverwendbare Teilprozesse,
- <<extend>> für seltene Sonderfälle und Ausnahmen und
- Generalisierung und Spezialisierung für abstraktere Prozesse, die unterschiedlich konkretisiert oder spezialisiert werden können.

Noch ein Beispiel für Letzteres: Bei einer Bank haben Sie z. B. „Bezahlung entgegennehmen" als verallgemeinerten Prozess und die drei Spezialisierungen sind „Barzahlung", „Scheckkartenzahlung" oder „Kreditkartenzahlung". Das hätten Sie aber sicherlich auch ohne Prozessvererbung mit normalen, alternativen Abläufen spezifizieren können, oder?

■ 3.6 Use Cases und natürliche Sprache: ein Vergleich

Sie müssen keine Use-Case-Diagramme zeichnen, um Ihre funktionalen Anforderungen zu spezifizieren. Sehen wir uns den Zusammenhang zwischen Use Cases und natürlicher Sprache als Nächstes an. Ich zeige Ihnen in Bild 3.16 einen kleinen Ausschnitt aus einem Bordcomputer eines PKW. Er enthält drei Use Cases. Der Fahrer möchte zum Ziel geführt werden, der Fahrer möchte ein Ziel eingeben und wir wollen Verkehrsmeldungen übernehmen, wenn eine Verkehrsleitzentrale oder ein Radiosender diese sendet. Natürlich muss ich im Zuge der Zielführung auch ein Ziel eingegeben haben; deshalb das <<include>>, so dass die Zielführung definitiv auch eine Zielauswahl einschließt.

Alternativ dazu haben Sie unter dem Use-Case-Diagramm in Bild 3.16 vier nummerierte Anforderungen beschrieben.

Anforderung 1 besagt, der Bordcomputer soll dem Fahrer die Auswahl eines Ziels ermöglichen. Sie sehen, das entspricht dem obersten Use Case.

Anforderung 2 gibt vor, der Bordcomputer soll dem Fahrer die Funktion „Zielführung" ermöglichen. Das ist der zweite gezeichnete Use Case.

Die dritte Anforderung erwartet, dass der Bordcomputer im Rahmen der Zielführung dem Fahrer eine Zielauswahl ermöglichen soll. Das ist das kleine Include-Pfeilchen, das in dem Bild eingezeichnet ist.

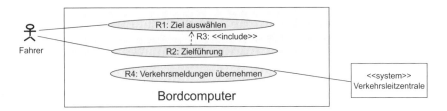

als Kurzschrift für:

(R1) Der Bordcomputer soll dem Fahrer die Auswahl eines Zieles ermöglichen.
(R2) Der Bordcomputer soll dem Fahrer die Funktion Zielführung ermöglichen.
(R3) Der Bordcomputer soll im Rahmen der Zielführung dem Fahrer eine Zielauswahl ermöglichen.
(R4) Wenn die Verkehrsleitzentrale neue Meldungen sendet, soll der Bordcomputer diese Verkehrsmeldungen übernehmen.

BILD 3.16 Malen oder schreiben?

Und die vierte Anforderung sagt: wenn die Verkehrsleitzentrale neue Meldungen sendet, soll der Bordcomputer diese Verkehrsmeldungen übernehmen.

Vergleichen Sie die obere und die untere Hälfte von Bild 3.16. Welche davon hätten Sie lieber in Ihrer Anforderungsspezifikation? Das Use-Case-Diagramm oder die vier nummerierten deutschen Sätze? Bitte nicht beides! Es wäre vollkommen redundant und würde nur zu Pflegeaufwänden führen. Entscheiden Sie sich. Sie haben aber identische Informationen in dem Diagramm und in dem Text. Sie wissen in dem Use-Case-Diagramm, dass ein Fahrer den zweiten Use Case „Zielführung" durchführen möchte. Und Sie lesen als R2, dass der Bordcomputer dem Fahrer die Funktion Zielführung ermöglichen soll. Wir bewegen uns auf dem gleichen Abstraktionsgrad. Sie wissen durch den deutschen Satz nicht mehr und nicht weniger als durch das Use-Case-Diagramm. Entscheiden Sie es, welche Notation Ihnen lieber ist. Es hängt von den Lesern des Dokuments ab. Ich gehe einmal davon aus, dass es nicht sehr schwierig und schon gar kein Hexenwerk ist, jemandem beizubringen, ein Use-Case-Diagramm zu interpretieren. Wenn Sie mit Ihren Stakeholdern zusammenarbeiten und ihnen einmal erklärt haben, was das Strichmännchen bedeutet und was die Ellipse darstellt, ist es genauso leicht lesbar wie der deutsche Satz. Juristen bevorzugen deutlich die umgangssprachlichen Sätze gegenüber den Bildern. Die Mehrheit der Leser von Analysedokumenten bevorzugt eher die Bilder gegenüber den umgangssprachlichen Sätzen.

> In einem Projekt wurden wir vom Auftraggeber gezwungen, beides zu tun, obwohl ich Sie gerade vor dieser Redundanz gewarnt habe. Der Kunden wollte die Bilder für die bessere Lesbarkeit und den besseren Überblick für die meisten Adressaten des Requirements-Dokuments, trotzdem aber auch die (englischen) Sätze für die Juristen. Nehmen Sie bitte nur eines davon, sonst haben Sie immer Redundanz. Auf expliziten Auftraggeberwunsch haben wir in dem Dokument diese Redundanz zugelassen (und den Erstellungs- und Pflegeaufwand der Konsistenzhaltung von Text und Bildern als Extrakosten in die Zeit- und Budgetkalkulation des Projekts mit aufgenommen).

3.7 Business Use Cases und Product Use Cases

Kehren wir noch mal zum Thema Scope im Zusammenhang mit den Use Cases zurück. Wir haben gelernt, den Business-Scope vom Produkt-Scope zu unterscheiden. Sie sollten sowohl den Umfang Ihres Arbeitsgebiets festlegen wie auch den Umfang Ihres Produkts, das Sie erstellen wollen (und das in den Kapiteln 6 und 8 von Volere festhalten).

Das Gleiche gilt nun auch für Use Cases. Bild 3.17 zeigt, dass Sie damit beginnen können, für Ihr ganzes Arbeitsgebiet zunächst einmal die Geschäftsprozesse zu beschreiben. Dann sprechen wir von „Business Use Cases", von geschäftlichen Anwendungsfällen. Oder Sie können den Scope auf das Produkt einschränken, das Sie erstellen wollen. Dann sprechen wir von „Product Use Cases". Bitte entscheiden Sie klipp und klar den Scope, bevor wir über Use Cases sprechen (oder diskutieren Sie beide Themen zumindest gleichzeitig). Denn jeder Use Case braucht einen klar definierten Anfang und ein Ende. Und Anfang und Ende könnten an der Grenze des Arbeitsgebiets oder an der Grenze des Produkts liegen. Mit anderen Worten: Product Use Cases sind die Teile der Business Use Cases, von denen wir (bewusst) entschieden haben, sie zu automatisieren.

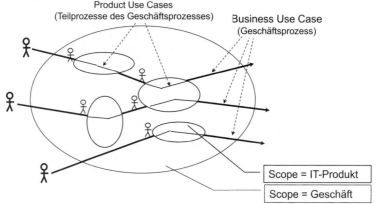

BILD 3.17 Business Use Cases und Product Use Cases

3.8 Use Cases finden

Soweit zu den Formalien von Use Cases. Betrachten wir im nächsten Abschnitt, wie wir solche Use Cases finden. Ich stelle Ihnen in Bild 3.18 ein kleines Vorgehensmodell vor, einen Ausschnitt aus dem Analyseprozess. Am Anfang können wir – völlig unabhängig voneinander – entweder Use Cases identifizieren oder aber unser System abgrenzen. Für die Systemabgrenzung haben Sie das Kontextdiagramm kennengelernt und für die Use-Case-Findung

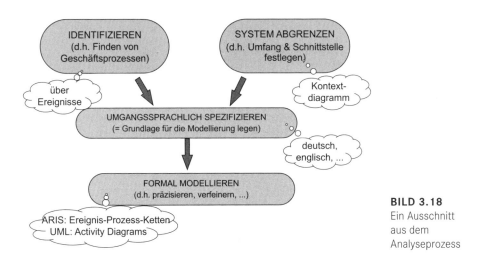

BILD 3.18
Ein Ausschnitt aus dem Analyseprozess

erläutere ich Ihnen gleich einen Trick, es über Ereignisse zu versuchen, über Ereignislisten. Wenn wir dann Prozesse gefunden und die Grenzen festgelegt haben, dann wollen wir die Use Cases zunächst umgangssprachlich beschreiben, mit Use-Case-Spezifikationen in Ihrer gewählten Projektsprache; in Deutsch, in Englisch, in jeder anderen Sprache. Wenn diese deutschen oder englischen Texte noch zu informell als Anforderung sind, haben wir immer noch die Möglichkeit, Use Cases formaler zu modellieren. Wir werden uns im nächsten Kapitel detaillierter ansehen, wie man solche Prozesse explizit wesentlich präziser beschreiben kann als nur in Umgangssprache, zum Beispiel durch UML-Aktivitätsdiagramme oder durch Ereignisprozessketten nach ARIS oder auch durch BPMN.

Bleiben wir zunächst beim Finden und Identifizieren von Use Cases über Ereignisse. Der Trick stammt von meinen Kollegen Steven McMenamin und John Palmer, die gesagt haben: Suche nicht nach Akteuren, sondern nach Ereignissen; Ereignisse, die in der realen Welt auftreten, auf die unser System reagieren soll. Und diese Ereignisse schreiben wir in Form einer Ereignisliste nieder. Die Ereignisse passieren in der Umwelt. Unser System kann sie daher gar nicht beeinflussen, sondern höchstens beobachten.

Nehmen wir als Beispiel ein Hotel und einen Gast, der ein Zimmer wünscht. Woran merkt ein Hotel, dass ein Gast ein Zimmer haben möchte? Nun, entweder klingelt das Telefon und es meldet sich jemand: „Haben Sie ein Zimmer für den und den Zeitraum?" Oder jemand steht am Empfang und sagt: „Haben Sie ein Zimmer für mich?" Wenn dieses Ereignis nicht eintritt, würde auch nie ein Zimmervergabeprozess in dem Hotel stattfinden. Ich brauche also ein externes Ereignis, den Anruf oder das Erscheinen des Kunden und die Frage „Haben Sie ein Zimmer für mich?" als Auslöser für diesen Prozess.

Es soll ja in einigen Großstädten Gegenden geben, wo kräftige Kerle vor der Hoteltür stehen und einen Passanten packen und mit den Worten „Sie sind jetzt hier Gast" in das Hotel ziehen. Halten Sie sich von diesen Gegenden eher fern. Mit anderen Worten: Im Normalfall kann das Hotel das Ereignis „Gast wünscht Zimmer" nicht herbeiführen. Es kann nur *beobachten*, ob es eingetreten ist oder nicht. Fragen Sie doch irgendeinen Rezeptionsmitarbeiter in irgendeinem Hotel weltweit, was er dann tut, und er wird Ihnen den ganzen Prozess der Zimmerauswahl und Zimmervergabe locker erzählen können.

Diese Ereignisse finden also in der Umwelt statt und wir beobachten sie nur. Meine Kollegen Steven McMenamin und John Palmer haben zwei Arten von Ereignissen unterschieden:

- externe Ereignisse und
- Zeitereignisse.

Ein Beispiel für ein externes Ereignis hatten wir gerade. „Gast wünscht ein Zimmer in einem Hotel." Jemand ruft an oder jemand erscheint, er kommt von außen und das Hotel merkt es dadurch, dass Information über die Systemgrenze kommt: das Klingeln des Telefons oder das „Guten Abend"-Sagen an der Rezeption.

Es gibt aber auch Zeitereignisse, bei deren Eintreten das System etwas tun soll, wenn ein bestimmter Zeitpunkt erreicht ist. In diesem Fall brauche ich keine Information aus der Systemumgebung über die Systemgrenze hinweg. Bleiben wir bei dem Beispiel eines Hotels. In fast allen Hotels gibt es inzwischen die Regel: Wenn man ein Zimmer reserviert, aber nicht mit Kreditkarte garantiert hat, und man erscheint nicht rechtzeitig, so wird das Zimmer zu einem bestimmten Zeitpunkt freigegeben. Meistens ist das 18.00 Uhr oder 20.00 Uhr. Dieses Zeitereignis „Es ist 18.00 Uhr" löst den Prozess aus „Gib alle nicht vergebenen Zimmer wieder in den freien Verkauf". Sie sehen, an der Stelle brauchte ich keine Information über die Systemgrenze. Das Hotel wusste schon, dass es um 18.00 Uhr nicht bezogene Zimmer wieder freigeben sollte. So einen Auslöser bezeichnen wir als Zeitereignis.

Zeitereignisse müssen aber nicht unbedingt ein bestimmter Zeitpunkt sein. Bei uns in Nordrhein-Westfalen wird zum Beispiel Bier in einer Kneipe in lächerlich kleinen 0,2 l Gläsern serviert, was für Süddeutsche meist unverständliches Kopfschütteln auslöst. Wenn Sie dem hinter dem Tresen gesagt haben „Alle zehn Minuten ein frisches Pils bitte", dann haben Sie einen Zeitplan aufgesetzt und der an der Theke weiß ganz genau, was er tun muss: alle zehn Minuten ein neues Bier herausgeben! (Für die 0,2er Gläschen mag das ja ein angemessener Rhythmus sein.) Auch das ist ein Zeitereignis.

Es muss aber gar nicht so etwas wie „10 Minuten" oder „um 18.00 Uhr" sein. Sie können dem hinter der Bar auch sagen: „Immer, wenn der Whiskey in meinem Glas unter diese rote Linie fällt, einen neuen Doppelten bitte." Auch das betrachten wir als Zeitereignis, also nicht nur das Beobachten von Uhren oder Kalendern, sondern auch das Beobachten von systeminternen Ressourcen – „wenn der Whiskey in meinem Glas unter die rote Linie fällt".

Der Unterschied zwischen externen Ereignissen und Zeitereignissen liegt also vor allem darin, dass ich bei externen Ereignissen einen Trigger über die Systemgrenze hinweg brauche. Ohne diesen Trigger findet der Prozess nicht statt. Bei den Zeitereignissen weiß das System schon alles, was es tun muss, und es wartet nur noch darauf, dass es Zeit wird oder intern Bedingungen eingetreten sind, diesen Prozess auszuführen.

Ich bin fast sicher, Sie haben in Ihren Unternehmen, Systemen oder Produkten auch eine ganze Menge an Zeitereignissen. Bei mir als Selbstständiger ist das zum Beispiel der 10. jedes Monats (mit einer geringen Toleranz): Es ist Zeit, die Umsatzsteuererklärung für den Vormonat abzugeben. Oder einmal im Jahr: „Es ist Zeit, die Einkommenssteuererklärung abzugeben." Oder in Ihrer IT-Abteilung um 2.00 Uhr nachts: „Es ist Zeit, eine Datensicherung zu machen." Oder: „Es ist Zeit, die Nachbarsysteme mit Daten zu versorgen, zu einem Zeitpunkt, wo sonst wenig Betrieb ist."

Diese Art von Zeitereignissen haben Ivar Jacobson und viele andere, die über Use Cases geschrieben haben, weitgehend übersehen. Es gibt aber nicht nur externe Ereignisse –

ausgelöst von Akteuren, sondern auch Zeitereignisse, ausgelöst von Uhren, Kalendern oder durch Beobachtung systeminterner Ressourcen. Wir verwenden als Darstellungselement sehr oft das Uhrsymbol, um so ein Zeitereignis auszudrücken, und das Akteursymbol, das Strichmännchen, für die externen Ereignisse. Bei den Zeitereignissen greift man auf intern vorliegende Informationen zurück und arbeitet die zum gegebenen Zeitpunkt ab.

Ich habe Ihnen noch zwei Eselsbrücken mitgebracht, um so eine Ereignisliste zu formulieren. Wie Bild 3.19 zeigt, verwenden wir für die externen Ereignisse die Floskel „Wer tut was" oder noch besser „Wer will was". Wenn Sie das so machen, können Sie gar nicht anders, als den Akteur mit dem „Wer" zu benennen.

BILD 3.19
Zwei Eselsbrücken zum Finden von Ereignissen

Als Beispiel: „Gast wünscht Zimmer." Und schon wissen Sie, wer der Akteur ist: der Gast. Immer wenn Sie versucht sind, zu sagen: „Das System macht oder ein Teilsystem macht", sind Sie in das Innere des Systems hineingeraten; Sie haben keinen externen Auslöser für den Prozess. Die Formulierung „Wer will was" hilft Ihnen, ehrlich zu bleiben und einen externen Auslöser zu finden.

Die Eselsbrücke für Zeitereignisse ist leichter: „Es ist Zeit, die Zimmer freizugeben"; „es ist Zeit, das nächste Pils bereitzustellen"; „es ist Zeit, Whiskey nachzufüllen".

An der Stelle beachten Sie bitte, dass Sie zum Auslösen des Nachfüllens von Whiskey, wenn wir unter der roten Linie angekommen sind, keine weiteren Informationen brauchen, als auf das Glas zu schauen. Der Barkeeper weiß, dass der Prozess des Nachfüllens eigentlich gestartet werden soll, darf Ihnen aber jetzt sehr wohl nochmals tief in die Augen schauen und sagen: „Sind Sie absolut sicher, dass Sie noch einen weiteren doppelten Whiskey wollen?"

Ich kann also mit anderen Systemen kommunizieren, **nachdem** der Prozess begonnen hat. Er sagt dann vielleicht noch dazu: „Wenn Sie noch einen wollen, geben Sie wenigstens den Autoschlüssel schon mal ab. So können Sie nicht mehr Auto fahren." Aber Sie sehen, als Auslöser war es nicht notwendig, einen externen Trigger zu haben. Der Auslöser war ganz klar. Wir waren unter der roten Linie, daher war „neuen Doppelten nachschenken" gefordert. Danach kann ich als Ausführender des Prozesses in Kommunikation mit Nachbarsystemen eintreten.

Aus diesen beiden Arten von Ereignissen erzeugen wir eine Ereignisliste. In Bild 3.20 sehen Sie die sieben Ereignisse von unserem Frühwarnsystem, die wir gefunden haben, z. B. „Sensoren liefern Messwerte" in der Formulierung „Wer tut was". Wir merken durch einen neuen eingehenden Messwert vom Sensor (durch einen eingehenden Datenfluss aus dem Kontext), dass das Ereignis stattgefunden hat. Oder betrachten wir das Ereignis „Bediener initialisiert oder ändert Grenzwerte". Der gewünschte Prozess, der hinter diesem Ereignis steckt, war folgender: Wenn ein neuer Stollen mit einem bestimmten Luftvolumen gegraben wurde, musste der Bediener die Sensibilität des Sensors einstellen, damit korrekte Messungen gemacht werden.

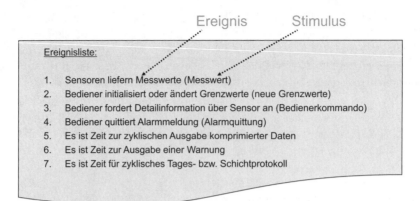

BILD 3.20 Beispiel einer Ereignisliste

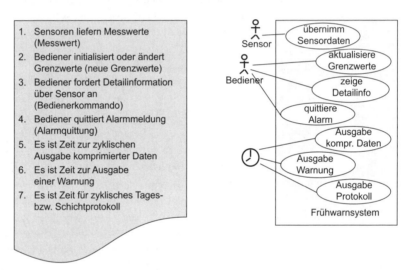

BILD 3.21 Ereignisse und Use Cases

Oder der Bediener fordert Detailinformation über einen bestimmten Sensor an. Zum Beispiel: „Ich hätte gerne von Stollen 7 in 200 m Tiefe diesen Wert über die letzten 2 Stunden gesehen."

Wir hatten auch Zeitereignisse, wie Schichtprotokolle, komprimierte Daten, Tagesprotokolle und Ähnliches.

Und mit der Ereignisliste ist es ein Leichtes, Use Cases zu malen, denn jedes gefundene Ereignis wird 1 : 1 umgewandelt in einen Use Case (vgl. Bild 3.21). Nehmen Sie also die Ereignisliste als Hilfsmittel zum Entdecken und Finden von beiden Arten von Use Cases: extern getriggerte Use Cases und zeitgetriggerte Use Cases. Die Ereignisliste ist kein Selbstzweck, aber es ist ein hilfreicher Trick. Betrachten wir nochmals die Namen in beiden Darstellungsarten. Im Ereignis 1 steht „Sensoren liefern Messwerte". „Wer will etwas" oder „Wer tut etwas". Der Sensor ist also der Auslöser und daher der Akteur. Und wie heißt der Use Case?

Ich hab den ersten Use Case „übernimm Sensordaten" genannt – nachträglich betrachtet ein ziemlich schlechter Name für diesen Use Case. Wenn Sie mit den Betreibern diskutieren, was in diesem Prozess passieren sollte, ist es nicht nur das Übernehmen der Sensordaten. Es umfasst auch das Normalisieren in einem bestimmten Bereich und sofort Alarm geben, falls irgendwelche Grenzwerte überschritten wurden; also mittels Alarm darauf hinweisen, dass der Sensor außerhalb der erlaubten Werte liegt.

Sie sehen sicherlich, dass ein Use-Case-Name wie „übernimm Sensordaten" das ein bisschen verschleiert. Ein etwas besserer Name wäre gewesen „werte Sensordaten aus". Damit ist nicht nur der erste Schritt gemeint, sondern der ganze Prozess, der dahinter steckt. Es lohnt sich also, über Use-Case-Namen nachzudenken.

Weil ein Use Case **immer** die Reaktion meines Systems auf ein Ereignis ist, ist der Name für den Use Case selbstverständlich der Name eines **internen** Prozesses. Beim Denken in Ereignissen denken Sie in Auslösern („Wer tut was" oder „Es ist Zeit für") und nicht so sehr in den internen Prozessen. Es fällt Ihnen wahrscheinlich leichter, durch Ereignislisten den Fehler zu vermeiden, einfach zu einer spiegelstrichhaften Aufzählungsliste von Funktionen im System zu kommen, als in extern oder zeitlich getriggerten Prozessen zu denken. Betrachten Sie aber die Ereignisliste als Mittel zum Zweck und nicht als Selbstzweck. Sie ist ein Trick, „echte" Use Cases zu finden, die extern (oder zeitlich) motiviert sind.

■ 3.9 Die Anzahl von Use Cases

Diskutieren wir einmal die Anzahl von Use Cases, denn Sie könnten ja auf die Idee kommen: Mein Gott, wir haben in unserem System so viele Dinge zu tun. Das kann ich gar nicht alles hinzeichnen oder schreiben. Wie viele Use Cases hat ein normales System, wie Sie und ich es in unseren Projekten in Mitteleuropa üblicherweise abwickeln? Ich beginne mit einer einfacheren Frage: Wie viele Use Cases hat ein System mindestens? Und die Antwort ist: hoffentlich mindestens einen Prozess. Denn wenn es zu gar nichts gut ist, brauchen wir es nicht zu entwickeln. Also zu einer Sache sollte das System gut sein.

Gibt es Systeme mit nur einem Prozess? Oh ja. Jeder Regelprozess zum Beispiel. Haben Sie vielleicht eine Heizung zuhause, die über einen Außenfühler gesteuert wird? Wo Sie im Oktober hingehen und die Heizung einschalten und sie läuft und läuft und läuft den ganzen Winter. Und wenn es draußen kalt ist, wird mehr geheizt und wenn es draußen wärmer ist, sagt der Sensor der Heizung: Du muss ja nicht so viel heizen. Vielleicht schalten Sie die Heizungssteuerung im Mai oder Juni wieder ab. Vielleicht lassen Sie sie aber auch das ganze Jahr laufen, weil ohnehin nicht geheizt wird, wenn es warm genug ist. Wir stellen also fest: Der ganze Prozess „Regle die Heizung gemäß dem Außenfühler" ist ein einziger Prozess. So eine Heizungssteuerung hat also im Wesentlichen einen Hauptprozess. Das ist nicht ganz wahr: Sie können Heizkurven einstellen, ohne das Gerät einzuschalten. Sie können sagen: „Heize entlang dieser Linie, wenn eingeschaltet wird." Somit haben Sie zumindest noch einen administrativen Verwaltungsprozess gefunden.

Gehen wir zu einem Beispiel aus der eher kommerziellen Welt. Wir haben in einem Projekt für die Firmenprüfer bei Finanzämtern festgestellt, dass das, was diese Firmenprüfer tun, „prüfe Firma" ist. Dieser Prozess ist sehr komplex. Er besteht aus vielen Schritten, vielen

Sonderfällen und vielen Regeln dahinter. Aber im Wesentlichen ist das die einzige Hauptaufgabe: Gehe in die Welt hinaus und prüfe die Finanzen einer Firma und sieh nach, ob die brav ihre Steuern zahlen! Auch da gibt es bei etwas genauerer Betrachtung nicht nur einen Use Case. Auch das Vorbereiten einer Liste von Firmen, welche geprüft werden sollen, gehört dazu. Dieses Aufstellen von Listen von Firmen, die zu prüfen sind, wäre ein weiterer Prozess, ein Verwaltungsprozess als Vorbereitung für den eigentlichen Hauptprozess.

Seien Sie aber nicht enttäuscht, wenn Sie in einem System wenige Use Cases finden. Manche Systeme haben eben nur einen oder ganz wenige. Dann hat unser Zerlegungskriterium versagt. Denn der Hauptgrund, warum wir überhaupt in Use Cases denken wollen, war ja, ein großes Ganzes nach dem Motto „Teile und herrsche" aufzuteilen, sodass wir die Teile getrennt analysieren können. Wenn es nichts zum Aufteilen gibt, hat das Kriterium versagt. Dann müssen Sie nach einem anderen Kriterium aufteilen, zum Beispiel nach Objekten, nach Organisationseinheiten, nach Hardware, wie auch immer. Viele von den Vorschlägen, die wir vorher angesprochen haben, würden dann vielleiht eher zu einer Zerlegung führen.

Die gute Nachricht ist jedoch: In den meisten Fällen funktioniert diese Use-Case-Aufteilung. Die Frage ist nur, wie viele Use Cases erhalten wir üblicherweise? Die Antwort in den Lehrbüchern ist klar: so viel man auf eine DIN-A4-Seite in einem Buch drucken kann, weil die Beispiele natürlich ausdruckbar sein sollen. In der Praxis, wenn Sie mit Ivar Jacobson selbst diskutiert haben, hat er meistens gesagt: „Mehr als 20 bis 30 Prozesse habe ich selbst in größeren Systemen selten gefunden."

Sie sehen, die Zahl ist überraschend klein. Es sind gar nicht so viele. Ich kann sie bestätigen. Denn auch in meinen Projekten bin ich immer wieder auf diese Größenordnung gestoßen; wir haben ein Produktplanungs- und Steuerungssystem für einen Hersteller für Autoglasscheiben entwickelt, da waren es 13 Prozesse. Das Abrechnungssystem eines Mobilfunkanbieters hatte 22 Prozesse. Bei einer Lebensversicherung hatten wir am Anfang 105 Kandidaten und danach haben wir überlegt: Sind das wirklich getrennte Prozesse? Eine nochmalige kritische Betrachtung ergab dann nur 25 solche Use Cases mit einigen Sonderfällen. Eine metallverarbeitende Maschine hatte 21 Prozesse. In sehr vielen Projekten kommt man also mit der Größenordnung 20 bis 30 Prozesse aus.

Wir haben allerdings auch größere Projekte gesehen. Bei einer englischen Bank, die ein bisschen mehr tut, als nur Sparbücher zu verwalten, hatten wir in der ganzen Bank insgesamt 500 solche Prozesse. Und in einem noch größeren Bereich der deutschen Steuerverwaltung waren es 1500 Prozesse. Nur damit Sie die Größenordnung des Projekts dagegen setzen: Das waren 350 Leute über 15 Jahre. Wir sprechen über 5000 Personenjahre Entwicklungsaufwand und da existieren auch entsprechend viele Prozesse. Es gab auch entsprechend viele Nachbarsysteme: 150 Nachbarsysteme, die wir in dem Kontextdiagramm identifiziert hatten.

Sollten Sie wirklich eine große Anzahl von Use Cases finden, dann erlaubt Ihnen die UML, diese in Pakete zusammenzufassen, wie in Bild 3.22 dargestellt. Sie werden also übergeordnet über die Gliederung in Prozesse noch eine weitere Gliederungsebene legen. Tun Sie das jedoch nur, wenn es wirklich zu viele echte Prozesse sind.

Als Kriterium für die Paketierung wählen Sie zum Beispiel größere logisch zusammenhängende Themen (Features) oder Subsysteme des in Betrieb befindlichen Systems, also alles, was Ihnen hilft, die Komplexität in den Griff zu bekommen, und dann pro Paket nur so viele Use Cases hineinzupacken, wie Sie sinnvollerweise darstellen können.

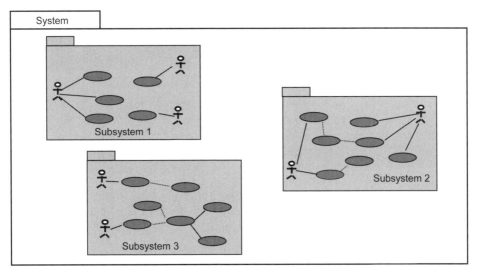

BILD 3.22 Paketierung einer größeren Anzahl von Use Cases

3.10 Drei Tricks zur Vereinfachung

Als Nächstes will ich Ihnen noch ein paar Tricks zur Vereinfachung von Use-Case-Modellen verraten. Wie kann ich bei zu vielen Use Cases unter Umständen zu ein paar weniger kommen? Der erste Trick klingt fast wie ein Paradoxon. Öffnen Sie Ihre Scheuklappen! Gehen Sie weg von Ihrem Produkt, hin zu Ihrem Arbeitsumfeld und die Anzahl der Use Cases wird sich reduzieren. Oder in anderen Worten, die Anzahl der Business Use Cases ist meistens (deutlich) kleiner als die Anzahl der Product Use Cases. An Bild 3.23 erkennen Sie sehr leicht, warum das so ist. Ein durchgängiger Geschäftsprozess ist unter Umständen mehr als ein Product Use Case, weil Sie nur Teile davon automatisieren wollen, diese aber nicht direkt zusammenhängen, sondern durch menschliche Tätigkeiten (oder auch durch mechanisierte

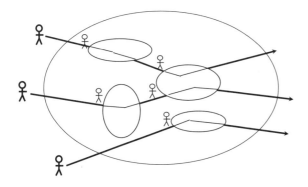

BILD 3.23
Größerer Scope verkleinert die Anzahl der Prozesse!

Funktionen oder Hardwarefunktionen) unterbrochen werden. Wenn Sie aber einen Schritt zurücktreten und sich den ganzen Geschäftsprozess ansehen, verstehen Sie Zusammenhänge im Größeren und haben wesentlich weniger (große) Geschäftsprozesse, als Sie hinterher (kleinere) Product Use Cases brauchen.

Die Scheuklappen weiter öffnen heißt also meist, die Anzahl der Use Cases zu reduzieren.

Ein zweiter Trick: Untersuchen Sie die Art und das Verhalten der Nachbarsysteme. Das ist eine Überlegung, die mir James Robertson mitgeteilt hat. Er unterscheidet drei Arten von Nachbarsystemen, wie in Bild 3.24 dargestellt. Die ersten sind die aktiven Nachbarsysteme, wie hier „Kunde" und „Lieferanten". Das sind genau die Akteure von Ivar Jacobson; die Nachbarsysteme, die etwas triggern und die von unserem System einen Prozess ausgeführt haben wollen.

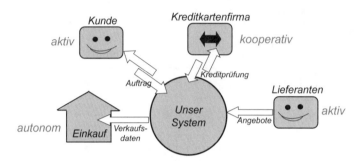

BILD 3.24
Charakter der Nachbarsysteme betrachten

Die beiden anderen Arten von Nachbarsystemen sind die interessanteren, wenn es um Vereinfachung geht. Wir charakterisieren die Kreditkartenfirma als ein „kooperatives Nachbarsystem". Wenn ich einen Teil des Geschäftsprozesses abgewickelt und eine Kreditkarte entgegengenommen habe, verlasse ich ja mein System und stelle eine Anfrage bei der Kreditkartenfirma.

Ich bin ab diesem Zeitpunkt außerhalb meines Scope. Ich kann nichts mehr machen und muss auf die Antwort der Kreditkartenfirma warten. Eigentlich ist mein Use Case beendet. Aber ich betrachte die Kreditkartenfirma als „kooperatives Nachbarsystem". Von einem kooperativen Nachbarsystem erhalte ich zeitnah eine Antwort, weil wir Verträge und Abmachungen untereinander haben. Ich muss meinen Prozess daher nicht abbrechen, wenn ich die Anfrage stelle. Es kommt heutzutage sehr zeitnah direkt eine entsprechende Genehmigungsnummer und ich kann meinen Prozess weiter abwickeln. Wenn sich ein Nachbarsystem also kooperativ verhält, dann muss ich meinen Use Case nicht unterbrechen, sondern ich spezifiziere ihn von Anfang bis Ende, obwohl ich zwischendurch meinen Scope verlassen habe.

Das Gegenstück zu kooperativen Nachbarsystemen sind autonome Nachbarsysteme. Mit diesen wollen Sie nicht zusammenarbeiten und die wollen auch nicht mit Ihnen zusammenarbeiten, aber irgendjemand zwingt Sie, etwas gemeinsam zu tun. Diese autonomen Nachbarn haben meist ganz andere Interessen in ihrem Leben und sind deshalb nicht unbedingt scharf auf die Kooperation. Sie tanzen nach einer anderen Pfeife. Wenn also eine Nachricht an ein autonomes Nachbarsystem nach außen geht, ist Ihre Arbeit beendet. Sie wissen nicht, wann Antwort kommen wird, Sie wissen nicht, ob Antwort kommen wird. Sie können daher nur aufhören; Ihr Prozess ist zu Ende. Sollte dann, irgendwann und unerwartet, dieses autonome Nachbarsystem eine Antwort schicken, so ist das für Sie ein neuer Trigger und es beginnt ein neuer Use Case. Bei autonomen Nachbarsystemen müssen Sie daher unter Umständen Geschäftsprozesse in mehrere Teile zerlegen. (Manchmal funktioniert die kooperative Zusammenarbeit über Firmengrenzen hinweg besser, denn mitunter verhalten sich Nachbarabteilungen in der eigenen Firma wie autonome Nachbarsysteme. Das sollten sie natürlich nicht, aber wenn Sie keine Absprachen über die Zusammenarbeit haben, werden Sie Use Cases unter Umständen auch innerhalb einer Firma aufteilen müssen.)

Das war ein zweiter Trick, um zu entscheiden, ob man **einen** oder **mehrere** Use Cases hat. Sie sehen jedoch, dass die Entscheidung, ob ein Nachbarsystem sich kooperativ oder autonom verhält, eine Bauchentscheidung ist. Es gibt kein formales Kriterium, aber es hilft Ihnen, sinnvoll Use Cases zu zerlegen.

Eine dritte Regel möchte ich Ihnen noch mitgeben, wie man entscheiden kann, ob das ein Use Case oder mehrere Use Cases sind. Meine 80/20-Regel! Wenn ich in einem Geschäft mehrere Prozesse finde, die einen zu 80 % identischen Ablauf haben und sich nur zu 20 % unterscheiden, dann versuche ich, sie übereinanderzuklappen. 80 % identischer Ablauf heißt, **eine** Ablaufbeschreibung mit ein bisschen wenn … dann … sonst-Fallunterscheidungen, in denen wir die Alternativen (diese 20 % Unterschied) beschreiben.

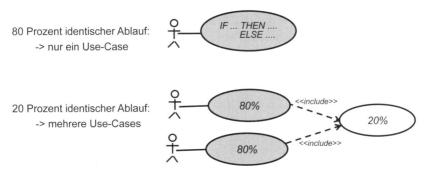

BILD 3.25 Die 80/20-Regel für Use Cases

Wenn Sie allerdings mehrere Prozesse haben, die einen zu 80 % unterschiedlichen Ablauf haben und nur 20 % Gemeinsamkeiten, dann sollten Sie diese auch als getrennte Prozesse modellieren. 80 % Unterschied heißt: Es sind getrennte Abläufe und sie haben einfach 20 % Gemeinsamkeiten, die Sie über <<include>> anhängen können, aber nicht müssen. Sie können das gerne auch mit einer wiederverwendbaren Aktivität in den Aktivitätsdiagrammen hinter allen Use Cases ausdrücken.

Es bleibt Ihr Dilemma, zu entscheiden, was Sie tun sollen, wenn Sie 50 % Unterschied und 50 % Ähnlichkeiten im Ablauf haben. Sie haben dann die freie Wahl, ob das ein Use Case mit sehr großen Alternativen ist oder ob das viele Use Cases mit 50 % Gemeinsamkeiten sind.

Diese 80/20-Regel hilft Ihnen ein bisschen bei der Entscheidung über die Anzahl der Use Cases. Ich nehme noch ein konkretes Beispiel dazu, ein typischer Denkfehler eines Informatikers. Diskutieren Sie einmal mit einer Lebensversicherung über „Kunde möchte Laufzeit einer Lebensversicherung verlängern" oder „Kunde möchte Laufzeit einer Lebensversicherung verkürzen". Stellen Sie sich den Fall vor, jemand hat derzeit wenig Geld und sagt: „Ich möchte meine Lebensversicherung fünf Jahre später ausbezahlt erhalten. Können wir meine monatlichen Beiträge reduzieren und dafür die Laufzeit verlängern?" Da haben die meisten Versicherungen kein Problem. Sie rechnen den neuen Beitrag aus und lassen die Versicherung einige Jahre länger laufen. Wenn Sie allerdings anrufen und sagen: „Kann ich mein Geld fünf Jahre früher haben?", ist der Prozess bei den meisten Versicherungen sehr viel komplexer. Jetzt droht Risiko! Sie wollen Ihr Geld früher. Sie werden also noch mal zu sehr vielen Ärzten geschickt, müssen jede Menge Gutachten beibringen und anschließend behält sich die Versicherung immer noch vor, dem Antrag nicht stattzugeben und zu sagen, das Risiko sei zu groß. Ein Informatiker hätte die beiden Vorgänge wahrscheinlich zu einem Use Case „Ablaufdatum ändern" abstrahiert und die beiden zusammengefasst. Und Sie sehen, in der Beschreibung dieses einen würde im Wesentlichen folgender Algorithmus stehen: wenn Verlängern, unkritisch; wenn Verkürzen, ein sehr kritischer Prozess. Wenn ein Prozess sofort in zwei so unterschiedliche Abarbeitungsszenarien zerfällt, sollten Sie ihn nicht zu einem Use Case zusammenfassen.

■ 3.11 Use Cases beschreiben

Wir haben nun genug über die Use Cases selbst gesprochen. Wir wollen uns im nächsten Abschnitt ansehen, wie man Use Cases spezifizieren und beschreiben kann. Betrachten wir noch mal, wo wir in dem Ablauf stehen (Bild 3.26).

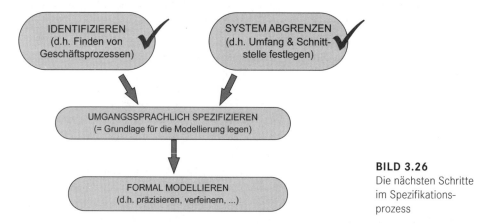

BILD 3.26
Die nächsten Schritte im Spezifikationsprozess

Wir haben die Prozesse gefunden und wir haben auch unseren Scope abgegrenzt; sowohl unseren Business-Scope als auch unseren Produkt-Scope. Als Nächstes wollen wir die gefundenen Prozesse umgangssprachlich spezifizieren, bevor wir vielleicht zu formaleren Beschreibungen übergehen (was wir erst in den nächsten Kapiteln näher betrachten).

Für diese umgangssprachliche Spezifikation hat Alistair Cockburn in seinem Buch „Use Cases effektiv erstellen" sehr gute Vorgaben gemacht, die wir in [Hru02] vereinfacht abgeschrieben haben (in der IT heißt das nicht abschreiben, sondern wiederverwenden!). Er schlug vor: „Entscheide auf jeden Fall über den Abstraktionsgrad der Beschreibung" und hat dafür sehr schöne Grafiksymbole vorgeschlagen (vgl. Bild 3.27).

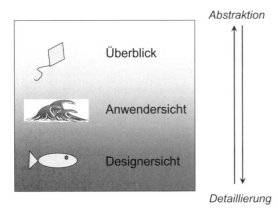

BILD 3.27
Abstraktionsniveaus von Use-Case-Spezifikationen

Eine Beschreibung auf Drachenniveau – hoch oben in der Luft – ist eine Überblicksbeschreibung, eine sehr kurze Zusammenfassung von wesentlichen Aspekten des Use Case. Wenn Sie ein Stück tiefer kommen, sind wir auf der Meeresoberfläche angelangt, auf dem Niveau der Wellen. Das ist eine Beschreibung aus Anwendersicht, was Anwender wirklich von diesem Prozess erwarten, der Kern der fachlichen Schritte des Prozesses. Sie können jedoch (absichtlich) auch noch ein Stück tiefer gehen: unter Wasser, dahin, wo die Fische schwimmen. Und dort können Sie eine sehr viel detailliertere Beschreibung dieses Prozesses erstellen (eher aus organisatorischer Lösungssicht oder aus IT-Sicht mit Oberflächenelementen, mit Masken, mit Knopfdrücken und Ähnlichem). Auch das kann eine gewollte Use-Case-Beschreibung sein. Wir haben es auf diese drei Symbole reduziert. Alistair Cockburn hat darüber noch Wolken, noch abstraktere Beschreibungen, und darunter Muscheln, am Grunde des Meeres. Drei Ebenen reichen aber im Normalfall aus.

Alistair Cockburn führte noch zwei weitere, orthogonale Symbole zu denen für das Abstraktionslevel ein, um zu bestimmen, ob es sich um einen Business Use Case oder ein Product Use Case handelt. Für den Business Use Case hat er ein Häuschen daran gemalt. Ein Häuschen mit einem Drachen bedeutet: Es ist ein Business Use Case auf sehr abstrakter Ebene. Den Produkt-Scope stellte er durch Quader dar. Um also einen Product Use Case zu beschreiben, fügt er einen Quader zum Beispiel zur Welle hinzu; das ist eine essenzielle Beschreibung aus Anwendersicht für einen Product Use Case.

Diese zweite Art von Annotationen haben ich „wegoptimiert", weil wir in Volere ganz einfach in unterschiedlichen Kapiteln schreiben (vgl. Bild 3.28). Wir beschreiben die Business Use Cases direkt nach der Abgrenzung des Business-Scope, dem Business-Kontext-Diagramm, in Kapitel 6 und wir packen die Product-Use-Case-Spezifikationen in das Kapitel 8 hinter das Produkt-Kontext-Diagramm, der Festlegung des Produkt-Scope.

Die anderen drei Symbole (Drache, Welle und Fisch) sind allerdings sehr hilfreich, um konkret festzulegen, auf welchem Abstraktionsniveau wir diese Use-Case-Spezifikation anlegen wollen.

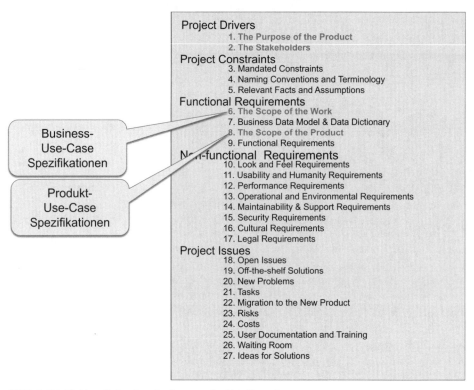

BILD 3.28 Wohin mit den Beschreibungen der Use Cases?

3.11.1 Beschreibung auf Drachenniveau

Betrachten wir zunächst mal, was heißt es, einen Use Case auf Drachenniveau zu beschreiben. Das ist ganz einfach: Vier Einträge reichen aus, wie in Bild 3.29 ersichtlich.

Als Erstes bekommt der Use Case einen Namen. Den hat er ja schon, weil wir in die Ellipse im Diagramm einen Namen hineingeschrieben haben. Wenn Sie es gut machen, enthält der Name auf jeden Fall ein Verb und ein Substantiv. Ein Use Case ist ja ein Prozess, eine Tätigkeit. Daher sollte ein Tätigkeitswort, ein Verb, in dem Namen enthalten sein und das Verb sollte durch ein Objekt, mit dem etwas gemacht wird, ergänzt werden. In dem Beispiel „Zielführung" steckt drin „zum Ziel führen". Oder nehmen Sie „Zieleingabe" = Eingeben eines Ziels.

Name	ein aussagekräftiger Name des Use-Case (häufig in der Form Substantiv + Verb: z. B. Geschwindigkeit regeln)
Zusammenfassung	ein kurzer Text, der nicht mehr als zwei bis vier Sätze umfassen sollte
Akteur	der initiierende Akteur
auslösendes Ereignis	der Trigger für den Prozess

BILD 3.29 Beschreibungselemente auf Drachenniveau

Sie können es in Deutsch natürlich mit einem zusammengesetzten Substantiv ausdrücken, aber achten Sie darauf, dass dieses immer einen Verbanteil enthält und ein Objekt.

Außerdem wollen wir auf Drachenniveau eine zwei- bis vierzeilige Zusammenfassung schreiben.

Drittens gibt die Beschreibungsvorlage die Möglichkeit, den Akteur genauer spezifizieren. Im Bild haben wir vielleicht nur ein Strichmännchen und einen Namen darunter. Jetzt bietet sich Ihnen Platz in dem Formular, um mehr über den Akteur zu erzählen. Wer in der Rolle stecken kann, wer das sonst noch auslösen kann, welche Bezeichnungen verschiedene Stakeholder für den Akteur verwenden. Vielleicht steht im Diagramm „Fahrer" und Sie fügen hier ein: (auch Lenker oder Fahrzeuglenker genannt).

Und schließlich sollten Sie das auslösende Ereignis beschreiben, was Ihnen sehr leicht fällt, wenn Sie ohnehin eine Ereignisliste benutzt haben, um die Use Cases zu finden.

Sie sehen auf jeden Fall, dass selbst in dieser kurzen Beschreibung auf Drachenniveau mehr Information als in den Anschriften unter Akteur und Use-Case-Ellipse im Diagramm steckt. Sie enthält wenigstens einige Zeilen, um als Zusammenfassung zu spezifizieren, was der Use Case tun soll. Das ist eine typische Beschreibung auf Managementniveau. Wenn Sie für mehrere Projekte zuständig sind, wollen Sie als Chef wenigstens diesen Überblick über alle Projekte haben und diese Drachenbeschreibung lesen können – auch wenn Sie für noch mehr Details keine Zeit finden.

3.11.2 Beschreibung auf Wellenniveau

Unser wirkliches Ziel in der Systemanalyse ist eine Use-Case-Beschreibung auf Wellenniveau. Darin wird noch ein bisschen mehr spezifiziert als auf Drachenniveau. Bevor ich Ihnen die Elemente dieser Beschreibung vorschlage, möchte ich vorausschicken, dass die UML keinerlei Formulare vorgibt, wie man einen Use Case beschreiben sollte. Es ist ein Stil, den Sie selbst entwickeln müssen und vielleicht für Ihre Abteilung oder Hauptabteilung oder auch für Ihre Firma standardisieren sollten. Nehmen Sie sich daher die Freiheit, die folgenden Vorschläge organisationsspezifisch anzupassen.

In der Wellenbeschreibung zeigt Bild 3.30 im oberen Teil wieder die vier Punkte, die wir eben auf Drachenniveau hatten, also den Namen, die Managementzusammenfassung, den Akteur und das auslösende Ereignis. Als Ergänzung dazu brauchen wir auf dem Wellenniveau im Wesentlichen eine detaillierte Spezifikation von Eingabe, Verarbeitung und Ausgabe. Sie sehen: im Westen nichts Neues! Um einen Prozess zu verstehen, wollen wir über drei Dinge Bescheid wissen: seine Eingabe, seinen Ablauf und seine Ausgaben.

Vorschläge für derartige Formulare finden Sie eine ganze Menge in der Literatur. Die drei wichtigen Punkte für mich sind Eingabe, Ablauf und Ergebnis. Manche nehmen noch Vor- und Nachbedingungen dazu. Warum Vorbedingungen? In dem Abschnitt „Vorbedingungen" stehen meistens Zustandsinformationen. Nur wenn das System in dem Zustand ist, nur wenn diese Bedingung erfüllt ist, soll der Prozess ausgeführt werden. Man erspart sich, viel zu lesen, wenn schon die Vorbedingung falsch ist. Ich muss den Rest dann gar nicht genauer betrachten, wenn schon die Vorbedingung nicht gegeben ist. Auch die Nachbedingungen sind meistens Zustandsinformationen. Nach dem Prozess ist das Konto zum Beispiel „gedeckt". Oder danach ist das System in dem Zustand „betriebssicher".

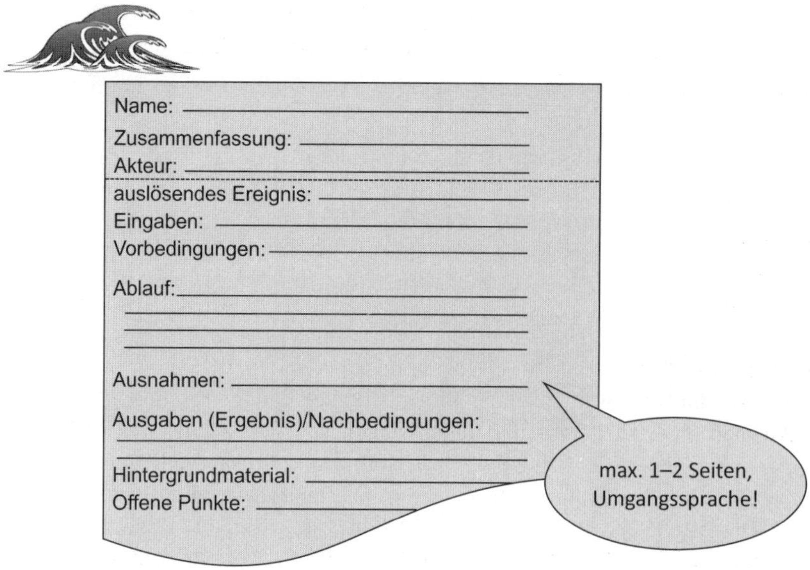

```
Name: _____
Zusammenfassung: _____
Akteur: _____
auslösendes Ereignis: _____
Eingaben: _____
Vorbedingungen: _____
Ablauf: _____
         _____
         _____
         _____
Ausnahmen: _____
Ausgaben (Ergebnis)/Nachbedingungen:
_____
Hintergrundmaterial: _____     max. 1–2 Seiten,
Offene Punkte: _____           Umgangssprache!
```

BILD 3.30 Beschreibungselement auf Wellenniveau

Bei der Ablaufbeschreibung konzentrieren wir uns zuerst auf den Normalfall, den normalen Ablauf des Prozesses. Erst danach erwähnen wir eventuelle Ausnahmen, die auftreten können. Ich habe auch mal programmiert. Ich weiß, dass in der Praxis meist die Ausnahmen mehr Arbeit machen als der Normalfall. Und ich hatte sogar Kunden, die gesagt haben: „Bei uns gibt es gar keinen Normalfall. Wir leben immer nur im Chaos." Bei genauerer Betrachtung hat sich hinterher herausgestellt, es gibt ihn doch, den Normalfall. Aber er ist so leicht zu verstehen, dass keiner es der Mühe wert findet, ihn hinzuschreiben. Denn Schwierigkeiten machen uns sehr oft nur die Ausnahmefälle. Aber überlegen Sie, wo wir in dem Systemanalyseprozess stehen. Wir haben Ziele festgelegt und wir präzisieren diese Ziele eben durch eine Menge von Prozessen (oder Use Cases) und wir wollen den Prozess etwas besser verstehen, als es in den Zielen beschrieben war. Konzentrieren Sie sich daher bitte auf den Normalfall in der Ablaufbeschreibung und erwähnen Sie nur Ausnahmen, die dabei auftreten können.

Hilfreiche Elemente, die man in der Beschreibung immer noch unterbringt, sind s ein bisschen Hintergrundmaterial, etwas in der Formulierung: „Mehr Informationen finden Sie auch im Kapitel 7.2 des Benutzerhandbuchs sowie in der Hausmitteilung von F. Huber vom 21.10."

Und falls wir unsere Stakeholder nicht immer griffbereit haben, hilft eine „Offene-Punkte-Liste". Beim nächsten Interview müssen diese Punkte nochmals angesprochen werden. Wenn Sie einen stabilen Zustand der Use-Case-Beschreibung erreicht haben, sollte die Offene-Punkte-Liste natürlich leer sein.

Meine Empfehlung ist: Übertreiben Sie es nicht mit den Formularen. Ivar Jacobson war der Meinung: „Höre dem Akteur zu und schreibe auf, was er haben möchte." Das klang sehr informell und seine beiden amerikanischen Kollegen haben ihn dafür sehr gescholten. Nach dem Motto: Können wir das nicht ein bisschen strukturierter machen? Und dann kamen diese Vorschläge für Gliederungsschemata. Aber übertreiben Sie es nicht. Die Originalidee von Ivar Jacobson war ganz einfach: „Ich habe einen Akteur und der möchte etwas vom System und ich höre zunächst einmal zu und schreibe mit." Wenn das nicht ausreicht, können wir noch weiter formalisieren, aber bleiben Sie an der Stelle relativ natürlich im Beschreibungsstil.

Nehmen Sie nicht zu viele Überschriften und nicht zu viele Punkte in das Formular auf. Betrachten Sie Bild 3.30 nur als einen Vorschlag.

Meine persönliche Stilregel heißt: Machen Sie die Use-Case-Beschreibung auf Wellenniveau nie länger als ein bis zwei Seiten!

Für manche Prozesse wird es Ihnen schwerfallen, ein bis zwei Seiten zu schreiben, weil sie sehr primitiv sind. Für andere Prozesse könnten Sie locker 30, 40, 50 oder noch mehr Seiten schreiben, um alle Feinheiten zu erfassen. Halten Sie sich zurück. Konzentrieren Sie sich in ein bis zwei Seiten auf das Wesentliche dieses Ablaufs. Mehr Details können wir immer noch hinzufügen. Dahinter steckt die Erkenntnis, dass in einer Seite umgangssprachlichem Text im Normalfall ein bis neun Fehler, Unsauberkeiten und interpretierbare Teile enthalten sind. Wir machen erfahrungsgemäß in der Umgangssprache zu viele Fehler! Verfassen Sie also bitte keine 30-seitigen Use-Case-Beschreibungen in Prosa. Die Chance, dass Sie dabei Fehler machen und unsauber vorgehen, ist sehr groß. Verwenden Sie stattdessen lieber Aktivitätsdiagramme oder andere Ausdrucksmittel, die wir in den Folgekapiteln noch kennenlernen werden.

Alistar Cockburn und einige andere schlugen vor, pro Use Case nicht nur ein Formular zu verwenden, sondern dass Sie ein Formular für den Normalfall ausfüllen, dann ein Formular für Sonderfall 1, ein weiteres Formular für Sonderfall 2, usw. Das hat sich bei mir in der Praxis nicht sehr bewährt. Ich halte lieber die Use-Case-Beschreibung zusammen, die Ausnahmen knapp in der Aufzählung und wenn ich mehr Informationen brauche, dann verwende ich andere Ausdrucksmittel, um Detailbeschreibungen anzulegen.

3.11.3 Beschreibung auf Fischniveau

Betrachten wir noch die dritte Ebene der Beschreibung: die Beschreibung von Use Cases auf Fischniveau, unter Wasser. Das ist jetzt ganz bewusst eine Beschreibung mit sehr detaillierten Schrittfolgen, wie der Use Case genau ablaufen sollte. Jetzt gilt die Beschränkung auf ein bis zwei Seiten nicht mehr. Wenn Sie wirklich alle Knopfdrücke, alle Menüs, alle Masken hinzeichnen und angeben wollen, was passieren soll, ist die Beschreibung manchmal wirklich 10, 20, 30, 40, 50 Seiten lang. Ich verwende Fischniveau vor allem bei der Ist-Analyse, wenn mein Gegenüber, meine Stakeholder, nicht abstrahieren können. Wenn ich den heutigen Prozess verstehen und dann zuhause im stillen Kämmerchen den logischen Prozess herausfiltern möchte, den ich von Stakeholdern nicht erzählt bekomme, dann muss ich wohl zwangsweise einfach mitschreiben, was heute alles passiert.

Ich verwende das Fischniveau auch für sehr lösungslastige Requirements-Spezifikationen. Mit manchen Stakeholdern kann man nur kommunizieren, wenn man ihnen Bildschirmmasken zeigt und Folgen von Bildschirmmasken, dann können sie sich besser vorstellen, wie ihr zukünftiges System aussieht. Aber holen Sie bitte Softwareergonomen ins Team, wenn Sie auf Fischniveau beschreiben müssen. Oberflächenspezialisten, Personen, die etwas von Gestaltung von Bildschirmen verstehen, gehören frühzeitig in das Analyse-Team, damit die organisatorischen und gestalterischen Aspekte bei den Anforderungen berücksichtigt werden.

Versuchen Sie nicht, deren Arbeit zu machen, die eigentlich Designerarbeit ist, ohne die notwendigen Sachkenntnisse dafür zu haben. Fischbeschreibungen sind in der Praxis nichts Unübliches und nichts Verwerfliches. Sie sollten nur ganz bewusst eine Entscheidung treffen, auf welchem Niveau (Drache, Welle oder Fisch) Sie die Beschreibung anlegen wollen.

3.11.4 Der Stil auf Wellenniveau

Ich komme noch mal zurück zur Beschreibung auf Wellenniveau, weil ich Ihnen dazu noch ein paar Stilelemente ans Herz legen möchte, wie man diese Beschreibung, vor allem die Beschreibung des Ablaufs, gestalten soll. Dies ist einer der schwierigsten Punkte bei der Erarbeitung einer Use-Case-Spezifikation, weil sehr viel Erfahrung mitschwingt. Ich versuche aber, Ihnen anhand von mehreren Beispielen klar zu machen, worauf ich hinaus möchte.

> *Bitte fordern Sie keine Lösungen, sondern untersuchen Sie jeden Satz, den Ihnen der Kunde nennt, ob es eine Lösung ist oder eine Anforderung.*

Nehmen wir das Beispiel, dass der Kunde sagt: „Ich hätte gerne ein automatisches Disconnect nach Nutzung der Datenbank." Eine der Gewohnheiten, die Sie sich hier als Systemanalytiker ohnehin zulegen sollten, ist es, ständig wie ein kleines Kind zu fragen: Warum eigentlich? Wozu?

Warum möchtest du ein automatisches Disconnect nach Nutzung der Datenbank? Und wenn Ihr Gegenüber Ihnen dann sagt: „Uuuuh, das ist mir sonst zu teuer! Solange wir mit der Datenbank verbunden sind, kostet das jede Menge Geld pro Minute. Deshalb wollen wir nach Nutzung möglichst schnell abschalten, möglichst schnell die Datenbank trennen." Jetzt haben Sie gelernt, es geht ihm gar nicht um das Trennen von der Datenbank. Er möchte nur weniger zahlen. Wenn Sie als Analytiker eine gute Lösung haben und sagen: „Ich habe eine Flatrate für dich. Kostet dich gar nichts extra pro Nutzung. Du kannst 24 Stunden am Tag mit der Datenbank verbunden bleiben. Du zahlst nur einmal", dann sagt der Kunde unter Umständen: „Dann ist es mir egal, ob du dich abmeldest oder nicht". Sie sehen, das Erkennen, dass der gar kein Disconnect möchte, sondern dass er eine Minimierung der Datenbankzugriffskosten wünscht, das ist Analysearbeit. Das eine war ein guter Vorschlag mit der Flatrate. Der Vorschlag hätte vielleicht sogar dafür gesorgt, dass der Kunden mit dem neuen System weniger Geld zahlen muss als heute. Es war aber nur eine mögliche Lösung für die wirkliche Anforderung „Datenbankverbindungskosten minimieren".

Ich habe noch ein paar weitere derartige Beispiele in Bild 3.31 aufgenommen. Jedes Mal, wenn jemand sagt „**Drucke** Liste der Billigtelefonanbieter" suggeriert alleine das Wort „drucke" schon die Verwendung von Papier. Vielleicht wollte derjenige gar kein Papier haben. Wenn jedoch jemand unvorsichtigerweise „drucke" gesagt hat, wird implizit „Papier" suggeriert. Sie denken bei „drucke" sicherlich nicht Ausgabe am Bildschirm. Jemand, der das liest, würde an Papier denken. Vielleicht wollte der Anforderer nur sagen: „Informiere mich über Billiganbieter." Hinterfragen Sie es. Will der wirklich einen Ausdruck haben oder möchte er nur über Billiganbieter informiert werden?

Mein Beispiel ganz unten in Bild 3.31: die ursprüngliche Forderung nach einer Uhr zur Anzeige des Fortschritts. Haben Sie schon mal eine Uhr programmiert, mit einem beweglichen Zeiger? Das ist eventuell sehr aufwendig in der Programmierung. Fragen Sie doch einmal:

Fordern Sie keine Lösungen	
Lösung	Requirement
• Automatisches Disconnect nach Nutzung der Datenbank	• Minimierung der Datenbankverbindungskosten
• Drucke Liste der Billigtelefonanbieter	• Informiere den Benutzer über billigste Telefonanbieter
• Das System soll ein GUI haben	• Das System soll eine intuitive Benutzerschnittstelle haben
• Bookmarks für Referenzen verwenden	• Referenzen einfach auffindbar machen
• Passwords verwenden	• Sicheren Zugriff gewährleisten
• Uhr zur Anzeige des Fortschritts	• Fortschrittsüberwachung

BILD 3.31 Lieber Anforderungen statt Lösungen schreiben

„Wozu willst du eine Uhr zur Anzeige des Fortschritts?" Wenn die Antwort ist: „Ich möchte sehen, wie weit der Prozess gediehen ist", dann fragen Sie zurück: „Reicht auch ein Prozentzahlzähler von 0 – 100" oder „Reicht ein Balken, der sich langsam füllt, so lange, bis die 100 % erreicht sind"?. Wenn der Kunde sagt „Na klar, ich möchte nur wissen, wie weit das Ganze ist", haben Sie jetzt vielleicht Möglichkeiten, die wesentlich billiger zu implementieren sind als eine Uhr. Aber Vorsicht! Wenn der Kunde sagt, ich will wirklich eine Uhr haben und keine alternative Lösung, dann darf er das fordern. Der Kunde ist König; er darf beliebige Anforderungen stellen. Aber als Systemanalytiker sollten Sie den Wahrheitsgehalt dieser Forderung herausfinden, ob es eine Lösung ist oder ob dahinter sein wahres Problem steckt. Wenn Sie das Schlagwort „GUI" fordern, ein Graphical User Interface, dann erhalten Sie ein Graphical User Interface! Man kann auch ohne grafische Benutzeroberflächen sehr intuitive Oberflächen bauen, aber wenn Sie GUI fordern, erhalten Sie GUI.

Wenn Sie Bookmarks fordern (ein Mechanismus, wie man sich in einem Browser Stellen merken kann), dann erhalten Sie Bookmarks. Wenn Sie nur sagen „Ich möchte Dinge, die ich schon einmal gefunden hatte, leicht wiederfinden", hat der Designer andere Möglichkeiten, sich solche Referenzen zu merken.

Sie sehen, es ist eine heikle Gratwanderung, ob das noch eine Anforderung oder schon eine Lösung ist. Und dazu ein paar Tipps:

- Unterscheiden Sie geforderte Randbedingungen von Lösungen. Wenn jemand wirklich sagt „Ich will es so", dann bekommt er es so. Aber Sie sollten sicher sein, dass genau das gewollt ist.
- Versuchen Sie zu abstrahieren. Je abstrakter Ihre Formulierung ist, desto unwahrscheinlicher ist es eine Lösung. Aber übertreiben Sie nicht. Werden Sie nicht zu abstrakt, sodass keiner der Beteiligten mehr weiß, wovon geredet wird.
- Und untersuchen Sie bei jedem Satz, der gesagt wurde, ob man das nicht als Anforderung logischer oder essenzieller umschreiben kann.

Für das Formular auf Wellenniveau ist noch ein Vorschlag gemacht worden, den Sie vielleicht aufgreifen sollten: Schreiben Sie beim Ablauf zweispaltig, wie in Bild 3.32 dargestellt.

xSchreiben Sie bei dem Ablauf nicht, was die Systemumgebung **tut** und was unser System **tut**, sondern eher, was die Systemumgebung als Ziel erreichen **will** und wie unser System **im Kern** darauf **reagiert**. Sagen Sie nicht „Drücke diese Taste und wähle diesen Pfeil aus",

Fordern Sie keine Lösungen	
Lösung	Requirement
• Automatisches Disconnect nach Nutzung der Datenbank	• Minimierung der Datenbankverbindungskosten
• Drucke Liste der Billigtelefonanbieter	• Informiere den Benutzer über billigste Telefonanbieter
• Das System soll ein GUI haben	• Das System soll eine intuitive Benutzerschnittstelle haben
• Bookmarks für Referenzen verwenden	• Referenzen einfach auffindbar machen
• Passwords verwenden	• Sichern Zugriff gewährleisten
• Uhr zur Anzeige des Fortschritts	• Fortschrittsüberwachung

BILD 3.32 Lieber Anforderungen statt Lösungen schreiben

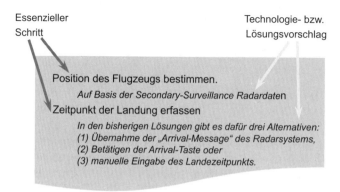

BILD 3.33 Explizite Kennzeichnung technischer oder organisatorischer Vorschläge

sondern sagen Sie „Ich möchte eine Adresse finden". Versuchen Sie, die Beschreibung auf dieses Niveau zu heben, dass Sie zur Essenz kommen, auf den Kerngehalt der Funktionalität, die wirklich gebraucht wird, und nicht auf die Art, wie es heute gemacht wird.

Wenn Sie schon in der Spezifikation Technologie und Organisation angeben wollen, dann gibt es noch den Trick, dieses explizit kenntlich zu machen (vgl. Bild 3.33).

Ich habe hier als Beispiel, dass folgender essenzieller Schritt gefordert wurde: „Wir brauchen die Position eines Flugzeugs." Und als möglicher Lösungsvorschlag steht dahinter: „Dazu können wir die Daten von der Secondary Surveillance Radar verwenden." Wenn der Designer eine andere schlaue Idee hat, wie wir die Position des Flugzeugs erfahren, dann sollte er sie bitte vorschlagen.

Der zweite essenzielle Schritt in dem Beispiel ist: „Wir brauchen den Zeitpunkt der Landung." Dazu haben wir in der heutigen Lösung sogar drei mögliche Varianten. Wir können vom Radarsystem die Arrival Message übernehmen. Damit hätten wir Zugriff auf ein Nachbarsystem und da steht die Uhrzeit drin und wir können sie herausfiltern. Wir könnten als zweite Alternative auf der Tastatur die Arrival-Taste betätigen, dann wird im System die Zeit festgehalten. Oder wir könnten manuell 15.03 Uhr eintippen.

Sie sehen wir haben die eigentliche Anforderung von den Lösungsmöglichkeiten auseinandergehalten, durch grafische Annotationen, wie Einrücken und kursiv setzen oder durch irgendwelche anderen Hervorhebungen.

Versuchen Sie solche Tricks, um wirklich dahinter zu kommen, was der Kunde im Kern haben will.

■ 3.12 Empfehlungen und Warnungen

Treten wir kurz einen Schritt zurück und überlegen uns, unabhängig von allen Notationen, wo wir stehen. Wir diskutieren über funktionale Anforderungen und ich habe Ihnen eine Grobgliederung in Form von Prozessen ans Herz gelegt. Sie müssen aber Ihre Anforderungen – wie in der Einleitung dieses Kapitels erwähnt – nicht unbedingt in Prozesse gliedern. Jede andere Gliederung ist auch eine mögliche Gliederung, insbesondere in der Praxis das Festhalten an der heutigen Lösungsstruktur eines Systems. Es ist sehr leicht zu sagen: „Das neue Projekt betrifft diese drei Subsysteme und wir wollen an dieser Aufteilung auch nichts ändern. Die Schnittstellen zwischen den Subsystemen sollen erhalten bleiben." Dann werden wir die Anforderungen zuerst in die drei Subsysteme gliedern und dann erst in Prozesse pro Subsystem denken.

Wovor ich ein bisschen warnen möchte, ist eine rein funktionale oder Feature-Gliederung (vgl. Bild 3.34).

Gerade wenn getrennte Teams Feature 1, Feature 2 und Feature 3 im Lauf der Zeit spezifizieren, ist die Gefahr groß, dass es Überlappungen gibt; dass aus Sicht von Feature 2 und Feature 3 vielleicht sogar widersprüchliche Anforderungen aus diesem Gesichtspunkt und jenem Gesichtspunkt gemacht werden.

Eine Prozessgliederung hingegen versucht, eine komplette Sicht von Systemeingabe quer bis zur Systemausgabe zu bieten. Und dadurch werden auch Lücken aufgedeckt. Man merkt auch, dass vielleicht die Features nichts über den Anfang des Prozesses gefordert haben, und auch zwischen den Features könnten Anforderungslücken sein. Die Betrachtung eines kompletten Geschäftsprozesses hilft uns, nichts zu übersehen und auch nichts doppelt zu machen.

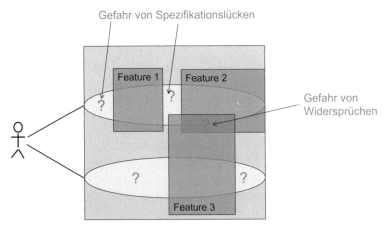

BILD 3.34 Vorsicht vor reinen Feature-Gliederungen

Wir haben dazu eine leicht verständliche Metapher gefunden: Use Cases sind das Mandarinenmodell der IT. Stellen Sie sich vor, Sie haben zu Nikolaus einen Sack Mandarinen geschenkt bekommen und eine Mandarine geschält. Sie brauchen nicht lange darüber nachzudenken, wie man die Mandarine zerteilt. Die zerfällt fast natürlich in ihre Teile und Spalten. Ich hab noch niemanden erlebt, der Mandarinen quer schneidet. Die Zerlegung ist irgendwo natürlich vorgegeben. Im Gegensatz dazu Äpfel: Wie würden Sie einen Apfel aufteilen? Wenn Sie alleine sind, gar nicht. Sie würden reinbeißen. Und wenn Sie zu zweit sind und kräftig, würden Sie ihn in der Mitte unter Einsatz beider Daumen auseinanderbrechen und die beiden Hälften verteilen. Wenn Sie Apfelkompott machen wollen, würden Sie ihn schälen und entkernen und in Spalten schneiden. Wenn Sie aber Apfelküchle backen wollen, schneiden Sie ihn genau in der anderen Richtung, nämlich quer, tauchen diese Ringe in Teig und braten sie heraus. Sie sehen, es gibt keine natürliche Zerlegungsrichtung für einen Apfel.

Deshalb: Prozesse und Use Cases sind das Mandarinenmodell der IT. Das führt zu einer natürlichen Zerlegung und die Natürlichkeit kommt daher, dass die Auslöser außen sind und weil dieser Akteur einen bestimmten kompletten Prozess von Anfang bis zum Schluss haben will. Dadurch kommt es nicht zu Überlappungen. Use Cases kommunizieren normalerweise nur über Daten miteinander oder über Vor- und Nachbedingungen, sind aber relativ selbstständig in ihrer Ausführung. Dadurch erhalten Sie eine sehr schöne, redundanzfreie und auch überlappungsfreie Aufteilung Ihrer funktionalen Anforderungen und vor allem auch eine lückenlose Aufzählung der gewünschten funktionalen Anforderungen.

Diese Prozesse oder Use Cases zu entdecken, gehört auf jeden Fall zu dem oberen Teil unseres T-Modells. Wir haben schon im letzten Kapitel festgehalten, dass Ziele, Stakeholder und Scope-Abgrenzung relativ früh im Projekt festgelegt werden sollten.

Jetzt ergänzen wir dies noch um das Use-Case-Diagramm und die Beschreibung auf Drachenniveau, die auch in diesen ersten paar Prozent Aufwand eines Projekts erstellt werden sollten. Wir sind noch nicht ganz fertig mit der Aufzählung; den Rest werden wir in den Folgekapiteln ergänzen.

Auch dieser Schritt der Grobgliederung in Prozesse und Use Cases und deren kurzer Beschreibung lässt sich relativ schnell bewerkstelligen. Die richtigen Leute am Tisch und wir haben sehr schnell 80 bis 90 % aller relevanten Use Cases gefunden. Und damit wir uns merken können, was wir mit der Ellipse gemeint haben, legen wir auf die Schnelle einen Vierzeiler an. Das kostet nicht viel Aufwand und wir haben sofort einen guten Überblick über unsere funktionalen Anforderungen.

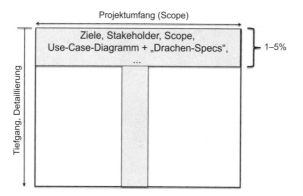

BILD 3.35
Ein früher Überblick über alle Prozesse reduziert das Risiko.

■ 3.13 Zusammenfassung

In diesem Kapitel haben wir besprochen, dass das Denken in Geschäftsprozessen oder in Systemprozessen, also prinzipiell in Abläufen, zu einer sehr lösungsunabhängigen Gliederung unserer funktionalen Anforderung führt. Sie erinnern sich an das Mandarinenmodell für die IT. Eine Mandarine, die Sie bekommen, zerfällt fast wie natürlich in ihre Spalten und in ihre Teile. Use Cases sind das Mandarinenmodell der IT. Diese Zerlegung ist auch die Basis für Schätzung, für Priorisierung, für Release-Bildung, für die weitere Projektarbeit.

Use Cases, die wir gefunden haben, können dann umgangssprachlich spezifiziert werden. Der Leserkreis, d. h. die Adressaten des Anforderungsdokuments, bestimmt im Wesentlichen die Art der Spezifikation. Wenn wir einen Use Case für Manager beschreiben, werden wir es kurz halten, eine Beschreibung auf Drachenniveau anfertigen. Wenn wir eine sehr designnahe Darstellung haben wollen, werden wir Use Cases auf Fischniveau beschreiben; mit sehr viel detaillierteren Masken und Aktionen des Benutzers. Aber das Wellenniveau ist das, wo wir in einer guten Analyse und Spezifikation wirklich hinwollen: eine Beschreibung der wichtigen, der essenziellen Schritte dieser gefundenen Abläufe ohne Vorwegnahme der Technologie für die Lösung.

4 Funktionen genauer betrachtet

Auch im vierten Kapitel beschäftigen wir uns weiter mit den funktionalen Anforderungen. Wir betrachten, wie man einen Ablauf, einen Geschäftsprozess oder einen Produktablauf, den wir als Use Case gefunden haben, systematisch in seine Schritte zerlegen und in Form von Aktivitätsdiagrammen oder ähnlichen Notationen darstellen kann. Wir sehen uns auch an, wie man komplexe Schritte weiter in einfachere Schritte zerlegen kann. Wir erstellen so viel hierarchisch zerlegte Diagramme, bis wir die einzelnen detaillierten Aktivitäten hinreichend genau in Umgangssprache beschreiben können.

■ 4.1 Wenn die Use-Case-Spezifikation nicht ausreicht ...

Im letzten Kapitel erläuterten wir, wie man Ziele durch Use Cases strukturieren und mit Use-Case-Spezifikationen präzisieren kann. Ich habe Sie auf meine Stilregel hingewiesen, dass eine Use-Case-Spezifikation auf Wellenniveau nur ein bis zwei Seiten Beschreibung umfassen und nicht sehr viel detaillierter ausfallen sollte. Was tun wir also, wenn eine ein- bis zweiseitige Use-Case-Spezifikation nicht ausreicht, um den Prozess detailliert genug darzustellen? Wir zerlegen den gewünschten Ablauf in seine Schritte! Dazu gibt es eine Vielzahl von Notationsmöglichkeiten, diese Prozesszerlegung formaler, genauer und detaillierter zu spezifizieren als nur mit ein bis zwei Seiten umgangssprachlichem Text.

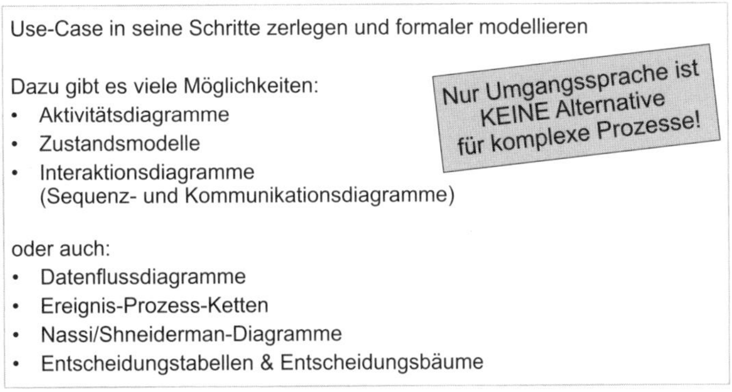

Use-Case in seine Schritte zerlegen und formaler modellieren

Dazu gibt es viele Möglichkeiten:
- Aktivitätsdiagramme
- Zustandsmodelle
- Interaktionsdiagramme
  (Sequenz- und Kommunikationsdiagramme)

oder auch:
- Datenflussdiagramme
- Ereignis-Prozess-Ketten
- Nassi/Shneiderman-Diagramme
- Entscheidungstabellen & Entscheidungsbäume

Nur Umgangssprache ist KEINE Alternative für komplexe Prozesse!

BILD 4.1
Alternative Ausdrucksmittel für detailliertere Spezifikationen

Innerhalb der UML haben wir zum Beispiel Aktivitätsdiagramme, die wir verwenden können, wenn der Prozess eher linearer Natur ist; d. h. eher ungestört von Anfang bis zum Schluss abläuft. Alternativ dazu stehen uns Zustandsdiagramme zur Verfügung, wenn der Prozess durch Ereignisse beeinflusst wird, und die Ereignisse bestimmen, welche Teilschritte wann und unter welchen Randbedingungen ausgeführt werden sollen.

Oder wir können die Prozessschritte auch beispielhaft als Szenarien spezifizieren. Dazu stellt uns die UML Interaktionsdiagramme zur Verfügung, konkret Sequenzdiagramme oder Kommunikationsdiagramme. Denn manchmal sind drei gute Beispiele besser für das Verständnis der Anforderungen als eine schlechte Abstraktion. In diesem Kapitel werden wir uns auf Aktivitätsdiagramme in der UML konzentrieren. In weiteren Kapiteln diskutieren wir auch noch die anderen Ausdrucksmittel.

Aber auch außerhalb der UML gibt es eine Menge Notationen, um einen gefundenen Ablauf präziser zu beschreiben. Bevor die UML erfunden wurde, waren Datenflussdiagramme aus der strukturierten Analyse *das* Mittel der Wahl, um einen Ablauf zu beschreiben. Auch die werden wir uns in diesem Kapitel näher ansehen. Wieder andere Analytiker zeichnen Ereignisprozessketten nach Prof. Scheer oder verwenden Business Process Diagrams aus dem BPMN-Standard.

Kennen Sie noch Nassi/Shneiderman-Diagramme, deutsch oft als Struktogramme bezeichnet? Wo wir auf einem DIN-A4-Blatt den Ablauf in Schrittfolgen mit Abfragen und mit Schleifen zerlegt haben? Auch Entscheidungstabellen waren früher ein beliebtes Mittel, um komplexe Aufgaben mit sehr vielen Abfragen oder Bedingungen und wenigen Aktionen auf einer kompakten Seite darzustellen. Oder auch Entscheidungsbäume: Bei jedem Knoten im Entscheidungsbaum haben wir die möglichen Wege aufgezeigt. Wenn wir hier stehen, haben wir drei Möglichkeiten. Wenn Sie den mittleren Weg gewählt haben, bieten sich Ihnen wieder zwei Möglichkeiten. Wenn Sie die obere Alternative genommen haben, haben Sie vier Möglichkeiten und am Ende des Baums, an den Blättern, befanden sich die Aktionen.

Wenn Sie es ganz mathematisch haben wollen, nehmen Sie ein System von Differenzialgleichungen, um zu spezifizieren, wie Ein- und Ausgaben des Prozesses zusammenhängen. Sie werden zwar die meisten Leser damit verschrecken, aber es ist sehr präzise. Etwas weniger mathematisch zeichnen Sie vielleicht Kurven, deren Verlauf spezifiziert, bei welchem x-Wert welche y-Werte als Ergebnis erwartet werden.

Alles das sind Möglichkeiten, Eingaben auf Ausgaben abzubilden. Nur Umgangssprache alleine ist keine gute Idee, wenn es um präzises Ausdrücken von komplexen Prozessen gilt. Sie erinnern sich, wir haben im letzten Kapitel schon besprochen: Auf einer Seite umgangssprachlichem Text haben Sie ein bis neun Schwachstellen, also im Schnitt fünf Punkte, die unklar oder unsauber formuliert und vielleicht diskussionswürdig sind. Deshalb sollten Sie für präzisere Spezifikationen eines der anderen Modelle statt Umgangssprache nutzen.

4.2 Regeln für Aktivitätsdiagramme

Wir konzentrieren uns in dem Abschnitt hauptsächlich auf Aktivitätsdiagramme und beginnen wieder damit, ein paar Formalien zu diskutieren, wie Aktivitätsdiagramme aufgebaut sind. Ich bin sicher, das wird Ihnen leichtfallen. Denn Aktivitätsdiagramme sind unsere guten alten Flussdiagramme, unsere Programmablaufpläne, wie wir sie schon von der DIN-Norm 66001 kennen; die Syntax hat sich ein bisschen gewandelt. Wie Bild 4.2 zeigt, fangen wir mit einem schwarzen Punkt an, wo der Prozess losgeht, und wir zeichnen eine Aktivität nach der anderen ein. Früher nutzten wir Rechtecke in den Flussdiagrammen. Heute sind es Rechtecke mit abgerundeten Ecken. Das ist mehr als nur Notationswillkür: Die UML-Schöpfer haben sich dabei etwas gedacht: Wir kommen von den Rundungen der Ellipsen der Use Cases schön langsam über diese Rechtecke mit abgerundeten Ecken zu Klassen, die dann als Rechtecke dargestellt sind. Das werden wir später in Kapitel 6 als Notation für die Datenmodelle noch kennenlernen.

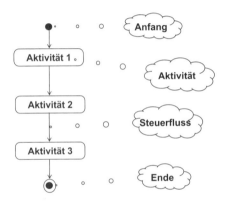

BILD 4.2
Grundelemente von Aktivitätsdiagrammen

Die Striche zwischen den Aktivitäten stellen den Steuerfluss dar, in der Bedeutung: Wenn Aktivität 1 fertig ist, dann kommt Aktivität 2 dran. Wenn Aktivität 2 abgeschlossen ist, folgt Aktivität 3. Und der schwarze Punkt mit dem Kreis, der so aussieht, wie eine kleine Zielscheibe, das ist das Ende des Prozesses.

Selbstverständlich wollen wir nicht nur lineare Abläufe beschreiben. Wir wollen in einem Prozess auch Alternativen unterbringen. Die Alternative war im Flussdiagramm schon immer die Raute; nur haben wir sie früher größer gezeichnet und die Bedingung in die Raute hineingeschrieben. An den Ausgängen stand üblicherweise ja und nein oder yes und no. In der UML (vgl. Bild 4.3) schreiben wir jetzt in die Raute nichts hinein. Die Raute ist nur das Verzweigungssymbol. An die jeweiligen Ausgänge schreiben wir Ausdrücke in eckigen Klammern.

Das sind in der UML Bedingungen (englisch: guards), deren Auswertung „wahr" oder „falsch" ergeben. Sie sehen in Bild 4.3, dass wir zunächst in einer Aktivität die Temperatur ermitteln. Wenn die Temperatur unter 20 Grad liegt, wählen wir den oberen Zweig. Wenn die Temperatur größer als 22 Grad ist, laufen wir den unteren Zweig entlang zur Funktion „kühlen". So eine Verzweigungsraute kann mehr als zwei Ausgänge haben. Das ist bei den nichtdisjunkten Bedingungen in unserem Beispiel auch notwendig. Im Sonstfall springen wir einfach zurück

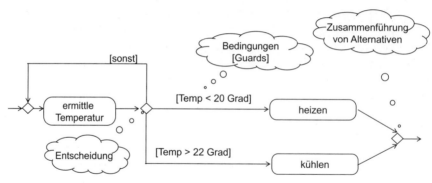

BILD 4.3 Verzweigungen und Schleifen in Aktivitätsdiagrammen

und ermitteln weiter die Temperatur. Und hier beachten Sie bitte eine kleine Syntaxregel der UML: Alles, was mit einer Raute beginnt, muss wieder mit einer Raute zusammengeführt werden. Sie sehen, dadurch dass wir den Rückkopplungszweig hier vorne wieder einmünden lassen, benötige ich eine Raute zwischen dem Eingang und dieser Rückkopplung. Das hängt damit zusammen, dass die Aktivitätsdiagramme in der UML inzwischen eine komplette Aktionssprache sind, die ausführbar ist. Man kann die Aktivitätsdiagramme für eine dynamische Simulation nutzen (vergleichbar mit dem Token-Spiel in den Petri-Netzen). Für Sie als Systemanalytiker sollte das weniger wichtig sein. Sie sollen nur mit solchen Diagrammen präziser als in Umgangssprache einfach festlegen, ob die Schritte nacheinander ausgeführt werden sollen oder ob sie alternativ sind.

Eine wichtige Erweiterung der UML im Vergleich zu den guten, alten Flussdiagrammen ist die Möglichkeit, Parallelität darzustellen oder Quasi-Parallelität. Immer wenn mehrere Vorgänge unabhängig voneinander ausführbar sind, können wir Fork und Join verwenden, die senkrechten Striche. Fork, die Gabel: Hier erfolgt eine Gabelung in mehrere Zweige. Join, wieder zusammenführen: Wenn alle diese Aktivitäten gelaufen sind, treffen wir uns hier und machen hinterher weiter.

Wir hatten als Kinder ein Faltboot zum Zusammenbauen, also kein Schlauchboot zum Aufblasen, sondern einen großen Sack mit einer Gummihaut und sehr vielen Holzteilen. Wenn man zu dritt war, konnte man das Boot unheimlich schnell zusammenbauen. Man hat den

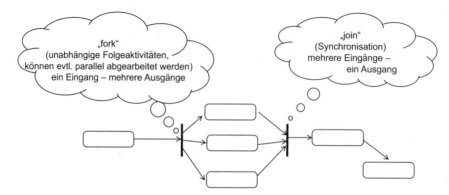

BILD 4.4 Unabhängige, potenziell parallel ausführbare Schritte

Sack auf der Wiese ausgeleert. Einer hat sich die Gummihaut genommen und schon einmal flach ausgerollt. Ein Zweiter sammelte die Hölzchen mit den blauen Punkten, das war der Bug und ein Dritter sammelte die Hölzchen mit den roten Punkten. Das war das Heck. Alle drei konnten völlig unabhängig voneinander arbeiten. Also Schritt 1 war Sack ausleeren und dann unabhängig voneinander: Bug bauen, Heck bauen und Gummihaut ausrollen. Wenn man aber soweit war, musste man sich einigen und wieder synchronisiert miteinander arbeiten, denn die beiden Teile Bug und Heck wurden in diese Gummihaut hineingeschoben und befestigt und das Boot war fertig. Wenn Sie alleine waren, mussten Sie diese Tätigkeiten in irgendeiner Reihenfolge nacheinander machen.

Es ist bei diesen Aktivitäten zwischen Fork und Join völlig egal, welche der Schritte Sie zuerst machen oder danach. Wenn Sie genügend Ressourcen haben, könnten Sie sie gleichzeitig ausführen. Die UML erlaubt es Ihnen damit, die natürliche Parallelität, die in unseren Prozessen drin steckt, auch wiederzugeben. Denn überlegen Sie mal: Kennen Sie irgendeine Firma, wo einer arbeitet und alle anderen schlafen? Und wenn der Eine fertig ist mit seiner Tätigkeit, übergibt er sein Ergebnis an irgendeinen anderen, den er aufweckt, und legt sich selbst wieder schlafen? Nein. In der Realität läuft vieles parallel zueinander. Und wir treffen uns zu gewissen Zeitpunkten, synchronisieren uns, um dann wieder unabhängig voneinander weiterzuarbeiten. Achten Sie bitte bei Spezifikationen mit Aktivitätsdiagrammen darauf, dass Sie nicht übermäßig sequenzialisieren, wo der Prozess gar keine Reihenfolgen erfordert.

Wenn Sie zwei Tätigkeiten hintereinander hinzeichnen, bedeutet das in der UML: Die erste muss abgeschlossen sein, bevor die zweite beginnen kann. Wenn das gar nicht notwendig ist, zeichnen Sie sie unabhängig voneinander und bringen Sie sie an den Stellen zusammen, wo man wirklich gemeinsame Ergebnisse braucht.

Ich habe diese drei Grundkonstrukte von Aktivitätsdiagrammen (sequenzielle Hintereinanderausführung, Alternativen/Verzweigungen und potenzielle Parallelität) noch mal in einem Beispiel zusammengefasst. Bild 4.5 stellt einen menschlichen Prozess dar, um Ihre Bedürfnisse nach Erfrischung zu befriedigen. Sie suchen ein Getränk. In dem Fall „Kaffee gefunden" heißt das leider nur, dass Sie irgendwo Kaffeepulver gefunden haben. Sie sehen, Sie müssen ihn noch kochen. Und dazu gehören die vier Tätigkeiten oben in der Mitte des Bilds. Wenn Sie alleine sind, dann sorgen Sie besser dafür, zuerst die Kaffeemaschine in Gang zu setzen, bevor Sie die Tassen holen gehen, weil es ohnehin einige Zeit braucht, bis der Kaffee fertig ist. Aber wenn Sie zu dritt sind, so schicken Sie einen zum Wasser holen, den zweiten zum Besorgen der Tassen und den Dritten, um den Kaffee in den Filter zu tun.

Und Sie sehen, sobald Sie Kaffee im Filter und Wasser haben, schalten wir die Maschine ein. Wenn der Kaffee fertig ist und wir Tassen haben, können wir den Kaffee eingießen und anschließend trinken. Wenn wir keinen Kaffee gefunden haben, suchen wir noch, ob Cola da ist. Und wenn wir überhaupt nichts passendes Trinkbares finden, sind wir schon am Ende und bleiben durstig.

Betrachten Sie einmal die Sequenz in der obersten Zeile. Fülle Kaffee in Filter und stecke Filter in die Maschine. Würden Sie das in der Reihenfolge machen? Nein? Warum nicht? Ach so. Sie denken, mit diesen wackeligen Papierfiltern wär es sicherlich geschickter, zuerst den Filter in die Maschine zu stecken und dann Kaffee einzufüllen. Es kann aber durchaus korrekt sein, was hier gezeichnet ist.

Denn bei den typischen großen amerikanischen Kaffeeautomaten kann man den kompletten Filtereinsatz herausnehmen. Er ist fest aus Metall oder aus Plastik. Damit läuft man

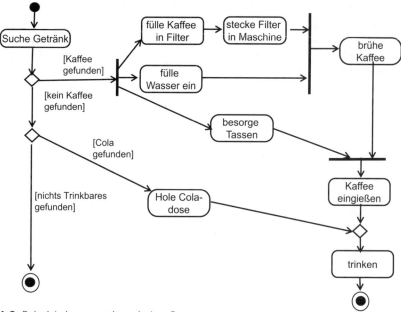

BILD 4.5 Beispiel eines organisatorischen Prozesses

zum Schrank, füllt Kaffee ein und steckt den ganzen Filtereinsatz mit Kaffee wieder in die Maschine.

Wenn ein solches Diagramm eine derartige Diskussion auslöst, ob diese Reihenfolge richtig oder falsch ist, ob sie sinnvoll ist oder besser anders gemacht werden sollte, dann haben Sie gewonnen. Jemand spricht mit Ihnen über den Prozess und sagt: „Hey, das ist doch falsch herum, das muss doch in der anderen Reihenfolge gemacht werden."

Solche Diagramme sind dazu da, um einen umgangssprachlich eher locker formulierten Vorgang präziser zu machen und auf Reihenfolgen und Alternativen und Parallelitäten hinzuweisen. Wenn Sie das damit erreicht haben, dann hat das Diagramm seinen Zweck erfüllt. Eine kleine Anmerkung: In dem Diagramm ist formal noch ein Fehler enthalten. Ich habe oben in drei Zweige aufgespalten und dann zwei zusammengefasst und dann wieder zwei zusammengefasst. Eine strenge Interpretation der UML würde immer die gleiche Anzahl von Aufspaltungen und Zusammenführungen verlangen. Ich glaube aber nicht, dass Sie als menschlicher Leser Probleme haben, diesen Ablauf zu verstehen. Für Simulation und Animation der Modelle müssten Sie noch genauer sein.

Achten Sie also auf folgende Spielregeln, die auch in Bild 4.6 illustriert sind: Wenn Sie mit einem Fork beginnen und parallele Aktivitäten aufzeichnen, müssen Sie hinterher mit einem Join enden. Sie können nicht parallel aufspalten und hinterher mit „entweder/oder" zusammenführen. Umgekehrt: Wenn Sie entweder/oder in zwei oder drei oder vier Alternativen verzweigen, sollten Sie sie danach auch wieder mit der Raute zusammenführen. Sie können beim „entweder/oder" nicht darauf warten, dass beide Zweige angekommen sind. Also achten Sie auf solche syntaktische Feinheiten. Natürlich kann ich einen Prozess zwischendurch immer abbrechen. Ich kann also in zwei Zweige verzweigen und der erste Zweig wird beendet, während der andere weiterläuft.

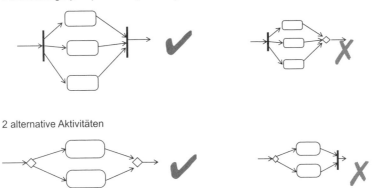

BILD 4.6 Verzweigungen und Parallelität

Mit einem Aktivitätsdiagramm kann man also einen komplexen Use Case in Form seiner Schritte präziser spezifizieren. Jetzt überlegen Sie einmal, wie viele solche Aktivitäten würden Sie auf ein DIN-A4-Blatt bekommen, wenn Sie so zeichnen, dass man die Schrift noch halbwegs lesen kann? Sie werden vielleicht zu dem Schluss kommen, dass sieben bis neun solcher Aktivitäten auf ein DIN-A4-Blatt passen. Was ist, wenn der Prozess noch viel komplexer ist und wesentlich mehr Schritte hat?

■ 4.3 Aktivitäten zerlegen

So wie viele andere Techniken erlaubt es auch die UML, Aktivitäten zu zerlegen. Sie zeichnen ganz einfach ein grobes Diagramm wie in Bild 4.7 oben mit drei Schritten A, B und C, einer Abfrage zwischendurch. Der Schritt B ist vielleicht noch sehr komplex.

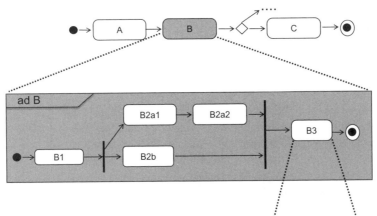

BILD 4.7 Aktivitäten verfeinern

Kein Problem, wir zeichnen ein eigenes Aktivitätsdiagramm für den Schritt B. Wenn man also B betritt, ist man in diesem Detaildiagramm in Bild 4.7 unten. Das beginnt wieder mit einem schwarzen Punkt als Anfang, zeigt den Detailablauf von B. Wenn man das Ende des Detaildiagramms erreicht, steht man am Ende des gesamten Schritts B und somit vor der Abfrage im übergeordneten Diagramm. Gehen wir beispielshalber davon aus, B3 in dem Bild unten rechts wäre auch noch sehr komplex, dann könnten Sie einfach weiter verfeinern und zerlegen. Bevor Sie jetzt entsetzt darüber nachdenken, wie viele Ebenen das vielleicht werden könnten, lassen Sie uns ein klein wenig miteinander rechnen. Wir haben vorher besprochen, dass wir unser System vielleicht in zwanzig Use Cases zerlegt haben.

Damit haben wir statt *eines* Gesamtsystems *zwanzig* Prozesse. Wie viele Aktivitäten würden wir denn in ein Aktivitätsdiagramm packen? Die Antwort der Methodiker ist 7 ± 2; also fünf, sechs, sieben, acht oder neun Schritte – das lässt sich vernünftig auf einem DIN-A4-Blatt mit lesbarer Schriftgröße darstellen. Rechnen wir einfach mal mit fünf Schritten pro Aktivitätsdiagramm. Wir haben also 20 Use Cases; jeder davon ist verfeinert in fünf Schritte, damit hätten wir 100 fachliche Funktionen dargestellt. Das ist schon eine ganze Menge – 100 Funktionen, die das System leisten soll. Geben wir noch eine zweite Ebene dazu. Jede Funktion wird in weitere fünf Schritte zerlegt. Damit sind wir schon mit zwei Ebenen Zerlegung bei 500 fachlichen Funktionen.

Rechnen Sie es in Seiten um. Eine halbe Seite Beschreibung pro Funktion ist ein Pflichtenheft von 250 Seiten, ohne all das andere drum herum. Das sind schon sehr ausführliche Spezifikationen. Sie sehen, die Zerlegungstiefe wird gar nicht allzu groß. Im Normalfall sind es ein bis zwei Ebenen, maximal drei oder vier Ebenen Zerlegung. Mit sieben Ebenen Zerlegung könnten Sie die ISS, die International Space Station, modellieren; die fliegende Software und die Bodensoftware, eines der komplexesten Systeme, das die Menschheit derzeit entwickelt. Im Normalfall werden Sie mit zwei bis drei Ebenen auskommen.

Natürlich muss die Zerlegung nicht überall gleich tief sein. Manche Use Cases sind einfach und es reicht die Use-Case-Beschreibung als Spezifikation und wir sind fertig. Andere Use Cases sind komplex und wir werden sie über ein, zwei oder drei Ebenen zerlegen, bis wir auf einem Detaillierungsgrad angekommen sind, der ausreicht, um präzise zu sagen, was das System tun soll. Aber es werden nicht sehr viele Ebenen werden.

■ 4.4 Swimlanes und Daten

Ich bin ein großer Freund von möglichst einfachen Diagrammen für Abläufe. Aber ein bisschen mehr Syntax zu den Aktivitätsdiagrammen, die man sinnvoll anwenden kann, aber nicht anwenden muss, möchte ich Ihnen noch zeigen. So können wir Bahnen einzeichnen (englisch: Swimlanes). Bahnen sind die in Bild 4.8 senkrecht gezeichneten Striche, in der Überschrift steht, wer diese Aktivitäten macht. In meinem Beispiel habe ich Menschen und Abteilungen darüber geschrieben: Kunde, Vertrieb und Lager. Es müssen aber keine Organisationseinheiten sein. Sie könnten mit Bahnen die ersten Aktivitäten in solche aufteilen, die auf dem Client ablaufen sollen und die anderen, die auf dem Server ausgeführt werden sollen.

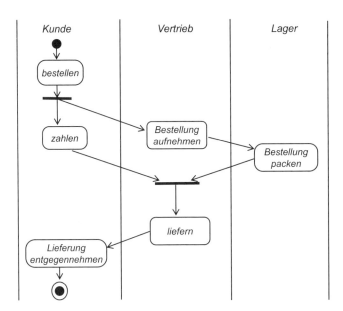

BILD 4.8
Bahnen (Swimlanes)

Sie könnten auch technische Geräte in die Überschrift schreiben. Zum Beispiel spezifizieren Sie, dass bestimmte Schritte auf dem Smartphone erfolgen sollen und andere auf Ihrem PC. Sie könnten auch geografische Zuordnungen vornehmen: Ein Teil des Prozesses passiert in Graz und andere Teile in St. Gallen.

Mit Swimlanes spezifizieren Sie irgendwelche Zuordnungen von den Aktivitäten zu einer anderen Dimension: zu Subsystemen, zu Geografie, zu Personen.

Aber wie schon erwähnt: Ein Aktivitätsdiagramm ist auch gut ohne solche Swimlanes. Und für die Masochisten unter Ihnen: Die UML kann auch zweidimensionale Swimlanes. Welche Person an welchem Ort übernimmt die Funktion? Oder dreidimensionale Swimlanes: Welche Person mit welchem Tool an welchem Ort? Wie Sie das zeichnen, ist Ihr Problem. Spaß beiseite. Sie würden die Dimensionen einfach unter der Aktivität in geschweiften Klammern aufzählen; eine bestimmte Person an einem bestimmten Ort mit einem bestimmten Tool. Eindimensionale Swimlanes verwende ich hin und wieder. Zwei-, und dreidimensionale sind eine Sache von Lehrbüchern. Ich hab sie noch nie ernsthaft in der Praxis eingesetzt.

Man kann diese Aktivitätsdiagramme auch noch mit Daten verzieren. Sie können Ausgabedaten oder Eingabedaten einer Funktion in Form von Objekten in diese Diagramme zwischen die Aktivitäten hängen. Ich habe sie in Bild 4.9 grau unterlegt hervorgehoben, um den Unterschied zwischen den Aktivitäten (mit den abgerundeten Ecken) und den Objekten, die als Rechtecke dargestellt sind, etwas deutlicher hervorzuheben. In der Erklärung der UML zu den Aktivitätsdiagrammen hat man gesagt: Datenflussdiagramme sind altmodisch, sind aus der Mode gekommen, sind typisch 1980er-Jahre; Aktivitätsdiagramme sind viel besser. Trotzdem fängt man wieder an, die Ein- und die Ausgaben einzuzeichnen. Natürlich spricht man jetzt von „Objektfluss" und nicht mehr von „Datenfluss", aber im Wesentlichen sehen Sie: im Westen nichts Neues! Die Syntax ist ein bisschen schwer zu interpretieren, denn die Pfeile, die zwei Aktivitäten verbinden, bedeuten zunächst „Steuerfluss", also „diese Aktivität *vor* jener Aktivität". Die Pfeile, die zu Objekten hingehen oder von Objekten weggehen,

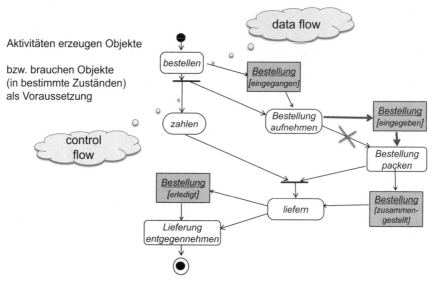

BILD 4.9 Aktivitätsdiagramm mit Objekten

sind Datenfluss. Man kann sie leider an der Grafik überhaupt nicht unterscheiden. Es sind durchgezogene Linien mit Pfeilspitzen, aber wann immer sie zu einem Objekt oder von einem Objekt gehen, repräsentieren sie Datenfluss.

Und es kommt noch schlimmer. Die UML erlaubt es auch, den Steuerfluss einfach wegzulassen, wenn Sie zwischen zwei Aktivitäten, wie zum Beispiel zwischen „Bestellung aufnehmen" und „Bestellung packen" den Datenfluss eingezeichnet haben. Denn damit ist die kausale Abhängigkeit (der erste Schritt produziert und der zweite Schritt konsumiert) ohnehin schon dargestellt. Sie dürfen also nur den Datenfluss (bzw. präziser: den Objektfluss) ohne den Steuerfluss einzeichnen. Und damit sind wir bei den guten, alten Datenflussdiagrammen, die wir etwas später noch ausführlicher besprechen werden.

> Korrekt, aber nicht unbedingt vollständig

Sie dürfen in einem Aktivitätsdiagramm so viele oder so wenige Objekte einzeichnen, wie Sie es für die Kommunikation mit Stakeholdern für nützlich erachten. Sie müssen aber nicht *alle* Ein- und Ausgaben zeichnen. Betrachten Sie als Beispiel die Funktion „Bestellung packen" in Bild 4.9. Die Funktion soll außer der Bestellung sicherlich auch noch einen Lieferschein und vielleicht auch anderes erzeugen. Im Diagramm haben wir aber nur die Bestellung hervorgehoben. In der Beschreibung der Funktion sollten Sie sehr wohl die komplette Ein- und Ausgabe spezifizieren, aber im Diagramm dürfen Sie sich auf „Nützliches" und „Diskussionswertes" konzentrieren.

Insgesamt hat die UML in den Lehrbüchern Dutzende von Seiten, manchmal bis zu hundert Seiten von Syntaxbeschreibung für Aktivitätsdiagramme. Man kann in diesen Diagrammen alles zeichnen, was Sie in irgendeiner Programmiersprache der Welt ausdrücken können. Über Interrupt Handling, Critical Regions, Parameterübergaben, Verwendungen von Datenspeichern, ... Meine Bitte ist: Tun Sie es als Analytiker nicht. Wir sind beim Thema Business Analysis und Requirements Engineering. Wir benutzen solche Diagramme zur Kommunikation mit anderen Leuten über Abläufe. Wenn Sie die Syntax zu komplex machen, werden Sie

Ihre Leser verlieren. Nutzen Sie also nicht alles, was die UML an Syntax bietet. Halten Sie die Aktivitätsdiagramme ziemlich einfach. Sie haben schon gesehen, alleine durch die Grundkonstrukte (Hintereinanderausführung, durch Alternativen und durch die Quasiparallelität) kommt eventuell mehr Ordnung und Präzision in den Ablauf als nur im deutschen Text der Use-Case-Spezifikation.

■ 4.5 Malen oder schreiben?

Wir kommen zurück zu unserer Diskussion „Malen oder schreiben", die wir schon bei Use Cases geführt haben. Sie erinnern sich an das Use-Case-Diagramm und die vier deutsch geschriebenen Anforderungen aus Abschnitt 3.6? Ich habe in Bild 4.10 einen kleinen Ausschnitt aus dem Aktivitätsdiagramm zum Use Case „Zielführung" gezeichnet.

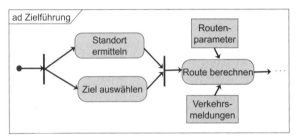

Als Kurzschrift für:
(R1) Bei der Zielführung soll das Navi-System zuerst in beliebiger Reihenfolge den Standort des Fahrzeuges ermitteln sowie den Fahrer das gewünschte Ziel auswählen lassen.
(R2) Nachdem Standort und Ziel bekannt sind, soll das Navi-System die Route berechnen. Dazu stehen ihm als Information die Routenparameter und Verkehrsmeldungen zur Verfügung.

BILD 4.10
Malen oder schreiben?

Sie sehen in dem Bild, dass am Anfang unabhängig voneinander der Standort ermittelt und das Ziel ausgewählt werden. Es ist egal, ob Sie zuerst feststellen, wo Sie hin wollen oder wo Sie sind. Aber ich kann keine Route berechnen, wenn ich nicht weiß, wo ich bin und wo ich hin möchte. Zum Berechnen von Routen habe ich hier Objekte darangehängt. Sie haben Routenparameter für die Funktion zur Verfügung, so etwas wie „schnellste Route, schönste Route, benzinsparendste Route". Und wir haben Verkehrsmeldungen, die vielleicht die Routenberechnung beeinflussen. Und der Prozess geht danach sicherlich noch weiter.

Als Alternative zu diesem kleinen Ausschnitt aus diesem Aktivitätsdiagramm „Zielführung" könnte ich natürlich wieder zwei deutsche Anforderungen schreiben. Die erste Anforderung heißt:

Bei der Zielführung, das ist ja unser Use Case, soll das Navisystem zuerst in beliebiger Reihenfolge den Standort des Fahrzeugs ermitteln sowie den Fahrer das gewünschte Ziel auswählen lassen.

Die zweite Anforderung heißt:

> *Nachdem Standort und Ziel bekannt sind, soll das Navisystem die Route berechnen. Dazu stehen ihm als Information die Routenparameter und die Verkehrsmeldungen zur Verfügung.*

So; jetzt sind Sie wieder dran, eine Entscheidung zu treffen. Welchen Stil hätten Sie in Ihrem Lastenheft oder Pflichtenheft gerne als Spezifikation? Dieses Ablaufdiagramm oder diese deutschen Sätze? Die deutschen Sätze sind sicherlich von viel mehr Leuten lesbar, die Deutsch beherrschen, denn für das Diagramm muss man die Syntax mit diesen senkrechten Strichen und vielleicht mit Abfragen beherrschen und man muss unterscheiden können, was ein Objekt und was eine Aktivität ist.

Aber wenn jemand gelernt hat, Aktivitätsdiagramme zu lesen, ist vielleicht das Diagramm das Übersichtlichere. Ich möchte eine Wette mit Ihnen eingehen. Ich wette, Sie hätten bei der zweiten Anforderung die Vorbedingung im deutschen Satz vergessen. Sie hätten einfach hin geschrieben:

> *Das System soll unter Nutzung von Routenparametern und Verkehrsmeldungen die Route berechnen.*

Seien Sie ehrlich? Hätten Sie den Satz wirklich mit der Vorbedingung „nachdem Standort und Ziel bekannt sind" begonnen? Im Diagramm ist es offensichtlich: Sie müssen die Entscheidung treffen, ob „Route berechnen" vor oder nach den anderen Schritten kommt. Sie können gar nicht anders. Im deutschen Satz vergisst man sehr leicht solche Bedingungen. Wenn man allerdings das Diagramm einmal gezeichnet hat, ist auch der deutsche Satz leicht zu schreiben. Sie müssen nur die Reihenfolgen wiedergeben, die auch in dem Diagramm enthalten sind. Treffen Sie Ihre Entscheidung. Sie können malen oder schreiben, wie auch bei Use Cases. Und wiederum gilt: Tun Sie nicht beides! Das erzeugt nur unpflegbare Redundanz in der Spezifikation.

Eine kleine Prophezeiung: Je komplexer unsere Modelle werden, desto aufwendiger werden auch die deutschen Sätze. Wenn wir in den nächsten Kapiteln über Datenmodelle und über Zustandsautomaten sprechen, dann wird die Umsetzung in Deutsch immer komplexer und das Diagramm wird sicherlich überlegen sein. Bei diesen einfachen Diagrammarten mit Use Cases und Aktivitäten kann man das Äquivalent in Deutsch noch sehr gut schreiben.

■ 4.6 Wo hört man auf?

Wie tief sollten wir diese Zerlegung treiben? Wo hört man auf zu zerlegen? Wann ist Schluss mit dem Ganzen? Machen wir das Abbruchkriterium doch an der Komplexität einer Aktivitätsbeschreibung fest. Wir wollen jede Aktivität im Aktivitätsdiagramm mit einer Aktivitätsbeschreibung ausstatten. Wie lang sollte diese sein? Meine Antwort: eine halbe Seite, ungefähr 7 ± 2 Schritte; das können Sie auf einer halben Seite schreiben.

Wenn der Text für die Spezifikation länger wird, so haben Sie wieder die Chance auf ein bis neun Fehler pro Seite. Die Gefahr in der Praxis, wenn Sie Aktivitätsdiagramme liebgewonnen haben, ergibt sich allerdings in der anderen Richtung. Sie zerlegen und zerlegen und zerlegen

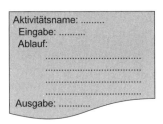

BILD 4.11
Ein einfaches Formblatt für Aktivitätsbeschreibungen

und zerlegen und wenn Sie dann noch sagen wollen, was dieser Schritt jetzt tut, kommt meistens als Antwort: „Steht doch alles schon im Bild". Sie haben zu weit zerlegt. Sie können gar keine halbe Seite Text mehr zu dieser Funktion schreiben, sondern Sie haben die Funktion immer weiter zerlegt, bis Sie nichts mehr dazu sagen können. Dann sind Sie wahrscheinlich ein bis zwei Ebenen zu weit gegangen. Nehmen Sie die beiden untersten Ebenen weg und schreiben Sie stattdessen einen schönen lesbaren Absatz mit fünf bis sieben Schritten. Hören Sie auf zu zerlegen, wenn wir die Granularität von einer halbseitigen Beschreibung erreicht haben. Denken Sie daran, dass jede Aktivität ein Requirement ist. In Deutsch heißt das: Das System soll diese Aktivität ausführen, genauso, wie Sie es beschrieben haben. Die meisten Tester haben kein Problem, eine halbseitige, siebenzeilige oder zehnzeilige deutsche Beschreibung zu lesen und daraus Testdaten abzuleiten. Das reicht meistens aus.

Der Stil dieser Beschreibung ist denkbar einfach, das kleine Formblatt in Bild 4.11 zeigt die wesentlichen Elemente einer Aktivitätsbeschreibung: Neben dem Namen der Aktivität legen Sie Eingabe, Verarbeitung und Ausgabe fest, unser gutes altes Prinzip. Ich möchte wissen, was als Eingabe in diesen Schritt hineinkommt, was tut diese Aktivität und was wird als Ausgabe erzeugt.

Wir brauchen also wesentlich weniger komplexe Formulare als für die Use Cases. Allerdings komme ich jetzt zu einem der schwierigsten Abschnitte im ganzen Buch. Ich möchte Ihnen ein paar Stilregeln mitgeben, wie Sie diese halbseitige Beschreibung anlegen sollen. Eine halbe Seite Text schreiben ist doch kein Hexenwerk, oder?

Meine erste Stilregel: Vermeiden Sie Redundanz. Sie sehen in Bild 4.12 ein Pärchen beim Schlittschuhlaufen. Die beiden laufen rechte Hand in rechter Hand und linke Hand in linker Hand, beide tragen eine Pudelmütze auf dem Kopf. Sie trägt einen langen, karierten Rock und einen dazu passenden Schal. Sehen Sie, das hätte ich Ihnen alles nicht erzählen müssen. Sie sehen es ohnehin im Bild. Es war vollkommen redundant.

> Redundanz vermeiden

BILD 4.12
Redundanz zwischen Texten und Bildern vermeiden
(Example from Meilir Page-Jones, The Practical Guide to Structured Systems Design, Prentice Hall, 1988)

Was Sie nicht wissen, ist, dass er Georg heißt und sie Susanne, er 29 Jahre alt ist und sie 27 und dass der See im Salzkammergut liegt. DAS gehört in die Beschreibung, weil Sie es dem Bild nicht entnehmen konnten.

Wenn ich also vorschlage: Schreiben Sie redundanzfrei, dann bitte erwähnen Sie nicht, diese Aktivität wird nach der und vor der ausgeführt, das haben Sie gerade im Diagramm gezeichnet. Oder sie wird parallel oder alternativ zu dieser Aktivität ausgeführt; das haben Sie auch gerade gezeichnet. Sie müssen nur noch beschreiben, wie die Eingabe in die Ausgabe umgewandelt wird. Das ist das Einzige, was in die Beschreibung noch hineingehört.

Eindeutige Begriffe

Und nun zu ein paar Sprachstilregeln: Bitte verwenden Sie definierte Begriffe. Erfinden Sie nicht dauernd neue Worte.

Ich hatte am Gymnasium in Krems einen guten Deutschlehrer und ich war sehr gut im Aufsatz-Schreiben. Und mein Deutschlehrer hat mir beigebracht, sag nicht immer „Herr Professor" oder „mein Lehrer". Verwende auch einmal andere Ausdrücke wie „der, dem ich alles verdanke", „mein geistiges Vorbild", „mein Idol" usw. Ja, und dann habe ich Technik studiert und da hat man mir die blumige Sprache wieder abgewöhnt.

Wenn wir einen Begriff für eine Sache haben, sollten wir auch bei dem Begriff bleiben. Das ist zwar langweilig, aber wesentlich präziser. Wenn Sie Lyriker werden wollen, können Sie gerne eine blumige Sprache verwenden. Für Requirements-Spezifikationen nutzen Sie aber bitte definierte Begriffe. Wir werden uns in einem der nächsten Kapitel noch sehr ausführlich über solche Begriffsdefinitionen unterhalten.

Kurze Sätze

Bitte machen Sie kurze Sätze, gefolgt von einem Punkt, und einen nächsten kurzen Aussagesatz und wieder einen Punkt. Haben Sie vielleicht mal versucht, den „Ulysses" von James Joyce zu lesen, dem irischen Nobelpreisträger für Literatur? Ein wunderbares Buch. In dem Buch gibt es einen Satz im Englischen, der nach vielen Seiten erst einen Punkt hat. Ich besitze auch Beispiele von Friedrich Dürrenmatt; da kommt der Punkt schon nach einer ¾ Seite. Aber ich garantiere Ihnen: Wenn Sie die ¾ Seite zu Ende gelesen haben, springen Sie mit dem Auge wieder nach oben, um festzustellen, wie der Satz angefangen hat. Sie haben es vergessen. Zu viele Schachtelungen. Sie haben den Anfang einfach nicht mehr im Gedächtnis. Deshalb machen Sie bitte kurze Sätze. Und dann den nächsten kurzen Aussagesatz.

Positive Aussagen

Schreiben Sie positive Aussagen. Sagen Sie nicht, was das System alles nicht tut, wenn bestimmte Bedingungen überhaupt nie eingetreten sind. Sondern schreiben Sie positiv, was das System tut.

Bedingungen vor Aktionen

Und – last but not least – setzen Sie Bedingungen vor die Aktionen. Ich möchte Ihnen dazu ein kurzes Erlebnis aus einem meiner Türkeiurlaube schildern. Wir waren an der Südküste, es war schön, Cluburlaub, und viel zu früh ist das Ganze vorbei und man wird wieder zurück zum Flughafen gebracht. Und da steht schon eine lange Schlange von Touristen, die noch ängstlicher sind, dass sie den Rückflug verpassen könnten. Jeder hat ein Formular in der Hand. Als braver Tourist nimmt man sich auch so ein Formular und fängt an es auszufüllen. Name? Vorname? Wo waren Sie in der Türkei? Mit wie vielen Personen? Welche Kulturerlebnisse hatten Sie? Welche Attraktionen haben Sie besucht? Hat Ihnen das Essen geschmeckt? Hatten Sie unliebsame Erlebnisse mit der einheimischen Bevölkerung?

Ganz unten im Kleingedruckten steht: Wenn Sie weniger als drei Wochen im Land waren, müssen Sie dieses Formular nicht ausfüllen. Wir waren nur zwei Wochen dort. Grrrrr! Warum schreiben die das nicht oben hin? Wenn in der Einleitung stünde: „Wenn Sie länger als drei Wochen Gast in unserem schönen Land waren, bitten wir Sie um folgende Angaben", so hätte ich nach dem Lesen der Einleitung das Formular weggelegt. Das meine ich mit „Setzen Sie Bedingungen vor die Aktionen".

Die Grundregeln klingen einfach. Ich wette aber, wenn ich in drei Monaten bei Ihnen vorbeikomme und Ihre Spezifikationen Korrektur lese, dann haben Sie gegen jeden einzelnen dieser Vorschlägen nicht nur einmal verstoßen, sondern andauernd. Es scheint ziemlich schwierig zu sein, auf einer halben Seite klipp und klares Deutsch zu schreiben. Das muss man üben.

Und der Trick, den ich dann bei diversen Reviews oder Walkthroughs anwende, ist ein Vorher/Nachher-Vergleich. Wir nehmen die vorhandene Aktivitätsbeschreibung und schreiben sie nach den Stilregeln um, mit sauberem Vokabular, mit kurzen Sätzen etc. Dann präsentieren wir beide Seite an Seite und fragen die Leser: Welche davon ist verständlicher? Welche ist leichter lesbar? Und meistens getraut sich der Originalautor nicht mehr zu sagen: „Meine ursprüngliche Fassung", weil ihm sonst seine Kollegen sofort Saures geben. Also, halten Sie sich an die paar Spielregeln. Es ist gar nicht so schwierig. Man muss sie nur ein bisschen üben. Man muss dran bleiben und einen guten Schreibstil entwickeln.

Sie können natürlich noch eine Ebene tiefer gehen in der Spezifikation. Statt einer halbseitigen Beschreibung führen Sie in der Aktivität einzeln nummerierte Anforderungen auf: Requirements 27, Requirements 28, Requirements 29. Sie haben richtig gelesen: Ich habe geschrieben **statt** einer Beschreibung und nicht **zusätzlich** zu der halbseitigen Beschreibung, denn Sie wollen redundanzfrei bleiben. Erstellen Sie nicht eine halbe Seite Prosabeschreibung und darunter noch nummerierte Anforderungen. Es sei denn, Ihr Kunde möchte das so, was wir in einem Projekt auch tatsächlich gehabt haben. Wir haben vor einiger Zeit FlexRay, ein Protokoll im Automotiveumfeld, spezifiziert und da haben wir beides gemacht, wie in Bild 4.13 ersichtlich ist.

Links sehen Sie den Ausschnitt aus dem Aktivitätsdiagramm gezeichnet und rechts in der Beschreibung dann nicht nur den Funktionsnamen, in dem Fall „take samples and filter glitches" mit Input, Functionality und Output, sondern hinter der informellen dreizeiligen Beschreibung auch noch lokale Variablendefinitionen (ein Trick, der verhindert, dass das Begriffsglossar, über das wir in Kapitel 6 sprechen werden, nicht mit Begriffen überladen wird, die nur sehr lokal verstanden werden müssen). Danach sehen Sie die zwei rechtsverbindlichen, nummerierten Anforderungen. In dem Fall Requirements 9.1 – 32 und 9.1 – 33. Das ist ein Auszug aus der FlexRay-Spezifikation aus dem Original.

Wenn Sie schon beides machen, sowohl eine Kurzbeschreibung wie auch nummerierte Anforderungen, dann sollten Sie die Aktivitätsbeschreibung eher motivierend gestalten (was *will* die Funktion erreichen) und die nummerierten Anforderungen dann knallhart für den Tester prüfbar formulieren. Und das sind die Vorgaben, für die der Tester auch Testfälle entwickeln soll.

Die meisten meiner Kunden hören mit der halbseitigen Beschreibung auf. Einige, wo es juristisch darum geht, sehr eindeutig zu werden, gehen diesen Zusatzschritt, nummerierte Anforderungen auf der untersten Ebene, die nur aus jeweils einem Satz bestehen.

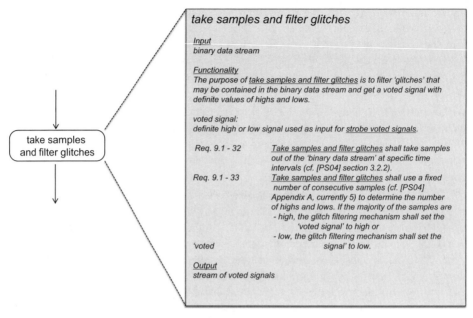

BILD 4.13 Eine Aktivität mit Detailbeschreibung

■ 4.7 Top-down oder bottom-up?

Jetzt haben wir die ganze Zeit so getan, als würden wir von einem Use Case über Aktivitätsdiagramme über zerlegte Aktivitätsdiagramme bis ganz unten zu den Aktivitätsbeschreibungen bzw. zu einzelnen Sätzen arbeiten. Machen wir das wirklich top-down oder machen wir das Ganze vielleicht bottom-up?

Im Anforderungsdokument hätten wir es – wenn wir fertig sind – gerne hierarchisch angeordnet von den Zielen über die Use Cases, über die zerlegten Aktivitätsdiagramme bis eventuell zu den atomaren Anforderungen (vgl. Bild 4.14).

Oder in einer etwas anderen Darstellung in Bild 4.15: Ein Use Case besteht eventuell aus mehreren Schritten; jeder Schritt besteht aus mehreren Teilschritten und Teilschritte können dann einzelne zugeordnete funktionale Anforderungen haben. Wir wollen es im Anforderungsdokument auf jeden Fall so hierarchisch darstellen.

Die Frage ist nur: Wie kommen wir dahin? Sie haben mindestens zwei große Alternativen (vgl. Bild 4.16). Entweder Sie gehen wirklich top-down vor. Das machen wir vor allem, wenn Sie Ansprechpartner haben, die sehr abstrakt denken können, die wissen, worauf sie hinauswollen, die Ihnen die Kernelemente des Prozesses zunächst auf einer Seite schildern können, mit denen man dann später über die Details spricht, und zwar so lange, bis es präzise genug ist.

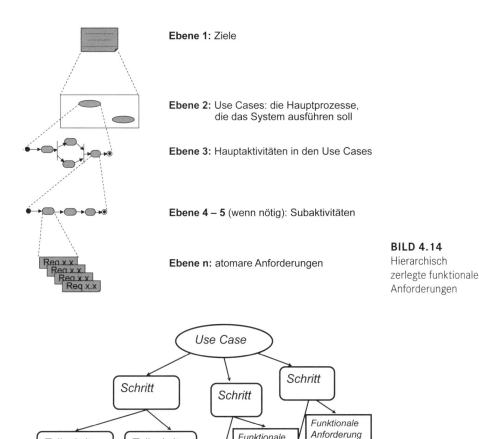

BILD 4.14 Hierarchisch zerlegte funktionale Anforderungen

BILD 4.15 Zerlegung von Use Cases bis zu atomaren Anforderungen

Sie können das Ganze aber auch anders herum, nämlich bottom-up machen. Sie haben eine Vielzahl von Anforderungen erhalten. Und Sie erinnern sich an die Einleitung unseres letzten Kapitels. Wir haben festgestellt, dass Kunden gleichzeitig auf allen Abstraktionsebenen sprechen und fordern. Manche geben Ihnen grobe Anforderungen, manche geben Ihnen mittelfeine Anforderungen, andere liefern Ihnen sehr feine Anforderungen. Ihre Aufgabe ist es, das in eine derartige Hierarchie einzubauen. Das gilt zunächst nur für die funktionalen Anforderungen, die Anforderungen bezüglich gewünschter Abläufe; wir kommen später noch zu Qualitätsanforderungen, Datenanforderungen und vielen Randbedingungen. Ob Sie es eher top-down oder bottom-up machen, ist Geschmackssache.

Wenn Sie fertig sind, sollte es eine derartige baumartige Darstellung sein.

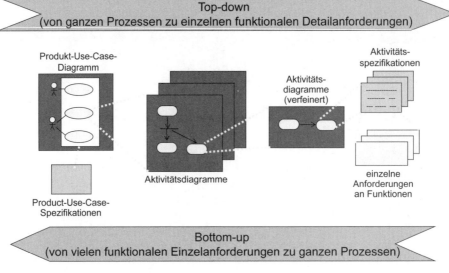

BILD 4.16 Top-down oder bottom-up?

Das erinnert mich immer an den Mathematiker, der an die Tafel tritt und einen Beweis vorführt. Herr Professor tritt stolz an die Tafel und beginnt mit „Annahme 1, Annahme 2, Annahme 3". Dann ein Strich darunter. Zwischenfolgerung abgeleitet aus 1 + 3, Zwischenfolgerung abgeleitet aus 2 + 3, Strich darunter. So trägt er den ganzen Beweis sehr folgelogisch vor. Ich garantiere Ihnen: So wie er ihn gerade erzählt, hat er den Beweis nicht entdeckt. Entdeckt hat er ihn mit sehr viel mehr Trial und Error, mit sehr viel mehr Versuchen. Aber wenn er die Lösung kennt, präsentiert er sie geordnet.

Das ist auch das Kunststück für funktionale Anforderungen. Wenn Sie die Anforderungen kennen, präsentieren Sie sie im Dokument in einer geordneten Reihenfolge von Zielen bis zu niedrigen detaillierten feinen Anforderungen.

Gefunden haben Sie sie unter Umständen ganz anders. Vor ein paar Jahren schrieb ich einen Artikel im Objektspektrum unter dem Titel „Bottom-up Use Cases"[Hru07]. Darin habe ich an einer Fallstudie gezeigt, wie man das Ganze von unten her aufrollen und nachträglich solche Prozesse bilden kann. Die Zusammenfassung und Bündelung von einzelnen Anforderungen zu Prozessen ist auf jeden Fall sinnvoll. Sie erinnern sich an das Mandarinenmodell aus Abschnitt 3.12, dass wir sehr disjunkte Prozesse finden wollen, aber wir haben sie vielleicht nicht von oben kommend gefunden.

Ich möchte Ihnen an der Stelle als Beispiel ein weiteres abstrahiertes Inhaltsverzeichnis einer ganzen Spezifikation zeigen; wiederum von dem FlexRay-System. Ignorieren Sie für den Moment die grauen Rechtecke und konzentrieren Sie sich nur auf die weißen Ellipsen und Rechtecke mit abgerundeten Ecken.

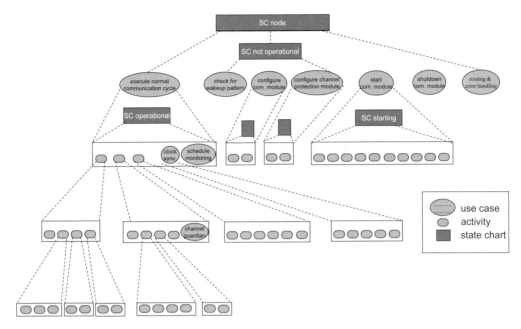

BILD 4.17 Die Struktur einer industriellen Spezifikation

Sie sehen auf der obersten Zerlegungsebene sieben Use Cases. Und Sie sehen, dass bei dem zweiten, dem sechsten und dem siebten Use Case keine weiteren Zerlegungen notwendig waren. Die Use-Case-Beschreibung hat ausgereicht, diesen Prozess jeweils detailliert genug zu spezifizieren. Bei ein paar anderen, dem dritten, vierten und fünften Use Case sehen Sie eine Zerlegung, zweimal in zwei Teilschritte, einmal in zehn Schritte.

Der allererste Use Case (links) ist über drei Ebenen zerlegt. FlexRay ist ein Protokoll, da geht's um Kommunikation, um senden und empfangen. Diese beiden Abläufe benötigten die komplexeste Zerlegung über drei Ebenen hinweg, bis alle notwendigen Details spezifiziert waren.

Das ist ein grafisches Inhaltsverzeichnis einer industriellen, hundertseitigen Spezifikation, die nach dieser Struktur aufgebaut ist. Wir kommen in Kapitel 7 noch zu den grauen Teilen von Bild 4.17. Das sind Zustandsautomaten, die die Ausführung der Funktionen einschränken. Denn diese Aktivitäten und diese Use Cases durften nicht zu beliebigen Zeitpunkten ablaufen, sondern wurden von Zustandsmaschinen kontrolliert. In einem bestimmten Zustand durften nur bestimmte von diesen Aktivitäten laufen, deshalb sind sie hier steuernd über die Aktivitäten darübergesetzt.

4.8 Die Alternative: Datenflussdiagramme

In letzter Zeit werden erstaunlicherweise Datenflussdiagramme als Notation wieder populärer, obwohl es kein Ausdrucksmittel der UML ist. Ich möchte Sie in diesem Buch ein bisschen mit der etwas anderen Denkweise vertraut machen, die bei den Datenflussdiagrammen im Vergleich zu Aktivitätsdiagrammen dahinter steckt. Die Grundidee ist die gleiche: Wir wollen mittels Zerlegung oder Bündelung die Lücke zwischen Use Cases und primitiven Anforderungen schließen.

Eine Möglichkeit dazu sind Aktivitätsdiagramme, die andere Möglichkeit sind Datenflussdiagramme. Bei Datenflussdiagrammen zeichnen wir auch Funktionen. Rein syntaktisch wurden bei Datenflussdiagrammen für die Aktivitäten Kreise statt Rechtecke mit den abgerundeten Ecken gezeichnet. Aber das ist nicht der wirkliche Unterschied. Im Gegensatz zu den Aktivitätsdiagrammen haben wir bei jeder Funktion sehr systematisch *alle* Eingaben und Ausgaben in der Grafik untergebracht.

Ein Datenflussdiagramm ist nur dann korrekt, wenn man bei jeder Funktion alle eingehenden Daten und alle ausgehenden Daten benannt und eingezeichnet hat. Im Gegensatz dazu dürfen Sie zwar bei einem Aktivitätsdiagramm Daten, die gelesen oder geschrieben werden, einzeichnen, sie müssen aber nicht vollständig sein. Ich habe dieses Prinzip, das für viele UML-Diagramme gilt, vor ein paar Jahren in einem Artikel mit der Abkürzung „ABNC" beschrieben: **A**ccurate **b**ut **n**ot necessarily **c**omplete. Die Diagramme müssen akkurat sein, aber nicht unbedingt vollständig. Sie dürfen nicht lügen. Wenn Sie in dem Aktivitätsdiagramm ein Objekt als Ausgabe einer Aktivität sehen, dann produziert die Aktivität dieses auf jeden Fall. Sie könnte aber auch noch andere Objekte erzeugen, die nicht gezeichnet sind.

In Datenflussdiagrammen gibt es neben den fließenden Daten, die als Pfeile dargestellt sind noch diese parallelen Linien, die gespeicherte Daten darstellen (siehe Bild 4.18); Daten, die in einer Datenbank oder irgendeinem anderen Aufbewahrungsmedium (Dateien, Karteikästen) längere Zeit herumliegen, in unserem Fall die Routenparameter und Verkehrsmeldungen. Sie sehen, die Diagramme in Bild 4.10 und Bild 4.18 sind sehr ähnlich, aber die Philosophie dahinter ist eine ganz andere. Aktivitätsdiagramme betonen den Steuerfluss, die Hintereinanderausführung: zuerst das, danach das, danach das. Ergänzt werden diese Sequenzen

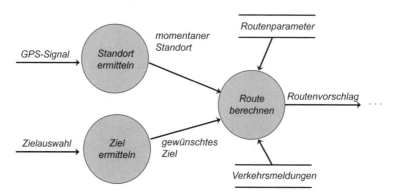

BILD 4.18 Ein äquivalentes Datenflussdiagramm zu Bild 4.10

durch Entscheidungen und eventuell ein bisschen Parallelität (mit fork und join). Datenflussdiagramme hingegen konzentrieren sich auf Eingaben und Ausgaben. Die Steuerung wird heruntergespielt. Steuerung ist nicht wichtig. Bei einem Datenflussdiagramm kann man sich vorstellen, dass hinter jeder Funktion ein eigener Rechner sitzt und parallel zu allen anderen läuft. So sind auch Datenflussmaschinen aufgebaut, im Gegensatz zu klassischen Von-Neumann-Computern.

Hinter jeder Funktion verbirgt sich gedanklich ein Prozessor oder ein Bearbeiter, der nur darauf wartet, dass die nötige Eingabe da ist. Sobald dies der Fall ist, berechnet er die Ausgabe. Alle Funktionen können gleichzeitig arbeiten, die Reihenfolge spielt (fast) keine Rolle. Beim Aktivitätsdiagramm ist es umgekehrt. Einer muss fertig sein, bevor der Nächste dran kommt.

Wir hatten in einem Projekt jetzt den Fall, dass es sich mit Datenflussdiagrammen wesentlich leichter modellieren ließ als mit Aktivitätsdiagrammen. Das war in einem komplexen Verkehrsleitsystem eine Funktion, die Daten von allen möglichen Verkehrsmitteln gesammelt hat: von Bussen, U-Bahnen, Taxis usw. Sobald genügend Information z. B. für die U-Bahn da war, konnte die U-Bahn-Anzeige angestoßen werden, aber die Funktion des Sammelns lief noch weiter. So etwas lässt sich mit Aktivitätsdiagrammen schwerer ausdrücken als mit Datenflussdiagrammen, weil Aktivitätsdiagramme diese strikte Hintereinanderausführung von Einzelschritten in den Vordergrund stellen.

Vergleichen Sie die Stärken der beiden Ausdrucksmittel nochmals anhand von Bild 4.19. Bei Datenflussdiagrammen kann der nächste Prozessschritt loslegen, sobald die Eingabe da ist, und kann Ausgaben erzeugen. Bei den Aktivitätsdiagrammen gilt die Grundregel: Wenn eine Aktivität fertig ist, dann kommt die nächste dran. Wir haben bei Datenflussdiagrammen also keine strikte zeitliche Reihenfolge, sondern nur kausale Abhängigkeiten. Ich benötige bestimmte Eingaben, sonst kann ich nicht arbeiten. Ansonsten kann man diese Datenflussdiagramme genauso verfeinern wie die Aktivitätsdiagramme. Ich kann Funktionen in abstrakteren, höheren Ebenen von Datenflussdiagrammen in Teilfunktionen auf tieferer Ebene zerlegen. Da hat sich nichts geändert. Der Hauptunterschied besteht wirklich in der Philosophie, ablaufgetrieben oder datenflussgetrieben zu denken.

Aktivitätsdiagramme	Datenflussdiagramme
Betonen Steuerung - Sequenzen - Entscheidungen - fork/join	Betonen Eingabe/Ausgabe-Abhängigkeiten - wer erzeugt was - wer braucht was
Spielen Eingabe/Ausgabe herunter	Spielen Steuerung herunter
Das Ende einer Aktivität triggert die nächste Aktivität	Verfügbarkeit der Eingabe triggert den nächsten Prozess
Strikter zeitlicher Ablauf (außer bei fork/join)	Keine implizierten Reihenfolgen (außer kausalen Abhängigkeiten)

BILD 4.19 Aktivitäts- und Datenflussdiagramm im Vergleich

4.9 Zusammenfassung

In Kapitel 4 haben wir gelernt, wie Sie einmal gefundene Abläufe in Ihrem Business oder in Ihrem geplanten IT-System durch grafische Modellierung darstellen können, wenn die Beschreibung eines Use Case über ein bis zwei Seiten nicht ausreicht. Verwenden Sie dazu UML-Aktivitätsdiagramme zur Darstellung der einzelnen Schritte und ihrer Abhängigkeiten oder nutzen Sie irgendein anderes Ablaufausdrucksmittel, das Sie im Lauf Ihres Lebens kennengelernt haben. Verwenden Sie Flussdiagramme nach DIN 66001, zeichnen Sie Nassi-Shneiderman-Diagramme, zeichnen Sie Datenflussdiagramme, Ereignis-/Prozessketten nach Professor Scheer oder Business Process Models nach BPMN. Achten Sie bei jedem Schritt, den Sie beschreiben, darauf, dass Sie in der Beschreibung auf den Kerngehalt der Funktionalität abzielen, dass Sie technologieunabhängig beschreiben, was Sie von dieser Funktion erwarten.

5 Anforderungen in Umgangssprache

In diesem Kapitel betrachten wir die umgangssprachliche Formulierung von Anforderungen. Statt mit Use Cases und mit Aktivitätsdiagrammen können Sie Anforderungen auch jederzeit in sauberen deutschen Sätzen ausdrücken.

Wir besprechen am Anfang die Schwierigkeiten und Probleme, die zwischen dem, was Sie hören und sehen, und dem, was Sie niederschreiben, unter Umständen entstehen können. Sie wissen: Gesagt ist nicht gehört und gehört ist nicht verstanden und verstanden ist noch nicht unbedingt richtig wiedergegeben. Sie lernen, wie man einen Satz so formulieren kann, dass diese Probleme zwischen Wahrnehmung und Niederschrift möglichst vermieden werden.

■ 5.1 IEEE-Forderungen an Anforderungen

Bevor wir diskutieren, wie man gute deutsche Sätze oder gute englische Sätze schreibt, wollen wir uns die Forderungen von IEEE, der amerikanischen Ingenieursvereinigung ansehen, die sie für eine Anforderung aufgestellt haben. Dazu muss ich Sie leider mit vielen Schlagwörtern bombardieren. In vielen Fällen wird das für Sie als selbstverständlich gelten, dass wir diese Eigenschaften beim Spezifizieren von Anforderungen erreichen wollen.

IEEE fordert als Erstes, dass eine Anforderung eindeutig sein soll. Das heißt, sie sollte nur eine Interpretation zulassen. Das ist in der Praxis gar nicht so leicht, einen Satz so auszusprechen oder zu schreiben, dass unterschiedliche Leser wirklich das Gleiche darunter verstehen. Klar formuliert sollte eine Anforderung sein, also nur eine Interpretation zulassen. **Eindeutig**

Anforderungen, fordert IEEE, sollten konsistent sein. Es sollte keine Widersprüche in der Spezifikation geben. Und vor allem sollten Anforderungen auch konsistent in Bezug auf die Terminologie sein, passend zu Glossareinträgen, Begriffsdefinitionen oder zu Data Dictionaries. Wir haben das im letzten Kapitel schon erwähnt. Sie sollten den gleichen Begriff für die gleiche Sache immer wieder verwenden. Und sollten Sie entgegen meiner Empfehlung doch Ihre Anforderungen einerseits malen und andererseits auch schreiben, also Grafiken zeichnen und textuelle Anforderungen schreiben, dann möchte ich natürlich Konsistenz zwischen den beiden. **Konsistent**

In einem Projekt hat uns das extreme Schwierigkeiten bereitet, wo der Kunde beides haben wollte. Dazu mussten wir uns in dem Projekt „zwei Sklaven" halten. Sklave heißt auf Deutsch:

Auszubildender im dritten Lehrjahr. Jemand, der nichts anderes tut, als Bilder ansehen und sehen, ob der Text dazu passt, und wenn der Text verändert wurde, wieder sehen, ob das Bild dazu passt. Das verstehen wir unter Konsistenz. Wenn Sie es erst gar nicht redundant dokumentieren, passiert Ihnen an der Stelle weniger.

Verständlich

IEEE fordert, dass Anforderungen verständlich sein sollen; strukturiert aufgebaut, präzise ausgedrückt. Na klar, was hätten Sie sonst erwartet.

Vollständig

IEEE erwartet aber auch Vollständigkeit der Anforderungen. Vollständig bedeutet in dem Zusammenhang, dass alle Erwartungen von Stakeholdern erfüllt werden. Sie erinnern sich daran, das können viele Personen und Organisationen sein! Wir haben eine lange Stakeholder-Liste und all deren Erwartungshaltungen sollen erfüllt sein. Und wenn noch irgendetwas offen, also unvollständig ist, dann möchte ich wenigstens eine spezielle Kennzeichnung dieser Punkte; zum Beispiel mit „to be defined" oder „offen" oder wie auch immer, damit man diese Stellen schnell finden kann, an denen unter Umständen noch nachgearbeitet werden muss.

Abgestimmt

IEEE fordert ebenso, dass die Anforderungen abgestimmt sein sollen. Am Anfang wird das unter Umständen nicht der Fall sein. Wenn Sie viele Stakeholder haben, die gleichzeitig Anforderungen stellen und viele Analytiker, die gleichzeitig Anforderungen aufschreiben, dann werden eventuell Konflikte und Widersprüche vorkommen.

Bevor wir unsere Analysetätigkeit für einen Release einstellen, wollen wir alle bekannten Anforderungen mit den relevanten Stakeholdern abgestimmt und alle Konflikte aufgelöst haben.

Korrekt

IEEE fordert zudem die Korrektheit der Anforderungen. Korrekt bedeutet in diesem Zusammenhang: korrekt bezogen auf die Domäne, auf den fachlichen Inhalt. Wenn Sie also eine Anwendung für eine Bank schreiben, darf kein bankfachlicher Unsinn darin enthalten sein; es soll richtig in Bezug auf das Geschäft sein. Korrekt heißt aber auch bezogen auf die höhere Ebene. Wenn Sie einen Use Case in fünf Schritte zerlegen, dann sollen diese fünf Schritte wiedergeben, was der Use Case abstrakter ausgedrückt hat. Auch diese Verfeinerungen sollen korrekt sein.

Testbar, prüfbar

Natürlich sollen Anforderungen testbar oder prüfbar sein. Das ist einer der Hauptgründe, warum wir sie überhaupt schreiben. Einerseits natürlich, um herauszufinden, was Kunden wollen, andererseits, um beim Abnahmetest zu prüfen, ob wir das auch bekommen haben. Das erfordert Prüfbarkeit und Testbarkeit von Anforderungen.

Bewertet, gewichtet

Anforderungen sollen bewertet oder gewichtet sein. Für den Fall, dass Sie nicht alles gleichzeitig erledigen können, brauchen wir Prioritäten, d. h., wir müssen sagen, was uns mehr wert ist und was weniger.

Nachvollziehbar

Anforderungen sollen auch nachvollziehbar, verfolgbar (engl.: traceable) sein. Alle heutigen formalen Prozessverbesserungsmodelle, wie ISO 9000, CMMI und ähnliche, erheben diese Grundforderung ebenfalls. Sie müssen vielleicht nachvollziehen können, woher diese Anforderung kommt, was aus der Anforderung im Design und im Sourcecode geworden ist und wo sie im Test abgedeckt ist; Sie wollen (oder müssen) den Zusammenhang über den gesamten Entwicklungszyklus herstellen. Das werden wir im Kapitel über Requirements-Management noch sehr viel ausführlicher behandeln.

Und last but not least sollen Anforderungen änderbar sein. Sie wollen im Lauf der Zeit vielleicht etwas umschreiben und das System anpassen und die veränderten Stellen leicht wiederfinden und nach den neueren Vorstellungen modifizieren können.

> Änderbar

Überlegen wir uns nochmals, für wen welche dieser Eigenschaften besonders interessant ist.

- Alle Beteiligten wollen, dass Anforderungen eindeutig, konsistent und vollständig sind.
- Die Kunden interessieren sich hauptsächlich für Korrektheit in Bezug auf ihre Geschäftsprozesse, ihre Materie und für die Änderbarkeit. Sie erinnern sich daran: Anforderungen ändern sich mit 1 bis 3 % pro Monat.
- Die Tester und andere Qualitätssicherer interessieren sich natürlich hauptsächlich für die Prüfbarkeit und die Testbarkeit der Anforderungen.
- Der Chef oder der Projektleiter legt sehr viel Wert auf Gewichtung oder Priorisierung und natürlich auf das Auflösen von Konflikten, die Abstimmung und das Einigen auf einen bestimmten Satz von Anforderungen.
- Das Wartungspersonal hätte es vor allem gerne nachvollziehbar, denn das sind diejenigen, die bei einer Änderung sagen müssen, was ist betroffen, wenn wir hier oder dort an einem Schräubchen drehen.

Das alles sind echte Herausforderungen für Business Analysts und Requirements Engineers, um solche qualitativ hochwertigen Anforderungen zu schreiben oder zu malen, so dass sie all diese Eigenschaften haben. Die Sätze, die uns ursprünglich von Anforderern gesagt werden, haben oft bei weitem nicht diese Qualitäten.

5.2 Zwischen Wahrnehmung und Niederschrift

Bevor wir weiter über wohl formulierte Sätze sprechen, betrachten wir noch, was auf dem Weg von der realen Welt in unsere Wahrnehmung und weiter in die Niederschrift der Wahrnehmung in einem Spezifikationsdokument passieren kann (vgl. Bild 5.1).

Sie haben sicherlich schon einmal gehört: „Gesagt ist noch nicht unbedingt gehört." Und gehört heißt noch lange nicht, dass Sie das (richtig) verstanden haben. Und selbst, wenn Sie es verstanden haben, haben Sie es noch nicht unbedingt korrekt wiedergegeben. Also zwischen dem, was in der realen Welt passiert, und Ihrer persönlichen Wahrnehmung und der Wiedergabe in einem Dokument können eine ganze Menge Fehler auftreten.

Gute Analyse heißt, diese Fehler zu vermeiden. Sehen wir uns als Erstes den Übergang von der realen Welt in Ihr Gehör oder Gehirn an (formal als „Wahrnehmungstransformation" bezeichnet). Was kann passieren auf dem Weg zwischen dem, was in der Realität vorhanden ist, und dem, was Sie davon wahrnehmen, hören und sehen, wenn Ihnen jemand etwas über diese Realität erzählt?

> Fehler auf dem Weg in Ihr Gehör und Ihr Gehirn

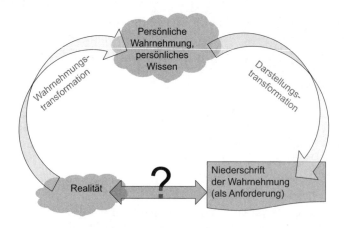

BILD 5.1
Zwischen Realität und Niederschrift

Ist es schon mal bei Ihnen vorgekommen, dass Sie eine Aussage, die Sie gerade entgegengenommen haben, „passend gemacht haben", damit sie in Ihr Weltbild hineinpasst? Das, was bei Ihnen im Gehirn ankommt, war eventuell nicht das, was ihr Gegenüber gesagt hat. Sie haben es passend gemacht.

Betrachten wir ein einfaches Beispiel. Sie als gebürtiger Mitteleuropäer sind in Südafrika und jemand sagt Ihnen: Die Sonne steht mittags im Norden. Was machen Sie daraus? Die Sonne steht mittags im Süden. So kennen Sie es in unseren Breitengraden. Der muss sich also vertan haben und Sie machen das passend für Ihr Weltbild. Sie haben gar nicht genau zugehört, sondern Sie haben es für sich passend gemacht. Das ist ein Fehler, der uns laufend unterkommt.

Wie lösen Sie das Problem, dass Sie Aussagen nicht gleich für Ihr Weltbild passend machen? Einige mögliche Lösungen: Hören Sie mit mehr als einer Person zu und vergleichen Sie hinterher Ihre Notizen. Was hast Du verstanden, was habe ich verstanden, was hat er wirklich gesagt? Eine andere Möglichkeit zeigen wir in Kapitel 10 bei den Interviewtechniken: die grundsätzliche Vorgehensweise (1) Fragen stellen, (2) zuhören und (3) mit eigenen Worten wiedergeben. Und wenn der andere dann sagt: „Nein, das hab ich nicht gemeint", dann merken Sie, Sie haben es gerade wieder passend gemacht. Sie haben es interpretiert. Sie haben es für sich an Ihr Weltbild angepasst und damit einen Abbildungsfehler gemacht.

Fehler auf dem Weg vom Gehirn zur Dokumentation

Die schlimmeren Fehler passieren allerdings auf dem Weg nach unten. Sie haben jetzt Ihre Wahrnehmung, Ihr persönliches Wissen und Sie versuchen, das zu Papier zu bringen. Bei diesen sogenannten Darstellungstransformationen, wie es in der wissenschaftlichen Literatur manchmal genannt wird, treten noch viel gravierendere Dinge auf. Beispielsweise vereinfachen wir manchmal grob fahrlässig. Oder wir tilgen Informationen. Wir haben zwar etwas gehört, geben es aber unvollständig wieder.

Unvorsichtige Vereinfachung

Sie haben zum Beispiel folgende Anforderung niedergeschrieben:

„Am Quartalsende müssen Rechnungen für das Seniorenheim erstellt werden."

Und jemand anderer im Team hat niedergeschrieben:

„Für alle Lieferungen an das Seniorenheim müssen Rechnungen geschrieben werden."

In beiden Fällen haben wir etwas weggelassen. Im ersten Fall haben wir dokumentiert, dass am Quartalsende Rechnungen geschrieben werden müssen, aber wir haben nicht festgehalten: für Lieferungen. Im zweiten Fall haben wir zwar dokumentiert, dass für alle Lieferungen Rechnungen geschrieben werden müssen, aber nicht erwähnt, wann dies passiert. Keiner der beiden Sätze ist falsch. Wir haben nur vereinfacht – vielleicht etwas zu unvorsichtig vereinfacht. Vielleicht war es wichtig, diese Zusatzinformation auch zu hören und festzuhalten.

Eine andere Sache, die wir oft machen: Wir verallgemeinern sehr unvorsichtig. Wir verwenden Wörter wie „alle, jeder und immer", ohne uns wirklich bewusst zu machen, ob wir wirklich „alle" und „jeder" und „immer" meinen. Lassen Sie mich ein Beispiel geben.

> **Unvorsichtige Verallgemeinerung**

Für alle Bewohner des Seniorenheims müssen am Quartalsende Rechnungen erstellt werden.

Meinen wir wirklich alle? Wahrscheinlich nicht. Wir meinen nur die, die beliefert wurden. Die anderen, diese „Null-Euro-Rechnungen", wollen wir natürlich nicht schreiben. Und was heißt „für alle Bewohner des Seniorenheims"? Das Pflegepersonal wohnt auch im Heim. Sind die jetzt eingeschlossen unter „alle Bewohner des Seniorenheims"? Sie sehen, das ist unvorsichtige Generalisierung. Ein Fehler, den wir immer wieder machen.

Habe ich gerade „immer wieder machen" geschrieben? Ich meinte natürlich „öfter machen".

Der dritte Fehler sind Verzerrungen der Realität. Um das Beispiel von oben fortzusetzen: Wir sprechen grob von Rechnungen und unterscheiden die Quartalsrechnungen an das Seniorenheim nicht von den Rechnungen für Arztpraxen.

> **Verzerrung der Realität**

In beiden Fällen verwenden wir das Wort Rechnung, aber wir verzerren damit unter Umständen die Realität, da es sich in den beiden Fällen eventuell um ganz andere Rechnungen mit ganz anderen Geschäftsregeln handelt, die wir bei der Programmierung beachten müssen. Dennoch haben wir einfach das gleiche Wort „Rechnung" verwendet.

Das sind typische Fehler, die wir machen. Es kommen noch ein paar mehr dazu. Wir neigen zur „Nominalisierung". Nomen bedeutet Hauptwort oder Substantiv. Wir machen aus komplexen Tätigkeiten gerne Substantive. Wir sprechen z. B. von „der Landung" am Flughafen. Wenn Sie „Landung" im Zusammenhang mit einem Flughafen hören, woran denken Sie? An das Aufsetzen der Räder eines Fliegers am Boden? Das ist vielleicht in dieser Domäne nicht gemeint. Wenn jemand im Flughafenbereich von Landung spricht, dann beginnt der Prozess unter Umständen zehn Meilen vor dem Flughafen; es ist ein komplexer Vorgang, den Flieger in den Flughafenbereich zu bringen. Und der Vorgang endet vielleicht erst bei der Übergabe des Fliegers an das Bodenpersonal am Gate. Ein sehr komplexer Prozess mit vielen Schritten und wir verniedlichen diesen komplexen Prozess, indem wir das Substantiv „Landung" dafür verwenden. Das ist Nominalisierung: Hauptwörter aus komplexen Prozessen machen, die wir dann nicht genauer untersuchen, weil wir denken, sie schon verstanden zu haben.

> **Prozesse durch Substantive verniedlichen**

Wir verwenden sehr oft Substantive ohne Bezugsindex. Wir sprechen von „dem Benutzer". Natürlich meinen wir einen Benutzer, der sich eingeloggt und authentifiziert hat. Wir haben aber trotzdem nicht gesagt, der „angemeldete Benutzer", sondern nur „der Benutzer". Oder wir sagen grob „die Daten" und meinen aber „die Quartalsdaten für einen bestimmten Vertriebsmitarbeiter und ein bestimmtes Produkt in einem bestimmten geografischen Bereich". Wir nehmen ein

> **Substantive ohne Bezugsindex**

Substantiv, aber ohne genauen Bezug. Manchmal ist es kein Problem und es wird aus dem Kontext klar, was gemeint ist.

Das sind alles sprachliche Effekte, die es hinterher schwierig machen, die IEEE-Forderung bezüglich Eindeutigkeit und Nichtinterpretierbarkeit hinzubekommen.

Unvollständige Alternativen

Wir verwenden manchmal unvollständig spezifizierte Bedingungen und einseitige Aussagen. Wir erklären zum Beispiel:

„*Museumspatrone dürfen gratis in diese Ausstellung.*"

Ok. Und was ist mit allen anderen? Dazu hat niemand etwas gesagt. Das ist nur die kleinere Menge von denen, die vielleicht in die Ausstellung wollen, und dafür haben wir eine Anforderung gestellt, für die anderen nicht.

Unvollständig spezifizierte Prozesswörter

Und auch unsere Prozesswörter, unsere Tätigkeitswörter, sind manchmal unvollständig spezifiziert. Überlegen Sie nur mal, was alleine das Wort „kopieren" alles an Zusatzfragen triggert. Was wird kopiert? Wer kopiert? Von wo und wohin wird kopiert? Mit welcher Qualität wird kopiert? Wie oft wird kopiert?

Das Wort „kopieren" triggert eine Unmenge von Zusatzfragen, die wir beantworten müssen. Wir können nicht einfach nur kopieren sagen.

So sind manche Sätze in Spezifikationen, wie zum Beispiel das Requirement 4711 in Bild 5.2, eher eine Quelle für Fragen als für Antworten. Man könnte glauben, das ist eine klare Anforderung, aber sie wirft sehr viele Fragen auf.

BILD 5.2 Eine Anforderung mit mehr Fragen als Antworten

5.3 Satzschablonen zur Fehlerminimierung

Ein Vorschlag für eine Lösung all dieser sprachlichen Probleme ist die Verwendung von Satzschablonen (engl. Requirements Template oder Phrase Template), um Fehler bei der Dokumentation von gehörten Anforderungen zu minimieren. Satzschablonen sind ein Vorschlag für den syntaktischen Aufbau eines Satzes, damit wir viele der oben genannten Fehler beim Schreiben einer Anforderung nicht machen. Wenn wir nach so einer Satzschablone arbeiten, die ich Ihnen gleich genauer vorstellen möchte, dann hilft uns das, Mängel zu verringern. Komplett vermeiden können wir die Mängel nicht, aber wenigstens ein Mindestmaß an Qualität lässt sich mit solchen Satzschablonen erreichen.

Unser Problem ist nur, dass die meisten Personen, mit denen wir im Projekt umgehen, nicht so sprechen. Die sagen keine Sätze in Form der folgenden Satzschablone (vgl. Bild 5.3). Es ist also Aufgabe eines Systemanalytikers, die fehlenden Teile zu ergänzen oder zu erfragen. Wenn man die Satzschablone kennt, hat man ein Muster an der Hand, um die Zusatzfragen zu stellen, die vielleicht vergessen wurden. So eine Satzschablone zu erlernen, ist leicht. Sie werden sehen, nach den nächsten zwei Seiten im Buch haben Sie gelernt, was diese Satzschablone alles bietet und wie man danach Sätze schreiben kann.

Wir regeln mit dieser Satzschablone als Erstes die Rechtsverbindlichkeit der Anforderungen. Die ersten Alternativen im Satzaufbau sehen vor festzulegen, ob das System etwas tun „muss" oder „soll" oder vielleicht etwas tun „wird". Vorsicht aber mit solchen Wörtern, denn sie sind zunächst einmal per se Umgangssprache ohne „rechtliche" Wirkung.

1. Rechtsverbindlichkeit

Es gibt zwar im englischsprachigen Bereich die Gewohnheit „shall" und „should" zu schreiben, wie Tabelle 5.1 zeigt. Ein shall-Satz gilt meistens als rechtsverbindlich. „The system shall do this" heißt: ich will es wirklich haben. „The system should do that" ist ein frommer Wunsch; wenn wir Zeit haben, vielleicht im nächsten Release.

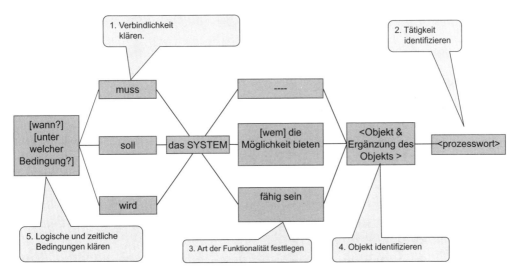

BILD 5.3 Satzschablonen helfen, Anforderungen eindeutiger zu formulieren.

TABELLE 5.1 Phrasen zur Regelung der Rechtsverbindlichkeit

	Deutsche Phrase	Englische Phrase
Verpflichtend	muss (soll)	shall
Wunsch	soll (sollte)	should

Im Deutschen sehen wir schon das Problem. Sagen wir, das System „muss" das tun und das System „soll" das tun? Oder sagen wir, das System „soll" das tun und das System „sollte" das tun. Soll und sollte ist deutlich höflicher. Auch im Englischen sagen wir nicht: „The system must", sondern „the system shall". Viele meiner Kunden verwenden in deutschen Sätzen „soll" und „sollte". Aber wenn Sie soll verwenden, ist im Deutschen schon nicht klar, ist es verpflichtend oder ist es ein frommer Wunsch.

Sie müssen die Rechtsverbindlichkeit jedoch nicht mit solchen Wörtern regeln. Sie können die Sätze beliebig schreiben und dann der Anforderung als Attribut eine Priorität zuordnen (z. B. Prio 1, Prio 2, Prio 3). Sehr viele Projekte sparen sich jedoch das Attribut und verwenden gerade diese beiden Wörter, um Rechtsverbindlichkeit auszudrücken.

Wenn Sie mit solchen Wörtern in Satzschablonen arbeiten, dann gehört in die Einleitung des Dokuments ein Satz hinein, der erläutert, wie Sie diese Wörter verwenden. Manche Autoren gehen sogar so weit, dass Sie ihnen eine drei- oder vierstufige Abstufung geben; mit shall, should und will und can und ähnlichen Wörtern. Das meiste, was ich in der Praxis erlebe, ist zweistufig. Shall als verpflichtend und should als Wunsch.

Seien Sie vorsichtig damit. Ich hatte ein Projekt, das unter der Kontrolle der FDA, der Food and Drug Administration in den USA stand. Diese Behörde hat uns klipp und klar gesagt: In einem Requirements-Dokument stehen nur shall-Sätze. Entweder es ist rechtsverbindlich, dann gehört es in das Dokument oder es ist nicht rechtsverbindlich, dann hat es in dem Dokument nichts verloren. Wir haben den zarten Einwand gewagt und gesagt, dass wir aber eine ganze Menge von Anforderungen haben, die zwar nicht unbedingt im ersten Release verbindlich sind, aber von den Anwendern gerne genommen würden, wenn wir sie zeitlich hinbekommen. Die Reaktion der Behörde: Entweder ihr fordert sie, dann müssen sie gemacht werden, oder ihr lasst sie raus. Wir mussten unser Requirements-Dokument wirklich in zwei Teile teilen: die rechtsverbindlichen Requirements, die in einem Dokument stehen durften, und unser Vorrat an anderen Requirements, die wir erst in shall-Sätze umschreiben durften, wenn sie wirklich beim nächsten Release verbindlich geworden sind. Manchmal haben Sie also behördliche Auflagen, die es Ihnen gar nicht erlauben, mit diesen Phrasen zu spielen.

2. Kern der Anforderung: die Tätigkeit

Ein zweiter Teil der Satzschablone regelt die Tätigkeit. Wir wollen am Ende eines Satzes ein starkes Prozesswort haben, das die Tätigkeit identifiziert. Die funktionale Anforderung soll ausdrücken, dass das System irgendetwas tun soll. Manche Methoden gehen so weit, dass sie sogar die Verben in Form einer Liste mit ihrer Bedeutung standardisieren. Nur Wörter aus dieser Standardliste dürfen dann in Anforderungssätzen auftreten.

Tabelle 5.2 zeigt einen Vorschlag, der zum Beispiel verschiedene Formen der Eingabe mit vordefinierten Wörtern belegt.

Ich hab noch nie in einem Projekt meinen Kollegen vorgeschrieben, nur bestimmte Verben zu verwenden. Meine Empfehlung ist: Nehmen Sie gute, aussagekräftige Verben. Aber ich

5.3 Satzschablonen zur Fehlerminimierung

TABELLE 5.2 Beispiel für standardisierte Prozessverben

Prozesswort	Bedeutung
eingeben	Nur der Nutzer gibt neue Daten ein oder überschreibt vorhandene.
importieren	Der Nutzer importiert Daten aus einem Nachbarsystem in das System.
einsetzen	Sowohl das System wie auch der Nutzer geben neue Daten ein oder überschreiben vorhandene.
einfügen	Ausschließlich das System gibt neue Daten ein oder überschreibt vorhandene.
auswählen	Der Benutzer selektiert eines oder mehrere Elemente aus einer endlichen Menge.

hab noch nicht versucht, die Verben wirklich auf 20 oder 30 zu reduzieren, die ausschließlich in Texten verwendet werden dürfen.

Ich bin allerdings vor einiger Zeit auf eine sehr interessante Arbeit gestoßen. Sehen Sie einmal auf *www.prozessworte.de* nach. Johannes Körner entwickelte eine Methode, deren Grundidee ist, dass die Datenverarbeitung gar nicht so viel tut. Man kann mit zwei generischen Verben beginnen: bekanntgeben und verarbeiten. Und aus diesen beiden Verben kann man baumartig weitere Verben ableiten (verschiedene Arten der Bekanntgabe und Arten der Verarbeitung) und denen immer präzisere Semantik geben. Sie können diese baumartige Zerlegung in ca. 70 Verben auf dieser Webseite nachlesen. Für jedes der Verben ist genau beschrieben, welche Zusatzfragen Sie stellen sollten und wie man sie genauer spezifiziert.

Im Gegensatz zur heute weit verbreiteten objektorientierten Analyse wäre das eher verborientierte Analyse. Ein interessanter Ansatz, auch wenn Sie nicht unbedingt versucht sind, es nachzumachen.

Als Drittes können Sie in einer Satzschablone auch noch die Art der Funktionalität festlegen. In der einfachsten Variante wollen Sie ausdrücken, dass das System mit einem Objekt etwas tun. Wenn also die mittlere Spalte freigelassen ist (oben in Bild 5.3), dann ist das eine selbstständige Systemaktivität.

> 3. Art der Funktionalität festlegen

Alternativ sagen Sie: „... soll das System dem Benutzer die Möglichkeit bieten, mit dem Objekt etwas zu tun." Dann sprechen wir von einer Benutzerinteraktion.

Oder aber Sie sagen: „Das System soll fähig sein, mit dem Objekt das zu tun." Dann geht es um eine Schnittstellenaktivität.

Man kann also auch sprachlich diese drei Arten von Vorgängen unterscheiden.

- Tut das System alleine etwas (selbstständige Systemaktivitäten)?
- Ist es irgendetwas, was der Benutzer machen muss (Benutzerinteraktionen), oder
- ist es irgendetwas, wo wir auf Eingaben von außen, von einem Nachbarsystem warten und dann automatisch reagieren sollen (Schnittstellenaktivitäten)?

Der vierte Abschnitt einer Satzschablone betrifft die Festlegung der Objekte, die bearbeitet werden sollen. Das ist klassische Objektorientierung: Klare domänenspezifische Begriffe definieren und die Begriffe auch eindeutig verwenden. Dazu haben wir noch ein eigenes Kapitel in diesem Buch (Kapitel 6), um gute Objektnamen zu finden und gute Ergänzungen für diese Objektnamen unterzubringen.

> 4. Die Dinge, die bearbeitet werden

5. Zusätzliche Bedingungen   Und – last but not least – regelt die Satzschablone einschränkende Bedingungen. Wie wir schon in dem Beispiel mit dem Navisystem im Abschnitt 4.5 erwähnten: Bitte denken Sie an Vorbedingungen, an logische und zeitliche Bedingungen, die erfüllt sein müssen, damit das System diese Funktionalität leisten soll. Fangen Sie also Sätze damit an, wann oder unter welchen Bedingungen sollte das System oder wird das System dem Benutzer die Möglichkeit bieten, das und das zu tun.

Das sind die fünf Punkte, die die Satzschablone abdeckt.

1. Die Rechtsverbindlichkeit: soll oder sollte das System
2. Ein starkes Prozesswort (was getan werden soll), das unter Umständen eine Menge Zusatzfragen in Ihrem Kopf auslösen sollte
3. Die Art der Systemaktivität: ob es selbstständig arbeitet, ob es mit dem Benutzer interagiert, ob es Schnittstellentätigkeiten sind
4. Mit welchem Objekt, mit welchen Dingen diese Tätigkeit gemacht werden sollte
5. alle zeitlichen, logischen oder organisatorischen Voraussetzungen, unter denen diese Anforderung überhaupt wirksam wird

Ich habe Ihnen in Bild 5.3 den Aufbau eines deutschen Satzes gezeigt. Das gibt es natürlich auch in anderen Sprachen. Sie sehen in Bild 5.4 noch ein Schema für einen englischen Satzaufbau. Da muss man das Verb und das Objekt ein bisschen drehen. Der Satzaufbau ist ein bisschen anders wegen der englischen Syntax, aber im Wesentlichen lässt sich das für beliebige Sprachen machen.

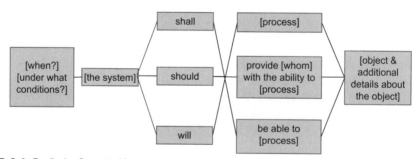

BILD 5.4 Englische Satzschablone

Es gibt Autoren, die Ihnen auch für Qualitätsanforderungen und Randbedingungen eine ganze Menge von solchen Schablonen vorgeben. Sie haben zahlreiche spezielle Satzschemata entwickelt, z. B. wie schreibt man eine Performanceanforderung, eine Benutzbarkeitsanforderung etc.

Aber noch mal zurück: Eine Satzschablone ist eine syntaktische Vorgabe für den Aufbau eines Satzes. Sie können unter Einhaltung der Satzschablone jede Menge Unfug formulieren. Sie könnten also sagen: „Wenn Ostern auf einen Mittwoch fällt, dann sollte der Bundeskanzler dem Schornsteinfeger die Möglichkeit geben, von Ast und Ast zu singen." Der Satz ist vollkommen nach der Satzschablone konstruiert und doch absoluter Unsinn. Man kann mit Satzschablonen keine Fehler verhindern, aber man erreicht wenigstens ein Mindestmaß an Qualität, indem man an alle möglichen Punkte denkt, die durch so eine Satzschablone abgegolten sind.

Sie können Satzschablonen für funktionale Anforderungen verwenden. Sie können sie aber auch für Qualitätsanforderungen, für Verhaltensanforderungen, für Randbedingungen verwenden, also für alle Arten von Anforderungen.

Und das Gute daran ist, dass Sätze, die nach so einer Satzschablone formuliert sind, für viele Stakeholder leichter verständlich sind als grafische Modelle. Es sind umgangssprachliche, natürlichsprachliche Sätze. Selbst ein Programmierer kann die lesen! Obwohl Programmierer selbstverständlich in der Lage sein sollten, Modelle zu lesen, und auch UML-Modelle gelernt haben sollten.

■ 5.4 Generelle Stilvorgaben

Mein Vorschlag ist, weniger strikt nach einer Satzschablone zu arbeiten, sondern lieber ein paar generelle Stilregeln bei der Verwendung von Umgangssprache einzuhalten, die schon in Richtung Satzschablone gehen, ohne so strikt eine Schablone einzuhalten. Denn stellen Sie sich mal ein 100-Seiten-Dokument vor, wo jeder Satz damit beginnt: „das Navisystem soll oder das Navisystem sollte". Das liest sich mindestens so spannend wie das Wiener Telefonbuch. Also vermeiden Sie es.

Wir nutzten in einem Projekt wenigstens den sprachlichen Trick, dass wir nur bei den Zielen und bei den Use Cases geschrieben haben: „das System soll". Ab der nächsten Verfeinerungsebene haben wir dann jeweils geschrieben: „der Use Case *x* soll" und in der Ebene darunter, spezifizierten wir: „die Aktivität *y* soll". Dann werden die Sätze schon wieder ein bisschen lockerer und besser lesbar, als wenn man ganz stur nach dieser Satzschablone schreibt.

> Gezielte Auflockerung des Schreibstils

Betrachten wir stattdessen einige generelle Stilregeln.

Eine unumstrittene Stilregel ist: Schreiben Sie kurze Sätze und kurze Absätze. Ich habe schon einige Male die 7 ± 2-Regel erwähnt. Das ist das, was sich das menschliche Gehirn im Kurzzeitgedächtnis merken kann. Deshalb schreiben Sie am Stück nie mehr als sieben Sätze oder sieben Absätze. Machen Sie es kurz!

> Kurze Sätze und Absätze

Schreiben Sie nur eine Anforderung pro Satz. Vermeiden Sie „und" und „oder" und Schachtelungen und „wenn nicht". Auch das haben wir schon bei den Stilregeln für Aktivitätsbeschreibungen in Kapitel 4 erwähnt. Formulieren Sie kurze Aussagesätze.

> Nur eine Anforderung pro Satz

Verwenden Sie sehr konsistent Ihre festgelegte Terminologie. Vermeiden Sie den Fachjargon. Sie kennen wahrscheinlich die Bücher, die inzwischen im Handel sind: „Arzt – Deutsch, Deutsch – Arzt" oder „Deutsch – Frau, Frau – Deutsch". Verwenden Sie keinen solchen Fachjargon. Versuchen Sie's, allgemein lesbar zu machen. Richten Sie sich an Ihrem Leserkreis aus. Wenn natürlich spezialisierte Fachärzte Ihre einzigen Leser sind, dann dürfen Sie Fachjargon verwenden. Das wird die meisten IT-Entwickler als Leser des Dokuments ausscheiden lassen.

> Konsistente Terminologie

Seien Sie vorsichtig mit Synonymen (unterschiedliche Wörter mit gleicher oder ähnlicher Bedeutung) und Homonymen (gleich lautende Wörter mit unterschiedlicher Bedeutung).

Erfinden Sie nicht dauernd neue Begriffe. Man darf einen Begriff auch in zwei, drei Sätzen verwenden

Verwenden Sie nicht allzu viele Abkürzungen. Ich habe Spezifikationen erlebt, wo in einem siebenzeiligen Text zehn dreibuchstabige Abkürzungen enthalten waren. Selbst wenn Sie in dem Dokument ein Abkürzungsverzeichnis haben, sind solche Absätze unlesbar. Sie müssen tagelang die Abkürzungen auswendig lernen, bevor Sie diesen Absatz halbwegs interpretieren können. Also seien Sie vorsichtig mit so vielen Abkürzungen. Offensichtliche Abkürzungen, die jeder in der Branche kennt, darf man natürlich verwenden. Dafür haben wir auch hoffentlich im Dokument ein Abkürzungsverzeichnis.

Starke Verben

Verwenden Sie starke Prozessverben mit einer klaren Bedeutung. Auch das haben wir in der Satzschablone schon gesagt. Nehmen Sie keine Hilfszeitwörter, nicht „ist" und „hat" und „hängt irgendwie zusammen mit". Sondern starke Verben wie eingeben, berechnen, verarbeiten, kopieren; all die Wörter, die eine klare Bedeutung haben.

Vorsichtig generalisieren

Seien Sie vorsichtig im Generalisieren. Auch das war eine unserer wiederkehrenden Probleme in der Abbildung von dem, was Sie verstanden haben, zu dem, was Sie hinterher schreiben. Der Vorschlag lautet: (immer?) vorsichtig sein mit Wörtern wie „alle", „jeder" und „immer"!

Definieren Sie die Rechtsverbindlichkeit mit shall und should, wenn Sie damit arbeiten wollen.

Und schreiben Sie bitte aktive Sätze und keine passiven Sätze. Sagen Sie lieber „das System soll etwas tun", statt „es werden Kunden verwaltet". Vermeiden Sie Passivformulierungen. Lesen Sie die vier Anforderungen in dem folgenden Beispiel. Gehen wir davon aus, dass es sich um einen Teil eines Dokuments handelt, also vier Anforderungen an dasselbe System.

Beispiel:

1. Das System soll Inhouse-Kurse und öffentliche Kurse verwalten können und für die im Ausland stattfindenden eine spezielle Kennung vergeben.
2. Das gilt nicht für selbst veranstaltete öffentliche Kurse.
3. Jedes Seminar hat einen Veranstalter.
4. Listen aller Kurse können gedruckt werden.

Gegen welche Stilregeln haben wir im ersten Satz verstoßen? Mehr als eine Anforderung pro Satz! Hier steht drin, das System soll Inhouse-Kurse und öffentliche Kurse verwalten können und dann folgt, für die im Ausland stattfindenden eine spezielle Kennung zu vergeben.

Bleiben wir beim ersten Satz. Ergänzen Sie bitte ein Substantiv hinter „für die im Ausland stattfindenden". Sind hier Kurse gemeint oder aber das letzte Bezugswort „öffentliche Kurse"? Wir haben einen unklaren Bezug für „die in Ausland stattfindenden". Da sind also allein in dem einen Satz zwei Unschönheiten.

Die zweite Anforderung ist aber doch klar, oder? Da steht: Das gilt nicht für selbst veranstaltete öffentliche Kurse. Die offensichtliche Frage, die sich Ihnen hoffentlich stellt: Was gilt nicht? Das mit dem Verwalten können oder das mit der speziellen Kennung? Ein unklarer Bezug zwischen den beiden Anforderungen.

An dem dritten Satz kann man doch wirklich nichts mehr aussetzen, oder? Jedes Seminar hat einen Veranstalter. Wir können sagen, jedes Seminar soll einen Veranstalter haben können. Das macht es nicht wesentlich besser. In den ersten beiden Anforderungen haben wir immer von Kursen geschrieben. Jetzt verwenden wir plötzlich den Begriff „Seminar". Ist das Gleiche gemeint? Gibt es einen Unterschied? In meiner Welt gibt es einen sehr klaren Unterschied:. Ein Kurs ist ein Stapel Papier und ein Stapel Folien und Seminar ist eine Veranstaltung. Aber ob das hier auch gemeint war? Ich weiß es nicht – und die Programmierer, die die Anforderungen umsetzen sollen, wahrscheinlich auch nicht.

Sind dazu keine Erklärungen im Lexikon oder in einem Data Dictionary oder in einem Glossar vorhanden, ist der Satz mehr als missverständlich.

In der vierte Anforderung steht: „können". Soll das System Kurslisten drucken? Sollte es drucken? Wie ist die Rechtsverbindlichkeit, wenn plötzlich ein Satz das Wort „können" enthält? Und die Passivformulierung wirft noch mehr Fragen auf.

Sie sehen in dem Beispiel vier Sätze, die zunächst einmal gar nicht so schlecht aussehen. Trotzdem weisen sie eine Menge sprachlicher Mängel auf. Um diese zu beseitigen, halten Sie sich entweder an die obigen guten Stilregeln oder erwägen Sie die Verwendung von Satzschablonen.

■ 5.5 Zusammenfassung

In diesem Kapitel haben wir die Abbildungsprobleme zwischen der Realität, Ihrem Verständnis davon und der Niederschrift in einer Requirements-Spezifikation angesprochen. Was kann passieren zwischen dem, was Sie hören, und dem, was Sie zu Papier bringen? Wir haben gelernt, dass man diese Probleme unter Einsatz einer Satzschablone zwar nicht vermeiden, aber abmildern kann. Eine Satzschablone ist eine Vorgabe, wie und aus welchen Teilen man einen Satz systematisch aufbaut, um möglichst wenig Fehler zu machen und die Interpretierbarkeit der Sätze zu reduzieren. Warum sollten Sie solche Satzschablonen einsetzen?

- Sie sind leicht zu erlernen.
- Sie helfen dabei, die bekannten Fehlerquellen zu minimieren.
- Sie sind sehr pragmatisch einsetzbar.

Aber bitte machen Sie sich nicht zum Sklaven solcher Satzschablonen. Bleiben Sie natürlich und versuchen Sie, die Sätze vollständig zu machen. Noch eher als Satzschablonen helfen ein paar Tipps, ein paar Stilvorgaben zum Schreiben von Requirements.

- Bitte bilden Sie kurze Sätze und kurze Absätze.
- Verwenden Sie konsistente Terminologie; erfinden Sie nicht andauernd neue Wörter.
- Definieren Sie die rechtliche Bindkraft. Wie verbindlich ist die Anforderung? Soll sie umgesetzt werden oder sollte sie umgesetzt werden?
- Passen Sie auf mit ungerechtfertigten Generalisierungen, wenn Sie Wörter wie „alle" und „jeder" und „immer" verwenden.
- Und last but not least: Verwenden Sie starke Prozessverben.

Alternativ zu den umgangssprachlichen Sätzen stehen Ihnen immer noch grafische Modelle und Prototypen zur Verfügung, um Ihre Anforderungen eindeutiger und präziser zu fassen.

6 Der Umgang mit Dingen

In den letzten drei Kapiteln haben wir uns mit Abläufen als Teil der funktionalen Anforderungen auseinandergesetzt. Aber Datenverarbeitung besteht nicht nur aus Verarbeitung, sondern auch aus Daten, den Dingen, die in Funktionen behandelt (eingegeben, bearbeitet, ausgegeben) werden. In diesem Kapitel diskutieren wir den Umgang mit diesen Dingen. Wir lernen, wie man Begriffe definiert, wie man ein Glossar zur Erläuterung der Wörter aufbaut, die Sie in Ihren Ablaufbeschreibungen verwendet haben. Und Sie erfahren auch, wie Sie große Mengen an solchen Begriffen weiter strukturieren können, in Form von Entity-Relationship-Modellen oder UML-Klassendiagrammen.

6.1 Eine kleine Geschichte

Wir haben uns mehrere Kapitel mit Abläufen auseinandergesetzt. Sie wissen nun, wie Sie funktionale Anforderungen spezifizieren können, begonnen bei komplexen Prozessen, über einzelne Schritte davon, bis hin zu detaillierten Anforderungen an die einzelnen Schritte. Es wird Zeit, dass wir unser Augenmerk mehr auf die Daten richten, die in diesen Funktionen und in diesen Prozessen verarbeitet werden.

Lassen Sie mich das Ganze mit einem Beispiel beginnen, damit Sie sehen, wo wir im Endeffekt landen wollen. Stellen Sie sich einmal vor, Sie arbeiten bei der Firma Picosoft, ein Softwarehaus, nicht sehr erfolgreich. Sie hausen in Kellerräumen, es ist nicht sehr schön in Ihren Büros und Sie müssen jeden Tag durch Ihre Oberlichter gegenüber auf die Firma Nanosoft schauen, auch ein Softwarehaus, ein Palast aus Glas und Aluminium.

Denen geht es scheinbar besser als Ihnen bei Picosoft. Tolle Autos vor der Tür, die Leute alle gut angezogen, regelmäßige Arbeitszeiten von 9.00 – 17.00 Uhr. Das können Sie leicht feststellen, weil Ihre Arbeitszeiten fast rund um die Uhr dauern. Und eines Tages kommt Ihr Chef zu Ihnen und sagt: „Kannst Du mal rauskriegen, warum es denen so gut geht und uns so schlecht? Wir sind doch in der gleichen Branche. Wir produzieren doch beide Software." Sie sagen: „Chef, mach ich". Sie dürfen an diesem Tag auch schon um 19.00 Uhr nach Hause gehen; es ist Winter und schon dunkel. Sie ziehen sich in aller Ruhe zu Hause um, wie man sich als Industriespion so möglichst unauffällig kleidet; Schlapphut, dunkle Sonnenbrille. Es ist Dezember, Sie erinnern sich, ja, 19.00 Uhr, und natürlich ziehen Sie Handschuhe an, Sie wollen ja nirgends Fingerabdrücke hinterlassen, stecken Ihre Kamera ein und machen sich auf den Weg.

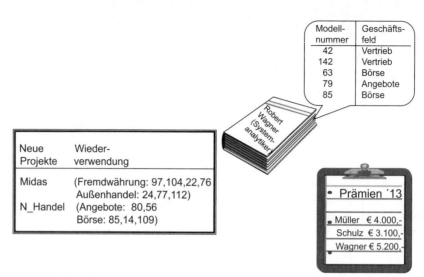

BILD 6.1 Einige Fakten über Nanosoft

Das Eindringen in das Gebäude gegenüber ist gar nicht so schwierig. Das haben Sie im Fernsehen gelernt, wie man mit einer Kreditkarte so eine Tür aufkriegt und schon sind Sie drin und mit Ihrer Taschenlampe schleichen Sie durch die Räume. Sie haben keine besondere Angst. Sie wissen, dass der Wächter seine Runden immer erst um 22.00 Uhr dreht, und es ist erst 20.00 Uhr. Übrigens die Zeit, wo alle anderen vorm Fernsehapparat sitzen; deshalb sind Sie sehr beruhigt. Als Erstes kommen Sie bei einem Schreibtisch vorbei. Dort liegt ein Büchlein drauf, auf dem steht „Robert Wagner, Systemanalytiker". Vorsichtig öffnen Sie dieses Büchlein und Sie sehen auf der Innenseite, dass da alles Mögliche über Modelle und Anwendungsgebiete, Geschäftsfelder steht. Sie treten einen Schritt zurück, kurzes Foto mit der Kamera von dem Büchlein, vorsichtig wieder zuklappen, nur ja nichts verrutschen, um keine Spuren zu hinterlassen. Sie gehen weiter durch die Räume und kommen an einer Wandtafel vorbei.

Da steht irgendetwas von neuen Projekten drauf. Sie drehen sich also um zur Tafel, kurzes Foto mit Ihrer Kamera. Ja, es ist gut geworden, Sie sehen es. Es ist zwar noch genügend Zeit bis 22.00 Uhr, bis der Wächter kommt, aber es wird Ihnen mulmig. Sie schleichen langsam Richtung Ausgang. Auf dem Weg kommen Sie noch bei der Kaffeeecke vorbei und da hängt so eine Tafel mit Prämien. Oh, die kriegen da jede Menge Prämien in der Firma, schnelles Foto und Kamera einstecken. Vorsichtig raus aus dem Haus. Niemand hat Sie gesehen, alles ist gut gegangen.

Am nächsten Tag erscheinen Sie um 7.00 Uhr zur Arbeit. Ihr Chef ist auch schon da. Erstaunlich, normalerweise ist er nie so früh da, aber er wartet schon auf Sie und sagt: „Was hast Du rausgefunden? Warum geht es denen so gut und uns so schlecht?" Sie antworten: „Chef, die haben da drüben scheinbar ihre Entwickler in Rollen eingeteilt und haben explizit so etwas wie Systemanalytiker."

Und Sie zeichnen so ein Kästchen an die Wand. „Systemanalytiker, die scheinbar dafür verantwortlich sind, herauszukriegen, was der Kunde eigentlich will". „Ja, nur weil die Jobtitel vergeben, glaubst Du, dass es denen besser geht?" „Moment, Chef! Diese Systemanalytiker,

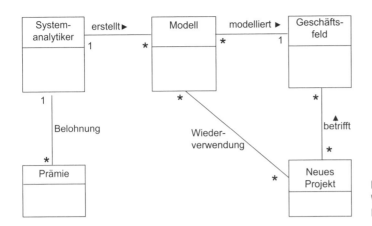

BILD 6.2
Worüber Nanosoft Informationen festhält

die arbeiten, wie Du hier siehst, an dem Bild hier, scheinbar mit Modellen. Erinnerst Du Dich an diesen Artikel, den ich Dir aus dieser Flugzeugzeitschrift letztes Mal mitgebracht habe? Mit diesem neumodischen UML, diese unified modeling language, mit diesem Kram? Die machen das scheinbar. Die entwickeln solche Modelle. Jeder Systemanalytiker entwickelt viele solcher Modelle und diese Modelle beziehen sie auf ganz spezielle Geschäftsfelder. Sieh mal, ich habe bei dem Robert Wagner das Modell 42 gefunden, es bezieht sich auf den Vertrieb und das Modell 142 ebenfalls. Aber es gibt auch Modelle für die Börse und für Angebote. Die haben also eine ganze Menge Geschäftsfelder.

Die nehmen nicht jedes Projekt, das reinkommt, sondern sie scheinen sich auf Geschäftsfelder zu konzentrieren und diese auch wirklich zu modellieren; und nicht nur zu programmieren." „Und Du glaubst, weil die hier rumzeichnen mit solchen Diagrammen statt Code zu schreiben, sind die so reich?" „Chef, ich hab noch was rausgefunden. Schau mal, auf dieser Wandtafel hier. Bei den neuen Projekten. Die suchen die Projekte scheinbar so aus, dass sie Ahnung davon haben, dass sie sich auf vorhandene Geschäftsfelder beziehen. Also jedes neue Projekt betrifft ein oder mehr von diesen bekannten Geschäftsfeldern. Das ist natürlich nicht so wie bei uns, wo wir jedes Projekt annehmen, nur damit wir über die Runden kommen." „Naja, aber diese Konzentration auf Geschäftsfelder", meint der Chef, „das bringt's wirklich?" „Ja, Chef. Ich habe gesehen, dadurch kommen die zu einer ganzen Menge Wiederverwendung.

Sieh mal, dieses Modell Börse, Nr. 85, das habe ich in dem Büchlein vom Robert Wagner gefunden und das tritt in diesem neuen Endhandelsprojekt wieder auf. Also neue Projekte verwenden scheinbar Modelle von vorhandenen, anderen Projekten wieder und das spart ihnen wahrscheinlich eine ganze Menge Geld." „Hm", sagt der Chef. „Ich lass mir das mal durch den Kopf gehen. Das mit diesen Jobtiteln, Systemanalytikern und Designern, das mit diesen UML-Modellen, die Konzentration auf Geschäftsfelder, die die Erlaubnis mitbringt, Sachen wiederverwenden zu können und jetzt sieh zu, dass Du an Deine Arbeit kommst." „Moment", sagen Sie, „Chef. Da war noch was. Ich habe da beim Rausgehen noch was entdeckt. Die scheinen ihre Systemanalytiker auch regelmäßig außerhalb des Gehalts noch mit Prämien zu belohnen. Ich weiß zwar nicht genau, wofür sie die Prämien verteilen, aber ich vermute mal, wenn irgendeines von den Modellen wiederverwendet werden kann und die Firma sich dadurch viel Geld spart, dann merkt das der Entwickler des Modells direkt in seiner Lohntüte.

Sieh mal zu, der Robert Wagner ist scheinbar Spitzenreiter darin. Der steht schon mit € 5.200 im letzten Jahr auf dieser Liste drauf. Ich kann das aber noch genauer rauskriegen, denn manchmal essen die auch nicht in ihrer vornehmen Firmenkantine, sondern wir treffen uns hier an der Würstelbude und da kann ich schon mal harmlos fragen, ob es bei denen noch andere Zahlungen gibt, außer den Gehältern." „O.k., sieh zu, dass Du an die Arbeit gehst. Du weißt, wir haben morgen Abnahme und wir sind noch nicht fertig." Überlegen Sie mal, was hier passiert ist.

Wir verfügten über ganz wenige Informationen, ein paar Fotos von Artefakten, die in der Firma herumlagen, und wir haben daraus ein Modell abgeleitet von Begriffen, die für die Firma Nanosoft scheinbar von Interesse sind; Begriffe wie Systemanalytiker, Modell, Geschäftsfeld, neues Projekt und Prämie. Und wir haben sie zueinander in Beziehung gesetzt. Dieser Umgang mit Begriffen ist das, was ich Ihnen in diesem Kapitel beibringen möchte.

■ 6.2 Das Glossar

Beginnen wir relativ harmlos mit einem Glossar, mit Begriffsdefinitionen. Das ist meine allerunterste Ebene an Qualität, die Sie im Zusammenhang mit Business-Analyse oder Requirements-Dokumenten auf jeden Fall in Ihren Projekten erreichen sollten. Wir wollen wenigstens jeden Begriff, der fachlich relevant ist, alphabetisch geordnet in einem Glossar wiederfinden können und lesen können, was der Begriff in dieser Domäne bedeutet, warum wir den Begriff überhaupt haben, wer ihn braucht: also alles, was wir über diesen Begriff jemals festhalten wollen.

Für solche Glossare gibt es eine Vielzahl von Namen. In der strukturierten Analyse haben wir Data Dictionary oder Datenlexikon dazu gesagt. Es ist eine Sammlung von Datendefinitionen, ein Begriffslexikon. Unabhängig davon, wie Sie die Dinger nennen, wir brauchen so etwas. Die Funktionen werden erst richtig verständlich, wenn auch die Daten, die in diesen Funktionen verarbeitet werden, nachgelesen werden können und wir Einigung drüber haben, was wir mit solchen Begriffen meinen.

In Bild 6.3 sehen Sie ein kleines Formblatt, wie man so einen Glossareintrag gestalten könnte. Das Allerwichtigste ist natürlich, dass Sie einen Namen festlegen. Einen Namen, auf den wir uns hoffentlich im Projekt einigen können. Naja, und wenn nicht, dann haben Sie die Möglichkeit, Synonyme anzugeben. Jemand anderer nennt das anders. Und Sie führen eine ganze Synonymliste auf. Vielleicht gibt's auch Abkürzungen. In der Steuergesetzgebung sagt zum Beispiel niemand Einkünfte aus Vermietung und Verpachtung, es heißt überall Anlage V. Das ist natürlich wesentlich kürzer und pragmatischer als ein langer Name wie Einkünfte aus Vermietung und Verpachtung. Der wichtigste Absatz in diesem Formblatt ist die eigentliche Definition. In ihr wird festgehalten, wie lautet der Begriff, was stellt er dar, aber auch die Begründung, warum brauchen wir den bei uns im Geschäft.

Wir wollen die Definitionen immer aus Sicht unseres Projekts schreiben. Ich gehe davon aus, dass Sie nicht bei Brockhaus oder im Duden-Verlag arbeiten oder Wikipedia-Definitionen schreiben. Für unser Projekt müssen wir eindeutig sagen, was wir meinen. Sie müssen es

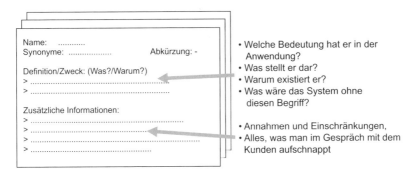

BILD 6.3 Schablone für einen Glossareintrag

nicht für den Rest der Welt richtig machen, sondern nur für unser Projekt. Dazu hilft es, wenn man eine ganze Menge aufsammelt, was man über den Begriff weiß, und daraus dann eine Definition ableitet.

Ein Trick, um zu so einer Definition zu kommen, ist, manchmal negativ zu denken. Denken Sie sich das Wort aus Ihrer Welt weg. Es existiert nun nicht mehr. Was können Sie jetzt alles nicht machen, wenn Sie dieses Wort nicht mehr verwenden dürfen, und schon kommen Sie darauf, wozu Sie es brauchen. Dieser Trick wurde von Edward de Bono, einem bekannten Psychologen, in einem seiner Bücher beschrieben.

■ 6.3 Gute Definitionen

Wie kommen wir zu einer guten Definition? Da müssen wir vielleicht ein bisschen zurückgehen in der Geschichte. Überlegen Sie sich, ob Sie das im Unterricht mal lernen mussten. Ob es in der Schule irgendeinen Gegenstand gab, wo Sie gelernt haben, gute Definitionen zu schreiben. Bei uns am Gymnasium in Krems gab es kurz vor dem Abitur (oder der Matura – wie man in Österreich sagt) ein Fach Philosophie und Psychologie. Darin lernten wir, wie die Philosophen die Welt betrachten. Wir gehen zurück bis zu den Griechen, bis zu Aristoteles, denn dieser setzte sich bereits mit der Idee auseinander, wie man überhaupt einen Begriff definieren kann. Er entwickelte praktisch eine Definition von Definition. Laut Aristoteles ist Definition ein zweistufiger Prozess. Man muss für den Begriff, den man definieren möchte, zunächst eine Menge finden, zu der der Begriff dazugehört.

Und wenn man diese Menge hat, dann muss man den Begriff von allen anderen Elementen dieser Menge unterscheiden. Wir nehmen also die Menge aller möglichen Begriffe, wir suchen eine Menge, die unseren Begriff auf jeden Fall umfasst, und wir versuchen dann, den Unterschied zu allen anderen Elementen der Menge festzuhalten.

Im Lateinischen haben wir das später ausgedrückt mit: Eine Definition braucht Genus und Differentia. Genus – eine Art Gattungsbegriff, ein Oberbegriff für den Begriff, den wir suchen – und Differentia – der Unterschied zu allen anderen Elementen dieser Gattung.

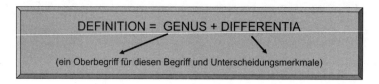

BILD 6.4
Die Faustformel für gute Definitionen

Nehmen wir als Beispiel eine Kaffeetasse. Wenn wir definieren wollen, was eine Kaffeetasse ist, brauchen wir einen Oberbegriff. Sie könnten als Erstes auf Gefäß kommen. Dann müssen Sie es allerdings von sehr vielen Gefäßen unterscheiden. Denn auch ein Putzeimer und eine Blumenvase sind Gefäße. Wenn Sie als Oberbegriff etwas Kompakteres nehmen – wie Trinkgefäß –, dann müssen Sie es nur noch von Weingläsern und Biergläsern unterscheiden, um festzulegen, was die Eigenschaft einer Kaffeetasse ist. Sie sehen also, ein Oberbegriff und ein Unterscheidungsmerkmal ergeben eine saubere Definition.

Das ist gar nicht so leicht, aber als Hilfsmittel können Sie ja heutzutage googeln oder Sie schauen in Wikipedia nach. Viele Begriffe sind schon definiert. Nutzen Sie solche Hilfsmittel, um darauf zu kommen, wie man einen Ihrer Begriffe definieren könnte.

Als weiteres Beispiel soll eine Krawatte dienen. Haben Sie schon mal versucht, zu definieren, was eigentlich eine Krawatte ist? Ein Synonym dafür ist übrigens Schlips. Bei Uniformen wird sie auch Langbinder genannt, wie ich im Lexikon feststellen konnte. Ein Begriff, den ich noch nie verwendet habe. Aber eine Krawatte ist zunächst mal ein längliches Stück Stoff. Damit haben Sie einen Oberbegriff und jetzt brauche ich den Verwendungszweck: ein Stück Stoff, das um den Hals getragen wird, meistens mit einem Krawattenknoten gebunden über einem Hemd. Auch so kommen Sie zu einer Definition.

Oder: Was ist ein Tisch? Ein Tisch ist ein Möbelstück. Damit haben Sie einen Oberbegriff. Und jetzt suche ich die Unterscheidungsmerkmale: meistens irgendwo eine ebene Fläche, in der Form von Ablagen, Esstische, Arbeitstische, ... Im Lexikon finden Sie dafür den künstlichen Oberbegriff „ein klassisches Brückenmöbel". Ein Wort, das Sie bestimmt noch nie gehört haben. Aber im Unterschied dazu gibt es Kastenmöbel. Brückenmöbel umspannen einen Raum; in Kastenmöbel kann man etwas hineintun. Aber verkünsteln Sie sich nicht. Ein Tisch ist ein Möbeltisch. Das versteht jeder als Satz. Bleiben Sie also relativ natürlich bei der Suche nach solchen Oberbegriffen.

Was Sie nicht machen sollten, ist, einen Textliner in die Höhe zu halten, mit dem Finger darauf zu deuten und zu sagen: Ein Textliner ist zum Beispiel so etwas. Eine Definition durch ein Beispiel ist keine gute Definition. Sie sollten also sagen, ein Textliner ist ein Stift oder ein Schreibgerät, mit dem man Texte in Dokumenten markieren oder herausheben kann. Damit haben Sie eine Definition. Aber es ist immer gut, hinterher ein Beispiel dafür zu zeigen oder aber auch einen Kugelschreiber dagegen zu halten und zu sagen: Das ist kein Textliner. Arbeiten Sie also mit Beispielen und Gegenbeispielen, aber nicht ausschließlich. Sie brauchen saubere Definitionen.

6.4 Vorgehensweise bei Glossareinträgen

Wie gehen wir vor, wenn wir Glossareinträge oder Definitionen schreiben wollen? Suchen Sie alles, was Sie über diesen Begriff wissen; alle Sätze, die Sie gehört haben, alles, was Sie lesen wollten. Schreiben Sie das mal zusammen und suchen Sie sich dann aus dieser Menge den Satz heraus, der am ehesten diesen Begriff charakterisiert. Wenn noch irgendetwas unklar ist, fragen Sie Ihren Kunden. Lassen Sie sich noch fünf Sätze über dieses Ding von Ihren Ansprechpartnern sagen und dann werden Sie schon auf die charakteristischen Eigenschaften kommen.

Ich habe einmal ein bisschen abgeschrieben bei einem der drei Amigos, bei Dr. James Rumbaugh. Dieser publizierte zu einer seiner Vorgängermethoden der UML, der OMT (Object Modeling Technique), in dem Buch eine Fallstudie, bei der sich mehrere Banken zusammenschließen, gemeinsam Geldautomaten aufstellen und den Kunden, die bei irgendeiner Bank ein Konto haben, Zugriff auf diese Konten über die Geldautomaten erlauben.

In diesem Buch sind einige sehr schöne Definitionen enthalten (vgl. Bild 6.5). Da steht zum Beispiel, eine Bank ist ein Finanzinstitut. Hier haben Sie den Oberbegriff: ein Finanzinstitut, das Konten für Kunden führt, Scheckkarten ausgibt und den Zugriff auf diese Konten über das ATM-Netzwerk, dieses Bankautomaten-Netzwerk, erlaubt. Eine Bank tut sicherlich auch viele andere Sachen, als nur Konten zu führen und Scheckkarten auszugeben, aber für diese Fallstudie, wo es um das Aufstellen von Geldautomaten geht, ist diese Definition gut genug. Überlegen Sie mal: Eine Bank ist auch eine Schlafstätte für Penner im Park. Aber das ist hier in der Fallstudie nicht gemeint. Sie brauchen also den Begriff nicht so zu definieren, dass alle Eventualitäten abgedeckt sind, Sie müssen ihn nur gut genug für Ihre Anwendung machen.

Jim Rumbaugh schreibt weiter, ein Bankautomat ist ein automatischer Schalter. Hier haben Sie eine andere Möglichkeit, einen Oberbegriff zu finden, mit Analogien zu arbeiten. Einen Schalter kann man sich vorstellen, man war schon mal bei einer Bank und ein Bankautomat ist ein automatischer Schalter, wo die Kunden ihre Transaktionen selbst eingeben können,

---

Beispiele für erste Begriffsdefinitionen

Bank
  Ein Finanzinstitut, das Konten für Kunden führt und Scheckkarten ausgibt, die den Zugriff auf Konten über ein ATM-Netzwerk erlauben.

Bankautomat
  Ein automatischer Schalter, an dem Kunden ihre Transaktionen selbst eingeben können, wenn sie sich mit einer Scheckkarte identifizieren.

Kassierer
  Ein Mitarbeiter einer Bank, der ermächtigt ist, Transaktionen an Kassenterminals einzugeben und Bargeld und Schecks an Kunden auszugeben bzw. von Kunden entgegenzunehmen.
  Über die von einem Kassierer bearbeiteten Transaktionen, Gelder und Schecks muss Protokoll geführt und Rechenschaft abgelegt werden.

Konsortium
  Eine Bankenorganisation, die das ATM-Netzwerk in Auftrag gibt und betreibt. Das Netzwerk handhabt nur Transaktionen für Banken, die dem Konsortium angehören.

BILD 6.5 Beispiele für Glossareinträge

wenn sie sich vorher mit einer Scheckkarte identifiziert haben. Er definiert einen Kassierer als Mitarbeiter der Bank. Hier haben Sie wieder den Oberbegriff. Auch der Vorstand ist Mitarbeiter der Bank, aber der hat bestimmt andere Aufgaben als der Kassierer. Auch die Putzfrau ist Mitarbeiterin der Bank, auch sie hat andere Aufgaben. Deshalb: Ein Kassierer ist ein Mitarbeiter der Bank, der ermächtigt ist, Transaktionen an Kassenterminals zu machen usw. Das Konsortium definiert er als eine Bankenorganisation, welche dieses Projekt in Auftrag gibt und durchführt. Wunderbare Definitionen in der Fallstudie, aber nirgends in dem Buch steht, wie man eine anständige Definition schreibt.

Sie haben es gelernt: Oberbegriff und Unterscheidungsmerkmal. Sehen wir uns noch ein paar Eigenschaften von solchen Glossaren an. Bitte sorgen Sie dafür, dass das Glossar ein lebendiges Dokument ist. Die Begriffe sind nicht in Stein gemeißelt. Es soll leben. Jeder Projektbeteiligte soll mithelfen, die Begriffe besser zu machen, und dazu ist es notwendig, dass es lebt und vor allem, dass es leicht zugänglich ist. Wenn es auf dem privaten Directory irgendeines Mitarbeiters geschützt versteckt ist, wird keiner es lesen und benutzen. Sie müssen dafür sorgen, dass es offen ist, dass viele dran kommen, sonst ergänzt es keiner und sonst schreibt keiner. Natürlich müssen die Begriffe abgestimmt sein. Sie können nicht diktatorisch irgendwelche Begriffe vorgeben, Sie müssen mit den Beteiligten darüber sprechen. Sehen Sie zu, dass Sie Einigung erzielen. Nicht immer wird Ihnen das gelingen.

Deshalb lassen wir Synonyme zu. Da habe ich aber einen kleinen Trick für Sie. Jedes Mal, wenn einer wieder das falsche Wort verwendet, eines der Synonyme, wiederholen Sie den Satz mit dem richtigen Begriff. So eine Art Gehirnwäsche. So lange, bis der richtige Begriff von allen Leuten immer wieder verwendet wird. Aber wie gesagt, nicht immer wird es Ihnen gelingen. Es gibt stets ein paar Hartnäckige, die bei ihren Wörtern bleiben und sich nicht an die Projektsprache anschließen wollen. Und noch mal der Hinweis, Beispiele und Gegenbeispiele bereichern eine solche Definition. Es ist schön, wenn Sie sie hinter der Definition anführen. Aber bitte definieren Sie nicht nur durch Beispiele. Und es ist auch unfair, in einem Pflichtenheft einfach hinzuschreiben, alle Begriffsdefinitionen siehe Wikipedia. Machen Sie sich das Leben nicht ganz so einfach, sondern definieren Sie es doch gültig für Ihre Projekte.

■ 6.5 Ein strukturiertes Glossar

Im nächsten Schritt wollen wir uns ansehen, wie man dieses Glossar besser strukturieren kann. Denn überlegen Sie sich einmal, wie viele Einträge Sie wahrscheinlich in Ihrem Projekt in dem Glossar haben werden. Das können Hunderte sein, vielleicht sogar noch mehr. Aus dem Grund wollen wir in der nächsten Stufe darüber sprechen, wie man so ein Glossar etwas besser strukturieren kann. Eine Möglichkeit ist es, Klassen und Attribute zusammenzufassen oder einzelne Attribute Entities zuzuordnen, denn sehen wir uns mal die Dinge an, die wir in unseren Projekten verarbeiten. Wenn wir über Dinge im System reden, dann gibt es ganz kleine Dinge. Die UML nennt sie Attribute oder Datenelemente.

Das sind die Dinge, die einen Wert annehmen: Vorname oder Geburtsdatum oder Kaufpreis. Wir wollen diese zu etwas größeren Objekten zusammenfassen. Früher haben wir sie Entities

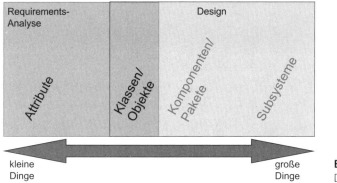

BILD 6.6 Dinge im System

BILD 6.7 Haupteigenschaften eines Attributs

genannt, heute in der UML heißen sie Objekte oder Klassen, die eine Gruppierung von solchen Attributen zu einer größeren Einheit darstellen. Soweit möchte ich als Systemanalytiker oder als Business Analyst gehen. Die Designer werden noch weiter gehen. Die Designer werden dann viele von diesen Klassen zu Paketen und Subsystemen zusammenfassen und diese wieder zu noch größeren Systemen. Das interessiert uns als Requirements Engineer eher weniger.

Bleiben wir bei den beiden kleineren Begriffen, bei Attributen und bei Klassen oder Objekten. Was ist so ein Attribut? Irgendeine Eigenschaft aus meinem Anwendungsbereich, die einen Wert annimmt.

Ich habe einen Namen dafür, so was wie Anschaffungspreis, und ich habe einen Wert, € 750 oder ein anderes Beispiel: Ich habe ein Kaufdatum und der Wert dazu ist der 4. Februar 2002. Oder ich habe einen Hersteller und der heißt Samsung oder sonst irgendwie. Das sind Attribute; Attribute nehmen Werte an. Das sind die Dinge, mit denen wir arbeiten. Diese haben einen Wert und ich möchte sie irgendwo zuordnen, beispielsweise der Anschaffungspreis bei einem Gerät, das Kaufdatum bei einem PKW oder der Hersteller bei einem Telefon. Jedes Attribut hat in der Systemanalyse sein einziges und bestes Zuhause. Single Best Home heißt die englische Phrase dafür. Ich möchte jedes Attribut irgendwo seinem Zuhause zuordnen. Und damit kommen wir zu einer Gruppierung von vielen Daten zu einer Einheit und das macht unser Leben hinterher leichter.

Eine kleine Randbemerkung: Im Design muss ein Attribut nicht nur ein einziges Zuhause haben. Überlegen Sie mal, warum Sie ein- und dieselbe Telefonnummer unter Umständen an drei Stellen festhalten: in Ihrem Telefon eingespeichert, in einem kleinen schwarzen Büchlein, auf einem Zettel unter Ihrer Schreibtischmatte. Sie wissen aber, was Sie sich damit antun. Wenn sich jetzt diese Telefonnummer ändert, müssen Sie das auch an drei Stellen ändern. Deshalb wäre es gut, wenn es Ihnen gelingt, ein Attribut da zuzuordnen, wo es am ehesten dazugehört.

Jetzt habe ich leider eine schlechte Nachricht für Sie. In einer guten Spezifikation sollten Sie jedes Attribut beschreiben und definieren. Wir brauchen auch für Attribute eine Definition. Ich habe hier mal ein Beispiel aus meiner Branche herausgegriffen.

```
Name:      Bewertungsdurchschnitt (Kurs)
Synonyme:  --

Definition:
>   Ein Maß für die Popularität des Kurses in den Augen
    aller Teilnehmer, die den Kurs im Rahmen eines
    Seminars gehört haben.

Zweck:
>   wird in der Werbung verwendet
>   wird zur Entscheidung über neue Versionen/
    Verbesserungen des Kurses verwendet

Quelle:
>   ---
oder Ableitungsregel:
>   Durchschnitt aus Teilnehmerbewertung von
    Seminarteilnehmern

Wertebereich:
>   1 (gut) <= x <= 5 (schlecht)

Format: (Type)                    Einheit/Genauigkeit:
>   numerisch                     > 9.99

Abhängigkeiten: (Existenz, Zeit, ...)
>   ---
```

BILD 6.8
Spezifikationsmuster
für Attribute

Ich spreche vom Bewertungsdurchschnitt eines Kurses. Ein Kurs ist z. B. für die Stoffsammlung zum Thema Requirements Engineering mit dem Ziel der Erlangung des Titels „Certified Professional for Requirements Engineering". Es ist ein Thema, das behandelt wird. Ich behaupte, dieses Thema hat einen Bewertungsdurchschnitt. Wenn ich Sie fragen würde, wie der Bewertungsdurchschnitt eines Seminars aussieht, würden Sie das wahrscheinlich relativ schnell verstehen. Alle Leute geben eine Meinung ab und wir bilden den Durchschnitt und das ist der Bewertungsdurchschnitt für ein Seminar. Aber was soll es bedeuten, dass ein Kurs, ein bestimmter Stoff, den wir unterrichten, einen Bewertungsdurchschnitt hat. Nun, Bewertungsdurchschnitt ist doch ein umgangssprachlich verständliches deutsches Wort, der Durchschnitt aus Bewertungen. Trotzdem fällt es uns vielleicht schwer, festzustellen, warum ein Kurs so etwas haben sollte. Wenn Sie aber die Definition lesen, ist es ein Maß für die Popularität eines Kurses in den Augen aller Teilnehmer, die jemals ein Seminar zu diesem Kurs besucht haben.

Es ist also ein Durchschnitt eines Durchschnitts. Wir nehmen alle Seminardurchschnitte und bilden daraus einen Kursdurchschnitt. Jetzt sagen Sie: „Aha. Jetzt verstehe ich das Wort Bewertungsdurchschnitt für einen Kurs." Sie wissen aber immer noch nicht, wozu das Ganze gebraucht wird. Deshalb haben wir neben der Definition noch eine Zweckangabe. Der Zweck dieses Attributs ist seine Verwendung in der Werbung. In der Werbung steht dann, dieser Kurs wurde von allen Teilnehmern mit 1,00001 beurteilt. Oh, seien Sie vorsichtig. Letztes Mal hatte ich einen schweizer Teilnehmer und der hat gesagt: „Das ist gar nicht gut. 6 ist bei uns sehr gut und 1 ist nicht genügend." Sie müssen also noch vorsichtig sein, welchen Maßstab Sie zugrunde legen, welches Schulnotensystem, wenn Sie schon in der Werbung mit 1,00001 arbeiten.

Irgendwo müssen wir also die Wertemengen noch aufschreiben. 1 heißt sehr gut und 5 heißt eher schlecht. Ich habe aber noch einen zweiten Verwendungszweck. Es wird auch für die Erneuerung, für Entscheidungen bezüglich der Erneuerungen dieses Kurses verwendet. Stellen Sie sich vor, der Bewertungsdurchschnitt war vor zwei Jahren 1,00001 und letztes Jahr 1,7 und dieses Jahr 2,3, er wird also immer schlechter. Dann wird es höchste Zeit, dass wir den Kurs wieder überarbeiten. Ein weiterer Punkt, den ich in eine Attributdefinition einfüge, ist die Herkunft des Attributs. Ist es ein originäres Attribut, hat es eine Quelle oder kann es abgeleitet oder berechnet werden? In dem Fall mit dem Bewertungsdurchschnitt haben wir ein berechenbares Attribut. Ich kann es als Durchschnitt aus allen Seminarbewertungen berechnen. In anderen Fällen ist es die Meinung einer Person oder es kommt von einem Nachbarsystem.

Damit haben Sie eine Quelle. Sollten Sie übrigens auch berechenbare Attribute definieren? Die Antwort ist ja. Wenn Sie das Wort in einem Satz verwendet haben, in einer Funktionsbeschreibung, möchte ich nachsehen können, was Sie damit meinen. Obwohl es berechenbar ist, brauche ich eine Definition dafür.

Was dabei selten vergessen wird, sind die Felder im unteren Drittel der Vorlage in Bild 6.8. Dass wir über das Format noch sprechen, ob das eine ganze Zahl oder eine Gleitkommazahl ist oder ein Textstring, auf wie viele Stellen genau wir das Ganze haben, in welchem Wertebereich. Das wird in Spezifikationen seltener übersehen, denn das brauchen die Programmierer, um hinterher Sourcecode zu machen. Der wichtigste Teil dieser Attributspezifikation sind die Definition und ihr Zweck. Was ist es und warum haben wir dieses Ding?

■ 6.6 (Entity-)Klassen und Objekte

Sehen wir uns die nächstgrößeren Einheiten an: Entities oder Klassen. Manche sage auch Entity-Klassen oder Objekte dazu oder auch Business Objects. Klären wir ein wenig diese Terminologie. Nach den vielen Jahren, in denen Objektorientierung bereits verwendet wird, hat sich die Bedeutung von Objekt und Klasse schon herumgesprochen. Aber ich habe Ihnen zur Sicherheit meine Definition mitgebracht – aus Sicht eines Systemanalytikers.

Eine (Entity-)Klasse ist ein Konzept oder eine Abstraktion oder ein konkreter Gegenstand mit einer klaren Abgrenzung und einer präzisen Bedeutung für das anstehende Problem (d. h. für meine Domäne).

> Definition Entity

Sehr oft wird davon nur auf den Gegenstand abgehoben, auf etwas Greifbares. Aber viele Entities, die wir hier modellieren wollen, sind eher Abstraktionen oder Konzepte. Sehen wir uns einige Beispiele dazu an (siehe Bild 6.9).

Wir modellieren selten Menschen, sondern eher ihre Rolle. Jemand ist für uns in der Rolle als Mitarbeiter interessant oder in der Rolle als Kassierer bei einem Verein, nicht so sehr als Person selbst. Denn

> Rollen statt Personen modellieren

die Eigenschaften, die wir darüber festhalten wollen, ergeben sich eher durch die Rolle als durch die Person. Deshalb modellieren wir Rollen.

Für ein Reisebüro sind Orte unter Umständen wichtige Klassen. Denn Sie können dort erfahren, was man um diese Jahreszeit in Mailand alles tun kann, welche kulturellen Stätten

BILD 6.9
Beispiele für Arten von Entities in unterschiedlichen Branchen

Sie besuchen können, wo Sie am besten einkaufen, wo Sie wohnen sollten. Es werden viele Informationen über Orte festgehalten und wenn die interessant sind, dann wird es für diese Art von Anwendung zu einer Entity.

Für Sie ist es vielleicht ein tragisches Ereignis, wenn Sie auf dem Weg zur Arbeit einen Unfall haben. Für eine Versicherung ist das (eine) Klasse ☺. Denn die hält über dieses Ereignis, über diesen Unfall eine ganze Menge Informationen fest, z. B.: Wann ist es passiert? Wo ist es passiert? Wer war beteiligt? Wie hoch war der Schaden? Alles Attribute, die wir zu diesem Vorgang festhalten wollen.

Für einen Notar sind Vereinbarungen solche Entity-Klassen. Überlegen Sie einmal, was ein Notar alles an Vereinbarungen macht, z. B. Kaufverträge, Erbverträge,... Überlegen Sie mal, was dazu alles festgehalten wird: wer mit wem, zu welchen Bedingungen, das Datum, die Unterschriften und vieles mehr. Aber das Wichtigste, was den Notar wirklich interessiert, ist natürlich der Anteil, den er davon hat. Deshalb macht er solche Vereinbarungen.

Sie sehen: Fast alles, was interessant genug ist für irgendein Unternehmen, kann so eine interessante Klasse oder so eine Entity werden.

Wir machen diese Gruppierung von Attributen aus zwei Gründen. Der wichtigere für den Systemanalytiker ist, die Welt zu verstehen, Dinge in den Griff zu bekommen, zu wissen, worüber wir reden.

Der zweite Grund, aus dem wir das Ganze machen, ist: Diese Modelle sind die Grundlage für die Implementierung. Die Designer und Programmierer werden sie später nehmen und daraus Files oder Datenbanken oder Variablen machen. Es ist Ausgangspunkt für die Implementierung. Als Business Analyst braucht Sie das nicht zu kümmern. Sie machen es, um interessante Begriffe in Ihrer Welt, Ihrer Anwendungsdomäne zu verstehen.

Die Notationen dafür haben sich im Laufe der Jahre gewandelt. Als Peter Chen diese Modelle erfand, hat er solche Entities als Kästchen hingezeichnet und mit Schritten die einzelnen Attribute daran gehängt (vgl. Bild 6.10 rechts). In der UML zeichnen wir heute auch noch Kästchen. Wir schreiben den Namen in ein oberes Feld und wir schreiben die Attribute direkt darunter hinein. Sie sehen in Bild 6.10 links einige Domänenklassen aus meiner Welt: ein Kurs, der als Attribute zum Beispiel Titel und Dauer und eine bestimmte Version und bestimmte Ziele hat; den Referenten mit den interessanten Attributen Name, Vorname, Adresse und Telefonnummer und das Seminar mit seinen Attributen. In der Darstellung von Peter Chen hätte es halt ein bisschen anders ausgesehen.

Wenn Sie solche Entities gefunden oder entdeckt haben, dann habe ich aber wieder eine schlechte Nachricht für Sie. Denn dann wird es Zeit, diese auch detaillierter zu spezifizieren. Wir wollen also nicht nur für die Attribute, sondern vor allem auch für die Entity-Klassen

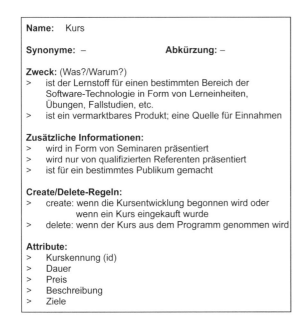

BILD 6.10 Unterschiedliche Notationen für Entities und Attribute

```
Name:      Kurs

Synonyme:  –           Abkürzung:  –

Zweck: (Was?/Warum?)
>   ist der Lernstoff für einen bestimmten Bereich der
    Software-Technologie in Form von Lerneinheiten,
    Übungen, Fallstudien, etc.
>   ist ein vermarktbares Produkt; eine Quelle für Einnahmen

Zusätzliche Informationen:
>   wird in Form von Seminaren präsentiert
>   wird nur von qualifizierten Referenten präsentiert
>   ist für ein bestimmtes Publikum gemacht

Create/Delete-Regeln:
>   create: wenn die Kursentwicklung begonnen wird oder
            wenn ein Kurs eingekauft wurde
>   delete: wenn der Kurs aus dem Programm genommen wird

Attribute:
>   Kurskennung (id)
>   Dauer
>   Preis
>   Beschreibung
>   Ziele
```

BILD 6.11
Spezifikationsmuster für Entities

eine derartige Spezifikation anlegen. Und in Bild 6.11 haben Sie wieder ein Formblatt, was wir in einer Spezifikation über Entity-Klassen oder Business Objects festhalten wollen: natürlich den Namen und eventuelle Synonyme und Abkürzungen, wie wir es schon generell kennengelernt haben.

Der nächste Absatz, die eigentliche Definition, enthält wieder das **Was** und das **Warum**. Wenn ich also für meine Domäne als Trainer den Begriff „Kurs" definiere, dann sage ich, das ist der Lernstoff für einen bestimmten Bereich der Softwaretechnologie – denn andere Dinge unterrichte ich nicht – in Form von Lerneinheiten, von Übungen und von Fallstudien usw.

> Das Wichtigste: eine klare Definition mit geschäftlicher Zweckangabe

Und jetzt fehlt mir noch das Warum. Warum interessiere ich mich überhaupt für solche Kurse? Es ist meine Quelle für Einnahmen, eine Quelle, von der ich lebe. Es ist ein vermarktbares Produkt. Deshalb habe ich den Begriff Kurs in mein Modell aufgenommen.

Sie können in dem Feld „zusätzliche Informationen" beliebig viele andere Informationen zu dem Thema sammeln, die Ihnen helfen, die präzise Definition zu finden.

> Create und Delete-Regeln

Und Sie sollten bei jeder Entity auch darüber nachdenken, wann ein neues Objekt von der Entity in Ihrem Geschäft entsteht und wann es nicht mehr da ist. Das gibt uns eine Querprüfung gegenüber unseren Ablaufmodellen, gegen die Use Cases und gegen die Funktionen. Wir sprechen von Create- und Delete-Regeln. Sie beantworten die Fragen: Wann wird ein Objekt geschaffen und wann wird ein Objekt wieder abgeschafft?

Beim Kurs steht in dem Beispiel: wenn die Kursentwicklung begonnen wird. Überlegen Sie sich das einmal. Zu diesem Zeitpunkt gibt es doch noch gar keinen Kurs. Sie haben gerade mit der Kursentwicklung begonnen. Aber wir haben vielleicht schon den Namen für den Kurs festgelegt und möglicherweise bereits das Zielpublikum. Aber es existiert noch keine einzige Folie. Ich habe noch nichts von dem Kurs außer Namen und Titel – trotzdem existiert der Kurs für mich zu diesem Zeitpunkt schon. Er ist noch nicht vollständig, aber er existiert. Also ab dem Zeitpunkt, zu dem die Kursentwicklung begonnen wird oder ein Kurs eingekauft wurde, habe ich einen Kurs.

Wann habe ich den Kurs nicht mehr? Wie lautet die Delete-Regel? Ich habe in dem Beispiel geschrieben: wenn der Kurs aus dem Programm genommen wurde. Ich hatte vor vielen Jahren einen Kurs über Entscheidungstabellen. Als ich mich dann 1994 selbstständig gemacht habe, ging ich davon aus, dass das bestimmt keiner meiner Kunden mehr hören will, und nahm den Kurs aus dem Programm. Gott sei Dank hab ich ihn nicht wirklich zerstört, sondern nur im Keller gelagert. Denn drei Jahre später kam jemand und wollte das nochmals haben, obwohl das Thema gar nicht mehr publiziert war. Sie sehen also, wir müssen auch die Semantik noch genauer festlegen. Was heißt „delete"? In dem Fall hieß es nur: im Keller lagern, noch nicht wirklich zerstören. Aber er war nicht mehr veröffentlicht.

Denken Sie also aus Sicht jedes Dings darüber nach, wann es entsteht und wann es vielleicht wieder zerstört wird. Dann haben Sie eine Gegenprüfung zu den Funktionen: Gibt es in meinem ganzen System überhaupt einen Prozess, eine Funktion, die das tut? Wenn nicht, haben Sie vielleicht einen Use Case oder eine Funktion vergessen. So helfen Ihnen die Daten also auch, die Konsistenz Ihrer Funktionen nochmals zu prüfen.

Last but not least ordnen Sie der Entity alle Attribute zu, die ihr gehören, und versehen diese mit den jeweiligen Attributspezifikationen.

6.7 Entity-Klassen-Modelle

Die wirklich hohen Weihen im Umgang mit Dingen wäre allerdings, nicht nur Attribute zu Klassen zu gruppieren, sondern sie auch noch mit Beziehungen zu versehen. Das Minimum an Arbeit mit den fachlichen Begriffen ist also das Glossar. Die Bündelung von Glossareinträgen zu Entity-Klassen und Attributen hilft mir schon, einen Faktor 10 – also eine Größenordnung – an Komplexität zu gewinnen. Das heißt im Klartext: Statt 500 Glossareinträgen habe ich vielleicht nur mehr 50 Entity-Klassen mit je zehn Attributen. Damit habe ich schon an Überblick gewonnen.

Aber ein wirklich tieferes Verständnis Ihrer Begriffe erhalten Sie erst, wenn Sie auch über die Beziehungen zwischen diesen Entity-Klassen nachdenken. So wie ich es in der kleinen Einleitungsstory angedeutet habe, wollen wir zu Überblicksdiagrammen kommen (vgl. Bild 6.12), in denen alle unsere Begriffe modelliert sind, inklusive ihrer Abhängigkeiten. Den Elementen des Diagramms hinterlegt benötigen wir für jede Entity-Klasse eine Definition, aber auch für jede Beziehung und natürlich auch für unsere Attribute.

Diese Art Diagramme sind wieder Kinder mit vielen Namen. Als Peter Chen sie 1975 erfunden hat, nannte er sie Entity-Relationship-Diagramme; Entities and Relationships. Das Wort „Entity" (oder im Deutschen „Entität") klingt so wissenschaftlich. Wenn Sie die Originaldefinition von Peter Chen ansehen, lesen Sie: „An entity is a thing of interest to an enterprise." Er hat also gesagt: „Ein Entity ist ein Ding." Sie sehen dieses harmlose Wort „Ding", mehr ist ihm auch nicht eingefallen als Oberbegriff. Ein Ding, das unsere Unternehmen interessiert. Und Relationships: Beziehungen zwischen den Dingen; die Verbindungen, die solche Entities miteinander eingehen oder haben.

> Ein Kind mit vielen Namen

Charlie Bachmann hat es später „Bachmann-Diagramm" genannt. Heute sprechen wir in der UML von Klassendiagrammen, aber ich beschränke es hier auf die Klassen, die unsere Entities

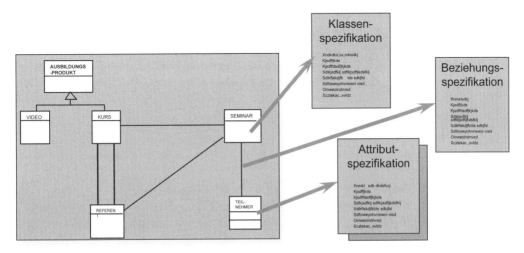

BILD 6.12 Das Ziel: ein fachliches Entity-Modell mit hinterlegten Definitionen

zeigen, also Entity-Klassen-Diagramme. Die Designer und Programmierer von IT-Lösungen werden auch noch zahlreiche andere Arten von Klassen entwickeln, wie Controllerklassen, Oberflächenklassen, Infrastrukturklassen und viele andere Klassen, die uns hier nicht interessieren. Uns interessieren nur die Klassen, die unsere Entities darstellen und die wollen wir als Systemanalytiker modellieren und in Beziehung setzen.

Manchmal hören Sie für solche Modelle auch den Begriff „Strukturmodell". Genauer gemeint ist „Datenstrukturmodell". Wann immer Sie das Wort „Strukturmodell" hören, denken Sie bitte in Datenstrukturen. Und wieder andere sagen „logisches Datenmodell" oder „unser logisches Datenschema". Unter welchem Namen Sie solche Modelle erstellen, ist ziemlich egal.

Ob Sie Entity-Relationship-Modell sagen oder Klassendiagramm oder logisches bzw. fachliches Datenmodell: Es geht inhaltlich darum, unsere Dinge zu verstehen, deren Eigenschaften und auch ihre Zusammenhänge.

■ 6.8 Beziehungen

Beziehungen oder Zusammenhänge ist unser nächstes Thema. Wir wollen es ein bisschen genauer ansehen, warum diese Beziehungen in der Systemanalyse so wichtig sind. Dazu habe ich Ihnen zunächst einmal drei Definitionen mitgebracht.

> **Beziehungen: drei Definitionen**

Igor Hawryskiewycz hat geschrieben:

Beziehungen (auch Assoziationen oder Relationships genannt) sind sinnvolle Wechselwirkungen zwischen Objekten.

Ich habe zwei Objekte und wenn diese Objekte eine für mich interessante, sinnvolle Wechselwirkung eingehen, dann sollte ich das als eine Beziehung zwischen den beiden festhalten.

Mein Freund und Lehrmeister, Gary Schuldt, definierte:

Eine Beziehung ist eine Verbindung oder ein Zusammenhang zwischen Klassen, welche eine Organisation nicht aus dem Auge verlieren darf.

Der Nebensatz ist der interessante Teil: Zusammenhänge, die wir nicht aus den Augen verlieren wollen. In anderen Worten: Zusammenhänge, die wir uns merken wollen. Zusammenhänge gibt es draußen in der Welt wie Sand am Meer. Nicht alle davon möchte ich mir merken. Zur Beziehung wird es dann, wenn es für die Organisation so interessant ist, dass wir uns diesen Zusammenhang merken wollen.

Und Matt Flavin hat etwas formaler definiert:

Eine Beziehung ist eine Verbindung, die zwischen Objekten von zwei oder mehreren Klassen definiert ist.

Er war der Einzige, der gesagt hat, dass es nicht nur Zweierbeziehungen, sondern auch Dreierbeziehungen, Viererbeziehungen etc. gibt.

In Bild 6.13 sehen Sie links eine Zweierbeziehung. Das Gerät hat als Hersteller diese Firma, oder umgekehrt gelesen, die Firma ist Hersteller dieses Geräts. Wir haben damit zwei Arten von Dingen (Geräte und Firmen) und der Zusammenhang „ist Hersteller von".

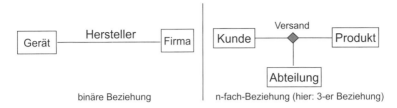

BILD 6.13 Zweierbeziehungen und Dreierbeziehungen

Es gibt in der realen Welt auch Dreierbeziehungen, wie rechts in Bild 6.13 dargestellt. Wenn Sie Kunde, Produkt und Abteilungen als interessante Business Objects haben, könnte Sie vielleicht interessieren, welcher Kunde von welcher Abteilung welches Produkt geschickt bekommen hat. Wenn Sie ein großes Einkaufszentrum mit mehreren Abteilungen haben, die alle MP3-Player verkaufen, und Sie wissen, dass der Kunde einen MP3-Player gekauft hat, so wissen Sie noch nicht, in welcher Abteilung. Wenn Sie wissen, die Abteilung hat einen MP3-Player verkauft, so wissen Sie noch nicht, an welchen Kunden. Sie sehen, man braucht alle drei Dinge: Ich muss wissen, welcher Kunde, welche Abteilung und welches Produkt – erst dann habe ich den kompletten Zusammenhang.

Aber von meinem Freund und Lehrmeister Gary Schuldt habe ich folgende Warnung übernommen: Für Dreierbeziehungen gilt die „Heuristik 95"! Diese besagt: Wann immer Sie glauben, eine Dreierbeziehung gefunden zu haben, ist sie zu 95 % falsch. Lassen Sie also die Finger weg von Dreierbeziehungen. Dreierbeziehungen sind verdammt schwer aufzubauen. Dreierbeziehungen sind auch im Leben verdammt schwer konfliktfrei aufrechtzuerhalten. Tun Sie's also nicht. Was immer Sie jetzt gerade denken, ist korrekt.

Nehmen Sie Zweierbeziehungen. Man kann die meisten Dreierbeziehungen verlustfrei durch stabile Zweierbeziehungen auflösen. Aber Sie sollten wenigstens wissen, dass es sie gibt. Und die UML kann es auch darstellen. Eine kleine Raute in der Mitte von drei solchen Dingen ist eine Dreierbeziehung (vgl. Bild 6.13 rechts). Eine Raute zwischen vier Klassen drückt eine Viererbeziehung aus.

Ich komme noch mal zurück auf die Definition von Matt Flavin. Er hat gesagt, eine Beziehung zwischen zwei oder mehreren ... Die Zahl 2 ist noch falsch. *Ein* oder mehrere wäre besser gewesen. Denn Sie haben manchmal auch rekursive Beziehungen. Sie haben z. B. eine Person, die eine andere Person managt. Damit haben Sie zwei Objekte von der gleichen Sorte (Person), einer ist Chef und der andere ist Mitarbeiter. Auch solche rekursive Beziehungen sind zulässig. Die UML zeichnet dann ganz einfach von dem einen Kästchen einen Strich zu sich selbst und fügt neben dem Beziehungsnamen und Multiplizitäten auch noch Rollennamen hinzu, wie Sie in den Beispielen von Bild 6.14 sehen können.

BILD 6.14 Rekursive Beziehung (zwischen Objekten der gleichen Klasse)

```
Name:     Qualifikation

Zweck (was/warum):
> hält fest, welche Referenten qualifiziert sind, welche Kurse
            zu unterrichten
> so dass ein kompetenter Referent für Seminare zu diesem
            Kurs eingesetzt werden kann

Create/Delete-Regeln:
> create: Ein Referent muss mindestens 1x an einem Seminar
            zu dem Kurs teilgenommen haben und die
            Zustimmung des Kursverantwortlichen haben.
> delete: z.B. wenn der Referent den Kurs zu lange nicht mehr
            unterrichtet hat, etc.

Multiplizität:
>    Ein Referent ist qualifiziert für mindestens einen,
     evtl. aber auch mehrere (max 5) Kurse
>    Ein Kurs kann noch keine, evtl. aber auch viele
     qualifizierte Referenten haben

Attribute:
>    Qualifikationsdatum
```

BILD 6.15
Spezifikationsmuster für eine Beziehung

Beziehungsspezifikationen

Sie haben es wahrscheinlich schon geahnt. Wenn Sie Attribute spezifizieren müssen und Entities spezifizieren müssen, dann müssen Sie auch Beziehungen spezifizieren. In Bild 6.15 finden Sie meinen Vorschlag eines Formulars zur Beschreibung von Beziehungen. Gehen wir einmal im Beispiel davon aus, dass bestimmte Referenten qualifiziert sind, bestimmte Kurse zu unterrichten. Wir sprechen über den Zusammenhang „qualifiziert sein" oder über die Beziehung „Qualifikation".

Ich habe in der Zweckangabe schon eine Phrase für Sie vorbereitet, die Sie nur noch ausfüllen müssen. Überlegen Sie sich immer als Erstes, *was* die Beziehung festhält und dann den Grund dafür. Die Beziehung Qualifikation hält zum Beispiel fest, welche Referenten qualifiziert sind, welche Kurse zu unterrichten. Das ist zunächst einmal nur das Faktum. Ein Referent ist qualifiziert, einen bestimmten Kurs zu unterrichten.

Die wirklich wichtige Frage ist, warum interessiert Sie das? Warum wollen Sie das wissen? Und das steht hinter dem „so dass": so dass ein kompetenter Referent für Seminare eingesetzt werden kann. Wenn Sie das gar nicht wollen, sondern immer den nehmen, der frei hat, dann brauchen Sie „Qualifikation" auch nicht als Beziehung festzuhalten. Sie verwenden es ohnehin nicht als Auswahlkriterium.

Beziehungen brauchen fachliche Gründe

Sie sollten also für jede Beziehung wenigstens einen guten fachlichen Grund finden. Manchmal ist der gute Grund sehr einfach: damit ich von A nach B komme. Zum Beispiel will ich ausgehend von einer Abteilung deren Mitarbeiter finden. Oder umgekehrt: Ich will ausgehend von einem Mitarbeiter seine Projekte finden. Das ist Grund genug, um eine Beziehung einzuzeichnen. Je mehr Gründe Sie angeben können, desto wertvoller wird die Beziehung in dem Modell. Also nutzen Sie die Phrase: „Eine Beziehung hält fest ..." (Beschreiben Sie dahinter das Faktum) „.... so dass ..." (und führen Sie jetzt Ihre Gründe auf).

Ich bin übrigens nicht puristisch. Wenn Sie das Wort „so dass" ersetzen durch „damit", z. B. damit wir das oder das tun können, ist das auch gut genug. Oder durch einen um-zu-Satz: um das und das zu erreichen. Also nehmen Sie irgendeine Formulierung, die einen Grund ausdrückt.

Noch interessanter als bei den Entities sind die Create- und die Delete-Regeln für die Beziehungen. Bitte tragen Sie in einer Beziehung auch ein, wann sie aufgebaut wird, ab wann sie gültig ist und wann sie nicht mehr gültig ist. Wiederum zur Gegenprüfung gegen unsere Funktionen: Habe ich überhaupt einen Use Case, habe ich eine Funktion, die das macht? Denn wenn das Geschäft es haben möchte, sollte es funktional irgendwo abgedeckt sein. In meinem Beispiel der Qualifikation habe ich hingeschrieben: „Ein Referent muss mindestens einmal an dem Kurs teilgenommen haben. " Das hieße ja, wenn Sie das Seminar oder das Videotraining zu diesem Buch absolviert haben, können Sie Referent werden bei mir. Ach, da war noch eine andere Randbedingung in der Create-Regel: „und die Zustimmung des Kursverantwortlichen haben". Und das bin ich. Wie Sie die erlangen, darüber können wir ja noch verhandeln. Einer meiner Kollegen hat eine strengere Create-Regel verwendet. Ein Referent muss mindestens dreimal als Teilnehmer den Worten des Meisters gelauscht haben. Er muss dann zweimal vor den Augen des Meisters den Kurs selbst unterrichten und schließlich noch die Abschlussprüfung bestehen. Sie sehen, eine wesentlich komplexere Create-Regel. Er hat sich gewundert, warum er nie Mitarbeiter gefunden hat. Seine Regel war zu hart.

> Auch für Beziehungen: Create und Delete

Unter „delete" habe ich in dem Beispiel geschrieben: Die Qualifikation wird aufgehoben, wenn der Referent den Kurs zu lange nicht mehr unterrichtet hat. Das ist eine wachsweiche Definition. Was heißt „zu lange nicht mehr unterrichtet hat"? Das ist mir zu ungenau, das kann ich nicht testen. Wir müssen präziser erfragen, was „zu lange" bedeutet. Und jetzt hören Sie vielleicht: „Naja, das hängt ein bisschen von dem Thema des Kurses ab. Wenn das ein Kurs über Requirements Engineering ist, dann kann die Zeit sehr lange sein, denn das Wissensgebiet ist relativ gut etabliert und sattelfest. Wenn das ein Kurs über die neuesten Libraries über.Net ist, dann ist vielleicht die Halbwertszeit ziemlich kurz. Die Entwicklung geht rasch voran und dann reicht unter Umständen schon ein halbes Jahr nicht mehr unterrichtet zu haben und es gibt viele Neuerungen".

Sie sehen: Durch die Beantwortung dieser Fragen zu create und delete lernen Sie unter Umständen noch viel mehr. Sie merken jetzt, so ein Kursthema hat bestimmte Halbwertszeiten; es ist ein stabiles oder ein labiles Thema. Damit haben Sie weitere Attribute entdeckt, die man dann bei der Entity „Kurs" ansiedeln sollte, weil Sie in solchen Create- und Delete-Regeln Verwendung finden. Die Create- und Delete-Regeln helfen also, die Modelle im Lauf der Zeit auch auszubauen.

Als Nächstes sollten wir uns noch genauere Gedanken über die Multiplizitäten einer Beziehung machen. Das können Sie direkt in den Diagrammen festhalten oder Sie beschreiben sie, insbesondere bei Dreierbeziehungen, hier im Text.

Und als Letztes sollten Sie noch darüber nachdenken, ob diese Beziehung vielleicht auch eigene Attribute hat. Das klingt zunächst etwas ungewöhnlich, dass wir Attribute nicht Klassen, sondern einer Beziehung zuordnen. Mein einfachstes Beispiel dazu ist jedoch die Beziehung „Hochzeit" zwischen Mann und Frau. Wo würden Sie denn das Hochzeitsdatum zuordnen? Naja, in einer patriarchalischen Gesellschaft natürlich beim Mann. Und in einer matriarchalischen Gesellschaft natürlich bei der Frau. Aber wo gehört es wirklich hin?

Natürlich zu dem Zusammenhang zwischen den beiden – zur Hochzeit. Denn es soll in Hollywood schon vorgekommen sein, dass der gleiche Mann und die gleiche Frau fünfmal geheiratet haben, weil sie sich viermal zwischendurch scheiden haben lassen. Dann haben Sie bei den fünf Hochzeiten das jeweilige Hochzeitsdatum festgehalten. Sie sehen: Beziehungen können Attribute haben. Scheuen Sie davor nicht zurück, wenn eine Eigenschaft eher dem Zusammenhang gehört, als der rechten oder der linken Entity-Klasse, dann bringen wir sie beim Zusammenhang unter. Die UML hat dafür übrigens auch eine Notation. Wir hängen an den Beziehungsstrichen eine gestrichelte Linie an, ein Kästchen ohne Namen und nur das Attribut wird eintragen; ein Beziehungsattribut, eine assoziative Entity, wie Peter Chen früher dazu gesagt hat.

Multiplizitäten

Was Sie auf jeden Fall lernen sollten, ist der Umgang mit Multiplizitäten. Peter Chen hat sie früher Cardinalities (Kardinalitäten) genannt. Heutzutage heißen sie in der UML Multiplizitäten und es sind diese kleinen Zahlenanschriften und Buchstabenanschriften entlang der Beziehungslinien (vgl. Bild 6.16), die mir angeben, wie viele Objekte an einer Beziehung beteiligt sind. Oft steht hier eine 1 daran. Das bedeutet, dass an dem Ende der Beziehung EIN Objekt von dieser Sorte hängt. Manchmal steht ein Sternchen dran. Das Sternchen bedeutet in der UML null bis viele, also gar keines oder 1 oder 2 oder beliebig viele. Sie können aber auch konkrete Zahlen daran schreiben wie 3..15. Dann bedeutet das mindestens 3, maximal 15. Sie geben Unter- und Obergrenzen an.

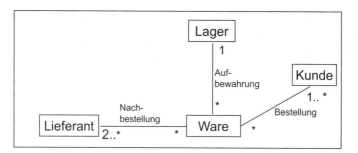

BILD 6.16 Multiplizitäten von Beziehungen

Ich gebe Ihnen noch eine kleine Hilfe für das Lesen dieser Beziehungen. Ich habe hier das Beispiel aus meiner kleinen Einleitungsgeschichte noch einmal herausgenommen. Ein Systemanalytiker wird durch Prämien belohnt oder – anders herum gelesen – Prämien sind eine Belohnung für Systemanalytiker.

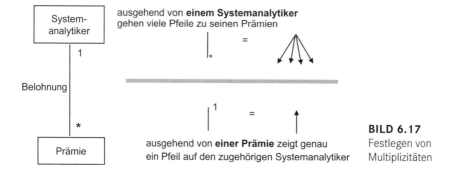

BILD 6.17 Festlegen von Multiplizitäten

Wenn Sie die Multiplizitäten feststellen wollen, beginnen Sie den Satz immer mit dem Wort „ein ganz bestimmter Systemanalytiker". Nehmen wir Robert Wagner. Und stellen Sie dann die Frage: Wurde belohnt; durch wie viele Prämien? Dann erhalten Sie die richtige Zahl auf der Seite der Prämien. In dem Fall vielleicht: viele. Dann notieren Sie das Sternchen. Und jetzt nehmen Sie sich die umgekehrte Richtung vor und sagen: eine ganz bestimmte Prämie. Denken Sie an einen konkreten 100-Euro-Schein und fragen Sie: Ist Belohnung für wie viele Systemanalytiker? Dieser eine 100-Euro-Schein geht in unserem Fall an einen Systemanalytiker. Wir verteilen die Prämie also nicht auf zwei oder drei Personen, wie es beim Nobelpreis manchmal der Fall ist, sondern wir legen fest: Jede Prämie wird eindeutig einer Person zugeordnet. Somit notieren Sie auf der Seite des Systemanalytikers eine 1.

Sie können diese Multiplizitäten nicht durch einen einzigen Satz direkt herausbekommen. Sie müssen immer zwei Sätze sagen. Ausgehend von einem Systemanalytiker: Wie viel soll es auf der anderen Seite (bei den Prämien) geben? Ausgehend von einer Prämie: Wie viel gibt es auf der Seite der Systemanalytiker? Wie … zeigt, schauen Sie also immer von einem Objekt hinaus auf die andere Seite und dann ermitteln Sie die richtige Zahl, die dort hingeschrieben werden sollte.

Ein kleiner Vergleich mit der Mengenlehre macht das vielleicht noch deutlicher. Gehen Sie einmal davon aus, dass Sie ein ganz einfaches Modell gezeichnet haben (vgl. Bild 6.18). Ein Projekt hat mehrere Mitarbeiter zugeteilt. Jeder Mitarbeiter ist laut diesem Modell keinem oder einem Projekt zugeordnet. Jetzt sehen Sie sich das Mengendiagramm darunter an, wo wir eine Menge von konkreten Projekten aufgezeichnet haben (P1, P7, P13 und P21) und eine Menge von Mitarbeitern. Sie sehen hier Dennis, Sabine, Claudia und Joe.

Prüfen wir, ob die beiden Zeichnungen zusammenpassen, und wenn nicht, warum nicht. Die erste Frage: Ist P1 im Mengendiagramm richtig modelliert im Vergleich zum Entity-Modell? P1 hat nur eine Verbindung zu Dennis. Ein Projekt kann 0 bis viele Mitarbeiter haben; ein Mitarbeiter liegt zwischen 0 und viele. P1 ist also korrekt modelliert.

Sehen Sie sich einmal Dennis im Mengendiagramm an. Dennis hat eine Zuordnung zu P1 und P7, zu zwei Projekten. In dem Diagramm oben steht jedoch, dass ein Mitarbeiter eine Zuteilung zu null oder einem Projekt hat. Dennis ist also garantiert widersprüchlich zu dem

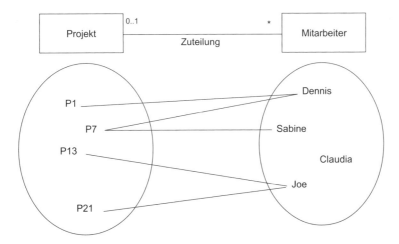

BILD 6.18 Multiplizitäten und Mengenlehre

oberen Diagramm modelliert. Entweder das Mengendiagramm ist korrekt, dann muss ich oben die Multiplizitäten korrigieren und mindestens 2 als Obergrenze zulassen. Oder das Mengendiagramm ist falsch, wenn das obere richtig sein soll. Die beiden passen nicht zusammen.

Sehen Sie sich Projekt P7 an. Das hat im Mengendiagramm zwei Mitarbeiter, Dennis und Sabine. Das wiederum ist korrekt. Denn zwei liegt zwischen 0 und viele, ist also o.k.

Ist Claudia korrekt? Claudia steht hier so alleine, ohne Projekt. Aber das ist laut dem Modell gestattet; 0 oder 1 Projekt. Claudia hat einfach derzeit kein Projekt. Und Joe ganz unten ist aus dem gleichen Grund falsch wie Dennis. Man hat hier zwei Projekte zugeordnet. Unser Diagramm oben sagt aber, dass es maximal eines sein darf.

So üben Sie im Lauf der Zeit, Beziehungen zu lesen und Multiplizitäten festzuhalten. Und dadurch werden Aussagen über die Dinge im System wesentlich präziser als nur mit einem Glossar.

In den Beziehungen steckt im Normalfall sehr viel Geschäftspolitik. Da sind sehr viele geschäftliche Regeln hinterlegt und daher gehört die Kenntnis über diese Beziehungen auf jeden Fall zu den höheren Weihen im Umgang mit Dingen eines Systems.

■ 6.9 Spezielle Beziehungen

Teile-Ganze-Beziehungen

Zwei Beziehungen sind so häufig, dass die UML dafür eigene Symbole spendiert hat. Die erste von diesen häufigen Beziehungen ist die Teile-Ganzes-Beziehung (vgl. Bild 6.19). Sie haben ein großes Ganzes und das besteht aus mehreren Teilen. Oder umgekehrt gesprochen, ein Teil gehört zu einem Ganzen. So ist es zum Beispiel leichter zu sagen: „Hinter mir fährt ein Auto" – statt zu sagen „hinter mir kommen hier vier Räder, ein paar Kotflügel, Türen, Scheinwerfer, Schiebedach und noch viele andere Teile". Einen Namen für das Ganze zu haben, ist immer einfacher, als die vielen Teile aufzählen zu müssen. Deshalb machen wir das. Teile-Ganze-Beziehungen sind ein uraltes Mittel der Menschheit, um komplexe Sachen einfacher zu machen und die Teile zu einem Ganzen zusammenzufassen.

Vom Ganzen zu den Teilen betrachtet lesen Sie die Beziehung also immer als „besteht aus" und von den Teilen zum Ganzen als „ist Teil von". Oder ganz locker gesprochen sagen Sie

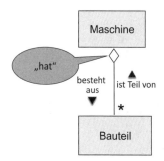

BILD 6.19
Teile-Ganzes-Beziehung

einfach: „hat". Ein Auto hat vier Räder und ein Auto hat mehrere Kotflügel. Also das Ganze hat die Teile. Die UML verwendet dafür die Raute als Symbol beim Ganzen, direkt angehängt an das Ganze. Dieses ganze Ding besteht aus jenen Teilen.

Jetzt sollten Sie noch zwei Arten von Rauten unterscheiden können; schwarze Rauten und weiße Rauten. Formal sind die Namen dafür Komposition und Aggregation. Die schwarze Raute heißt Komposition, die weiße Raute heißt Aggregation. Ich merke es mir immer auf eine etwas leichtere Art. Schwarze Raute = starker Zusammenhang, die Teile sind existenzabhängig vom Ganzen. Wenn Sie das Ganze vernichten, sind die Teile weg. Zum Beispiel: Eine Rechnung besteht aus vielen Rechnungspositionen. Wenn Sie die Rechnung vernichten, dann sind auch die Rechnungspositionen alle weg. Schwarze Raute, starker Zusammenhang, formal Komposition.

Komposition und Aggregation

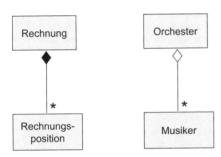

BILD 6.20
Komposition (links) und Aggregation (rechts)

Weiße Raute = loser Zusammenhang. Ein Orchester besteht aus vielen Musikern, aber wenn das Orchester Konkurs anmeldet, können Sie immer noch Musiker sein – Sie haben nur keinen Arbeitgeber mehr, spielen aber immer noch Geige.

Oder noch ein Beispiel: Das Auto hat Räder. Wenn Sie das Auto verschrotten, müssen Sie die Räder nicht notwenigerweise mit verschrotten. Sie können noch immer etwas anderes machen, zumindest als Schaukel an den Baum hängen oder in der Garage stapeln oder Ähnliches. Die Teile sind nicht existenzabhängig vom Ganzen. Beide Dinge leben unabhängig voneinander, aber sie haben hin und wieder die Beziehung „besteht aus". Das ist der Unterschied zwischen schwarzer Raute (starker Zusammenhang, Existenzabhängigkeit) und weißer Raute (schwacher Zusammenhang, lose Kopplung, aber umgangssprachlich immer noch besteht aus).

Die Beziehung ist so häufig, dass es sich lohnt, dieses Symbol zu lernen. Wenn Sie zum Beispiel folgende Fakten aufzählen: Dieser ganze Häuserblock besteht aus vielen Gebäuden. Jedes Gebäude besteht aus mehreren Etagen. Jede Etage besteht aus mehreren Räumen. Jeder Raum besteht aus vielen Einrichtungsgegenständen, dann merken Sie, dass Sie dauernd „besteht aus" sagen. Und Sie wollen nicht immer den Namen an diese Beziehung daran schreiben, deshalb dieses kurze Symbol mit der Raute.

Die zweite spezielle Beziehung, die Sie kennen sollten, ist die Generalisierung bzw. die Spezialisierung. Anders ausgedrückt: die Oberklassenbildung und Unterklassenbildung, die Grundlage für die Vererbung in der Objektorientierung. Immer wenn Sie Oberbegriffe haben wie Konto, mit bestimmten Eigenschaften, zum Beispiel Kontonummer und Kontoinhaber, und es gibt Spezialitäten davon, wie ein Girokonto und ein Sparkonto, dann können Sie (vgl. Bild 6.21) von unten nach oben gelesen sagen: Ein Girokonto ist ein Konto und ein Sparkonto ist ein Konto.

Generalisierung/ Spezialisierung

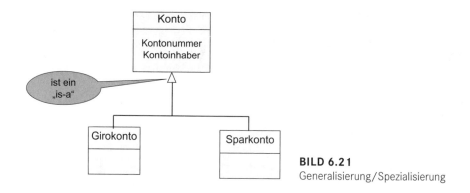

BILD 6.21
Generalisierung/Spezialisierung

Dafür setzen wir Generalisierung und Spezialisierung ein. Wir haben Oberbegriffe wie Konto, die gemeinsame Eigenschaften haben, und Unterbegriffe (wie Girokonto und Sparkonto), die diese gemeinsamen Eigenschaften erben, aber vielleicht noch mehrere jeweils spezielle Eigenschaften haben. Sie wissen, mit dem Girokonto steht Ihnen ein Überziehungskredit zu. Da dürfen Sie also unter Umständen mehr Geld abheben als auf dem Konto ist. Beim Sparkonto erhalten Sie dafür ein paar Zinsen, mehr als beim Girokonto.

Die Spezialisierungen können also getrennte Eigenschaften haben, aber sie erben alle Eigenschaften von der Generalisierung. Sie haben eine Kontonummer, sie haben Kontoinhaber und vielleicht noch vieles andere. Das ist Ober- und Unterklassenbildung.

Ich komme noch mal auf das Autobeispiel zurück. Als Beispiel für Generalisierung könnten Sie sagen: „Hinter mir kommen drei Autos", statt zu sagen: „Hinter mir kommt ein Cabrio, gefolgt von einem SUV, gefolgt von einem Pick-up." Alle drei sind Autos, aber es ist leichter, „drei Autos" zu sagen (und somit einen Oberbegriff dafür zu verwenden) als die Arten von Autos aufzuzählen. Die UML notiert diese spezielle Beziehung mit einem hohlen Dreieck bei der Generalisierung. Von der Spezialisierung zur Generalisierung gelesen sollten Sie immer „ist ein" sagen können: Ein Girokonto ist ein Konto. Eine Birke ist ein Laubbaum. Ein Chirurg ist ein Arzt. Dann haben Sie die Chance, Unterklassen aus solchen Dingen zu bilden. Machen Sie diesen „is-a"-Test, wenn Sie glauben, Ober- und Unterbegriffe gefunden zu haben.

■ 6.10 Malen oder schreiben?

Sie erinnern sich, dass wir bei den funktionalen Anforderungen öfter einmal „Malen oder schreiben" diskutiert haben. Lassen Sie uns das noch mal wiederholen. Sie können solche Bilder für die Dinge Ihrer Domäne zeichnen oder Sie können versuchen, stattdessen deutsche Sätze zu schreiben. In Bild 6.22 haben Sie einen kleinen Ausschnitt eines Klassendiagramms aus meinem Navigationssystem zur Routenberechnung mit nur zwei Klassen: Wegpunkte und Strecken. Wegpunkte haben bestimmte Eigenschaften. Sie haben eine bestimmte GPS-Koordinate, also Länge, Breite und Höhe; sie haben einen Namen, wie z. B. Autobahnausfahrt 39, und sie haben einen Wegpunkttyp, z. B. Raststätte, Ausfahrt, Kreuzung oder Ähnliches.

BILD 6.22
Klassendiagramm vs. textuelle Anforderungen

Strecken haben auch Eigenschaften. Sie haben eine Distanz (wie lang sie sind, z. B. 300 m oder 2,5 km) und sie haben eine Richtung. Hier noch eine Kleinigkeit in der UML-Notation: Immer wenn Sie einen Schrägstrich vor einen Attributnamen setzen, handelt es sich um ein berechenbares oder ableitbares Attribut. Sie können die Richtung einer Strecke in dem Fall aus dem Anfangs- und Endpunkt ableiten. Wenn Sie die beiden Koordinaten kennen, wissen Sie auch, ob das Norden oder Osten oder Nordnordost ist, wenn die Koordinaten nahe genug zusammenliegen. Als drittes Attribut kann die Strecke noch einen Namen haben, z. B. Hauptstraße, was ich in dem Bild mit Setzen des Attributs in Klammern angedeutet habe.

Wir haben auch eine Beziehung zwischen den beiden Klassen im Diagramm. Ein Wegpunkt ist der Beginn von einer oder mehreren Strecken, können Sie im Diagramm lesen. Umgekehrt: Eine Strecke verbindet genau zwei Wegpunkte. Strecke ist also definiert als die kürzeste Verbindung zwischen zwei Wegpunkten. Ein Punkt kann der Beginn von mehreren Strecken sein. Denken Sie an eine Kreuzung, dann haben Sie eventuell vier Strecken, die davon weggehen.

Sie können also entweder dieses Diagramm mit den zwei Klassen und der Beziehung und den Multiplizitäten zeichnen oder Sie fangen an, Requirements in Deutsch zu formulieren, wie in Bild 6.22 unter dem Bild zu sehen ist.

Entscheiden Sie wieder, ob Sie lieber malen oder lieber schreiben. Und Sie sehen, jetzt wird es langsam kritisch mit dem Schreiben. Wir haben sehr viele Sätze zu schreiben, um dieses einfache Diagramm wiederzugeben.

Andererseits ist das Diagramm nicht so leicht zu lesen. Man muss eine ganze Menge lernen, um solche Diagramme erstellen zu können, aber auch, um sie lesen zu können. Nicht jeder, dem man so ein Diagramm vorlegt, kann es einwandfrei interpretieren. Bei den umgangssprachlichen Sätzen können wir davon ausgehen, dass sie jeder lesen kann, der der Sprache mächtig ist, aber sie sind sehr aufwendig.

Ich gebe Ihnen nur mal eine übliche Größenordnung für solche Modelle: So ein Klassenmodell kann durchaus 50, 100 oder 200 Klassen umfassen mit der zehnfachen Anzahl von Attributen, also 2000 Attribute, und sehr vielen Beziehungen mit sehr vielen Multiplizitäten. Wenn Sie das präzise in Deutsch beschreiben wollen, werden Sie eine Menge Sätze schreiben müssen, was das System alles speichern, festhalten, miteinander verbinden soll.

Das Diagramm ist wesentlich kompakter, aber schwerer lesbar. Die Texte sind leichter lesbar, aber weniger kompakt.

Sie entscheiden über Ihren Stil, wie Sie mit Daten umgehen. Sie sollten das Wissen auf jeden Fall spezifizieren, in der einen oder anderen Form.

| Wenigstens ein Glossar |

Jetzt trete ich noch mal einen Schritt zurück. Wir haben uns einige Zeit über Klassendiagramme unterhalten. Mir reicht in einem guten Pflichtenheft auch einfach ein sauber geschriebenes Glossar. Diese Minimalanforderung ist durchaus ausreichend, wenigstens zu den Funktionen saubere Begriffsdefinitionen zu haben, alphabetisch geordnet. Wenn Sie diese Begriffe zu Klassen bündeln und mit Beziehungen verbinden, lernen Sie zwar eine ganze Menge mehr an Details über Ihre Anwendung, aber es ist auch viel Arbeit. Wenn Sie diese Arbeit als Business Analyst oder Requirements Engineer nicht leisten wollen oder können, dann bleibt die Arbeit den Designern. Die müssen diese Strukturierung auf jeden Fall vornehmen als Grundlage für die Speicherung der Begriffe in Datenbanken, File-Systemen oder Ähnlichem.

■ 6.11 Noch drei Beispiele

Falls Sie beabsichtigen, die Prüfung zum CPRE (Certified Professional for Requirements Engineering) des IREB (International Requirements Engineering Board) abzulegen, so müssen Sie solche Diagramme wenigstens gut lesen können, aber nicht notwendigerweise erstellen. (Dies bleibt dem Advanced Level über Requirements Modeling vorbehalten.) Deshalb wollen wir noch ein paar weitere Beispiele ansehen, nur um zu üben, solche Diagramme zu lesen.

In Bild 6.23 sehen Sie einen größeren Ausschnitt aus einem Navigationssystem, aber immer noch mit einer überschaubaren Anzahl von Klassen und Beziehungen; es lässt sich noch auf einer Buchseite darstellen. Aber es steckt schon eine ganze Menge Wissen drin.

Wir haben im oberen Teil vier Klassen unter dem Gesamtnamen Geodaten oder Kartenmaterial als Synonym gruppiert. Denn der Haupteinstiegspunkt ist hier die Karte. Sie lesen: Eine Karte besteht aus (sehr) vielen Kartenpunkten. Die Karte selbst ist charakterisiert durch ihr Gebiet und ihr Erscheinungsjahr. Wir haben in Bild 6.22 schon den Ausschnitt gesehen, dass ein Kartenpunkt verbunden ist über Strecken und dass Strecken solche Kartenpunkte verbinden.

Jetzt haben wir noch die Verkehrsmeldungen angehängt. Betrachten wir nur mal diese eine Beziehung zwischen Strecke und Verkehrsmeldung. Probieren Sie, folgende Fragen zu beantworten. Kann es hier Strecken geben, die derzeit ungestört sind? Die Multiplizität sagt 0 bis viele in Richtung zu den Verkehrsmeldungen. Ja, wir haben hoffentlich eine ganze Menge ungestörte Strecken.

Umgekehrt: Gibt es Verkehrsmeldungen, die sich auf nichts von dem ganzen Kartenmaterial beziehen? Das Modell sagt nein. Eine Verkehrsmeldung bezieht sich auf eine oder mehrere Strecken. Sie haben also mindestens eine Strecke in der Karte, vielleicht sogar eine ganze Folge von Strecken. Wenn Sie einen 50-km-Stau haben, so sind das bestimmt sehr viele Strecken. Zusatzfrage: Kann eine Strecke von mehr als einer Verkehrsmeldung betroffen sein? Das Modell sagt ja. Eine Strecke hat null Verkehrsmeldungen oder viele Verkehrsmeldungen.

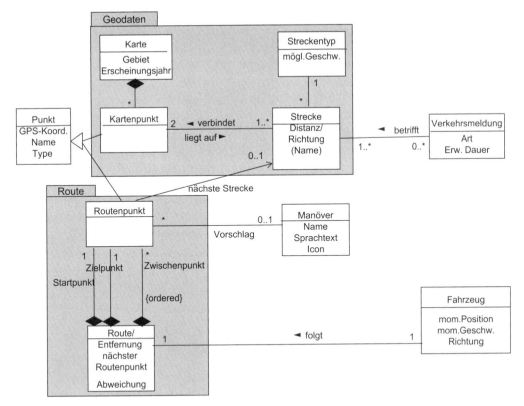

BILD 6.23 Ein (vereinfachtes) Datenmodell eines Navigationssystems

Wie können Sie sich das vorstellen? Naja, z. B. ein Stau, gleich danach noch Glatteis und dann auch noch Radar. Und das alles auf 2 km Autobahn zwischen zwei Ausfahrten. Das ist ein Beispiel für drei Verkehrsmeldungen auf der gleichen Strecke zwischen zwei Ausfahrten. Unten im Bild sehen Sie die Route modelliert. Die Route besteht aus einem Anfangspunkt, einem Endpunkt und beliebig vielen Zwischenpunkten. Und für diese Routenpunkte gibt es ein vorgeschlagenes Manöver. Das zeigt die Beziehung mit dem Namen „Vorschlag". In der Beschreibung zur Klasse „Manöver" wird diese als eine Anweisung an den Fahrer erläutert, wie er sich an dem nächsten Routenpunkt verhalten sollte, also zum Beispiel: in 300 m rechts abbiegen oder Kreisverkehr an der zweiten Ausfahrt verlassen. Das sind Manöver. Mein Modell legt fest: Ein Routenpunkt hat 0 oder 1 Manöver. Warum 0? Naja, vielleicht haben wir den Endpunkt gemeint. An dem Endpunkt tun wir nichts mehr. Es sei denn, Sie definieren die Meldung „Sie haben Ihr Ziel erreicht" auch als ein Manöver.

Alternativ könnte man sich auch noch vorstellen, dass „geradeaus fahren" nicht als Manöver bezeichnet wird. Wenn an dem Routenpunkt nichts zu tun ist, dann sage ich dem Fahrer auch nichts, dann braucht das Navigationssystem auch keinen Vorschlag zu machen.

Ausrechnen werden wir das Manöver aber vielleicht doch, wir werden es vielleicht aber nicht aussprechen, wir werden es unterdrücken. Sie sehen schon: Das Diagramm alleine reicht nicht. Die Bedeutung, was genau ein Manöver ist, muss noch spezifiziert werden. Und davon abhängig ist dann auch die Multiplizität. In dem Beispiel ist festgelegt, dass ein Routenpunkt maximal ein Manöver hat. Wenn Sie also in der Sprachausgabe Ihres Systems hören: Rechts abbiegen und sofort links einordnen, dann bezieht sich das auch auf zwei Routenpunkte, rechts abbiegen auf den ersten Routenpunkt und sofort links einordnen auf den nächsten Routenpunkt. Obwohl es gemeinsam gesprochen wird, sind es zwei Manöver, die an den richtigen Routenpunkt angehängt sind.

Das war ein Beispiel, das Sie vielleicht umgangssprachlich noch ganz gut interpretieren können. Vor allem, wenn Sie selbst ein Navisystem besitzen oder mit so einem System fahren, kennen Sie wahrscheinlich diese Begriffe.

Ich habe Ihnen noch ein sehr technisches Beispiel mitgebracht, um zu zeigen, dass das Finden und die Modellierung von Entities und Beziehungen auch in sehr technischen Systemen funktionieren können (vgl. Bild 6.24). In dem Fall geht es um ein Protokoll im Automotivebereich namens FlexRay. Das ist ein Protokoll, über das Geräte im Auto miteinander kommunizieren. Und der Hauptbegriff in diesem Protokoll ist ein „Communication Element" (ganz oben im Bild). Das ist das, was zwischen Geräten ausgetauscht wird.

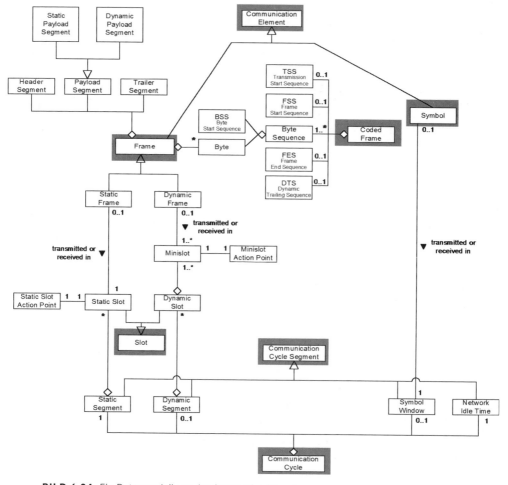

BILD 6.24 Ein Datenmodell aus der Automotive-Branche

Und Sie sehen darunter das Dreieck, das „is-a". Sie lesen: Ein Frame ist ein Kommunikationselement und ein Symbol ist ein Kommunikationselement. Wir haben also zwei präzise Begriffe gewählt, um die zwei unterschiedlichen Arten von Kommunikation zu beschreiben. Frame ist Inhaltsinformation, wo zwei Geräte wirklich inhaltliche Nachrichten austauschen. Symbole sind Steuerinformationen, welche die Geräte nutzen, um sich gegenseitig über ihre Zustände zu informieren. (Das würden Sie nachlesen können, wenn ich zu dem Diagramm auch noch alle Begriffsdefinitionen hier angegeben hätte.) Unterhalb von Frame lesen Sie weiter, dass es wiederum zwei Arten von Frames gibt: statische und dynamische Frames.

Sie sehen als Gegenstück dazu unten links im Bild die Slots. Ein Slot, ein einzelner zeitlicher Kommunikationsabschnitt, kann ein „static slot" oder ein „dynamic slot" sein. Und die Beziehungen zeigen Ihnen, dass ein „static frame" in einen „static slot" und ein „dynamic frame" in einen „dynamic slot" übertragen wird. Und wenn Sie sich die genaueren Multiplizitäten dazu ansehen, werden Sie merken, dass dies sehr, sehr ausgetüftelt ist, wie viele davon übertragen können, denn es gibt auch noch Minislots. Aber diese eine Seite Zeichnung hat ausgereicht, um ein sauberes Pflichtenheft von 100 Seiten zu schreiben. Das waren die Kernbegriffe, die wir gebraucht haben, um alle Prozesse (Use Cases) und detailliertere Funktionalität dieses Protokolls zu spezifizieren.

Datenmodelle zu erstellen bzw. Entity-Diagramme zu zeichnen, ist nicht einfach. Das möchte ich Ihnen an dem dritten und letzten Beispiel zeigen. Erinnern Sie noch an Buchclubs, wo man Mitglied wird und dann jedes Quartal einen Katalog erhält, aus dem man sich etwas aussuchen muss? Und wenn man sich nichts ausgesucht hat, dann erhält man einen Vorschlagsband, die Standardbestellung für dieses Quartal. Man kann natürlich auch mehrere Produkte pro Quartal aussuchen und kaufen, das freut den Buchclub.

Jemand hat versucht, eine derartige Anwendung zu modellieren, und dabei ist so ungefähr alles schief gegangen, was nur schief gehen konnte. Zunächst mal wird in Bild 6.25 rechts von den Produkten dieses Buchclubs gesprochen. Und sehen Sie mal, was man hier hingezeichnet hat. Dieses Produkt ist durch eine Raute mit Buch, CD und DVD verbunden. Die Raute heißt, besteht aus. Wir sehen also, ein Produkt besteht aus Buch und CD und DVD.

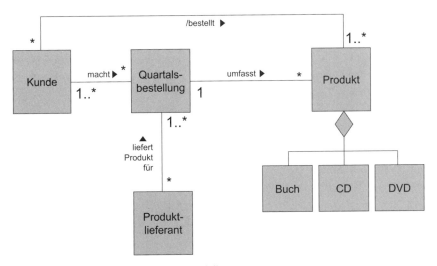

BILD 6.25 Ein ziemlich verkorkstes Datenmodell

Das hat der Modellierer bestimmt nicht gemeint. Wahrscheinlich war Generalisierung (is-a) gemeint, aber man hat das falsche Symbol verwendet. Ein Buch ist ein Produkt, eine CD ist ein Produkt, eine DVD ist ein Produkt, das wollte man ausdrücken, man hat allerdings statt des Dreiecks die Raute erwischt. Na gut. Das kann man korrigieren.

Jetzt steht links oben: Ein Kunde macht eine Quartalsbestellung und die Multiplizitäten besagen: Ein Kunde macht null bis viele Quartalsbestellungen. Das ist gegen die Spielregeln. Sie alle wissen, Sie müssen mindestens eine Quartalsbestellung machen. Also null bis viele ist bestimmt fachlich nicht korrekt. Umgekehrt steht: Eine Quartalsbestellung wird gemacht von ein bis vielen Kunden. Das ist bestimmt auch nicht korrekt. Wir machen hier keine Sammelbestellungen, wie bei Tippgemeinschaften im Lotto, sondern eine Quartalsbestellung sollte sich fachlich auf einen Kunden beziehen und der muss mindestens eine Bestellung machen; er darf aber viele machen.

Weiter nach rechts im Bild: Eine Quartalsbestellung umfasst Produkte. In dem Fall steht: Eine Quartalsbestellung umfasst null bis viele Produkte. Nein, Sie müssen mindestens ein Produkt bestellen. Hier könnte man auch argumentieren. Jetzt sehen Sie, warum Sie Beziehungsspezifikationen brauchen. Was ist eine Quartalsbestellung, in der null Produkte enthalten sind. Sie könnten sagen, eine implizite Bestellung des Vorschlagsbands. In dem Fall wäre es wahrscheinlich sinnvoller, ein bis viele hinzuschreiben.

Umgekehrt lesen Sie: Ein Produkt ist enthalten in genau einer Quartalsbestellung. Das heißt, wenn das eine Buch von Johannes Mario Simmel weg ist, dann ist es weg. Nein, Sie wollen das gleiche Produkt in mehreren Quartalsbestellungen zulassen. Sie haben ja hoffentlich viele auf Lager und wollen mehrere davon verkaufen. Seien Sie auch immer vorsichtig mit einer Untergrenze 1. Das heißt, Sie könnten in dem Fall nicht mal ein Produkt auf Lager legen, ohne schon eine Quartalsbestellung dazu zu haben, denn Sie müssen laut diesem Modell das Produkt sofort mit einer Quartalsbestellung verbinden.

Und last but not least unten im Bild: Der Produktlieferant liefert Produkte für eine Quartalsbestellung. Wo hätten Sie denn in dem Modell wahrscheinlich den Produktlieferanten angehängt? An die Quartalsbestellung oder an das Produkt? Na, wahrscheinlich an die Produkte.

Dieses Beispiel enthält auch noch eine redundante Beziehung. Hier steht ganz oben: Ein Kunde bestellt Produkte. Dafür sehen jetzt die Multiplizitäten dieser Beziehung besser aus. Ein Kunde bestellt ein bis viele Produkte. Das klingt korrekt. Und ein Produkt wird von null bis vielen Kunden bestellt. Das klingt auch korrekt. Aber Sie haben mit dieser oberen Beziehung und den beiden darunter redundante Information. Entweder Sie kennzeichnen eine dieser Beziehungen als abgeleitet und korrigieren die Multiplizitäten oder Sie entfernen eine von den beiden Alternativen wieder aus dem Modell.

6.12 Abläufe und Daten

Sehen wir uns noch mal den Zusammenhang zwischen Abläufen und Daten an. Wir haben drei Kapitel lang Abläufe behandelt. Wir stehen jetzt in einem ausführlichen Kapitel über Daten. Eine gute gemeinsame Darstellung ist noch eine Matrix mit Querverweisen, wie Sie sie in Bild 6.26 sehen. Zeichnen Sie in der einen Achse alle Ihre Use Cases auf und in der anderen Achse alle Ihre Entities und machen Sie ein Kreuzchen in diese Tabelle, wenn dieser Use Case irgendetwas mit der Entity tut.

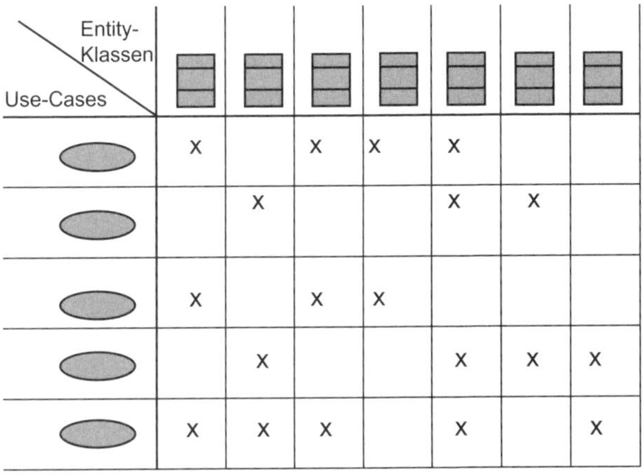

BILD 6.26 Querverweismatrix von Use Cases und Entities

Solche Arten von Darstellungen hängen bei mir sehr oft in Projekträumen an der Wand, um den Überblick zu haben. Betrachten wir die Größe dieser Matrix. Bei den Use Cases werden Sie vielleicht 20 bis 30 im Schnitt haben, bei den Entity-Klassen – je nach Größenordnung des Projekts – können es schon 50 oder mehr sein. Die Matrix ist also relativ groß, aber ich habe ein fantastisches Tool, das mit solchen Dingen ganz gut umgehen kann. Es heißt Excel und kann auch mit großen Matrizen gut umgehen. Es ist also kein Problem, so was wirklich zu erstellen. Einige Modellierungstools bieten Ihnen das heute schon als Standard an.

Wozu benötigt man eine solche Matrix? Wenn Sie einen Use Case genauer untersuchen, sehen Sie, dass er Auswirkung auf eine Entity hat. Sie können dann auch schon einmal prüfen, wo diese Entity sonst noch verwendet wird, d. h., welche Use Cases sollte ich wenigstens etwas genauer betrachten, um zumindest die Auswirkungen auf diese eine Entity zu verstehen, damit wir uns bei einer ersten Implementierung dieses Use Case nicht den Weg in die Zukunft verbauen. Wir könnten in dieser Matrix auch Zeilen und Spalten tauschen, um Dinge, die gemeinsam Sachen bearbeiten, näher zusammenzubringen und daher aus Projektmanagementgründen in einem Release zu entwickeln. Es ist also ein Hilfsmittel, um den Überblick zu behalten, um ein bisschen Projektmanagement zu machen, um Prioritäten zu diskutieren. Nutzen Sie so etwas.

> Grundlage für die Projektplanung und die Abhängigkeitsanalyse

Manchmal machen wir statt der Kreuzchen in den Tabellenfeldern allerdings ausführlichere Einträge, nämlich die vier Buchstaben C, R, U und D, die CRUD-Matrix.

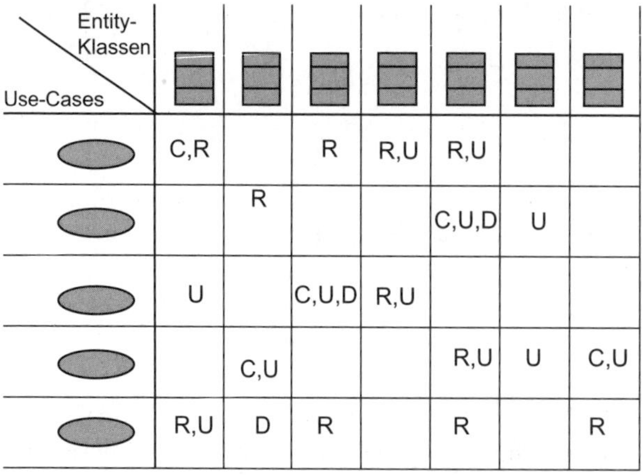

Use-Cases \ Entity-Klassen							
○	C,R		R	R,U	R,U		
○		R		C,U,D	U		
○	U		C,U,D	R,U			
○		C,U			R,U	U	C,U
○	R,U	D	R		R		R

BILD 6.27
CRUD-Matrix

Wenn ich Ihnen den einen oder anderen Buchstaben verrate, werden Sie die anderen sofort erkennen. C steht für Create. Dieser Prozess schafft eine derartige Entity. Jetzt wissen Sie schon, wofür das D steht – für Delete. Dieser Prozess zerstört eine derartige Entity. Bleiben noch das R und das U für Read und Update; lesender Zugriff oder ändernder, modifizierender Zugriff, Update. Sie können in jede Zelle Buchstabenkombinationen hineinschreiben. Der eine Prozess schafft und liest so eine Entity. Der Prozess macht ein Lesen und ein Update. Dieser Prozess macht nur ein Delete auf einer Entity.

Wenn Sie jetzt eine ganze Spalte haben, wie zum Beispiel meine vorletzte Spalte in Bild 6.27, wo nur Update, Update, Update drin steht, sollte Sie das nachdenklich stimmen. Alle Use Cases ändern den Wert und keiner will ihn lesen? Es ist auffällig. Schauen Sie sofort in Ihr Kontextdiagramm, ob dieses Ding wenigstens an ein Nachbarsystem geschickt wird. Wenn Sie es schon nicht lesen wollen, vielleicht will es ein anderer außerhalb Ihres Scope lesen.

Man kann mit der CRUD-Matrix offensichtliche Fehler finden. Niemand schafft oder erzeugt so ein Ding, alle wollen es haben, aber keiner hat es gebaut. Das Ding lebt ewig. Es ist keiner da, der einmal so was zerstört und wieder aufräumt. Wir haben nirgends irgendeine Funktion mit Delete. Die CRUD-Matrix hilft Ihnen, manche offensichtlichen Fehler zu korrigieren.

■ 6.13 Ein Ausblick auf die Erstellung von Klassenmodellen

Zum Abschluss des Kapitels über den Umgang mit Daten möchte ich Ihnen noch einen kleinen Ausblick darauf geben, wie man solche Modelle erstellt. Dieses Wissen brauchen Sie nicht, wenn Sie zur Foundation-Level-Prüfung des IREB antreten. Allerdings brauchen Sie es in der Praxis. Modelle lesen können ist viel leichter, als solche Modelle zu erstellen. Es gibt aber auch eine ganze Menge systematische Hinweise, wie man solche Modelle aufbaut.

6.13 Ein Ausblick auf die Erstellung von Klassenmodellen

Ich verwende dazu eine Menge von Heuristiken. Auch wenn Sie in der Schule nicht Griechisch gelernt haben, haben Sie das Wort vielleicht im Physikunterricht gehört. Wenn man Ihnen mal die Geschichte von Archimedes erzählt hat, der in Syrakus in einen Badezuber gestiegen ist und dann plötzlich die Erleuchtung hatte.

> Heuristiken zum Finden von Modellelementen

Er hat gemerkt, wie sein Körper hochgespült wurde, als er ins Wasser eingetaucht war, und entdeckte dadurch das archimedische Prinzip. Er konnte seinem König nachweisen, dass die eben gelieferte Krone scheinbar nur außen etwas vergoldet war und innen aus sehr unedlen Materialien bestand, weil er beobachtet hatte, dass unterschiedliche Materialien im Wasser unterschiedlichen Auftrieb erfahren. Er sprang nackt aus diesem Badezuber heraus und rannte durch die Straßen von Syrakus und schrie sehr laut: „Heureka! Heureka!" Auf Deutsch heißt das Auffinden von Attributen, von Klassen, von Beziehungen und auch von Operationen.

Ich habe allerdings eine gute und eine schlechte Nachricht für Sie. Ich nannte sie Heuristiken und nicht Regeln, denn die schlechte Nachricht ist: Sie helfen nicht immer. Sie helfen mir zwar, solche Dinge zu entdecken, aber nicht mit 100 % Wahrscheinlichkeit und Genauigkeit. Sonst hätte ich statt Heuristiken Regeln dazu gesagt. Denn Sie wissen, eine Regel klappt immer (bis auf die Ausnahmen). Heuristiken haben eine Trefferquote von manchmal deutlich unter 100 %, aber wenn man viele davon zusammennimmt, steigt die Trefferquote wieder. Alle folgenden Heuristiken haben einen einfachen Aufbau. Sie beginnen mit einer Wenn-Dann-Aussage: Wenn Sie das und das beobachten oder lesen, dann können Sie es so oder so modellieren. Danach wird die Quelle angegeben, auf die sich die Heuristik bezieht (auf Sätze in Dokumenten, auf mündliche Aussagen, auf Bildschirmmasken, auf Dokumente aus Vorgängersystemen), und schließlich ein Zweck, was man mit der Heuristik erreichen will (Entities finden, Beziehungen finden, ...). Zum Abschluss sehen Sie die Wahrscheinlichkeit, mit der die Heuristik zum Erfolg führt.

Ich möchte Ihnen in diesem kurzen Abschnitt nur ein paar wesentliche Heuristiken aus einer großen Menge von solchen Heuristiken zeigen, die Ihnen auf die Schnelle helfen, solche Modelle zu generieren. Die erste davon kennen Sie ganz bestimmt: meine Substantivheuristik (vgl. Bild 6.28). Wissen Sie noch, was Substantive waren? Hauptwörter, Sachwörter, Nomen. Die Dinge, die wir auch nach der Rechtschreibreform noch großschreiben.

Wenn Sie so etwas in einem geschriebenen Satz entdecken oder im Gespräch mit dem Kunden gehört haben, dann könnte das der Name einer Entity, einer Klasse sein. Die Quelle dafür ist beliebig. Ob Sie es lesen, hören, irgendwo in einem Report sehen oder in einer Bildschirmmaske: Jedes Substantiv, jedes Hauptwort könnte eventuell eine Entity-Klasse sein. Die Trefferquote ist leider äußerst gering; 15 %. Nur 15 % der Substantive, die Sie hören, sind für Sie interessante Entities, die anderen 85 % brauchen Sie nicht als Klasse.

WENN eine verbale Aussage oder Beschreibung eines Sachverhaltes ein Substantiv enthält,
DANN könnte es der Name einer Entity sein.

Quelle: beliebig
Zweck: Entities finden
Wahrscheinlichkeit 15%

BILD 6.28
Heuristik H1: Substantive

> WENN ein Substantiv einen Wert annehmen kann,
> DANN ist es ein Attribut (und keine Entity).
> Quelle: beliebig
> Zweck: Attribute finden
> Wahrscheinlichkeit 100%

BILD 6.29
Regel 1: die Werteregel

Sie sehen, das ist zunächst einmal enttäuschend, aber die Heuristik ist dafür sehr leicht anzuwenden. Wenn Sie einen Satz haben, wie

Innerhalb einer Abteilung arbeiten mehrere Mitarbeiter an verschiedenen Projekten

und Sie suchen darin Substantive, dann provozieren Sie mich bitte nicht. Ich weiß, dass das Wort „innerhalb" hier großgeschrieben ist. Das war nicht gemeint. Aber so was wie Abteilung, Mitarbeiter, Projekte sind Kandidaten für Entity-Klassen.

Damit die Wahrscheinlichkeit von Heuristik 1 größer wird, habe ich sofort eine Ausschlussregel dazu formuliert (vgl. Bild 6.29). Wegen ihrer Trefferwahrscheinlichkeit von 100 % nenne ich es eine Regel und keine Heuristik.

Die Betonung liegt auf **einen** Wert annehmen kann, dann ist es höchstwahrscheinlich ein Attribut und keine Entity. Die Quelle ist wieder beliebig und die Wahrscheinlichkeit ist hier nahe 100 %. Dinge, die einen Wert annehmen, haben wir definiert als Attribute.

Der Wertetest

Ich empfehle Ihnen dazu noch einen kleinen Test. Sie hören irgendwo ein Substantiv und Sie sind sich nicht ganz sicher, was es ist; ob es eine Klasse ist oder ein Attribut oder vielleicht sogar eine verschleierte Beziehung. Fragen Sie Ihr Gegenüber einmal: „Kannst Du mir ein Beispiel dafür geben?" Und wenn die Antwort auf dieses Beispiel ein Wert ist, sind Sie ziemlich sicher, Sie haben ein Attribut gefunden.

Sie hören als Hauptwort zum Beispiel „Auslastung" und sagen: „Kannst Du mir ein Beispiel für Auslastung geben?" Der andere sagt: „Klar, 110 %." Jetzt haben Sie einen Wert gehört; 110 %. Und Sie sind damit ziemlich sicher, dass Sie ein Attribut gefunden haben. Fragen Sie als guter Analytiker sofort weiter: „Die Auslastung wovon?" Dann hören Sie: „Die Auslastung eines Mitarbeiters ist 110 %". Damit wissen Sie auch, wo Sie dieses Attribut zuordnen würden. Jeder Mitarbeiter hat unter Umständen eine bestimmte Auslastung und die nimmt unterschiedliche Werte an. Die Substantivheuristik zusammengenommen mit der Werteregel hilft Ihnen also, Attribute und Klassen zu finden.

Neben den Substantiven haben wir in der Umgangssprache noch eine ganze Menge Verben, Tätigkeitswörter, Zeitwörter oder wie auch immer Sie in der Schule dazu gesagt haben. Meine Verbheuristik (vgl. Bild 6.30) kommt in zwei Teilen.

Der erste Teil sagt, wenn ich in einem Satz ein Verb oder eine Verbform höre, die in Zusammenhang mit zwei oder mehreren Substantiven steht, interessanten Substantiven, Substantiven, die ich bereits als Entity-Klassen identifiziert habe, dann ist die Wahrscheinlichkeit relativ hoch, dass dieses Verb eine Beziehung zwischen den Substantiven darstellt. Wir nutzen also Verben zwischen zwei oder mehreren Substantiven zum Entdecken und Finden von Beziehungen. Ein Verb hat in Deutsch immer eine Richtung. Mitarbeiter wird einem Projekt zugeordnet. „Wird zugeordnet" ist eine Richtung von Mitarbeiter an Projekt.

6.13 Ein Ausblick auf die Erstellung von Klassenmodellen

> **H7a: Verbheuristik (Teil1)**
> WENN man in einem Satz ein Verb oder eine Verbform hört oder liest, die im Zusammenhang mit <u>zwei oder mehreren</u> Substantiven erwähnt wird, die bereits als Kandidaten für Entities erkannt wurden,
> DANN kann das Verb evtl. als Beziehung zwischen den Substantiven modelliert werden.
>
> QUELLE: Umgangssprache
> ZIEL: Beziehungen finden

> **H7b: Verbheuristik (Teil2)**
> WENN man in einem Satz ein Verb oder einer Verbform hört oder liest, die im Zusammenhang mit <u>einem</u> Substantiv erwähnt wird, das bereits als Kandidat einer Entity erkannt wurde,
> DANN kann das Verb evtl. als Operation zu dieser Entity modelliert werden.
>
> QUELLE: Umgangssprache
> ZIEL: Operationen gegen Ablaufmodelle prüfen; Entity-Existenz rechtfertigen

BILD 6.30 Heuristik 7: Verben

Wir nutzen Verben zum Entdecken von Beziehungen. Wir benennen die Beziehung, wenn es geht, aber hinterher, entweder mit Verbphrasen in beide Richtungen, also auch: Projekt hat zugeordnete Mitarbeiter. Oder wir machen aus dem Verb sogar ein Substantiv und sprechen von einer Mitarbeiterprojektzuordnung.

Was ist, wenn das Verb nicht zwischen zwei oder mehreren interessanten Substantiven steht? Das sagt Ihnen die Heuristik 7b – der zweite Teil der Verbheuristik: Wenn Sie ein Verb in einem Satz im Zusammenhang mit **einem** interessanten Substantiv finden, dann ist es wahrscheinlich eine Operation, eine Funktion auf diesem Substantiv. Wenn ich Geschirr spülen sage, dann meine ich: Hier ist meine Entity „Geschirr" und die Tätigkeit ist „spülen".

Ich habe noch eine dritte Form der Verbheuristik, die ich nicht aufgeschrieben habe. Wenn Sie ein Verb finden, das zwischen zwei völlig uninteressanten Substantiven steht, brauchen Sie es nicht zu beachten.

Ein Verb mit einem Substantiv wird also eine Operation, ein Verb zwischen zwei oder mehreren Substantiven wird vielleicht eine Beziehung und Verben, die zwischen uninteressanten Wörtern stehen, brauchen Sie nicht zu beachten. Substantive helfen mir also beim Finden von Attributen und Klassen, Verben helfen mir beim Entdecken von Beziehungen.

Zwei Beispiele möchte ich Ihnen noch geben für etwas ausgeklügeltere Heuristiken, um Ihnen zu zeigen, wie mächtig unsere Umgangssprache ist. Denken Sie einmal an zusammengesetzte Substantive. Die Heuristik 16a behandelt das.

> Zwei fortgeschrittene Heuristiken

> **WENN** Sie ein zusammengesetztes Substantiv finden und den zweiten Teil davon schon als Klasse identifiziert haben,
> **DANN** können Sie das zusammengesetzte Substantiv vielleicht als Unterklasse modellieren (und auch noch andere Zusammensetzungen finden).
>
> Quelle: Umgangssprache
> Zweck: Spezialisierung
> Wahrscheinlichkeit: 30%

BILD 6.31
Heuristik 16a:
zusammengesetzte Substantive

Sie sollten beim Hören oder Lesen eines zusammengesetzten Substantivs sofort auf die Idee kommen, dass der zweite Teil, den Sie schon als Kandidatenklasse identifiziert haben, eine Oberklasse wird (eine Generalisierung) und das zusammengesetzte Substantiv wird eine daraus abgeleitete Unterklasse (eine Spezialisierung). Das zusammengesetzte Wort **ist eine** Art des zweiten Teils des Worts. Die Quelle ist wieder Umgangssprache. Das Thema ist Spezialisieren; Generalisieren und Spezialisieren. Und die Erfolgswahrscheinlichkeit liegt bei ungefähr 30 %. Nehmen wir als Beispiel „Girokonto". Wir wissen bereits, das Konto für uns etwas Interessantes ist und wir hören jetzt das zusammengesetzte Wort „Girokonto". Die Heuristik sagt, Sie haben 30 % Chance, dass wir diese Unterklasse bilden wollen.

Warum nur 30 % Chance? Nehmen Sie mal das Beispiel „Stammkunde". Wir haben bis jetzt Kunden als Klasse identifiziert, jetzt hören Sie das Wort Stammkunde. Und Sie sprechen mit dem Auftraggeber und sagen „Was bedeutet für dich Stammkunde?" Und der sagt: „Ach, gar nichts Besonderes. Wir grüßen die einfach freundlich. Weil wir sie kennen, weil sie öfter vorbeikommen." In diesem Fall brauchen Sie keine anderen Attribute für Stammkunden als für Kunden, keine anderen oder spezielleren Funktionen; ein Stammkunde ist einfach ein Kunde, der freundlich gegrüßt wird. Da sind Sie auf der 70 %-Seite; wir brauchen keine Unterklasse einzuführen.

Wenn Ihr Gegenüber sagt: „Ist nichts Besonderes, so ein Stammkunde. Aber wir können schon unterscheiden, wer bei uns Stammkunde ist und wer nicht Stammkunde ist." Dann brauchen Sie immer noch keine Unterklassen zu modellieren. Sie sind immer noch auf der 70 %-Seite dieser Heuristik. Es reicht Ihnen ein einfaches Attribut „Stammkunde" mit den Werten ja/nein bzw. wahr oder falsch. Sie würden die Klasse „Kunde" behalten und nur ein Attribut über den Status des Kunden hinzufügen.

Wenn allerdings Ihr Gegenüber sagt: „Oh, bei Stammkunden, da sammeln wir alles auf, was sie im Jahr einkaufen, und am Jahresende erhalten sie 2 % Rabatt auf all die eingekauften Waren. Außerdem schicken wir an unsere Stammkunden ein Geburtstagskärtchen und ein Weihnachtskärtchen. Und wenn sie um die Nikolauszeit vorbeikommen, erhalten sie auch noch einen kleinen Schokoladennikolaus.

Jetzt merken Sie plötzlich, hoppla, für Stammkunden gibt es jede Menge zusätzliche Operationen und Eigenschaften, und es lohnt sich, das zu modellieren. Jetzt sind wir auf der 30 %-Seite, Stammkunden als Spezialisierung der Kunden einzuführen. Der Trigger war das zusammengesetzte Substantiv: Stammkunde.

Wie nennen wir übrigens die anderen? Meistens so etwas wie Laufkundschaft. Sie sehen, nicht immer ist das zweite Wort wirklich Kunde. Sie sagen vielleicht Laufkundschaft, aber Sie haben wieder ein zusammengesetztes Hauptwort und Sie merken, Sie hängen die auch unter die Kunden ein. Überlegen Sie andere Beispiele: Honorarprofessor. Was unterscheidet einen Honorarprofessor von einem Professor und welche Arten von Professoren gibt es noch?

Das zusammengesetzte Substantiv triggert das Nachdenken darüber, ob ich hier eine Unterklasse brauche oder nicht. Nur in 30 % aller Fälle sollten Sie es machen. Noch ein Beispiel Meisterklasse: Was ist eine Meisterklasse im Vergleich zu einer Klasse? Oder mein Lieblingsbeispiel: Fachbuch. Warum wollen wir Bücher unterscheiden in Fachbücher und andere? Wie heißen denn übrigens die anderen? Aha, Belletristik. Sie merken, da haben Sie kein zusammengesetztes Substantiv, das mit dem Wort Buch endet. Heuristik 16a ist eine Heuristik. Sie funktioniert manchmal und manchmal nicht. Aber sie hilft, solche Dinge zu entdecken. Kommen wir zurück zur Frage: Was unterscheidet ein Fachbuch von einem

> **WENN** Sie eine Phrase "Adjektiv+Substantiv" finden und das Hauptwort schon als Klasse identifiziert haben,
> **DANN** können Sie die Oberklasse "Substantiv" vielleicht in "Adjektiv-Substantiv" spezialisieren (und auch noch andere Adjektive für das gleiche Substantiv als Unterklassen finden).
>
> Quelle: Umgangssprache
> Zweck: Spezialisierung
> Wahrscheinlichkeit: ca. 30%

BILD 6.32
Heuristik 16b:
Adjektive und Substantive

anderen Buch? Naja, meist gilt also die Regel: Teuer muss es sein, langweilig muss es sein, aber man kann es dafür von der Steuer absetzen ☺.

Wenn Sie feststellen, es gibt im Business für die Spezialisierungen eigene Spielregeln (Sie finden in Buchhandlungen getrennte Abteilungen für Fachbücher und Belletristik und bei den Verlagen getrennte Editoren), dann lohnt es sich, solche Unterklassen zu bilden.

Unsere Sprache ist noch wertvoller, denn wir haben nicht nur zusammengesetzte Substantive. Wir haben unter Umständen auch Phrasen wie Adjektive und Substantive. Das behandelt die Heuristik 16b (vgl. Bild 6.32).

Wenn wir so eine Phrase mit Adjektiv und Substantiv finden und wir kennen das Substantiv schon als Entity-Klasse, dann haben Sie wiederum 30 % Chance, dass diese zusammengesetzte Phrase aus Adjektiv und Substantiv eine Unterklasse bildet und sie erbt von diesem zweiten Teil, von dem Substantiv. Wir verwenden dafür die gleiche Begründung wie bei den zusammengesetzten Substantiven. Erinnern sich Sie noch, was Adjektive waren? Diese schmückenden Beiwörter, Wie-Wörter oder wie immer Sie in der Schule dazu gesagt haben.

Ich habe mal von einem Fernsehsender gehört: „Jede geplante Werbeeinschaltung erhält einen festen Sendeplatz." Sehen Sie in diesem Satz solche Phrasen mit Adjektiv und Substantiv: geplante Werbeeinschaltung, fester Sendeplatz. Das sind Kandidaten, die ich genauer untersuche. Der Oberbegriff ist Werbeeinschaltung. Jetzt sprechen die von geplanten Werbeeinschaltungen. Gibt es denn auch was anderes? Dann sagen die: „Oh ja. Spontane Werbeeinschaltungen. Da sollten Sie mal bei uns am Sender sein, wenn ein Champions-League-Spiel kurz vor Ende unentschieden steht. Alle sitzen vor dem Fernsehapparat und warten auf die Verlängerung. Und zu diesem Zeitpunkt versteigern wir die Werbezeiten; bis 30 Sekunden vor Spielende. Wer am meisten bietet, wird genau in der Pause zwischen Ende des Spiels und Beginn der Nachspielzeit gesendet. Und das kostet ganz anderes Geld als geplante Werbeeinschaltungen."

Die zweite Phrase, die hier enthalten ist, ist der feste Sendeplatz. Gibt es auch etwas anderes als feste Sendeplätze? Oh ja, variable Sendeplätze. Sie kennen das vielleicht von der Millionenshow. Günter Jauch macht immer dann Pause, wenn es besonders spannend ist und ein Kandidat irgendeine Frage nicht gut beantworten konnte. Dann kommt der Werbeblock. Es ist nicht genau festgelegt, sondern wir machen variable Sendeplätze. Wenn Sie den Sendeplatz direkt 30 Sekunden vor den Nachrichten für die Werbung haben wollen, dann kostet das viel Geld. Wenn wir es verteilen können auf eine ganze Stunde, dann gelten andere Konditionen. Sie sehen, es lohnt sich unter Umständen, Sendeplätze in feste und variable Sendeplätze zu unterteilen, weil es andere Spielregeln und andere Eigenschaften gibt. Aber wiederum: Es ist eine 30 %-Wahrscheinlichkeit.

Ein zweites Beispiel. Sie hören: „Zu jedem bestätigten Seminar gibt es einen unterschriebenen Vertrag." Hier sind auch solche Phrasen enthalten, mit Adjektiv und Substantiv. Bestätigte Seminare, unterschriebener Vertrag. Was ist der Unterschied zwischen einem bestätigten und einem nicht bestätigten Seminar? Nur sein Zustand. Da reicht eine Zustandsvariable, in welchem Zustand ist diese Entity-Klasse: in Verhandlung, bestätigt, endgültig genehmigt oder wie auch immer. Dazu brauche ich keine Unterklassen zu bilden. Das Gleiche gilt bei einem Vertrag: ein unterschriebener Vertrag. Sie haben unter Umständen die Klasse „Vertrag" und Sie erhält einfach ein Statusattribut. Damit waren Sie wieder auf der 70 %-Seite.

Das war nur eine kleine Menge an solchen Heuristiken. Ich zeige Ihnen in einem Überblick viel mehr Heuristiken, die man zur Datenmodellierung einsetzen kann. In einem Spezialkurs, in einem Advanced-Kurs über Requirements Modeling, würden Sie in dem Teil der Datenmodellierung viel mehr von diesen Heuristiken lernen. Oder sehen Sie sich dazu auf *www.b-agile.de* um. Auch dort finden Sie mehr Details über den heuristikgetriebenen Ansatz zur Datenmodellierung.

Es gibt zahlreiche Heuristiken für Entities und Attribute, auch Heuristiken zum Finden von Beziehungen und Operationen. Wir haben eine ganze Menge Heuristiken für Ober- und Unterklassenbildung und weitere Heuristiken, die Aussagen darüber treffen, wie sich die Modelle im Lauf der Zeit weiterentwickeln, wachsen, aber auch stabil werden. Mit diesen Heuristiken, die so wie kleine Mikroprogramme in Ihrem Gehirn funktionieren, können Sie die Modelle langsam stabilisieren. Immer wenn Sie bestimmte Situationen sehen, schlägt Ihr Mikroprogramm zu und sagt: „Das könntest Du so modellieren. Das könntest Du so modellieren." Für die Grundausbildung müssen Sie solche Modelle nur lesen können. Im wirklichen Leben sollten Sie Ihre Projekte auch erstellen und zeichnen können und dabei helfen diese Heuristiken.

Entities und Attribute:			**Beziehungen/Operationen:**	
H1:	Substantive	R1: Wertetest	H7a:	Verben (Teil I)
H2:	Merken	R2: Berechnungen	H7b:	Verben (Teil II)
H3:	Zweifel	Test1: Id?	H8:	Isolierte Entities
H4:	Namen, etc.	Test2: Attribute?	H9:	Name Sharing
H5:	Scope-Klasse	Test3: mehrere?	H10:	Attributnähe
H6:	Klassenattribute	Test4: tut etwas?	H11:	Von was (n)?
			H12:	Fremdschlüssel

Spezialisierung (Subtyping):		**Wachstum & Stabilität:**	
H13:	entweder-oder	H20:	Attributentwicklung
H14:	Teilmengen	H21:	entweder-oder (Beziehungen)
H15:	Typen und Arten	H22:	Symmetrie
H16a:	Zusammengesetzte Substantive	H23:	Einheitliche Instanzen
H16b:	Substantive mit Adjektiven	H24:	Business Rules
H17:	Geschwafel		
H18:	Optionale Beteilung		
H19:	Null-Value		

BILD 6.33 Überblick über Heuristiken zur Datenmodellierung

6.14 Zusammenfasssung

Abläufe ohne Definitionen der beteiligten Begriffe sind ziemlich schwer verständlich. Deshalb haben wir als Minimalforderung für ein gutes Pflichtenheft oder Lastenheft festgehalten, dass wir ein Glossar benötigen. Wir haben besprochen, wie man das Glossar mit sauber formulierten Begriffsdefinitionen füllt.

Wenn wir zu viele Begriffe haben, sollte man zwischen Klassen (bzw. Entities) und Attributen unterscheiden, um diese Menge beherrschbar zu machen. Das sichert Ihnen die Reduktion der Komplexität um den Faktor 10.

Aber die wirklich höchsten Weihen der Datenmodellierung haben Sie erst erhalten, wenn Sie zwischen diesen Entities auch an die Beziehungen denken, die in Ihrem Umfeld, in Ihrem Geschäftsfeld vorhanden sind. Das Finden und Spezifizieren dieser Beziehungen macht die Modelle erst richtig aussagekräftig.

Stufe 0	Glossar, alphabetisch geordnet, mit Begriffsdefinitionen (Was stellt das Ding dar? Warum braucht man es in der Anwendung?) *Das Minimum*
Stufe 1 (mehr Struktur als alphabetische Liste bei zu vielen Begriffen)	Unterscheidung in Klassen und Attribute (bzw. Bündelung vieler Attribute zu passenden Klassen) - mit Klassenspezifikationen (was, warum) - mit Attributspezifikationen (was, warum) *Wünschenswert*
Stufe 2 (tieferes Verständnis von Begriffen **und** Zusammenhängen im Geschäft)	Zusammenhang der Klassen über Beziehungen herstellen, Beziehungsspezifikationen anlegen: (hält fest .... so dass....) *Für Könner*

BILD 6.34 Der Umgang mit Daten: vom Glossar bis zum fachlichen Datenmodell

7 Verhaltensmodelle

Wir kehren in diesem Kapitel zurück zu den Abläufen. Nicht immer sind die Abläufe so schön linear, wie wir sie in Use-Case-Beschreibungen und Aktivitätsdiagrammen angesprochen haben. Manchmal haben wir „gestörte" Abläufe, d. h. Abläufe, die von externen Ereignissen, von Interrupts, von Zwischenfällen beeinflusst sind. Dazu bieten uns die Requirements-Methoden Verhaltensmodelle; oftmals auch Zustandsdiagramme oder Zustandsübergangsdiagramme oder in ihrer Erweiterung auch Statecharts genannt. Diese Verhaltensmodelle wollen wir in diesem Kapitel näher betrachten.

■ 7.1 Warum noch ein Modell?

Wir haben in den letzten Kapiteln bereits über zahlreiche Modelle gesprochen. Wir haben Datenmodelle betrachtet und verschiedene Arten von Ablaufmodellen gezeigt, Use-Case-Diagramme, Aktivitätsdiagramme. Warum brauchen wir noch ein weiteres Modell für Abläufe?

Manche Funktionen in Systemen sollen nicht immer ausführbar sein, sondern nur unter bestimmten Randbedingungen in bestimmten Zuständen. Ein besonderes tragisches Beispiel, wo eine derartige Einschränkung zur Wirkung kam, war der Lauda-Flug 004 im Mai 1991 über Thailand. Da hatte sich am Triebwerk 1 die Schubumkehr in 10 000 m Höhe ausgelöst. Schubumkehr ist eine sehr nützliche Funktion am Flugzeug; zum Bremsen nach der Landung, am Boden. In 10 000 m Höhe, noch dazu einseitig an einem Triebwerk ausgelöst, war diese Funktion tödlich für alle Passagiere.

Wir müssen aber nicht in die Welt der technischen Systeme blicken, wenn wir über derartige Einschränkungen von Funktionsausführungen sprechen. Stellen Sie sich einmal vor, Sie bedienen gerade in einem Geschäft einen Kunden, der mit Bargeld vor Ihnen steht und kaufen möchte und hinten klingelt das Telefon. Gleichzeitig steht in der Tür ein Vertreter. Was machen Sie? Schließen Sie den Vorgang des Kundenbedienens ab oder unterbrechen Sie diesen Vorgang, egal, wo Sie gerade sind, und laufen zum Telefon? Oder unterbrechen Sie den Vorgang, lassen das Telefon klingeln und sprechen mit dem Vertreter, weil Ihnen das besonders wichtig ist?

Über derartige Situationen wollen wir in diesem Kapitel sprechen, wenn wir Verhaltensmodelle beschreiben. Nicht immer ist es ganz einfach, Zustände eines Systems zu erkennen. Lassen Sie mich dazu noch eine kleine Geschichte aus einem europäischen Forschungsprojekt erzählen.

Wir haben Anfang der 1990er-Jahre den Zustand der Real-Time-Industrie in Europa untersucht und eines unserer Fallbeispiele war in Zusammenarbeit mit Airbus auch das Bremssystem des Airbus. Und just zu dieser Zeit, im September 1993, hat in Warschau ein Airbus bei der Landung in Warschau verzögert gebremst. Was war geschehen? Der Bodenkontakt war nach der Landung nicht vollständig vorhanden und die Rechner an Bord wussten nicht, ob das Bremsen einsetzen sollte oder nicht. Es gab Aquaplaning, es herrschten schlechte Wetterverhältnisse. Und der Bremsvorgang setzte mit nur 9 Sekunden Verzögerung ein.

Das aber reichte aus, dass der Airbus weit über die Landebahn hinausraste und es zwei Todesopfer gab. Sie sehen, den Zustand „am Boden" zu erkennen und dann gezielt zu reagieren, ist unter Umständen gar nicht so einfach. Für derartige Systeme, wo Zustände eine Rolle spielen, um bestimmte Funktionen auszulösen oder nicht auszulösen, wo man Vorgänge unterbrechen möchte, in Anbetracht von eingehenden anderen Ereignissen, dafür sind Zustandsmodelle gedacht.

Für mich ist das Leben eigentlich langweilig, wenn Prozessketten so Schritt für Schritt für Schritt nacheinander ablaufen, ohne dass wesentliche Ereignisse dazwischenkommen. Unser wirkliches Leben ist in vielen Fällen viel interessanter. Wir haben Systeme mit asynchronen Ereignissen (vgl. Bild 7.1). Das fängt bei kleinen Dingen an, wie Thermostate in Ihrem Haushalt oder bei Ihren Mobiltelefonen oder bei Herzschrittmachern, reicht aber bis hin zu großen Unternehmen.

BILD 7.1
„Interessante Systeme"

Auch in einer Firma laufen nicht alle Prozesse nur planmäßig von Anfang bis Ende. Manchmal kommen wichtige Ereignisse dazwischen. Für derartige interessante Systeme, die von externen Ereignissen abhängen oder von internen Ereignissen, die zustandsgetrieben arbeiten, die ihr Verhalten schon einmal ändern, sind unter Umständen Zustandsdiagramme das bessere Ausdrucksmittel als Aktivitätsdiagramme oder Use Cases.

■ 7.2 Grundlagen von Zustandsmodellen

Betrachten wir im nächsten Abschnitt ein paar Grundbegriffe zu Zustandsmodellen. Allen voran wollen wir uns überlegen, was eigentlich ein Zustand ist. Ich hab Ihnen drei Definitionen mitgebracht. Die erste davon:

Definitionen eines Zustands

Ein Zustand ist eine Zeitspanne zwischen zwei interessanten Ereignissen. Vom Eintreten dieses Ereignisses bis zum Eintreten jenes Ereignisses ist das System in einem bestimmten Zustand.

Ich könnte andersherum auch sagen, ein Zustand ist der Zeitraum, in dem das System bestimmte Funktionen ausführt. Denken Sie mal an einen Flieger. Ich bin entweder auf der Startbahn oder ich befinde mich im Steigflug oder im Zustand „Flughöhe erreicht" oder im Landeanflug. In dem Zustand „Flughöhe" erreicht werden Kinofilme gezeigt, es wird Essen serviert und der Duty-Free-Verkauf durchgeführt. Wenn Sie in den nächsten Zustand, in den Landeanflug, kommen, müssen Sie Ihre Tische hochklappen, die Kopfhörer wieder abgeben und es gelten andere Spielregeln. Ein Zustand kann also auch definiert werden als ein Zeitraum, in dem das System bestimmte Funktionen macht.

Wenn Sie es eher technisch betrachten, wie wir denn Zustände implementieren, so verwenden wir dazu oft Zustandsvariablen, denen wir bestimmte Werte geben. Ich kann also auch sagen, ein Zustand ist der Zeitraum, in dem Zustandsvariablen einen bestimmten Wert haben.

Neben Zuständen finden wir in diesen Modellen aber natürlich auch Übergänge. Ein Zustandsdiagramm besteht also aus Zuständen und Übergängen dazwischen, im Englischen States und Transitions (vgl. Bild 7.2). Und die Übergänge werden ausgelöst durch Ereignisse. Wenn Sie so wollen, ist ein Zustandsdiagramm also eine erlaubte Ereignisfolge. In diesem Beispiel wäre die Ereignisfolge Ereignis 1, noch mal Ereignis 1, ein drittes Mal Ereignis 1, dann die Ereignisse 2, 3, 2, 3, wiederum 1 und nochmals 1 eine erlaubte Ereignisfolge.

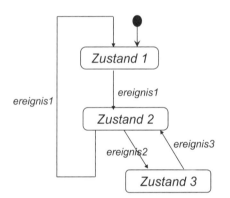

BILD 7.2
Zustände und Übergänge (States and Transitions)

Überlegen Sie einmal, wenn Sie hier im Zustand 1 sitzen und das Ereignis 2 tritt auf. Was soll dann passieren? Gemäß Ihrem Modell gar nichts! Denn wir erwarten nur das Ereignis 1. Oder Sie befinden sich im Zustand 3 und das Ereignis 1 tritt auf, was soll jetzt passieren? Das Modell sagt wiederum: gar nichts. Wir warten nur auf das Ereignis 3, um in den Zustand 2 zurückzugehen.

Zustandsdiagramme spezifizieren also genau die Reihenfolgen von Ereignissen, die wir in unserem System zulassen wollen. Alles, was hier nicht explizit dargestellt ist, soll daher auch nicht klappen. Fassen wir also die ersten Grundelemente der Zustandsmodelle noch mal zusammen (vgl. Bild 7.3).

Was wir noch nicht gesehen haben, ist, dass Zustandsmodelle genau wie Activity-Diagramme einen Anfangszustand und einen Endzustand haben können, ausgedrückt wiederum durch den schwarzen Punkt und durch das Bulls Eye, die kleine Zielscheibe am Ende für Anfangs- und Endzustände. Die Zustände selbst werden ausgedrückt durch Kästchen mit abgerundeten Ecken. Die Übergänge sind die Pfeile zwischen diesen Zuständen. Und diese Übergänge (oder Transitionen) sind beschriftet mit den Ereignissen, die die Übergänge auslösen.

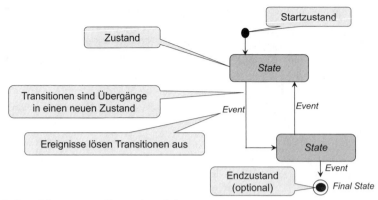

BILD 7.3 Grundelemente von Zustandsmodellen

Diese Art von Diagramm taucht in der Literatur unter vielen verschiedenen Namen auf. Die kürzeste deutsche Form ist Zustandsdiagramm. Die vollständigere Fassung hieße Zustandsübergangsdiagramm. Informatiker lernen sie im ersten Semester als endliche Automaten zur Darstellung der Syntax von Programmiersprachen, Ausdrücken und Ähnlichem kennen.

Im Englischen ist es ähnlich: die Kurzform State Diagram oder etwas präziser State Transition Diagram oder seit der Einführung von David Harel und der UML auch State Charts genannt. Mit all diesen Namen meinen wir die gleiche Art von Diagramm, die uns hilft, in Zuständen und Übergängen in Ereignissen zu denken.

Manche von diesen Zustandsdiagrammen sind zyklisch. Ich hab Ihnen in Bild 7.4 als Beispiel eine 2-Faden-Glühlampe mitgebracht. Vielleicht haben Sie so etwas schon mal gesehen, eine Glühlampe mit zwei Glühfäden. Wenn Sie den Knopf drücken, leuchtet der 50-Watt-Faden. Wenn Sie den gleichen Knopf noch einmal betätigen, geht der 50-Watt-Faden aus und der 100-Watt-Faden an. Sie haben doppelt so viel Licht. Sie betätigen genau den gleichen Knopf noch mal und der 50-Watt-Faden kommt dazu und Sie haben 150 Watt Licht.

Ein viertes Mal den Knopf drücken und es ist wieder finster. Sie sehen also, das gleiche Ereignis (Knopf gedrückt) löst ganz andere Aktionen aus, je nachdem, in welchem Zustand das Modell gerade ist. Und Sie sehen an diesem Modell auch, wenn die Glühlampe aus der Fabrik geliefert wird, dann ist der Anfangszustand „Lampe ist aus". Und es gibt keinen direkten

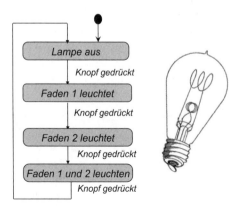

BILD 7.4
Ein zyklisches Zustandsmodell

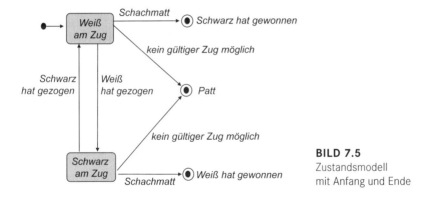

BILD 7.5
Zustandsmodell
mit Anfang und Ende

möglichen Übergang von 100-Watt-Licht zu finster, zumindest keinen legalen oder gewollten Übergang. Natürlich können Sie die Lampe zerstören oder den Stromstecker ziehen, was hier aber nicht mit modelliert wurde.

Das war ein Beispiel für ein zyklisches Zustandsmodell, das nach Inbetriebnahme nicht wieder in seinen Anfangszustand zurückkehrt, sondern ständig zwischen diesen vier Zuständen wechselt. Es gibt aber auch Zustandsmodelle, die einen Anfang und ein Ende haben. Ich habe hier als Beispiel ein Schachspiel genommen (vgl. Bild 7.5).

Sie kennen vielleicht die scherzhafte Merkregel: Weiß beginnt und Schwarz gewinnt. Also am Anfang ist Weiß am Zug. Wenn Weiß gezogen hat, ist Schwarz am Zug. Wenn Schwarz gezogen hat, ist wieder Weiß am Zug usw. Jetzt stellen Sie sich vor, Weiß ist am Zug und kann nicht mehr so richtig. Na, dann hat wohl Schwarz gewonnen und wir kommen in einen Schachmatt-Zustand, in einen Endzustand, bei dem Schwarz gewonnen hat. Das Gleiche gilt, wenn Schwarz am Zug war und nicht mehr so richtig kann. Dann hat wohl Weiß gewonnen. Und in beiden Zuständen können Sie sich auf ein Unentschieden einigen, auf eine Pattsituation, wenn keine gültigen oder sinnvollen Züge mehr möglich sind.

Hier haben Sie demnach ein Zustandsmodell, das einen klaren Anfang und ein klares Ende hat. Wir können also zyklische Modelle oder auch Modelle mit Anfang und Ende darstellen.

Die UML kennt noch eine Erweiterung der Beschriftung der Transitionen. Man kann Transitionen nicht nur mit Ereignissen beschriften, sondern einen Übergang auch durch Bedingungen (engl. Guards, also Wächter) absichern. An dem Beispiel der Ampel (in Bild 7.6) haben wir zu einem bestimmten Zeitpunkt die Situation, dass die Nordsüdrichtung gerade freie Fahrt hat; die Ampel lässt also Autos in der Nordsüdachse frei fahren. Das Ereignis, das die Ampel aus der Ruhe bringt, ist ein Zeitereignis: nach 60 Sekunden. „after" ist ein UML-Schlüsselwort, um solche Ereignisse auszudrücken. Überlegen Sie an der Stelle mal kurz, wo Ereignisse überhaupt herkommen können. Denken Sie zurück an das Kapitel über Use-Case-Analyse und ereignisorientierte Zerlegung. Da hatten wir schon zwei Arten von Ereignissen unterschieden: externe Ereignisse, die von außen kommen, die von einem Benutzer eingegeben werden, aus der Umwelt oder der Systemumgebung stammen, und Zeitereignisse. Beide Arten von Ereignissen können Sie natürlich auch in solchen Zustandsautomaten verwenden.

Jetzt kommt aber noch eine dritte Art von Ereignissen dazu, neben externen Ereignissen und Zeitereignissen: interne Ereignisse aus anderen Teilsystemen, die ein bestimmtes System zum Reagieren bringen. Hier – wie gesagt – haben wir ein Zeitereignis, nach 60 Se-

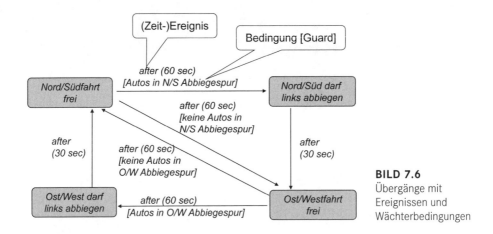

BILD 7.6
Übergänge mit Ereignissen und Wächterbedingungen

kunden, und als Randbedingung steht in eckigen Klammern daneben: wenn Autos in der Nord/Süd-Abbiegespur vorhanden sind. Das ist kein Ereignis, sondern eine Randbedingung, eine Wächterbedingung. In diesem Fall reagiert das Modell nach 60 Sekunden, wenn diese Bedingung wahr ist. Die Grundregel heißt also: Wenn das Ereignis eintritt und die Randbedingung wahr ist, dann schalten wir diesen Übergang. Stellen Sie sich in dem Fall vor, wir hätten die Nordsüdfahrt frei, 60 Sekunden wären abgelaufen und es stehen keine Autos in der Nord/Süd-Abbiegespur. Denken Sie sich den Rest des Modells aus Bild 7.6 einmal kurz weg und betrachten Sie nur diese eine Transition. Was sollte dann passieren? Und die Antwort ist: gar nichts. Wir bleiben in dem Zustand Nordsüdfahrt frei. Das Ereignis ist eingetreten, die Randbedingung war falsch, wir bleiben einfach sitzen.

Ich habe deshalb in dem Modell sofort auch die andere Bedingung eingezeichnet. Wenn die Nordsüdfahrt nach 60 Sekunden das Signal erhält und es stehen keine Autos in der Nord/Süd-Abbiegespur, dann wird sofort der Querverkehr freigegeben und die Ostwestfahrt kann jetzt fahren, was 30 Sekunden später ohnehin der Fall gewesen wäre.

Denken Sie noch mal kurz über den Unterschied von Ereignissen und Bedingungen nach. Ein Ereignis ist etwas spontan Auftretendes. Da passiert zu einem bestimmten Zeitpunkt etwas. Eine Bedingung hingegen ist entweder wahr oder falsch. In unserem Fall interessiert es uns nicht, **wann** ein Auto in die Nord/Süd-Abbiegespur eingefahren ist, ob das die zweite Sekunde war, die 33. Sekunde oder die 58. Sekunde in diesem 60-Sekunden-Zeitraum. Zu diesem Zeitpunkt, wo ein Auto in die Abbiegespur einfährt, ändert die Ampel ihren Zustand nicht. Es wird nur eine Variable auf wahr gesetzt. Abgeprüft wird dieser Wert erst nach 60 Sekunden.

So können Sie also beliebig spielen mit Ereignissen und Bedingungen. Ich gebe Ihnen noch ein zweites Beispiel für den Unterschied zwischen Ereignis und Bedingung. Denken Sie an eine kühle Nacht: Die Temperatur sinkt unter 10 Grad, vielleicht ist das Ereignis um 2.33 Uhr eingetreten. Wenn Sie beim Aufstehen um 7.00 Uhr früh fragen: Ist die Temperatur unter 10 Grad?, so lautet die Antwort ja oder nein und es interessiert Sie nicht, wann das Ereignis eingetreten ist. Jetzt fragen Sie eine Bedingung ab. Temperatur sinkt unter 10 Grad ist ein Ereignis. Ist die Temperatur unter 10 Grad, ja oder nein, ist eine Randbedingung, die man als solche in diesen Diagrammen auch verwenden kann.

7.3 Aktionen und Aktivitäten

Das Leben wäre wiederum langweilig, wenn wir mit solchen Zustandsdiagrammen nur erlaubte Ereignisfolgen ausdrücken können. Wir wollen ja festhalten, was unser System in bestimmten Zuständen tut, welche Funktionen ausgeführt werden. Sprechen wir als Nächstes also von diesen Funktionen, die unter bestimmten Umständen ausgeführt werden sollen. Die UML nennt diese entweder Activities oder Actions. Beim Eintreffen von Ereignissen wird manchmal wirklich nur der Zustand gewechselt und es wird nichts an Funktionen gemacht, aber in den meisten Fällen, weit über 90 %, soll bei einem Ereignis auch eine Funktion ausgelöst werden bzw. in einem Zustand eine Funktion ausgeführt werden. Und diese beiden Ausdrucksmittel stellt Ihnen die UML zur Verfügung. Wir haben einerseits Aktionen für Funktionen an Übergängen und andererseits Aktivitäten als Standardausdrucksmittel für Funktionen in Zuständen.

Bild 7.7 zeigt links, dass wir Aktionen direkt an den Übergang hinter das Ereignis schreiben, durch einen Schrägstrich getrennt: Ereignis/Aktion. Aktionen sind nicht unterbrechbare Funktionen, nicht unterbrechbare Vorgänge. Wenn das Ereignis eintritt, wird diese Aktion komplett durchgeführt vom Anfang bis zum Ende und danach befinden wir uns im nächsten Zustand. Die Aktion ist nicht unterbrechbar.

Wenn Sie es unterbrechbar haben wollen, schreiben Sie eine Aktivität in den Zustand, wie rechts in Bild 7.7 gezeigt. In dem Zustand hinter dem Schlüsselwort „do" steht eine Aktivität. Aktivitäten werden beim Betreten des Zustands gestartet, präziser gesagt: Sie können jetzt anfangen zu arbeiten, gemäß ihrer Beschreibung. Denn, Sie erinnern sich, hinter jeder Aktion und hinter jeder Aktivität steht eine Beschreibung. Das haben wir bei Aktivitätsdiagrammen schon gehabt. Sie müssen also genau lesen, was in der Beschreibung steht, um zu wissen, was an dieser Stelle im Ablauf vor sich gehen soll.

Aktivitäten in den Zuständen sind unterbrechbar. Wenn in dem Beispiel von Bild 7.7 das Ereignis E2 oder E3 eintritt, wird auf jeden Fall die Aktivität in diesem Zustand unterbrochen, egal wie weit sie gekommen ist. Wenn sie noch mittendrin ist, wird sie unterbrochen und die Fortsetzung abgebrochen. Wenn sie schon fertig wäre und die Ereignisse E2 und E3 sind immer noch nicht eingetreten, bleiben wir in dem Zustand, so lange, bis entweder das Ereignis E2 oder das Ereignis E3 kommt.

Sie können mit diesen beiden Alternativen spielen. Wenn Sie etwas Ununterbrechbares brauchen, schreiben Sie es als Aktion an die Transition, mit Schrägstrich hinter das Ereignis. Wenn Sie etwas unterbrechbar haben wollen, schreiben Sie es in den Zustand, hinter das Schlüsselwort do als Aktivität.

In beiden Fällen, sowohl bei Aktivitäten wie auch bei Aktionen, erlaubt die UML übrigens Listen. Sie können also Aktion 1, Aktion 2, Aktion 3 hinschreiben, genau wie do Activity 1,

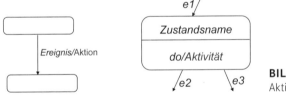

BILD 7.7
Aktionen und Aktivitäten

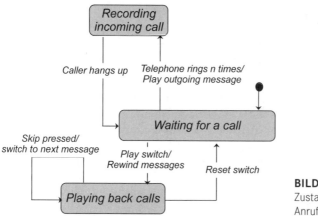

BILD 7.8
Zustandsmodell eines
Anrufbeantworters

Activity 2 usw. Damit ist allerdings *keine* Reihenfolge impliziert. Wenn Sie eine Liste hinschreiben, werden alle Elemente dieser Liste gleichzeitig gestartet und unabhängig voneinander ausgeführt. Meistens schreibt man jedoch nur einzelne Bezeichnungen hin und modelliert die Details dann eher über Aktivitätsdiagramme.

Ich habe als weiteres einfaches Beispiel ein Modell für einen primitiven Anrufbeantworter mitgebracht (vgl. Bild 7.8). Vielleicht verhält sich Ihr Anrufbeantworter zuhause anders als dieses Modell, aber in der Spezifikation sehen Sie, der Anrufbeantworter ist am Anfang in dem Zustand: Ich warte auf einen Anruf. Meiner zuhause ist programmierbar. Das Ereignis, das als Ausgang an dem Anfangszustand steht, heißt: „wenn das Telefon $n \times$ klingelt". Das n können Sie einstellen, beim ersten Mal klingeln oder beim dritten Mal klingeln. Es soll auf jeden Fall als nicht unterbrechbare Aktion eine entsprechende Meldung abgespielt werden, z. B. „Ich bin derzeit nicht erreichbar, bitte hinterlassen Sie mir eine Nachricht", und Sie sind im Zustand „Aufnehmen des eingehenden Anrufs". Als Ereignis, um aus dem Zustand wieder herauszukommen, sehen Sie „Anrufer hängt ein". Mein Anrufbeantworter ist brutaler. Entweder der Anrufer hängt ein oder er spricht länger als 60 Sekunden. Sie sehen, Sie können solche Bedingungen oder Ereignisse auch verknüpfen. Sie können sagen, bei dem Ereignis oder einem anderen Ereignis soll der Übergang geschaltet werden. Danach ist der Automat wieder im Zustand „Warten auf einen Anruf".

Überlegen Sie sich folgende Frage anhand des gezeigten Automaten: Ich habe gerade einen Anruf erhalten und bin beim Aufzeichnen. Kann dieses Gerät gleichzeitig einen zweiten Anruf entgegennehmen? Und die Antwort lautet gemäß dem Modell nein! Sie sehen, nur im Zustand „waiting for a call" wird das Klingeln des Telefons überhaupt erkannt. Wenn ich beim Aufzeichnen der eingehenden Nachricht bin, kann ich kein weiteres Telefonklingeln entgegennehmen. Oder Sie hätten das explizit in dem Zustandsdiagramm modellieren müssen. Sie mögen das als Fehler des Geräts sehen und ein anderes Verhalten wünschen, aber der Zustandsautomat spezifiziert genau diesen Sachverhalt.

Sehen wir uns den unteren Teil noch an. Wenn ich also nach Hause komme und die Wiedergabetaste drücke, dann werden die Nachrichten alle zurückgespult und ich bin im Zustand „Abspielen der eingegangenen Nachrichten". Jetzt höre ich, aha, schon wieder die Schwiegermutter, drücke auf den Skip-Knopf, überspringe diese Nachricht als Aktion, komme zur nächsten Nachricht und das kann ich ein paar Mal machen, so lange, bis ich den Reset-Knopf drücke.

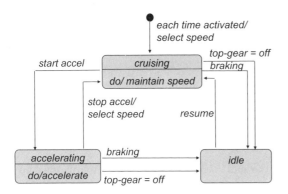

BILD 7.9
Zustandsmodell eines Tempomaten

Dann habe ich meine Nachrichten wieder gelöscht und komme zurück in den Zustand „Warten auf einen neuen Anruf".

Ein zweites Modell, das Ihnen nochmals den Unterschied zwischen den Aktionen und den Aktivitäten verdeutlichen soll, sehen Sie in Bild 7.9: Ich habe hier einen Geschwindigkeitsregelautomaten, einen Tempomaten, bei einem Fahrzeug dargestellt. Sie sehen, er wird beim Aktivieren sofort mit der Aktion select speed, wähle die Geschwindigkeit, gestartet. (Anmerkung: Die Notation ist nicht ganz UML-konform, weil man vom schwarzen Punkt weg eigentlich keine Ereignisse oder Aktionen notieren darf, aber es spart einen zusätzlichen expliziten „Idle-Zustand" und ist meines Erachtens immer noch gut lesbar.)

Beim Drücken des Knopfs zum Einschalten des Tempomats wird die momentane Geschwindigkeit übernommen. Das ist eine nicht unterbrechbare Aktion. Wenn Sie bei Tempo 122 den Knopf drücken, wird Tempo 122 als Wunschgeschwindigkeit festgehalten und wir sind im Zustand „cruising". In diesem Zustand läuft eine Aktivität und sie läuft längere Zeit; nämlich „halte die Geschwindigkeit aufrecht, versuche Tempo 122 zu fahren".

Was kann diesen Tempomaten aus der Ruhe bringen? Die ersten Ereignisse (nach rechts weg gezeichnet): Sie können den Gang wechseln (top-gear off) oder Sie können auf die Bremse steigen (braking). In beiden Fällen wird der Automat sofort in den Zustand „idle" versetzt. Sie haben also keine Aktivität mehr aktiv laufen, die Geschwindigkeit von 122 wird jetzt nicht mehr gehalten. Aus dem Zustand „idle" kommen Sie jedoch mit einer weiteren Taste, mit der Resume-Taste, wieder zurück in den Zustand „cruising" und Sie halten wieder die Geschwindigkeit.

Dieses Gerät besitzt noch eine weitere Taste, nämlich eine Beschleunigungstaste. Wenn Sie „start acceleration" drücken, kommen Sie aus dem Zustand „cruising" in den Zustand „accelerating" und in diesem wird mit konstanter Geschwindigkeit beschleunigt. Wie lange? So lange, bis Sie die Accelerate-Taste wieder loslassen (stop accelerate). Dann wird die zuletzt erreichte Geschwindigkeit übernommen. Sie sehen also, wenn Sie von 122 km/h auf 129 km/h beschleunigt haben und aufhören, ist jetzt 129 km/h Ihre neue Wunschgeschwindigkeit, die gehalten wird. „Select speed" ist eine Aktion; „maintain speed" oder „accelerate" sind die entsprechenden Aktivitäten. Selbstverständlich wollen wir auch aus dem Beschleunigungszustand herauskommen, wenn die Bremse betätigt wird oder wenn der Gang gewechselt wird.

Aktivitäten und Aktionen sind Ihre beiden Ausdrucksmittel, um Zustände und Ereignisse zu Tätigkeiten zu bewegen, zu nicht unterbrechbaren Tätigkeiten mit den Aktionen oder zu unterbrechbaren Tätigkeiten mit den Aktivitäten.

7.4 Zustandsmodelle erstellen und prüfen

Wie können wir solche Zustandsmodelle erstellen und prüfen? Wie finden wir überhaupt Zustände? Fangen wir damit mal an. Einen Trick haben wir schon im Kapitel mit den Use Cases gelernt: über die Ereignisliste! Betrachten Sie Ereignisse in der realen Welt und schreiben Sie sie in einer Liste auf. Sehr oft hören Sie solche Äußerungen von Ihren Stakeholdern: „Beim Eintreten dieses Ereignisses ist das System in dem Zustand." Oder: „Das Ereignis wird nur dann wahrgenommen, wenn das System in dem und dem Zustand ist." Meistens sprechen Ihre Anwender jedoch nicht so formal. Sie sagen: „Das soll nur passieren, wenn das der Fall ist." Aber dahinter steckt immer, wenn dieser Zustand nicht gegeben ist, wollen wir bestimmte Aktionen nicht ausführen. Sie sehen also, die Ereignisliste ist eine wertvolle Hilfe, um solchen Zustände zu finden. Manchmal hilft Ihnen auch, wenn der Kunde sagt: „Das können wir jetzt noch nicht machen, wir müssen warten, bis das und das passiert ist." „Warten auf ein bestimmtes Ereignis" ist auch eine umgangssprachliche Hilfe, um auf die Idee zu kommen, dass hier Zustände im Hintergrund verborgen sind.

Wie erstellt man also solche Zustandsdiagramme? Der einfachste Trick ist: Fangen Sie mit den bekannten Zuständen an, allen voran einmal ein Ausgangszustand, ein Ruhezustand oder ein Startzustand. In welchem Zustand wird das System geboren? Was ist der Anfangszustand? Wo kann es losgehen?

Zeichnen Sie zwei bis drei andere offensichtliche Zustände ein. Anschließend überlegen Sie sich, ausgehend vom Ausgangszustand, was kann mich aus der Ruhe bringen? Wann möchte ich diesen Zustand verlassen? Zeichnen Sie die entsprechende Transition ein. Denken Sie gleich auch an die Beschriftung mit dem entsprechenden Ereignis und eventuell anstehenden Aktionen. Überlegen Sie, ob es von diesem Zustand weg noch ein anderes Ereignis gibt und in welchen Zustand Sie damit geraten würden.

Und das machen Sie sukzessive, so lange, bis Sie alle Zustände verbunden haben und Ihnen keine weiteren Ereignisse mehr einfallen.

Prüfregeln für Zustandsautomaten

Jetzt kommen wir vielleicht dazu, ein paar Prüfregeln anzuwenden. Sie sind so weit, Sie haben ein erstes Diagramm skizziert und meine erste Prüfregel lautet:

Sind denn alle von außen beobachtbaren Zustände in diesem Modell bereits enthalten? Nehmen Sie mal das Lichtsystem in einem Raum und Sie haben vielleicht der Einfachheit halber modelliert, Licht ist an oder Licht ist aus. Durch genaueres Hingucken sehen Sie, dass es zwei getrennte Lichtbahnen gibt, die man getrennt schalten kann. Es kann rechts ein und links aus oder umgekehrt sein. Es gibt also von außen beobachtbare Zustände, die noch nicht in Ihrem Modell sind. Korrigieren Sie es entsprechend. Warum beharre ich so auf „von außen" beobachtbar?

Zustandsmodelle tendieren dazu, zu detailliert zu werden. Man versucht vielleicht, viel zu feine Schritte in dem System abzubilden. Wenn ich mich auf die von außen beobachtbaren Dinge konzentriere, bin ich bei den wichtigen Zuständen und nicht bei jedem einzelnen Befehlszählerschritt in Ihrem Programm. Sonst degenerieren solche Zustandsmodelle sehr leicht zu Activity-Diagrammen mit internen Schrittfolgen. Aber sorgen Sie wenigstens dafür, dass alle von außen beobachtbaren Zustände bereits in Ihrem Modell enthalten sind.

Die zweite Prüfung: Gibt es irgendwelche Zustände, die man nicht erreichen kann, wo keine Transition hinführt? Wenn das in dem Modell der Fall ist, dann muss das wohl ein Anfangszustand sein. Sie kommen sonst nie wieder dorthin. Also prüfen Sie bei Zuständen, die man nicht erreichen kann, ob es wirklich die Anfangszustände sind.

Die dritte Regel, eigentlich die noch wichtigere: Komme ich aus jedem Zustand wieder heraus? Sie haben irgendwelche Transitionen in einem Zustand gefunden und es führt noch keine Transition heraus. Dann muss das ja wohl ein Endzustand sein. Und wenn das kein erlaubter Endzustand sein sollte, sollten Sie sofort daran denken, unter welchen Ereignissen Sie diesen Zustand wieder verlassen können.

Meine letzte Prüfung ist die interessanteste: meine sogenannten „Was passiert wenn"-Spielchen. Reagiert mein System in *jedem* Zustand richtig auf *alle* Ereignisse? Diese Art von Fehlern machen Sie normalerweise nicht beim ersten Erstellen eines Zustandsmodells, sondern beim Modifizieren und Erweitern von Zustandsautomaten. Sie haben schon einen Teilautomaten und Sie fügen einen neuen Zustand hinzu. Zum Beispiel gibt es bei meinem Tempomaten jetzt neuerdings den Zustand mit dem Beschleunigen. Und wir zeichnen den offensichtlichen Übergang hinein, Beschleunigungstaste drücken, und den offensichtlichen Rückübergang, Beschleunigungstaste wieder loslassen, und sind damit zufrieden.

Diese vierte Prüfung besagt, dass Sie nachdenken sollen, was passieren soll, wenn in diesem neuen Zustand gebremst wird? Und Ihr bisheriger Automat sagt: „Gar nichts, ich warte auf das Aufhören der Beschleunigungstaste." Sie sehen, gerade beim Erweitern von Automaten vergisst man manchmal andere Ereignisse, die in dem Zustand auch noch wirksam sein sollen. Deshalb diese Prüfung – reagiert mein System in jedem Zustand richtig auf alle entsprechenden Ereignisse?

Mit diesen bisher besprochenen Ausdrucksmitteln haben wir schon ziemlich viel erreicht. Wir können Zustände zeichnen, Übergänge zeichnen, wir können sie mit Aktivitäten und Aktionen versehen, wir können die Ereignisse auch mit Randbedingungen versehen, um auszudrücken, dass bei dem Ereignis unter dieser Randbedingung der Übergang geschaltet werden soll.

Das ist das, was wir heute als einfache Zustandsmodelle bezeichnen, und damit findet man sehr lang sein Auslangen als Business Analyst oder Requirements Engineer.

■ 7.5 Komplexe Zustandsmodelle

In diesem Abschnitt wollen wir komplexe Zustandsmodelle etwas näher betrachten. Wir erfahren am Anfang, warum sie überhaupt komplex werden. Nehmen Sie diese beiden einfachen Diagramme aus Bild 7.10 links.

Ein Diagramm mit zwei Zuständen und zwei Übergängen, ein anderes Diagramm mit drei Zuständen und einigen Übergängen. Wenn Sie nun das Verhalten des Gesamtsystems betrachten, das sich aus diesen beiden Automaten zusammensetzt, sehen Sie schon, dass es zu einer kombinatorischen Explosion von Zuständen und Übergängen kommt (im Bild rechts).

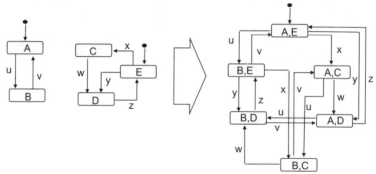

BILD 7.10 Zustandsmodelle werden leicht komplex.

Das System kann also am Anfang im Zustand (A, E) sein, das eine in A, das andere in E. Das ist der Anfangszustand. Und jetzt kann entweder das Ereignis U kommen, in dem einen Automaten, oder das Ereignis X und Y im anderen Automaten und dementsprechend erhalten Sie eine kombinatorische Anzahl von Zuständen. Zwei Zustände mal drei Zustände machen auf jeden Fall schon einmal sechs Zustände und auch die Übergänge werden sehr zahlreich.

Es ist nicht immer so einfach, dass Sie nur zwei und drei Zustände haben, also zwei mal drei kombinatorische Möglichkeiten. Wenn der eine Automat 17 Zustände hat und der andere 9, haben Sie eine extrem hohe Zahl von kombinatorischen Zuständen.

Wie kommen wir aus diesem Dilemma wieder heraus? Die Empfehlung ist, kombinieren Sie nicht! Sorgen Sie dafür, dass Sie Teilsysteme haben, die durch den jeweiligen Teilautomaten wunderbar beschrieben werden können. Nehmen wir an, die beiden Teilsysteme aus Bild 7.10 links wären der Motor und das Lichtsystem Ihres Autos (vgl. Bild 7.11). Das Teilsystem mit den zwei Zuständen wäre der Motor des Autos und Sie können ihn durch Drehen des Zündschlüssels starten oder abschalten. Das andere wäre Ihre Lichtanlage am Auto. Sie haben drei Zustände: Parklicht, Abblendlicht oder Fernlicht. Bei manchen Autos haben diese beiden Systeme gar nichts miteinander zu tun. Sie schalten den Motor ab und das Fernlicht bleibt – zumindest so lange, bis die Batterie leer ist. Bei anderen Autos haben Sie vielleicht etwas klügere Zusammenhänge.

Wenn Sie den Motor ausschalten, erhalten Sie eine Warnung „Ihr Licht ist noch an" und Sie werden akustisch oder optisch darauf hingewiesen, das Licht abzuschalten.

So kann ich auch Zustandsautomaten getrennt zeichnen und trotzdem miteinander kommunizieren lassen. Sie sehen in Bild 7.11, dass bei einem Ereignis im Motorteil „Motor ausschalten"

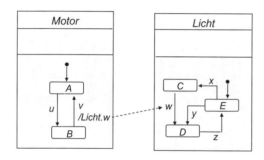

BILD 7.11
Kooperierende, möglichst disjunkte Teilsysteme

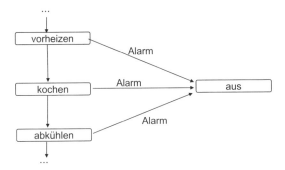

BILD 7.12
Identische Ereignisse für viele Zustände

ein Signal an den anderen Automaten gesendet wird, an das Licht, und dieses Signal (ich habe es hier W für Warnung genannt) wird in dem anderen Automaten als Ereignis interpretiert, um zum Beispiel vom Fernlicht zurückzuschalten auf die niedrigste Lichtstufe. Ich kann also kombinatorische Vielfalt dadurch vermeiden, dass ich gezielte Teilautomaten, beherrschbare Teilautomaten, kleinere Zustandsmodelle an ein jeweiliges Teilsystem anhänge.

Eine zweite Form der Komplexität entsteht dadurch, dass Sie manchmal in vielen Zuständen auf das gleiche Ereignis reagieren wollen. Nehmen wir als Beispiel einen einfachen chemischen Prozess aus Bild 7.12. Sie sind am Vorheizen, am Kochen und am Abkühlen für die erste Charge. Sie wollen die zweite Charge wieder vorheizen, kochen und abkühlen. Wenn Sie ausdrücken wollen, dass Sie unabhängig vom Zustand des chemischen Prozesses bei Eintreffen eines Alarmsignals in einen Aus-Zustand wechseln wollen, dann müssen Sie eventuell viele Kanten mit der Anschrift „Alarm" einzeichnen.

Dieses Problem versucht die UML durch Schachtelung in den Griff zu bekommen. Sie können um die drei Zustände Vorheizen, Kochen und Abkühlen einen großen Zustand legen, den Sie zum Beispiel „in Betrieb" nennen (vgl. Bild 7.13). Und jetzt zeichnen Sie die Kante nicht von den inneren Zuständen weg, sondern von diesem äußeren, großen Zustand. Damit gelingt es Ihnen wunderbar, Prioritäten auszudrücken: Egal, in welchem Teilzustand dieser innere Automat derzeit läuft, wenn ein wichtiges Signal kommt: Heraus aus dem Ganzen!

Bei einem meiner Kunden passierte es regelmäßig in jedem Kurs, dass es einen Feueralarm gab. Sie kennen das aus Unternehmen: Feueralarm bedeutet, sofort alles unterbrechen, liegen und stehen lassen und zum Sammelpunkt im Hof oder auf der grünen Wiese. Wenn diese Unterbrechung für alle Tätigkeiten gilt, wäre es sehr einfach, sich dafür etwas einfallen zu lassen, wie man es bequem ausdrückt. Aber vielleicht soll der Feueralarm nur für alle „normalen Mitarbeiter" gelten, während man „besondere Mitarbeiter" (wie z. B. den Vorstand)

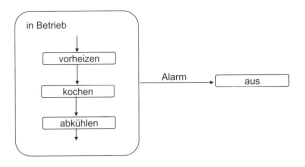

BILD 7.13
Geschachtelte Zustandsautomaten

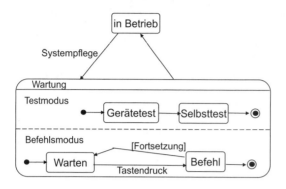

BILD 7.14
Parallele Teilzustände

vorher angerufen hat: „Es ist nur ein Probealarm. Sie brauchen nicht darauf zu reagieren. Das gilt nur für die anderen. Sie können ruhig weiterarbeiten."

An diesem Beispiel sehen Sie, dass ich die Wirkung von Ereignissen u. U. nur für bestimmte Teilbereiche des Systems festlegen möchte. Und dazu kann man diese Teilbereiche kapseln und andere außerhalb lassen und für die Gekapselten gilt dann Feueralarm und für den Vorstand nicht. Der kann durchaus mit seinen Tätigkeiten fortfahren, ohne von diesem Ereignis betroffen zu sein. Das bietet Ihnen die Möglichkeit der Schachtelung.

David Harel hat Mitte der 1980er-Jahre noch einige Erweiterungen hinzugefügt. Neben der Schachtelung von Zuständen erlaubte er auch parallele Teilzustände. In der UML wird das dadurch ausgedrückt, dass man in einem großen Zustand mit gestrichelten Linien zwei oder mehrere parallele Bereiche einzeichnet, in der Bedeutung, dass jede einzelne Region, die durch gestrichelte Linien getrennt ist, parallel, unabhängig von den anderen, ausgeführt werden kann. Ich habe in Bild 7.14 als Beispiel einen Rechner, der vielleicht in Betrieb ist und danach durch ein Kommando „Systempflege" in den Zustand „Wartung" kommt. Und in diesem Zustand „Wartung" laufen völlig unabhängig zwei Prozessketten los. Im oberen Bereich, im Testmodus, wird zuerst ein Gerätetest vorgenommen, anschließend ein Selbsttest und dann beendet sich dieser Teilautomat. Im anderen, im Befehlsmodus, wartet man, ob der Benutzer irgendwelche Befehle eingibt.

Wenn er einen Befehl eingegeben hat, wird der Befehl unter Umständen ausgeführt. Wenn der Befehl Fortsetzungen ermöglicht, ist man wieder im Warten usw.

Ich habe das Diagramm aus zwei Gründen als Beispiel gewählt. Erstens, um Ihnen die Notation für parallele Teilbereiche vorzustellen; Regionen, die durch gestrichelte Linien voneinander getrennt werden. Zweitens, um Sie zu bitten, solche Diagramme nicht zu zeichnen. Sie sehen in diesem Diagramm, das aus der Original-UML-Spezifikation stammt, ein sehr schlampiges Zustandsmodell. Der Übergang von Wartung zurück nach Betrieb ist überhaupt nicht beschriftet. Es steht kein Ereignis daran. Was bedeutet ein Übergang, der durch kein Ereignis ausgelöst wird? Die UML nennt das ein implizites Ereignis. Wenn alle Teilautomaten fertig sind, dann wird wieder zurückgeschaltet in den Betrieb. Vermeiden Sie bitte solche automatischen Übergänge, modellieren Sie lieber explizit

Betrachten Sie die obere Hälfte dieses parallelen Teilautomaten. Das ist für mich kein Zustandsautomat. Hier steht ein eindeutiges Aktivitätsdiagramm. Mache zuerst den Gerätetest, wenn der Gerätetest fertig ist, machst Du hinterher noch den Selbsttest, und wenn der Selbsttest fertig ist, sind wir am Ende. Nennen Sie so etwas keinen Zustandsautomaten!

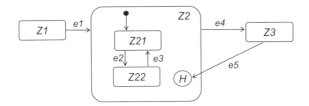

BILD 7.15
History für Zustandsmodelle

Das ist ein linearer Ablauf ohne Ereignisse und Bedingungen. Übergänge ohne Ereignisse sind schlechter Stil.

Eine dritte Erweiterung hat David Harel noch hinzugefügt: History (die Geschichte), eine sehr nützliche Erweiterung. Wenn Sie diesen kleinen Kreis mit dem Buchstaben H einzeichnen, wie in Bild 7.15, dann heißt ein Übergang dorthin: lieber Teilautomat, gehe zurück in deiner Geschichte, in den Zustand, in dem Du vor dem Verlassen gewesen bist.

Um das besser zu erläutern, spielen wir diesen abstrakten Automaten aus Bild 7.15 doch einmal durch: Wir befinden uns im Zustand Z1 und das Ereignis e1 tritt ein. Wir betreten den großen Zustand Z2 und sind in dem Anfangszustand Z21. Jetzt kommt das Ereignis e2, wir gehen nach unten; es kommt das Ereignis e3, wir gehen wieder nach oben usw.

Wir wechseln diese beiden Zustände beliebig oft. Irgendwann, während Sie im Zustand Z22 sind, werden Sie unterbrochen durch ein wichtiges Ereignis e4 und Sie verlassen den geschachtelten Zustand und befinden sich in dem Zustand Z3. Wenn Sie die Arbeit dort abgeschlossen haben, bei dem Ereignis e5, wollen Sie zurück in den Zustand Z2.

Sie haben aber eingezeichnet, dass wir zurückgehen auf die Historie. Das bedeutet, wir setzen dort fort, wo wir unterbrochen wurden. Bei meinem Durchspielen war das jetzt der untere Zustand Z22. Sie sehen, Sie können das statisch im Diagramm gar nicht ausdrücken. Sie können ja nicht wissen, wie viele Ereignisse gekommen sind. Um das auszudrücken, ist History ein sehr nützliches Konstrukt in der Bedeutung: Fahre dort fort, wo Du unterbrochen wurdest.

Jetzt kennt die UML noch die History mit einem Sternchen, H* oder Deep History. Sie erinnern sich an die Klassendiagramme, was das Sternchen bedeutet, wenn wir das an eine Beziehung als Multiplizität daran geschrieben haben? Es bedeutete viele. Und der Stern bedeutet hier das Gleiche. Dieser Automat und die vielen eventuell eingeschachtelten Automaten gehen alle zurück in ihrer Geschichte.

Wenn Sie ein tiefer geschachteltes Zustandsmodell mit mehreren ineinander geschachtelten Bereichen haben und Sie würden nur H hinschreiben, dann würde der Teilautomat, wo das H drin steht, in seiner Geschichte zurückgehen. Alle darunter liegenden würden bei ihrem schwarzen Punkt beginnen, bei ihrem Anfangszustand. Wenn Sie stattdessen H* hinschreiben, dann meinen wir Deep History: Dieser Automat und alle eingeschachtelten Automaten gehen zurück in ihrer Geschichte und fangen nicht am Anfang an. Sie können mit diesem Konstrukt also bestimmen, welche angefangenen Prozesse rettbar sind und welche man unterbrechen kann, und sich merken, wo Sie waren. Sie geben vor, welche Prozesse Sie wieder von Anfang an anfangen müssen, weil Sie sich nicht merken können oder wollen, wo sie zum Zeitpunkt der Unterbrechung waren.

Die drei Erweiterungen – Schachtelung, Parallelität und History – machen aus Zustandsautomaten sehr mächtige Ausdrucksmittel für jegliches Verhalten, das Sie in Systemen modellieren wollen.

7.6 Ein Beispiel

Sehen wir uns dieses Zusammenspiel der Erweiterungen im Zustandsmodell noch mal im Originalbeispiel von David Harel an, das er in seiner Veröffentlichung zur Einführung der Statecharts gebracht hat [Har87]. Es ist ein sehr komplexes Diagramm inklusive Parallelität, Schachtelung und History, das ich in Bild 7.16 wiedergegeben habe, aber ein sehr einfaches System.

Er modellierte eine digitale Casio-Armbanduhr, eine Uhr mit vier Knöpfen, die er in dem Diagramm mit den Buchstaben A, B, C und D bezeichnete. Fangen wir ganz oben an.

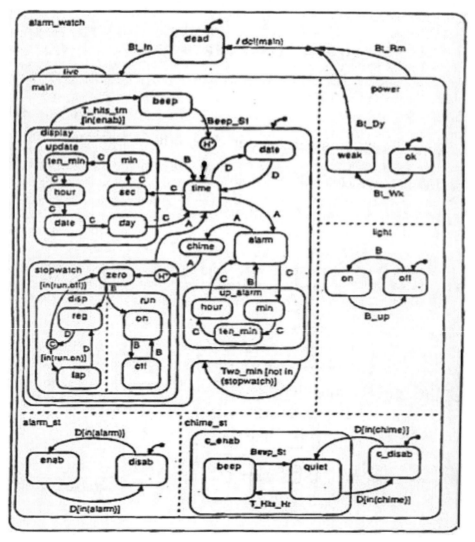

BILD 7.16 Die Erweiterungen von Statecharts im Zusammenspiel

Am Anfang ist die Uhr in dem Zustand „tot". Auch eine Casio-Uhr braucht eine Batterie, bevor sie zum Leben erwacht. Das Ereignis ist also Batterie einlegen und Sie kommen in den großen Zustand „lebendig". In diesem großen Zustand sehen Sie fünf Teilbereiche: rechts außen den Zustand der Stromversorgung, direkt darunter den Zustand des Lichts, rechts daneben den großen Zustand des Displays und unten den Wecker und den Chime, diesen Glockenschlag. Sie erinnern sich, das war vor Einführung der Mobiltelefone das, was die Seminare zu jeder vollen Stunde gestört hat, wenn im Abstand von zwei, drei Minuten alle Uhren im Raum ertönten und darauf hingewiesen haben, dass die volle Stunde erreicht ist. Ein Feature, das in den heutigen Uhren kaum mehr enthalten ist.

Mit Einlegen der Batterie gelangen Sie also vom Zustand tot in lebendig und Sie sehen auch sofort, wenn die Batterie schwach wird oder wenn die Batterie stirbt, kommen Sie wieder zurück in den Zustand „tot". Im Zustand „lebendig" betrachten wir zunächst den großen Zustand des Displays und hier ist der Anfangszustand die Anzeige der Zeit. Mit dem wiederholten Drücken der Taste A durchlaufen Sie einmal die Funktionalität der Uhr. Einmal die Taste A drücken und Sie können den Alarm einstellen, ein zweites Mal die Taste A drücken und Sie können mit dem Glockenschlag arbeiten. Ein drittes Mal, Sie können mit der Stoppuhr arbeiten und ein viertes Mal und Sie sind wieder in der Zeiteinstellung. Mehrmaliges Drücken der gleichen Taste wechselt also durch die Funktionalität.

Jetzt sehen wir uns den Übergang mit der Taste C an. Aus dem Zustand „Zeit" kommen Sie mit der Taste C zur Möglichkeit, die Zeit einzustellen. Interessanterweise kann man bei dieser Uhr die Sekunden zuerst einstellen und danach die Minuten und die Stunden. Die meisten Uhren beginnen umgekehrt mit dem Datum und dem Tag und erst am Ende folgen die Stunden, Minuten und Sekunden. Diese Uhr, das zeigt uns das Zustandsmodell zumindest, fängt mit der Sekundeneinstellung an und danach folgt die Minuteneinstellung. Sie können natürlich aus diesem Zustand „Zeiteinstellung" jederzeit herausspringen, indem Sie die Taste B drücken. Sie sehen, die Taste B unterbricht diese Zeiteinstellung und geht zurück in den Zustand „Zeit".

Betrachten Sie bitte den Teilautomaten rechts, wo Licht drin steht. Wenn Sie die Taste B drücken, wird gleichzeitig das Licht von aus nach an geschaltet. Das Licht geht kurz an. Ich hatte schon Teilnehmer in meinen Seminaren, die gesagt haben: „Genau, ich hab diese Uhr. Das macht die wirklich. Beim Unterbrechen der Einstellung geht kurz das Licht an." Inzwischen haben die neueren Modelle dieser Firma andere Tastenbelegungen gewählt. Aber das Zustandsmodell zeigt uns diese Wechselwirkung in einem Bild. Abbrechen des Einstellvorgangs mit der Taste B dreht gleichzeitig das Licht an, allerdings nur kurz. Loslassen der Taste B schaltet das Licht sofort wieder aus.

So, jetzt betrachten wir die Wirkung der Taste D. In dem Kernautomaten des Displays wird von „Zeit" umgeschaltet zu „Datum" und zurück wieder in die „Zeit". Einfaches Drücken der Taste D zeigt Ihnen die Datumsanzeige.

Wenn Sie allerdings vorher einmal auf die Taste A gedrückt haben und daher in den Zustand „Alarm" gekommen sind, dann sehen Sie jetzt ganz unten, dass in dem Alarmzustand das Drücken der Taste D das Scharfschalten des Alarms bewirkt. Der Alarm wird also von „disabled" auf „enabled" geschaltet. Ausgedrückt ist das durch das Ereignis D mit der Randbedingung: „wenn wir im Zustand Alarm sind". Hier haben Sie die Verwendung einer Randbedingung in eckigen Klammern als Hinweis auf den Zustand eines anderen Teilautomaten.

Wenn Sie vorher zweimal A gedrückt haben, sehen Sie, dass dadurch der Glockenschlag scharf geschaltet wird. Der ist am Anfang in dem Zustand „c-disab" und wird dann „c-enabled", ist aber natürlich zunächst ruhig und inaktiv. Erst wenn die Zeit erreicht wird, die volle Stunde, dann wird er piepsen und entsprechend die Stunde schlagen.

Betrachten Sie noch diesen kleinen Übergang, der vom Display zurück zum Display eingezeichnet ist, mit der Zeitbedingung „2 Minuten" und der Randbedingung „nicht in der Stoppuhr". Wenn das Ereignis eintritt, dann betreten wir den Teilautomaten neu und starten, wie üblich, in dem Anfangszustand „Zeit". Was bedeutet das? Egal, wo Sie in dem großen Teilautomaten drin stecken, wenn Sie zwei Minuten nichts tun, sind Sie auf jeden Fall wieder bei der Zeit, es sei denn, Sie waren in der Stoppuhr. Sie wollen natürlich nicht, wenn Sie gerade den Läufer auf die Ziellinie zukommen sehen und die Stoppuhr betätigen, dass die Uhr sagt: „Ätsch, ich zeig Dir jetzt wieder, dass es 13.02 Uhr ist." Wenn Sie in der Stoppuhr sind, wollen Sie durch dieses 2-Minuten-Ereignis nicht unterbrochen werden. Bei allen anderen Dingen, wenn Sie z. B. mitten in der Einstellung der Anzeigen aufgehört haben oder Sie haben die Datumsanzeige gerade aktiviert oder Sie waren in der Alarmeinstellung, gilt: Wenn Sie zwei Minuten nichts tun, weil Sie durch irgendetwas abgelenkt worden sind, dann zeigt die Uhr auf jeden Fall wieder die Zeit. Studieren Sie das Beispiel ruhig ein bisschen ausführlicher. David Harel hat hier in einem Diagramm alle seine Erweiterungsmöglichkeiten kombiniert.

Er hat auch Deep History gezeigt. Das sehen Sie beim Display. Wenn die Zeit erreicht wurde, dann schlägt auf jeden Fall der Alarm zu. Sie sehen, der Alarm ist noch wichtiger als diese 2-Minuten-Schranke. Egal, was Sie gerade tun. Auch wenn Sie die Stoppuhr benutzen. Wenn die Alarmzeit erreicht wird, kommt auf jeden Fall der Wecker zum Tragen und danach gehen wir zurück in die tiefe Geschichte. Das heißt, dieser Automat und alle eingeschachtelten Automaten sind wieder in ihrem entsprechenden Teilzustand. Hier haben Sie ein Musterbeispiel für die Verwendung von Deep History.

An der Stelle eine kleine Empfehlung: Wenn Sie wirklich ernsthaft über Zustandsautomaten mehr lernen wollen, lesen Sie das Originalbuch von David Harel und Michal Politi über „Modeling Reactive Systems". Nachdem es inzwischen nicht mehr in Druck ist, können Sie es sogar gratis von der Internetseite herunterladen. Wenn Sie unter den Namen einfach mal googeln, steht Ihnen das Buch komplett als PDF zur Verfügung.

Da drin finden Sie wunderbare Beispiele über den sinnvollen Einsatz von Zustandsautomaten. David Harel ist auch der Gründer der Firma ilogics, eine Firma, deren Tools insbesondere wichtig sind in der Verwendung von Zustandsautomaten und dahinterliegender Simulation und Animation wie zum Beispiel Statemate und Rhapsody, die in diesen Bereich fallen. Er hat die Szene geprägt, die UML hat die kompletten Arbeiten von Harel übernommen und sie einfach zum Bestandteil der UML gemacht. Sein Buch ist 98 % UML-kompatibel. Es ist unabhängig von der UML entstanden, aber die darin verwendeten Ausdrucksmittel sind voll kompatibel mit der UML.

7.7 Malen oder schreiben?

Kommen wir zurück zu unserem beliebten Spiel „Malen oder schreiben". Bei allen anderen Diagrammarten habe ich Ihnen gezeigt, dass Sie die Bilder auch durch deutsche Texte ersetzen können. Sehen wir uns das einmal für Zustandsmodelle an. Ich habe in Bild 7.17 ein Zustandsmodell für das Kombidisplay meines Autos gezeichnet, mit nur vier Zuständen und einigen Übergängen. Es erläutert, was ich unter welchen Bedingungen auf meinem Kombidisplay hinter dem Lenkrad sehe.

Der Grundzustand ist: Das Kombidisplay ist ausgeschaltet. Wenn ich die Zündung einschalte, dann wird auch mein Kombidisplay aktiv. Es ist am Anfang in dem Zustand, dass ich meine Fahrcomputeranzeigen sehen kann. Die (selbst noch komplexe) Aktivität ist: Fahrwerte anzeigen. Ich kann mich also durch momentanen Benzinverbrauch, durchschnittlichen Benzinverbrauch, gefahrene Strecke und Ähnliches durchtasten. Wenn ich auf den Knopf drücke, komme ich in den Zustand „Einstellungen".

Jetzt kann ich meine Grundeinstellungen vornehmen. Wenn ich noch mal auf den Knopf drücke, hängt es davon ab, ob mein Navisystem eingeschaltet ist oder nicht. Falls es nicht eingeschaltet ist, komme ich zurück in den Zustand „Fahrcomputerdisplay". Falls es eingeschaltet ist, werden mir jetzt die Navipfeilchen angezeigt; ich sehe also meine Fahrhinweise „abbiegen in 300 m" oder Ähnliches.

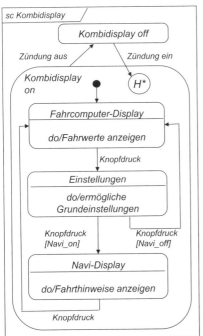

1. Das Kombidisplay soll beim Ereignis „Zündung_ein" vom Zustand „off" in den Zustand „on" wechseln.

2. Beim Ereignis „Zündung_ein" soll das Kombidisplay in den Teilzustand zurückkehren, den es vor dem letzten Ereignis „Zündung aus" gehabt hat.

3. Aus dem Zustand „Einstellungen" soll das Kombidisplay bei dem Ereignis „Knopfdruck" bei eingeschaltetem Navisystem in den Zustand „Navi-Display" wechseln, bei ausgeschaltetem Navi-System in den Zustand „Fahrcomputer-Display".

4. …

BILD 7.17 Malen oder schreiben?

Ich habe auch hier Deep History verwendet, um anzudeuten, dass sich mein Kombidisplay merkt, in welchem Zustand es beim Abschalten des Motors war. Wenn ich das Auto später wieder neu starte und ich hatte vorher meine Navianzeige, sehe ich auch jetzt wieder meine Navianzeige. Wenn ich vorher meine Grundeinstellungen hatte, sehe ich auch jetzt wieder die Grundeinstellungen oder meine Fahrwerte.

Probieren Sie bitte, dieses Verhalten, das in dem einen Automaten modelliert ist, entsprechend in Deutsch auszudrücken. Das geht, aber es werden sehr viele und sehr komplexe Sätze. Die ersten drei davon habe ich in Bild 7.17 ausformuliert. Die erste Forderung erläutert den grundsätzlichen Übergang von dem Zustand oben in den großen Zustand. Die zweite Forderung ist die Wiedergabe der Deep History. Die dritte Forderung beschreibt das unterschiedliche Verhalten in Abhängigkeit vom Navisystem. Sie sehen, von den vielen Kanten, die ich hier gezeichnet habe, habe ich nur drei wiedergegeben. Stellen Sie sich mal vor, wie komplex die vollständige geforderte Verhaltensbeschreibung für dieses Teilsystem wäre, wenn Sie es nur in Deutsch machen.

Use Cases kann man relativ leicht in Deutsch wiedergeben. Aktivitätsdiagramme sind auch noch einfach in Deutsch wiederzugeben. Bei Datenmodellen und bei Zustandsmodellen ist die Modelldarstellung so viel kompakter und aussagekräftiger, dass eine vollständige Wiedergabe der Anforderungen in Umgangssprache extrem aufwendig ist, aber natürlich machbar. Entscheiden Sie selbst, ob Sie lieber solche Modelle lernen und damit das gewünschte Verhalten des Systems exakt spezifizieren oder ob Sie versuchen, diese deutschen Sätze vollständig hinzubekommen.

■ 7.8 Zustandsmodelle und Aktivitätsdiagramme

Lassen Sie uns noch mal über das Zusammenspiel von Zustandsmodellen und Aktivitätsdiagrammen nachdenken. Beides sind Mittel, um Abläufe auszudrücken. Aktivitätsdiagramme sind eher für lineare Abläufe geeignet, die genauso wie gezeichnet von Anfang bis Ende ausgeführt werden. Zustandsdiagramme sind eher für asynchrone Abläufe geeignet, die gesteuert von externen Ereignissen oder Zeitereignissen oder internen Ereignissen Wirkung zeigen, wann was gemacht werden soll. Beim Übergang von UML 1 auf UML 2 hat man versucht, diese Diagramme etwas besser voneinander zu trennen, aber meines Erachtens ist der Versuch gescheitert. Rein syntaktisch haben wir jetzt sogar das gleiche Symbol für Aktivitäten und Zustände, nämlich Rechtecke mit abgerundeten Ecken. Ich möchte Ihnen aber inhaltlich lieber noch zeigen, wann Sie eher Zustandsmodelle und wann Sie eher Aktivitätsdiagramme verwenden sollen, und nehme mir dazu ein Beispiel aus meinem Haus: meine Heimsauna.

Bild 7.18 zeigt ein Zustandsmodell für meine Heimsauna. Der Ausgangszustand ist natürlich, sie ist stromlos, ich habe den Schalter noch nicht einmal eingeschaltet. Wenn ich sie einschalte, ist sie im Zustand „Standby". Sie tut noch nichts, sie heizt nicht, sie wartet im Prinzip, was ich weiter tun möchte. Ich könnte sie jetzt direkt starten und mit den bisherigen Voreinstellungen in Betrieb nehmen. Der Zustand „in Betrieb" hat zwei parallele Teilzustände:

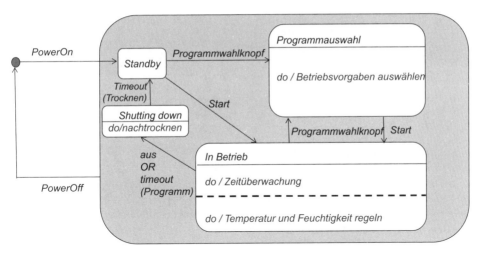

BILD 7.18 Beispiel Heimsauna

einerseits die Zeitüberwachung, denn meine Sauna läuft im Normalfall so ca. vier Stunden, und andererseits die Temperatur- und Feuchtigkeitsüberwachung. Diese beiden Prozesse laufen vollkommen unabhängig voneinander. Alternativ kann ich statt einfach zu starten vorher über einen Programmwahlknopf noch in meine Programmauswahl hineingehen und darin spezielle Betriebsvorgaben auswählen.

Sie sehen, ich habe eine komplette Funktion hier hin geschrieben: Betriebsvorgaben auswählen; obwohl das ein sehr komplexer Vorgang ist. Wenn ich dann fertig bin mit dem Auswählen der Betriebsvorgaben und den Startknopf zu einem beliebigen Zeitpunkt drücke, bin ich wieder im Zustand „in Betrieb". Herauskommen aus diesem Zustand kann ich, wenn ich entweder explizit ausschalte oder wenn meine Zeit abgelaufen ist. Nach vier Stunden, egal was ich mache, schaltet sich das Programm selbstständig aus, es geht aber nicht gleich in einen Aus-Zustand, sondern (um mein Holz zu schonen) in einen Nachtrockenzustand. Es fährt also die Sauna geordnet herunter und trocknet noch mal das Holz nach und erst wenn die 30 Minuten Trockenzeit abgelaufen sind, bin ich zurück im Zustand „Standby". Sie sehen aber, egal, was die Sauna gerade macht, wenn Sie den Stromstecker ziehen oder den Strom ausschalten, sind Sie sofort wieder aus allen diesen Zuständen herausgefallen.

Das ist ein wunderbares Beispiel, um Zustandsverhalten eines technischen Geräts, in diesem Fall meine Heimsauna, zu zeigen. Betrachten wir die Aktivität „Betriebsvorgaben auswählen", für die ich in Bild 7.19 zwei Aktivitätsdiagramme überblendet habe.

Diese Verfeinerung ist ein klassischer Fall für Aktivitätsdiagramme: ein linearer Ablauf. Ich werde gefragt: „Welches Programm möchtest Du auswählen?" und habe dann die Möglichkeit, ein bis vier Standardprogramme zu wählen. Und wenn dieser Standard o.k. ist, bin ich auch schon fertig. Ich wähle Standardprogramm 2 aus und bin am Ende. Ich kann natürlich auch statt meiner Standardprogramme detailliertere Vorgaben machen und gerne individuelle Einstellungen vornehmen. Dann wird die Aktivität „Betriebsvorgaben setzen" ausgeführt, die ich auch erreichen kann, wenn ich Standardprogramm 2 ausgewählt habe und sage, ich möchte einige von diesen Betriebsvorgaben ändern, wenn also Änderungen gewünscht sind.

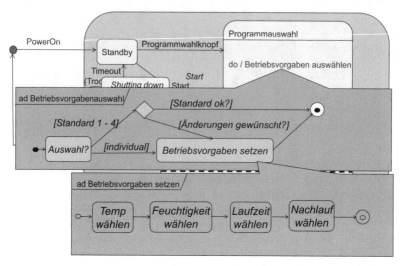

BILD 7.19 Verfeinerung einer groben Aktivität über zwei Ebenen

Auch „Betriebsvorgaben setzen" ist als eingeschachteltes Aktivitätsdiagramm modelliert und Sie sehen, es besteht aus vier linearen Schritten. Ich muss zuerst die Temperatur auswählen, kann natürlich drüber schalten und die vorhandene Temperatur nehmen, ich muss dann die Feuchtigkeit auswählen, z. B. 60 %, anschließend die Laufzeit, Standard wäre vier Stunden. Ich kann sagen, ich hätte gerne nur zwei Stunden und die Nachlaufzeit auf zehn Minuten oder den Standard von 30 Minuten. Ein absolut linearer Ablauf. Sie sollten solche linearen Abläufe, wie hier die Betriebsvorgabenauswahl oder das Setzen der Betriebsvorgaben, nicht als Zustandsautomat zeichnen, sondern nehmen Sie ganz einfache Aktivitätsdiagramme. Bei linearen Abläufen sind Aktivitätsdiagramme das Mittel der Wahl. Wenn Abläufe eher asynchron unterbrechbar sind, wie mein übergeordnetes Modell der Heimsauna, dann sollten Sie in Zustandsautomaten denken.

■ 7.9 Use Cases und Zustandsmodelle

Lassen Sie uns auch noch einmal das Zusammenspiel zwischen Use Cases und Zustandsmodellen genauer in Augenschein nehmen. Ich habe dazu wieder das industrielle Beispiel genommen, von dem Sie im Kapitel über Datenmodelle bereits die zentralen Begriffe kennengelernt haben, die Spezifikation des Systems FlexRay, eines Protokolls im Automotivebereich.

Für die jetzige Betrachtung habe ich in Bild 7.20 einen kleinen Ausschnitt aus dem Use-Case-Diagramm herausgenommen, ein Ausschnitt mit sechs Use Cases. Einer davon wird durch die Stromversorgung angestoßen, die anderen werden von dem Steuerprogramm, von dem Host aus angestoßen und einer davon ist zyklisch durch die Zeit ausgelöst. Das ist sogar der Hauptprozess, der übliche Kommunikationszyklus. Und Sie sehen eine Extension darin, nämlich clock synchronisation, das Abstimmen der Geräte im Auto, wie spät es ist.

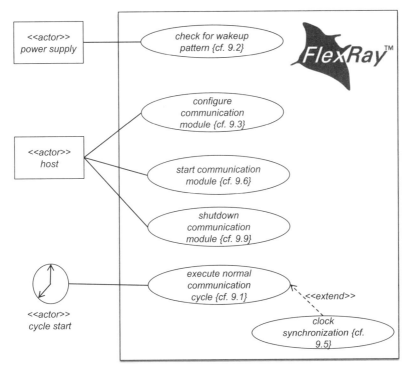

BILD 7.20 Use-Case-Modell von FlexRay

FlexRay ist nämlich dadurch gekennzeichnet, dass es keinen Master gibt, der sagt, es ist jetzt 15.03 Uhr, sondern die Geräte müssen sich untereinander einigen, also war auch diese Uhrzeitabstimmung ein sehr komplexer Prozess.

Zu diesen sechs Use Cases gehört das übergeordnete Zustandsdiagramm aus Bild 7.21. Wie oft in Embedded Real Time Systems haben wir als Ausgangszustand, der Strom ist ausgeschaltet und das ganze System geht überhaupt erst mit Eintreffen eines Stromsignals in Betrieb.

Am Anfang sind wir hier im Zustand „nicht operational" und da drin laufen die beiden Aktivitäten „check for wakeup pattern" und „configure communication module". Nur sind das jetzt nicht einfache Aktivitäten, sondern ganze Use Cases, wie wir sie in Bild 7.20 gesehen haben. Sie sehen also, das Erkennen des Zustands „nicht operational" hilft uns hier sogar, die entsprechenden Prozesse zu finden. Das ist die Frage nach der Henne und dem Ei: Was war zuerst da? Haben wir den Zustand zuerst erkannt und dann die Prozesse entdeckt oder hatten wir die Prozesse schon im Auge und haben sie jetzt nur den Zuständen zugeordnet?

Im weiteren Verlauf muss der Host explizit das Startkommando geben, dann kommen wir in den großen Zustand „operational" und da drin gibt es immer noch drei Teilzustände: „Starting" (oder Hochfahren), „Working" und „Halted".

Working ist natürlich der interessanteste Zustand. Da laufen die beiden Haupt-Use Cases „execute normal communication cycle" und „clock synchronization", die wir auch in Bild 7.20 gesehen haben. Bei jedem Fehler, der in einem der drei Zustände eintritt, gehen wir sofort in den Zustand „Halted" und warten darauf, dass uns der Host explizit wieder aus dieser Lage befreit.

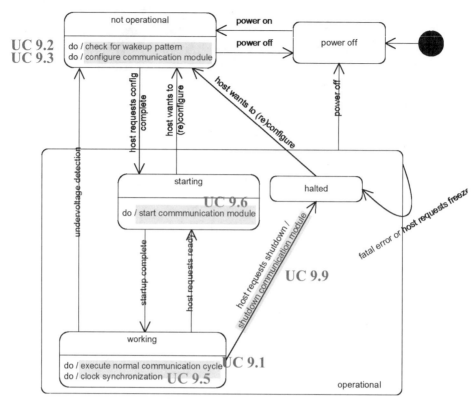

BILD 7.21 Zustandsmodell für FlexRay

In dem Fall haben wir etwas, was im Großen für Modelle von Embedded Real Time Systems sehr symptomatisch ist. Wir haben übergeordnet über unsere Use Cases noch ein Zustandsmodell, das wie das Holzkreuz mit den Fäden bei einer Marionette im Prinzip die einzelnen Use Cases (d. h. die Bewegung der Teile der Puppe, wie Kopf, Hände, Beine, …) kontrolliert. Wenn ich in einem bestimmten Zustand bin, dann dürfen bestimmte ganze Prozesse laufen. Sobald ein Zustand gewechselt wird, sind diese Prozesse zu Ende und andere Prozesse laufen.

Um das besser im Überblick auszudrücken, haben wir aus Präsentationsgründen damals noch die komplette Struktur der Requirements-Spezifikation auf einer Seite dargestellt, quasi als „zweidimensionales, grafisches Inhaltsverzeichnis". Betrachten Sie zunächst nur die elliptischen Use Cases und die unbenannten, kleinen (grauen) Aktivitätssymbole. Sie sehen hier auf der obersten Ebene die sieben Use Cases. (Ich habe Ihnen in Bild 7.20 zwei weniger wichtige verschwiegen.) Einige davon sind überhaupt nicht weiter verfeinert. Da reicht eine Seite Use-Case-Beschreibung vollkommen, um genau zu spezifizieren, was die Prozesse machen sollen; so zum Beispiel die rechten beiden Use Cases.

Der komplexeste Use Case ist auf der linken Seite der normale Kommunikationszyklus, der über drei Ebenen in Form von Aktivitäten zerlegt ist. Sie sehen also ein geschachteltes Aktivitätsdiagramm mit drei Ebenen für die Haupttätigkeiten „Senden" und „Empfangen" von Signalen. Übergeordnet (grau schraffiert) sind die Zustandsmodelle eingezeichnet, die festlegen, wann die entsprechenden Funktionalitäten laufen sollen und wann nicht.

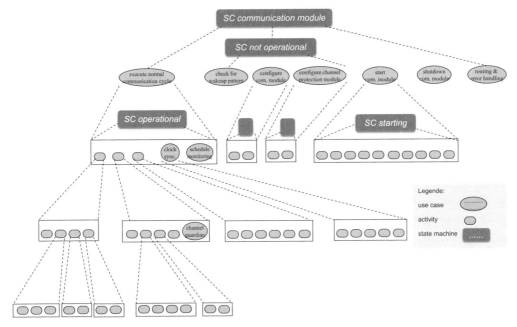

BILD 7.22 Ein grafisches Inhaltsverzeichnis einer Spezifikation

Ganz oben ist der Automat auf der obersten Ebene, der überhaupt unsere Use Cases kontrolliert, den Sie in Bild 7.21. kennengelernt haben. Sie sehen aber auch, dass auf der nächsten Ebene, was ich Ihnen nicht gezeigt habe, noch Zustandsmodelle verwendet wurden, um die Aktivitäten anzutriggern oder abzustellen oder zu verzögern.

So kann ich im Großen also Zustandsmodelle mit Funktionalität kombinieren – entweder mit Use Cases oder mit Aktivitäten.

■ 7.10 Zusammenfassung

Wir haben in diesem Kapitel gelernt, wie man asynchrones Systemverhalten und Reaktion auf Ereignisse, die aus der Umwelt oder von anderen Teilsystemen kommen, mit Zustandsmodellen klarer ausdrücken kann. Immer wenn wir Verarbeitungen haben, die nicht nur von Eingaben, sondern auch von Ereignissen der Vergangenheit beeinflusst werden, wo man sich einen Zustand merken muss, spielen diese Modelle ihre Stärke aus. Wir haben darüber gesprochen, wie man solche Zustandsmodelle erstellt, wie man Zustände und Übergänge findet und benennt: von den offensichtlichen Anfangszuständen sucht Ereignisse, die uns aus diesen Zuständen herausbringen in andere Zustände. Und später ergänzt man dann die Aktionen oder die Aktivitäten, die entweder bei einem Übergang oder innerhalb eines Zustands ablaufen sollen.

Wir nutzen solche Verhaltensmodelle entweder, um Entities zu modellieren, die eine Lebensgeschichte haben, was in der Literatur oft als „Entity Life History" oder „Object Life History" bezeichnet wird, wie zum Beispiel die Lebensgeschichte eines Vertrags oder die Lebensgeschichte einer DVD in einem DVD-Verleih, um aufzuzeigen, welche Zustände der Vertrag oder die DVD im Laufe ihres Lebens annehmen können. Oder wir modellieren mit solchen Modellen das Verhalten an der Mensch-Maschine-Schnittstelle, welche Masken oder Maskenfolgen möglich sein sollen und bei welchen Eingaben wohin umgeschaltet wird. Noch viel öfter modellieren wir das Verhalten für komplexe nichtlineare Teilsysteme von Systemen, die durch eine Vielzahl menschlicher Eingriffe oder technischer Signale von Nachbarsystemen oder intern generierter Zwischenergebnisse gesteuert werden.

8 Qualitätseigenschaften und Randbedingungen

Genug von den funktionalen Anforderungen, von Abläufen und Daten. Im Kapitel 8 wenden wir uns den gewünschten Qualitätseigenschaften Ihrer Produkte und Systeme zu sowie den Randbedingungen, unter denen Sie arbeiten müssen. Zusammengenommen werden diese Qualitäten und Randbedingungen oft als nichtfunktionale Anforderungen bezeichnet. Und obwohl sie extrem wichtig für Erfolg oder Misserfolg von Projekten sein können, werden sie leider in der Praxis immer noch häufig vernachlässigt.

Wir lernen über die Bedeutung dieser nichtfunktionalen Anforderungen, wir lernen Kategorisierungsschema, die man systematisch abarbeiten kann, um keine einzige Kategorie zu vergessen, und wir lernen auch, wie man solche nichtfunktionalen Anforderungen testbar und nützlich beschreiben kann.

8.1 Was sind nichtfunktionale Anforderungen?

Lassen Sie uns in diesem Kapitel über das schwierige Thema nichtfunktionale Anforderungen sprechen. Für Ihre Projekte und Produktentwicklungen ist dieses Kapitel von extremer Bedeutung. Was sind nichtfunktionale Anforderungen? Wir haben Anforderungen in der Einleitung eingeteilt in funktionale und nichtfunktionale Anforderungen. Eine äquivalente englische Bezeichnung wäre functional and non-functional requirements. Manchmal werden die funktionalen Anforderungen auch „required features" genannt – also Dinge, die das System können muss. Und die nichtfunktionalen Anforderungen werden required constraints genannt – geforderte Randbedingungen für diese Dinge, die das System kennen muss.

Für die funktionalen Anforderungen gilt, dass das Anforderungen für eine Systemeigenschaft sind, die wir am Ergebnis beobachten können. Wenn das System also läuft, dann sehen wir, ob es die Funktion ausführt; wir sehen, ob es diese Daten verarbeitet; wir sehen, ob das gewünschte Systemverhalten wirklich stattfindet.

Ein Beispiel dafür wäre: *Das System soll die Position des Flugzeugs bestimmen.* Ich kann nach Fertigstellung feststellen, ob das System die Position des Flugzeugs liefert oder nicht. Oder in einem Bankensystem: *Das System soll den derzeitigen Kontostand ermitteln.* Wenn ich das System laufen lasse, kann ich sehen, ob ich den Kontostand bekomme oder nicht.

Hingegen sind nichtfunktionale Anforderungen solche Anforderungen an Funktionen, Daten oder Teilsysteme, die die Designfreiheitsgrade bei der Umsetzung dieser Funktionen einschränken. Ich kann also die Funktion nicht beliebig ausführen, ich muss sie unter diesen Einschränkungen ausführen. Wir haben in der Einleitung schon erwähnt, dass nichtfunktionale Anforderungen in zwei Kategorien fallen: einerseits Qualitätsanforderungen und andererseits Randbedingungen.

> Einige einführende Beispiele

Ein Beispiel für eine Qualitätsanforderung könnte sein: *Das System soll nur für autorisierte Benutzer zugänglich sein.* Und an diesem Beispiel sehen Sie vielleicht schon das Dilemma in der Diskussion zwischen funktionalen und nichtfunktionalen Anforderungen. Zugangskontrolle? Das ist doch eine Funktion. Naja, zunächst einmal möchte ich aber ausdrücken, dass bestimmte Funktionen des Systems nur für bestimmte Benutzer zugänglich sein sollen. Das heißt, die Ausführung der Funktion hat eine Randbedingung (wer darf es?), deshalb fällt sie bei mir in die Kategorie der Sicherheitsanforderungen. Sie könnten sie aber genauso gut als funktionale Anforderung einordnen.

Das wird uns auch im Weiteren begleiten. Sie haben bei den nichtfunktionalen Anforderungen öfter die Wahl, in welche Schublade Sie sie stecken oder ob Sie sie sogar zu funktionalen Anforderungen machen. Das gilt für viele nichtfunktionale Anforderungen, dass wir ausgehend von einem Qualitätswunsch diesen umformulieren müssen, so lange, bis wir wissen, wie wir ihn im realen System umsetzen können.

Ein zweites Beispiel für eine Qualitätsanforderung: *Das System soll in eine bisher noch unbekannte Menge anderer Sprachen übersetzbar sein.* Diese Aussage hätte meinem Team geholfen, als wir vor 25 Jahren anfingen, unser Produkt (ein Modellierungs- oder CASE-Tool) zu entwickeln. Wir waren damals so arrogant und nahmen an, dass die Sprache der IT ohnehin Englisch ist, und entwickelten daher unser komplettes Produkt mit englischen Masken, englischen Kommandos und englischen Fehlermeldungen. Fünf Jahre später kam dann eine deutsche Firma und hat gesagt: „Können wir das Ganze auch in Deutsch bekommen?" Unser Design war leider nicht geschickt genug, um diesen Sprachaustausch leicht vorzunehmen. Hätten wir am Anfang gewusst, dass wir später in andere Sprachen übersetzen müssen, hätten wir die Funktionalität so entwickelt, dass das Umsetzen auf andere Sprachen leichter gewesen wäre.

Beispiele für Randbedingungen sind leichter zu finden. Eine Randbedingung wäre: *Das System soll gemäß dem V-Modell XT entwickelt werden.* Das ist eine Randbedingung, die sich gar nicht auf das Produkt bezieht, sondern eher auf den Prozess, auf den Entwicklungsprozess. Es wird verlangt, dass wir uns an dieses Vorgehensmodell bei der Erstellung des Produkts halten. Einige der Randbedingungen beziehen sich auf den Prozess. Andere Randbedingungen und alle Qualitätsanforderungen und auch alle funktionalen Anforderungen beziehen sich eher auf das Produkt.

Ein anderes Beispiel für eine Randbedingung wäre: *Bei der Implementierung dieses Systems soll MySQL verwendet werden;* die Forderung nach einer bestimmten Technologie. Auch das betrachten wir als Randbedingung.

> Was, nicht wie! Aber ...

Sehr oft hören wir: „Sag uns bitte, was Du haben willst, und sag uns nicht, wie es getan werden sollte." Gerade Randbedingungen sind sehr oft in diesem Bereich, wie etwas getan werden sollte, aber wer auch immer das Geld hat und die Macht, einen Auftrag zu erteilen, darf uns nicht nur sagen, was er haben möchte, sondern hat auch alles Recht, uns Randbedingungen mitzugeben. Das sind z. B. Randbedingungen bezüglich der Wiederverwendung von bestimmten Teilen: „Ich möchte nicht, dass diese Teile neu entwickelt werden. Nehmt bitte die, die wir schon in der vorigen Version haben." „Verwendet bitte Standardkomponenten für diese und jene Aufgabenstellung" oder „Verwendet diese Funktionen so und entwickelt sie so, dass wir sie querschnittlich auch in anderen Produkten einsetzen können."

Warum zum Beispiel verlangt jemand, dass ein System unbedingt in Java oder in C# geschrieben werden soll? Als Programmierer hätten wir doch schöne Möglichkeiten und Freiheitsgrade, das System in unserer Lieblingssprache zu entwickeln. Die Forderung ist allerdings berechtigt, wenn der Kunde selbst die Wartung übernehmen möchte und sagt: „Ich habe hier 150 ausgebildete C#- oder Java-Programmierer und die sollen weiterentwickeln." Also habe ich als Randbedingung: Entwickle das System in dieser Programmiersprache – eine verständliche und auch sicherlich oft anzutreffende Randbedingung.

Wir können also nicht immer nur auf das WAS reduzieren, manchmal werden wir auch das WIE in den Vorgaben finden.

Sehen wir uns noch mal den Zusammenhang zwischen funktionalen und nichtfunktionalen Anforderungen an.

Wir haben im Kapitel über Datenmodelle gelernt, diese zu lesen. Bild 8.1 ist ein kleines Metamodell für die eben diskutierten Begriffe: Sie sehen darin die Spezialisierung von nichtfunktionalen Anforderungen: Eine Qualitätsanforderung *ist eine* nichtfunktionale Anforderung und eine Randbedingung *ist eine* nichtfunktionale Anforderung.

Lassen Sie uns über die Beziehung zwischen funktionalen und nichtfunktionalen Anforderungen ein bisschen nachdenken. Lesen Sie, was in Bild 8.1 modelliert ist. Hier steht: Eine nichtfunktionale Anforderung schränkt das Design für ein oder mehrere funktionale Anforderungen ein. Im Klartext heißt das, eine nichtfunktionale Anforderung steht niemals für sich alleine. Sie bezieht sich mindestens auf eine Funktion, vielleicht aber auch auf viele, vielleicht sogar auf das Gesamtsystem. Umgekehrt gelesen: Eine funktionale Anforderung wird eingeschränkt durch derartige nichtfunktionale Anforderungen. Beachten Sie die Multiplizität: Eine funktionale Anforderung kann 0 oder 1 oder 2 oder auch beliebig viele nichtfunktionale Anforderungen haben. Manche Funktionen haben keine Randbedingungen und keine Qualitätseigenschaften. Es reicht, die Funktion zu verlangen. Andere haben drei oder vier oder fünf nichtfunktionale Anforderungen zugeordnet.

Wir werden also nichtfunktionale Anforderungen immer zu den funktionalen Anforderungen zuordnen. Sie nehmen den Entwicklern bewusst Designfreiheitsgrade, sie beeinflussen die Art, wie die Funktion umgesetzt oder realisiert werden kann, durch Vorgabe von Qualitätseigenschaften oder Randbedingungen.

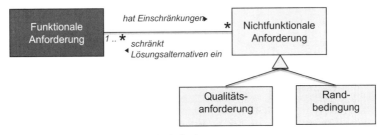

BILD 8.1 Funktionale und nichtfunktionale Anforderungen

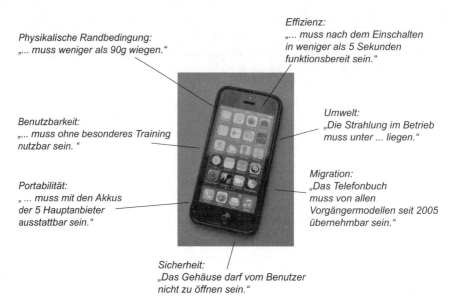

BILD 8.2 Qualitätseigenschaften eines Mobiltelefons

> Qualitäten für ein Produkt

Betrachten wir, bevor wir systematisch an die nichtfunktionalen Anforderungen herangehen, noch ein Beispiel, ein Mobiltelefon, und besprechen ein paar Kategorien typischer nichtfunktionaler Anforderungen, die in diesem Umfeld auftreten könnten (vgl. Bild 8.2).

Da wäre zunächst einmal eine Effizienzanforderung. *Das Telefon soll nach Einschalten in weniger als fünf Sekunden funktionsbereit sein.*

Das ist eine Performanceanforderung, eine Effizienzanforderung. Eine Umweltanforderung wäre: *Das Handy darf keine Strahlung abgeben, die diesen oder jenen Grenzwert überschreitet.* Eine Migrationsanforderung wäre: *Das Telefonbuch muss von allen Vorgängermodellen der letzten sieben Jahre übernehmbar sein.* Auch das könnte man sicherlich wieder als Funktion einführen, ich würde es aber zunächst lieber in die Kategorie der Migrationsanforderungen einordnen. Sie sehen, Sie haben immer die Wahl, etwas als Funktion zu betrachten oder auch als Qualitätseigenschaft.

Eine Sicherheitsanforderung, die in dem Fall nicht die Software betrifft, sondern das ganze Gerät, wäre: *Das Gehäuse des Mobiltelefons darf vom Benutzer nicht zu öffnen sein.* Mit der noch unspezifizierten Drohung: Wenn er es trotzdem öffnet, hat er sämtliche Garantieansprüche verloren. Auch diese Randbedingung sollten von den Entwicklern des Handys bei der Konstruktion dieses Geräts beachtet werden.

Eine Portabilitätsanforderung wäre: *Das Gerät soll mit den Akkus der fünf Hauptanbieter ausstattbar sein.* Da würde ich in der Spezifikation erwarten, dass spätestens kurz vor dem Abnahmetest eine Liste im Anhang angefügt wird, wer die fünf Hauptanbieter sind, mit denen das derzeit getestet werden soll.

Im Bereich Benutzbarkeit könnten wir zum Beispiel verlangen: *Das Handy muss ohne besonderes Training nutzbar sein.* Wir müssten sicherlich noch beschreiben, wie wir das prüfen würden, ob es ohne Training auch wirklich nutzbar ist.

Und – last but not least – eine physikalische Anforderung könnte sein: *Ich möchte nicht, dass es mehr als 90 Gramm wiegt.*

Alles das sind Qualitätseigenschaften, die wir rund um die Funktionalität eines Handys vielleicht auch noch festlegen und spezifizieren wollen.

■ 8.2 Kategorien nichtfunktionaler Anforderungen

Gehen wir etwas systematischer an die nichtfunktionalen Anforderungen heran und betrachten einige Kategorisierungsschemata, denn die gute Nachricht für Sie als Business Analyst oder als Requirements Engineer ist: Sie brauchen sich diese ganzen Kategorien nicht selbst zu überlegen! Es gibt genügend Vorlagen rund um die Welt, von denen ich Ihnen einige vorstellen möchte, in denen derartige Kategorien von nichtfunktionalen Anforderungen vorgegeben sind. Ihre Aufgabe ist es ganz einfach, eine dieser Standardlisten zu nehmen und systematisch durchzugehen, ob zu dem Thema etwas gefordert oder nichts gefordert werden soll. Ich zeige Ihnen drei Beispiele für solche Kategorisierungsschemata und beginne mit dem Volere-Schema, das meine beiden Kollegen, James und Suzanne Robertson von der Atlantic System Guild vor vielen Jahren angefangen haben zu entwickeln und ständig auf dem neuesten Stand halten [Rob12] oder [VOLERE].

Das Volere-Kategorisierungsschema beinhaltet eine große Gruppe von nichtfunktionalen Anforderungen (vgl. Bild 8.3). Es ist hauptsächlich für organisatorische Systeme und Softwaresysteme ausgelegt, nicht so sehr für integrierte technische Systeme aus Software/Hardware/Mechanik/Elektronik etc.

Es basiert auf jahrzehntelanger praktischer Erfahrung. Die Kategorien wurden ständig verfeinert und dem Stand der Kunst angepasst. Es wird weltweit eingesetzt und ist in vielen Sprachen verfügbar.

Betrachten wir nur die Teile von Volere, die mit nichtfunktionalen Anforderungen zu tun haben. Sie sehen als Hauptüberschrift für die Kapitel 3, 4, 5 „Randbedingungen für das Projekt". Darunter sind alle geforderten Randbedingungen festgehalten.

Sie haben als Hauptüberschrift „nichtfunktionale Anforderungen" und darunter verbergen sich die Kapitel 10 – 17, also insgesamt acht Kapitel zu dem Thema nichtfunktionale Anforderungen. Das ist jedoch nicht der größte Detaillierungsgrad, den Ihnen Volere vorgibt, sondern jedes von diesen Kapiteln 10 – 17 hat noch entsprechende Unterkategorien (vgl. Bild 8.4).

Beispielsweise haben Sie bei den Ergonomieanforderungen im Kapitel 11 die Unterkategorien Bedienbarkeit, Personalisierung und Internationalisierung. Letzteres wäre das Zuhause für das oben erwähnte Beispiel „soll in andere Sprachen übersetzbar sein".

Sie müssen diese Schemata nicht auswendig lernen. Ich zeige Ihnen später noch zahlreiche Beispiele zu einzelnen Kategorien davon. Wichtig ist mir nur die Nachricht: Es gibt solche Kategorisierungsschemata und Sie sollten sie sich zunutze machen, damit Sie das Rad nicht jedes Mal neu erfinden müssen.

Projekttreiber
1. Ziele des Projekts
2. Stakeholder

Randbedingungen für das Projekt
3. Geforderte Randbedingungen
4. Namenskonventionen und Terminologie
5. Relevante Fakten und Annahmen

Funktionale Anforderungen
6. Einbettung in das Arbeitsgebiet
7. Datenmodell
8. Umfang des Produkts
9. Funktionale Anforderungen

Nichtfunktionale Anforderungen
10. Anforderungen an die Benutzungsschnittstelle
11. Ergonomieanforderungen
12. Performanzanforderungen
13. Operative und Umwelt-Anforderungen
14. Anforderungen an Wartbarkeit und Support
15. Sicherheitsanforderungen
16. Kulturelle Anforderungen
17. Rechtliche Anforderungen

Projektaspekte
18. Offene Punkte
19. Kauf und Wiederverwendung
20. Neue Probleme
21. Projektplanung
22. Anforderungen an Migration und Inbetriebnahme
23. Risiken
24. Kosten
25. Anwenderdokumentation und -schulung
26. Warteraum
27. Lösungsideen

BILD 8.3
Die „Schubladen"
von Volere

BILD 8.4
Die Unterkategorien
von Volere

10. Anforderungen an die Benutzungsschnittstelle
   a) Anforderungen an das Aussehen
   b) Stilanforderungen
11. Ergonomieanforderungen
   a) Bedienbarkeitsanforderungen
   b) Personalisierungs- & Internationalisierungsanforderungen
   c) Anforderungen an die Erlernbarkeit
   d) Verständlichkeits- und Höflichkeitsanforderungen
   e) Zugänglichkeitsanforderungen
12. Performanz- und Sicherheitsanforderungen
   a) Anforderungen an das Zeitverhalten
   b) Sicherheitskritische Anforderungen
   c) Genauigkeitsanforderungen
   d) Zuverlässigkeits- und Verfügbarkeitsanforderungen
   e) Anforderungen an Robustheit und Fehlertoleranz
   f) Kapazitätsanforderungen
   g) Erweiterbarkeitsanforderungen
   h) Langlebigkeitsanforderungen
13. Operative und Umweltanforderungen
   a) Erwartete technische Umgebung
   b) Schnittstellenanforderungen zu Nachbarsystemen
   c) Produktisierungsanforderungen
   d) Release-Anforderungen

14. Anforderungen an Wartbarkeit und Support
   a) Wartbarkeitsanforderungen
   b) Instandhaltungsanforderungen
   c) Portabilitätsanforderungen
15. Sicherheitsanforderungen
   a) Zugangsanforderungen
   b) Integritätsanforderungen
   c) Datenschutzanforderungen
   d) Auditierbarkeitsanforderungen
   e) Immunitätsanforderungen
16. Kulturelle Anforderungen
17. Rechtliche Anforderungen
   a) Konformitätsanforderungen
   b) Einzuhaltende Standards

8.2 Kategorien nichtfunktionaler Anforderungen

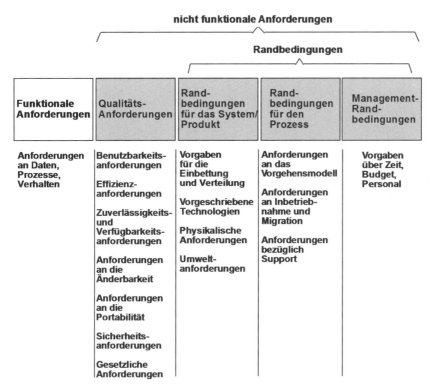

BILD 8.5 Anforderungsgliederung in ARTE

Ein zweites Kategorisierungsschema habe ich zusammen mit Chris Rupp in dem Buch „Agile Softwareentwicklung für Embedded Real-Time Systems" entwickelt, kurz ARTE [Hru02]. Hier zogen wir den Scope der Systeme etwas größer, wir betrachteten nicht nur Softwaresysteme, sondern auch Systeme aus Software, Mechanik, Elektrik und vielen anderen Technologien. Im Bereich der nichtfunktionalen Anforderungen haben wir hauptsächlich von dem ISO/IEC-9126-Standard abgeschrieben, von dem Quality-of-Service-Standard, diesen aber durch weitere Kategorien von Randbedingungen ergänzt. Auch in ARTE sehen Sie in Bild 8.5 links die funktionalen Anforderungen, dann eine große Gruppe von nichtfunktionalen Anforderungen, wiederum gegliedert in Qualitätsanforderungen und Randbedingungen. Die Qualitätsanforderungen sind hauptsächlich nach dem DIN-Standard gegliedert – da kommen wir gleich noch dazu – und die Randbedingungen sind hier noch mal unterteilt in Randbedingungen für das System oder das Produkt, Randbedingungen an den Entwicklungsprozess und die üblichen verdächtigen Managementrandbedingungen wie Zeit, Kosten und Personal; denn auch das sind Randbedingungen.

Nehmen wir als drittes Beispiel noch die Original-DIN/ISO-9126-Norm; den Standard über Quality of Service oder Servicequalität. Bei der Betrachtung dieser Kategorien fällt uns gleich auf, dass der Oberbegriff Qualität als Erstes die Funktionalität enthält.

Viele meiner Kollegen, auch im IREB, im International Requirements Engineering Board, wollen den Unterschied zwischen funktionalen und nichtfunktionalen Anforderungen auch ein bisschen wegdiskutieren, weil er gar nicht so leicht festzustellen ist. Aber praktisch

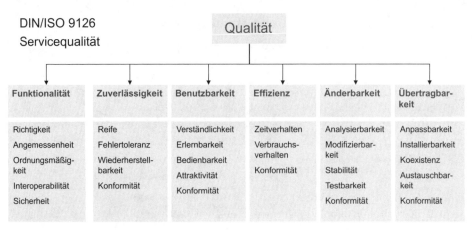

BILD 8.6 Kategorien nach DIN 9126

betrachtet hat sich die Unterscheidung von Funktionen einerseits und Qualitäten und Randbedingungen andererseits einfach durchgesetzt. Die korrekte Funktionalität kann auf jeden Fall auch als eine Qualitätseigenschaft eines Systems angesehen werden. Aber Sie sehen in Bild 8.6 als Unterpunkte von Funktionalität auch so etwas wie die Richtigkeit der Funktion und die Angemessenheit der Funktion und die Ordnungsmäßigkeit und Interoperabilität mit anderen Funktionen und vor allem auch das Thema Sicherheit, welches sogar in der neuen Nachfolgenorm zum Hauptkapitel angehoben wurde.

Äußere Qualitätseigenschaften

Daneben haben wir die Kategorien Zuverlässigkeit, Benutzbarkeit, Effizienz, Änderbarkeit und Übertragbarkeit. Die linken vier davon werden oft als „äußere Qualitätseigenschaften" bezeichnet. Äußere Qualitätseigenschaften bedeutet, dass die Anwender es auch „von außen" sehen können. Ich sehe, ob das System sehr performant ist, ich sehe, ob das System zuverlässig ist, ich sehe, wie effizient und wie benutzerfreundlich es sich verhält.

Innere Qualitätseigenschaften

Die rechten beiden Kategorien, Änderbarkeit und Übertragbarkeit, fallen in die große Kategorie der „inneren Qualitätseigenschaften" und die haben die unangenehme Eigenschaft, dass sie schwerer überprüfbar sind. Ob das System leicht erweiterbar ist, anpassbar an zukünftige Technologien, ob es sich leicht portieren lässt auf neue Datenbanken, auf neue Betriebssysteme ist zunächst mal schwer zu testen, solange wir nicht konkret versuchen, es wirklich zu tun. Ob ein Teil eines Geschäftsprozesses sich leicht in ein anderes Land verlagern lässt oder an Unterauftragnehmer übertragen werden kann, ist auch schwer prüfbar, aber ich kann es ja bewusst als Randbedingung fordern.

Trotzdem wollen wir sowohl zu den äußeren wie auch zu den inneren Qualitätseigenschaften Anforderungen festhalten. Aus dem Oberbegriff Qualität und aus all den Unterbegriffen werden dann Anforderungen oder Randbedingungen, wenn wir das Wort Anforderungen anhängen. Bleiben wir bei dem Thema Benutzbarkeit; wir erhalten Anforderungen bezüglich der Benutzbarkeit. Ein Unterpunkt ist die Erlernbarkeit; wir erstellen Anforderungen zum Thema Erlernbarkeit. Die Norm selbst gibt einen Qualitätsstandard vor: Hängen Sie überall das Wort Anforderungen daran und Sie haben ein Gliederungsschema zur Aufzählung nichtfunktionaler Anforderungen.

Die Norm 9126 ist inzwischen abgelöst worden durch die neue ISO/IEC-Norm 25000, eine ganze Serie mit 25010,.020,.030, alle zu den Themen Software Product Quality Requirements and Evaluation. Es geht also um die Anforderungen und wie man sie beurteilen könnte, kurz zusammengefasst unter dem Namen SQuaRE. Der neue Standard ist noch nicht sehr weit verbreitet. Die meisten meiner Kunden arbeiten noch nach Kategorien aus dem 9126-Standard, der sehr populär geworden ist.

Aber nochmals: Nehmen Sie irgendeines dieser Kategorisierungsschemas. Ich habe Ihnen nur drei vorgestellt, Volere, ARTE und die DIN 9126 -Norm. Es gibt noch viele andere. Wenn Sie bereits einen Hausstandard bezüglich nichtfunktionaler Anforderungen haben, prüfen Sie ihn gegen diese oben angeführten Checklisten, ob jedes Thema enthalten ist.

> Hausstandard überprüfen

Streiten Sie beim Erfassen von Qualitäten und Randbedingungen nicht darüber, ob eine Anforderung in diese oder jene Kategorie fällt. Wenn Sie eine Forderung stellen wollen, schreiben Sie sie, suchen Sie sich das passendste Kapitel aus, wo man diese Anforderung unterkriegt, und halten Sie sie einfach fest. Nehmen Sie diese Kategorisierungsschemas nicht so sehr als Fessel, sondern als Hilfe, als Checkliste, um an all diese Kategorien und Unterkategorien zu denken. Gerade in der Volere-Schablone haben Sie zu jedem Unterkapitel viele Beispiele, von denen wir uns einige gleich auch noch ansehen werden.

> Just do it!

■ 8.3 Nichtfunktionale Anforderungen finden und zuordnen

Bevor wir auf Beispiele eingehen, diskutieren wir noch mal darüber, wie Sie nichtfunktionale Anforderungen finden können und wie Sie diese den funktionalen Anforderungen unter Umständen zuordnen. Zum Finden nutzen wir irgendeine der obengenannten Checklisten. Wenn Sie die funktionalen Anforderungen zum Beispiel in Use Cases gegliedert haben oder in Aktivitätsdiagramme, dann können Sie für jede dieser funktionalen Anforderungen die Frage stellen: Wer oder was sind die Nutzer dieser Funktion? Dazu sehe ich einmal in das Kapitel 2 von Volere, in die Stakeholder-Liste, insbesondere in den Abschnitt über die Nutzer. Das gibt mir unter Umständen eine ganze Menge Hinweise über die Benutzungsschnittstelle, Benutzbarkeitsanforderungen, über die Ergonomie, die bezüglich dieser Funktionen gefordert wird, also für Kapitel 11 über die Sicherheit, die ein Use Case oder eine Aktivität haben muss, oder vielleicht auch kulturelle oder politische Anforderungen aus dem Kapitel 16.

Dann stelle ich mir pro Funktion unter Umständen die Frage, in welcher Einsatzumgebung diese Funktion verwendet werden soll. Ich sehe mir dazu meine Randbedingungen im Kapitel 4 an, ich betrachte vor allem die Kontextdiagramme, d. h. meinen Businesskontext und meinen Produktkontext, in den Kapiteln 6 und 8 und ausgehend davon kann ich eine Menge an operativen Anforderungen ableiten, speziell im Zusammenspiel mit Nachbarsystemen. Basierend auf dem Scope kann ich vielleicht auch Zeitanforderungen aus der Umgebung ableiten, denn sehr oft werden die Zeitanforderungen von Nachbarsystemen vorgegeben.

Wer oder was ist/sind ...	Hat er oder es diese Anforderungen?
Die Nutzer (2)	Benutzungsschnittstelle (10) Ergonomie (11) Sicherheit (15) Kulturelle/politische Anforderungen (16)
Die Einsatzumgebung (4,6,7,8)	Operative Anforderungen – speziell von Nachbarsystemen (8) Zeitanforderungen aus der Einsatzumgebung (12) Wartbarkeitsanforderungen – speziell bei Änderungen der Umgebung (14)
Der Kunde (2)	Kulturelle/politische Anforderungen (16)
Nachbarsysteme (8)	Rechtliche Anforderungen (17) Operative und Umweltanforderungen (13) Performanz- und Sicherheitsanforderungen (12)

(x) ... Kapitelnummer in VOLERE

BILD 8.7 Quellen für nichtfunktionale Anforderungen

Ich muss reagieren, wenn das Nachbarsystem mit entsprechenden Anforderungen an mich herantritt. Aus der Einsatzumgebung kann ich auch Wartbarkeitsanforderungen ableiten, speziell wenn ich daran denke, wie sich die Umgebung ändern könnte und was mein System dann leisten muss, um mit der neuen Umgebung zurechtzukommen.

Des Weiteren kann ich mir im Kapitel 2 nicht nur die Benutzer ansehen, sondern auch meinen Kunden und Auftraggeber. Das ist vor allem eine wertvolle Quelle für kulturelle oder politische Anforderungen, zu denen ich Ihnen gleich noch einige Beispiele zeigen werde. Insbesondere betrachte ich im Kontextdiagramm meines Produkts im Kapitel 8 die Nachbarsysteme, denn Nachbarsysteme haben unter Umständen rechtliche Anforderungen, die ich berücksichtigen muss. Ich muss mich über das Zusammenspiel mit dem Nachbarsystem einigen. Ich habe vielleicht Umweltanforderungen oder operative Anforderungen, die ich in Kapitel 13 festhalten würde. Und vor allem finde ich auch Performanzanforderungen. Ich muss in einem bestimmten Zeitraum auf Wünsche von Nachbarsystemen oder auf Sicherheitsanforderungen reagieren, die dabei zu berücksichtigen sind.

Betrachten Sie also Kunden und User, betrachten Sie die Einsatzumgebung, insbesondere die Nachbarsysteme, und Sie erhalten zahlreiche Hinweise auf die einzelnen Kapitel, die wir im Bereich der nichtfunktionalen Anforderungen füllen wollen.

Wenn wir nichtfunktionale Anforderungen entdeckt haben, wollen wir sie schreiben, aber nicht isoliert stehen lassen, sondern an entsprechende funktionale Anforderungen anhängen. Sie hängen sie beispielsweise an einen Use Case. Dieser Use Case hat rechtliche Anforderungen oder Sicherheitsanforderungen. Oder Sie hängen sie an eine Aktivität. Diese Aktivität hat bestimmte Look&Feel- bzw. Oberflächenanforderungen oder bestimmte Zeitvorgaben, in denen sie funktionieren muss.

Oder Sie hängen sie auch an die Datenmodelle. Diese Klasse im Datenmodell hat bestimmte politische Anforderungen, sie hat spezielle Wartbarkeitsanforderungen und vor allem Mengengerüste, Kapazitätsanforderungen, sie tritt so und so oft auf, wird im Rhythmus verändert, muss 20 000 Mal am Tag angepackt und modifiziert werden. Der typische Anknüpfungspunkt für Mengengerüste sind meistens die Datenmodelle.

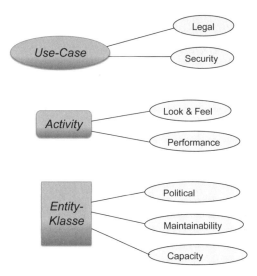

BILD 8.8
Nichtfunktionale Anforderungen verknüpfen

Trotzdem wollen wir die nichtfunktionalen Anforderungen in einem Requirements-Dokument oft in separaten Kapiteln erfassen. Der Hauptgrund ist, erstens alle zu einem Thema zusammen an einer Stelle zu haben, um z. B. alle rechtlichen Anforderungen an einem Punkt zu sehen, oder alle Oberflächenanforderungen an einem Punkt zu sehen.

> Getrennt spezifizieren, aber verbinden

Zweitens haben wir sehr oft spezielle Leute, die genau diese Anforderungen prüfen müssen. Wir würden mit einem Datensicherheitsexperten über Datensicherheit diskutieren wollen, dazu möchte ich alles, was Datensicherheit betrifft, an einer Stelle finden können. Ich will mit einem Geschäftsprozessverantwortlichen (einem Process Owner) auf der anderen Seite über seinen ganzen Prozess und alle damit verbundenen Anforderungen sprechen.

Wenn Sie Anforderungen heute in einem Repository-basierten Tool festhalten, ist das Ganze weniger ein Problem, weil Sie an keine linearen Reihenfolgen wie in einem Textdokument gebunden sind. Sie müssen aber die Hyperlinks setzen, Sie müssen Funktionen mit nichtfunktionalen Anforderungen verketten. Dann haben Sie einerseits ausgehend von der Funktion Zugriff auf alles, was da dran hängt. Sie können aber trotzdem kategorisieren, indem Sie einen Typ dazuschreiben (Kapitel 13c oder 14a), dann können Sie auf einen Schlag alle herausziehen, die zu dem Kapitel 14a gehören.

Wir haben also beide Wünsche, einerseits nichtfunktionale Anforderungen nach Kategorie zusammenzuhalten, andererseits sie auch mit den entsprechenden Funktionen zu verknüpfen. Sie haben ja in der Einleitung dieses Kapitels gehört, dass nichtfunktionale Anforderungen mindestens an einer, vielleicht sogar an vielen Funktionen hängen. Diese Multiplizität ist ein weiterer Grund, nichtfunktionale Anforderungen separat zu halten. Ich möchte z. B. eine Qualität nicht bei 25 Funktionen hinschreiben müssen; ich möchte sie ein Mal formulieren und an 25 Funktionen anhängen.

■ 8.4 Beispiele für äußere Qualitäten

In den nächsten Abschnitten sehen wir uns einzelne Beispiele für nichtfunktionale Anforderungen an. Zuerst sehen Sie Beispiele für äußere Qualitäten, dann Beispiele für innere Qualitäten und zum Abschluss Beispiele für unterschiedliche Arten von Randbedingungen. Ich habe eine Art Hassliebe zu diesem Kapitel, denn das Vorstellen dieser einzelnen Kategorien ist ungefähr so spannend wie das Vorlesen des Wiener Telefonbuchs. Eigentlich sind Sie besser dran, sich die Kategorien anzusehen und dann gezielt für Ihr Projekt, für Ihr Unternehmen entsprechende Anforderungen zu suchen, aber die Beispiele sollen Ihnen eine Hilfestellung geben, welche Art von Anforderung gehört in welche Art von Kategorie oder umgekehrt gesprochen, welche Kategorie sollte man nehmen, wenn man bestimmte Punkte berücksichtigen möchte.

BILD 8.9
Oberflächen

Beginnen wir mit dem beliebten Thema Benutzbarkeitsanforderungen. Und als erstes Unterkapitel dazu möchte ich über Oberflächen von Software sprechen. Mit dem kleinen Marker mit Vx habe ich immer angedeutet, in welchem Volere-Kapitel ich diese Anforderungen unterbringen würde. Oberflächenanforderungen sind z. B. eine typische Sache für Kapitel 10.

Wenn Sie Oberflächenanforderungen spezifizieren, schreiben Sie bitte nicht über jedes einzelne Feld oder über jeden einzelnen String, sondern drücken Sie durch die Anforderungen eher die Intention der Oberfläche aus, den generellen Stil für die Gestaltung. In vielen Fällen reicht es, einen Hinweis auf einen Style-Guide oder auf irgendein Oberflächenhandbuch zu geben.

Ich habe Ihnen zwei Beispiele mitgebracht. Ich könnte zum Beispiel fordern, dass *die Oberfläche dem AQUA Look and Feel des Macintosh OS.X entsprechen soll.* Hinter dem AQUA Look and Feel verbirgt sich so ein dicker Katalog an Stilrichtlinien, wie man Buttons gestaltet, wie man Schatten macht, wie man Schriften macht, da sind viele Einzelanforderungen enthalten, aber ich möchte generell diesen Stil haben.

Dass solche Sachen extrem wichtig sind, möchte ich Ihnen in einer kleinen Geschichte erzählen. Wir hatten unser Software-Engineering-Produkt früher auf neuen verschiedenen Betriebssystemen laufen, jedoch nichts auf dem Macintosh. Und einer unserer Mitbewerber, der ein PC-Produkt vorher entwickelt hatte, dieses dann verkauft hat, und beim Verkauf natürlich eine Konkurrenzklausel bekommen hat, hat sich dann überlegt, dass er zwar kein weiteres artgleiches PC-Produkt entwickeln darf, aber ein Produkt für den Mac. Wir waren mit ihm im Gespräch, weil wir das Produkt für ihn vermarkten wollten. Er selbst hatte eine sehr kleine Firma, Garagenbetrieb, und keine Vertriebsmacht. Deshalb haben wir darüber verhandelt. Aber wir haben uns das Produkt angesehen und unser erster Kommentar war, das entspricht nicht dem Look and Feel, das ein Macintosh-Benutzer gewohnt ist.

Er hat uns dann doch nicht den Vertrieb übergeben, weil er uns nach unserer Rückmeldung als arrogant betrachtet hatte. Aber ein Jahr später kam er dann zu Kreuze gekrochen und hat gesagt: „Ich kriege es wirklich nicht verkauft. Jeder sagt mir, es entspricht im Stil nicht einem Macintosh-Produkt." Funktional, muss ich gestehen, war das Produkt unserem Produkt sogar überlegen. Er war ein glänzender Software-Engineer und er hatte wunderbare Funktionen eingebaut, solche Modelle am Rechner zu entwickeln und zu verwalten. Vielleicht sogar bessere Ideen, als wir sie gehabt haben, aber er hat eine Oberflächenanforderung verletzt, indem er aus der PC-Welt kommend die Oberfläche so gestaltet hat, wie er es auch am PC gewohnt war. Es hat also schon Sinn, über solche Anforderungen zu sprechen.

Das zweite Beispiel: Sie könnten ganz einfach verlangen: *Die Handyoberfläche unseres nächsten Handys soll besonders Jugendliche ansprechen.* Hier sehen Sie ein weiteres Dilemma mit nichtfunktionalen Anforderungen. Das ist eine sehr vage Aussage: „soll besonders Jugendliche ansprechen". Aber sie ist nicht sehr schwer zu prüfen. Wenn Sie fertig sind, laden Sie eine Menge von 100 Jugendlichen ein, führen Sie dieses Handy und die Oberfläche vor und wenn 80 davon sofort in ihre Tasche greifen und das Ding kaufen wollen, haben Sie gewonnen. Sie sehen, es ist leicht zu prüfen, ob es Jugendliche anspricht, es ist aber schwer zu erfüllen. Als geschickter Entwickler wird man während der Entwicklung unter Umständen schon Testgruppen hereinholen, die Features vorführen und damit sicherstellen, dass man den Geschmack von Jugendlichen im Alter zwischen 13 und 15 Jahren vielleicht mit dem neuen Design getroffen hat.

Nichtfunktionale Anforderungen haben oft am Anfang den Charakter, vage zu sein, aber es ist ein völlig legaler Wunsch eines Produktmanagers, dass er sagt: „Ich möchte, dass das für den Zielmarkt der 13- bis 15-jährigen Jugendlichen besonders attraktiv ist."

Jetzt haben die Designer einerseits viele Freiheitsgrade, wie sie das Produkt gestalten. Sie haben aber auch eine Randbedingung, die am Schluss geprüft werden kann, eine Qualitätsanforderung. Ist es attraktiv genug? Das kann ich wieder mit entsprechenden Wahrscheinlichkeiten ausdrücken.

BILD 8.10
Bedienbarkeit

Eine zweite Kategorie unter Benutzbarkeit wäre die Bedienbarkeit. In Volere würden wir sie in Kapitel 11a unterbringen. Und dazu spezifizieren wir meistens, welche Funktion des Systems von welchen Benutzern wie bedienbar sein soll.

Ein Beispiel: *Ein Fahrer ohne Kenntnisse bezüglich Tempomaten muss in der Lage sein, das Gerät innerhalb von einer Minute einzuschalten.* Das ist eine Herausforderung, die ich ständig habe, wenn ich einen Mietwagen übernehme. Ich weiß, der Mietwagen hat einen Tempomat, aber wer liest schon beim Übernehmen eines Mietwagens die Bedienungsanleitung durch? Es kann also durchaus eine sinnvolle Sache sein, zu fordern, innerhalb einer Minute muss ich mit den Schaltern zurechtkommen und den Tempomat einschalten können.

Dann ist es geschickt genug gelöst im Sinne der Bedienbarkeit. Oder eine andere Anforderung aus diesem Bereich: *Das System muss mit Arbeitshandschuhen bedienbar sein.* Das kommt aus dem Musterbeispiel, das mit dem Volere-Template mitgeliefert wird. Da sollen Straßen kurz vor dem Zufrieren enteist werden. Wenn Sie als LKW-Fahrer dann einen Befehl erhalten, einen bestimmten Teil einer Bundesstraße zu streuen und Sie sind im Winter in der Kälte draußen, dann wollen Sie, um diesen Befehl zu quittieren, nicht unbedingt Ihre Handschuhe ausziehen müssen. Achten Sie bitte beim Design dieses Produkts darauf, dass es auch mit Arbeitshandschuhen bedienbar ist. Sie merken, das ist weniger eine Softwareanforderung, als eine Anforderung an die Gestaltung insgesamt, die Tasten groß genug zu machen oder den Touch-Screen so einzustellen, dass man den auch mit grober Motorik noch bedienen kann.

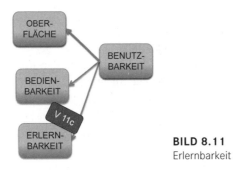

BILD 8.11
Erlernbarkeit

In die Kategorie der Benutzbarkeit fällt auch das Thema Erlernbarkeit, dazu haben wir in Volere das eigene Unterkapitel 11c. Wie aufwendig darf es sein, das System zu lernen? Nach welcher Vorbildung, nach welchen Maßnahmen, in welcher Zeit? Ein Beispiel zu diesem Thema: *Ein Gelegenheitsnutzer muss auch drei Monate nach einer einstündigen Einführung die folgenden zwei Funktionen des Systems problemlos ausführen können, A und B.*

Ich bin zum Beispiel Gelegenheitsnutzer für meinen Videorekorder und es ist gar nicht so leicht, sich nach drei Monaten noch zu erinnern, wie man die eine oder andere Funktion bedient; das wäre allerdings hier der Abnahmetest. Schaffe ich es als Gelegenheitsnutzer auch noch drei Monate später, bestimmte Funktionen ohne große Probleme ausführen zu können?

Eine andere Anforderung aus dieser Kategorie der Erlernbarkeit: *Das System muss für Nutzer ohne Deutschkenntnisse bedienbar sein.* Wenn Sie ein System aufstellen, das internationale Benutzer hat, dürfen Sie nicht unbedingt verlangen, dass jemand Deutsch sprechen kann. Sie müssen beim Oberflächendesign darauf achten, dass unter Umständen Sprachen umschaltbar sind, oder Sie müssen mehr mit Piktogrammen arbeiten. Die Ursprungsforderung ist allerdings: benutzbar für Personen ohne Deutschkenntnisse.

Eine gute Literaturempfehlung zu dem Thema ist das Buch von Larry Constantine und Lucy Lockwood „Software for Use" [Con99]. Es ist ein wunderbares Beispiel, wenn Benutzbarkeit bei Ihnen im Vordergrund steht, wie Sie Ihren Prozess gestalten können, damit Benutzbarkeit auch wirklich sehr gut wird. Larry hat auch eine Webseite, *www.foruse.com*. Die ist jedoch ein Musterbeispiel für die Kinder des Schusters, die immer die schlechtesten Schuhe haben ☺. Aber trotz des Hinweises, dass diese Webseite immer noch seit zehn Jahren eine Baustelle ist, finden Sie interessante White-Papers zum Download. Lesen Sie viele von diesen Papers, wenn Sie mehr über Benutzbarkeit lernen wollen, oder lesen Sie auch das Buch, wenn das Thema Benutzbarkeit für Sie ein heißes Thema ist.

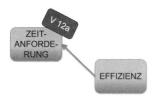

BILD 8.12
Zeitanforderungen

Wechseln wir in die Kategorie der Effizienzanforderungen und davon in die Unterkategorie Zeitanforderungen im Kapitel 12a von Volere. Zeitanforderungen kommen in zwei Varianten. Entweder es geht um Antwortzeiten: Dieser Prozess muss innerhalb von solchen Zeiten antworten. Oder es geht um Input-Häufigkeiten: Dieser Prozess muss auf so und so viele Inputs reagieren können.

Ein Beispiel dafür: *Das System soll 1000 Messdaten pro Minute aufnehmen können.* Damit haben Sie eine Mengengerüstanforderung über die Inputhäufigkeit, eine Effizienzanforderung oder Performanceanforderung. Am Anfang werde ich solche Performanceanforderungen für das Gesamtsystem spezifizieren, beispielsweise: Der komplette Ablauf vom Anfang bis zum Ende darf nicht länger als drei Sekunden dauern. Wenn ich dann Prozesse in einzelne Funktionen zerlegt habe, dann kann ich diese Zeitvorgabe auch budgetieren.

Wie viel erhält der erste Schritt von diesen drei aus dem Gesamtzeitbudget, wie viel erhalten der zweite und der dritte Schritt? Und ich kann es auch auf Teilsysteme oder auf Zwischendatenstrukturen oder kleinere Aktivitäten verteilen. Wir beginnen also mit einer Außenbetrachtung der Performanz und wenn wir das System zerlegt haben, kann ich auch Teilschritte davon mit solchen Antwortzeiten versehen.

BILD 8.13
Kapazitäten

Neben den Zeitanforderungen gehören zu den Effizienzanforderungen vor allem auch Kapazitätsanforderungen. Das ist eine ganz wichtige Kategorie, das Verbrauchsverhalten und Mengengerüste festzulegen. Als Beispiel: *Das System soll bis zu 1 Million Kundeneinträge verwalten können.* Sie sehen schon den natürlichen Anknüpfungspunkt für eine derartige Forderung. Wenn Sie eine Entity Kunde in Ihrem Datenmodell haben, werden Sie diese nichtfunktionale Anforderung genau dort anbinden; davon wollen wir bis zu 1 Million haben oder es muss bis zu dieser Größenordnung skalieren.

Jetzt erkennen Sie schon wieder das Dilemma: Packe ich so etwas unter die Kapazitätsanforderungen oder zu dem Kapitel Skalierung, zu dem wir später noch kommen werden? Mein Rat: Suchen Sie sich eines der beiden Kapitel aus. Sie können sagen, es muss bis zu der

> Nicht viel diskutieren. Nehmen Sie eine offensichtliche Schublade!

Größenordnung ausbaubar sein oder es muss so und so viele Daten verwalten. Die Kategorien von nichtfunktionalen Anforderungen sind selten total disjunkt und überlappungsfrei. Sie haben immer die Freiheitsgrade, es eher dort oder dort hinzupacken. Suchen Sie sich einfach eines aus und halten Sie die Anforderung fest.

Ein zweites Beispiel wär: *Das System muss 15 000 Anfragen pro Arbeitstag von acht Stunden beantworten können.* Wenn Ihnen die zu ungenau ist, zeichnen Sie vielleicht noch eine Verteilungskurve. Spezifizieren Sie genauer: morgens weniger, so gegen 10.00 Uhr sehr viele, in der Mittagspause wieder weniger, zwischen 2 und 3 Uhr wieder viele und ab 4 Uhr gehen die meisten nach Hause. Zeichnen Sie noch, zu welchem Zeitpunkt wirklich welche Worst-Cases auftreten können, dann haben Sie es noch genauer spezifiziert, in welchem Zeitraum welche Datenmengen bearbeitet werden müssen.

BILD 8.14
Genauigkeit

Zur Kategorie der Effizienzanforderungen zählen wir aber auch Genauigkeitsanforderungen; Kapitel 12 c. Sie können zum Beispiel verlangen: *Geldbeträge bei einem Bankensystem müssen intern auf mindestens fünf Stellen hinter dem Euro gerechnet werden.* Sie wissen, ausgeben werden wir Beträge nur auf Cent genau, auf zwei Stellen, aber es gibt viele Rundungsfehler und deshalb: Intern wollen wir auf fünf Stellen genau rechnen, auch wenn wir nach außen vielleicht nur in zwei Stellen darstellen. Das wär ein Beispiel für eine Genauigkeitsanforderung.

BILD 8.15
Zuverlässigkeit und Verfügbarkeit

Kommen wir zum ganz schwierigen Kapitel: Zuverlässigkeit und Verfügbarkeit, das Kapitel 12 d. Wie kann ich etwas aussagen über die Zuverlässigkeit und die Verfügbarkeit eines Systems? In anderen Worten auch über den Robustheitsgrad, über die Reife des Systems.

Ein übliches Maß, das man dafür verwenden kann, wäre „mean time between failure", die Zeiten zwischen zwei Fehlern. Ich habe als Beispiel hier (etwas scherzhafter) aufgeführt: *Das System darf bei zehnstündiger Betriebszeit pro Tag nicht öfter als dreimal den Neustart eines Betriebssystems erfordern; also nicht öfter als dreimal Control Alt Delete.* Ich weiß nicht, aus welcher Spezifikation ich dieses Beispiel abgeschrieben habe, aber selbst dieses System ist in der Zwischenzeit wesentlich robuster geworden.

Es geht vielleicht aber auch um die Kategorie Fehlertoleranz bei auftretenden Fehlern. Wie fehlertolerant soll das System sein? Ich kann es auch präziser fassen und „mean time to repair" verlangen, die maximale Zeit, die ich zum Wiederherstellen der Funktionalität bei einem Fehler zur Verfügung stelle. Wenn es schon abstürzt, wenn es schon Fehler hat, darf es nicht länger als eine halbe Stunde dauern, um den Betriebszustand wiederherzustellen, oder es muss automatisch in zehn Sekunden wieder ein stabiler Zustand hergestellt werden.

„Mean time between failure" und „mean time to repair" sind übliche Maße, um über Zuverlässigkeit und Verfügbarkeit von solchen Systemen zu sprechen. Achten Sie bitte im Bereich von Embedded-Systemen darauf, dass Softwarezuverlässigkeit alleine nicht ausreicht. Dem Kunden ist es egal, ob an einem Kassenterminal die Software ausgefallen ist oder die Hardware; das Ding tut nichts. Sie müssen, wenn Sie Anforderungen stellen, gerade die Anforderung bezüglich Zuverlässigkeit und Verfügbarkeit an das Gesamtsystem richten. Dann kann man intern noch aufteilen, wie zuverlässig muss die Hardware sein, wie zuverlässig muss die Software sein.

Manchmal ist es aber gar nicht notwendig, dass das gesamte System besonders zuverlässig ist, sondern es reicht, wenn ein bestimmtes Teilsystem einen hohen Grad an Reife und Zuverlässigkeit, an Ausfallsicherheit hat. Das Beispiel, das ich hier gewählt habe, wäre: *Das Abschaltsystem des Kernreaktors muss so konzipiert werden, dass es auch bei Hardware- und Softwarefehlern den Reaktor in einen sicheren Zustand versetzt.* Mir ist der Rest des Systems relativ egal in punkto Zuverlässigkeit, solange nur das Abschaltsystem das Ding in einen sicheren Zustand versetzt. Sie sehen, ich habe weniger harte Anforderungen für andere Systemteile und eine sehr harte Anforderung für diesen Teil, der das Abschalten bewirkt. So kann ich manchmal auch solche Anforderungen über Zuverlässigkeit und Verfügbarkeit einem bestimmten Teilsystem zuordnen und nicht dem Gesamtsystem.

Auch in der Eisenbahnsicherheitstechnik würden Sie sagen: Das Totmannsystem beim Zug muss sehr zuverlässig funktionieren. Wenn andere Systeme ausfallen, ist es manchmal unangenehm, aber um größere Katastrophen zu verhindern, ist zumindest dieses Teilsystem mit hoher Zuverlässigkeit auszustatten.

BILD 8.16
Security

Ein schwieriges Thema, in Deutsch zumindest, ist das Thema Sicherheit, denn wir verwenden das gleiche Wort für zwei ganz unterschiedliche Sachen. Das eine Teilthema davon wird im Englischen als Security bezeichnet, Kapitel 13 in Volere. Dabei geht es um Zugangsberechtigungsprüfungen, welche Person darf und kann etwas tun, unter welchen Randbedingungen, um Integritätsprüfungen, Warnungen vor unbeabsichtigtem Missbrauch, um Auditierbarkeit des Systems, damit man Missbrauch vielleicht feststellen kann, um Integrität des Nachweises von Daten oder bei abnormalen Beendigungen des Programms, um Datenintegrität. Das ist das große Thema Security, im Deutschen Sicherheit. Wenn Sie Funktionalitäten fordern, schreiben Sie manchmal hinter diese Forderung dahinter, das System soll das tun *und sonst nichts*. Stellen Sie dadurch explizit klar, dass nur die geforderten Zugangswege möglich sein sollen, keine anderen, dass keine leichten Variationen dieser Funktionalität erlaubt sind. Es soll nur genau das erlauben und sonst nichts.

Und das ist so ein typischer Punkt, wo wir als Business Analyst oder Requirements Engineer Spezialisten hinzuziehen. Sie als Analytiker sind verpflichtet, an das Thema zu denken und entsprechende Fragen zu stellen. Genauere Aussagen dazu gibt Ihnen wahrscheinlich der Security-Beauftrage der Firma, der dann sagen kann: „Bei uns gelten folgende Randbedingungen und die müssen dringend eingehalten werden." Ziehen Sie bitte solche Leute hinzu. Auch aus dem Grund haben wir die separat im Kapitel 13 untergebracht. Geben Sie dem Sicherheitsexperten dieses Kapitel zum Lesen und fordern Sie ihn auf: „Schau mal, ob alle Sicherheitsanforderungen, die Du im Unternehmen hast, in diesem System berücksichtig werden."

BILD 8.17
Safety

Die andere Seite von Sicherheit hört im Englischen auf das Wort „Safety". Hier geht es um Sicherheit für Leib und Leben. Das System darf niemals Menschenleben gefährden. Es darf auch keinen erheblichen Umweltschaden anrichten. Das Beispiel Exxon-Valdez und dieser Tankerunfall würde in die Kategorie Verletzung einer Safety-Anforderung fallen. Neben Gefährdung von Menschen oder erheblichen Umweltschäden gehört auch erheblicher Geldverlust, der die ganze Firma in den Ruin treiben kann, in diese Kategorie.

Das ist eine der wenigen Kategorien, wenn nicht die einzige Kategorie von Anforderungen, die wir negativ ausdrücken. Normalerweise wollen Sie fordern, was ein System tun soll. Gerade bei Safety-Anforderungen sagen Sie manchmal: „Das System darf auf keinen Fall ..." und drücken negativ aus, was es auf keinen Fall tun soll. *Der Roboterarm darf bei seinen Bewegungen niemals Menschen gefährden*; das heißt, Sie müssen bei Eindringen eines Menschen in den Umkreis des Roboters den Roboterarm auf jeden Fall sofort zum Stillstand bringen. Er darf auf keinen Fall Menschen gefährden.

Der Grund, warum wir diese Anforderungen negativ ausdrücken, liegt darin, dass Entwickler mehr auf Verbote hören als auf Gebote. Wenn irgendetwas verboten ist, dann lesen die Entwickler dies aufmerksamer, als wenn sie irgendetwas tun sollen. Die graue Eminenz auf diesem Sektor ist Nancy Leveson. Sie hat im Jahr 1995 ein fantastisches Buch geschrieben unter dem Titel „Safeware: System Safety and Computers" [Lev95] und unterscheidet darin sehr genau die unterschiedlichen Schweregrade von potenziellen Gefährdungen: Was ist ein Hazard, was ist ein Incident, was ist ein Accident, die das System auslösen kann? Es gibt auch ein neues Buch aus dem Jahr 2011 „Engineering a Safer World", das Sie derzeit sogar noch gratis lesen können auf der Webseite von MIT Press.

BILD 8.18
Rechtliche Anforderungen

Die Kategorie der rechtlichen Anforderungen, 12 b, betrifft naturgemäß alle Arten von Gesetzen, Normen, Standards, Vorschriften. Es muss nicht der Staat sein, der die Vorschriften macht; es kann eine Berufsgenossenschaft sein oder es kann die Firma sein. Ich würde in dieses Kapitel auch alles packen, was man bei uns im Unternehmen nicht tut oder tun muss.

Machen Sie sich bitte vertraut mit den geltenden Gesetzen und Randbedingungen. Schauen Sie auch im Zusammenspiel mit Nachbarsystemen, worauf Sie unter Umständen aufpassen müssen. Achten Sie insbesondere auf Gesetze zum Datenschutz, zum Verbraucherschutz, auf Copyright und Warnungen, die auf Produkten angebracht werden müssen; insbesondere im englischsprachigen Raum ist das ein heißes Thema, wo Sie sonst mit Juristen schnell Streit bekommen oder Abmahnungen riskieren. Und das ist auch schon ein guter Hinweis: Wenn Sie das Thema rechtliche Anforderungen haben, schalten Sie bitte den Hausjuristen ein oder holen Sie sich jemand dazu, der sich mit der Rechtslage gut auskennt. Wir haben in vielen Gebieten einfach Standards, die eingehalten werden müssen.

Wenn Sie als Beispiel hören: *Das Produkt muss der DIN-Norm xxx genügen*, wäre das eine Formulierung, bei der ich in einem Anforderungsdokument ungerne bleiben würde. Die DIN-Normen sind meist selbst noch dicke Kataloge und nur zu sagen, es muss diese DIN-Norm oder diese IEC-Norm einhalten, ist eine sehr grobe Vorgabe. Als Auftragnehmer würde ich immer versuchen, es so weit zu präzisieren, dass es halbwegs prüfbar ist, und sagen: „Wir haben folgende 15 Punkte aus der Norm herausgegriffen und die würden wir auf folgende Arten nachweisen." Also zerlegen Sie solche Forderungen, besprechen Sie miteinander, was Sie davon für relevant halten, welche speziellen Tests Sie machen würden, damit Sie eine bestimmte Norm oder einen Standard einhalten. Verlassen Sie sich nicht nur auf Schlagwörter. Die Schlagwörter können der Einstieg sein, aber gerade in dem Fall müssen Sie typischerweise die Anforderung zerlegen, zerlegen, zerlegen, so lang, bis Sie sie konkret prüfbar gemacht haben.

Das ist ein übliches Vorgehen für nichtfunktionale Anforderungen, das Ableiten weiterer nichtfunktionaler Anforderungen und schließlich das Umwandeln in irgendwelche operationellen Anforderungen oder funktionalen Anforderungen, die man dann besser prüfen kann.

> Von vage bis prüfbar

BILD 8.19
Kulturelle Anforderungen

Eine außergewöhnliche Kategorie, die allzu oft unberücksichtigt bleibt, sind kulturelle Anforderungen. In kulturellen oder politischen Anforderungen möchte ich Punkte festhalten, die ein Produkt aus politischen oder kulturellen Gründen vielleicht unbrauchbar oder nicht akzeptabel machen. Manche dieser Anforderungen sind extrem schwer zu messen und sehr subjektiv. Sie müssen ein bisschen darauf aufpassen. Das schönste Beispiel hat mir ein Teilnehmer in einem Seminar erzählt, der sagte: „Wir haben ein System entwickelt mit Sprachausgabe. Und wir haben viel Geld investiert und uns eine Fernsehsprecherin eingekauft, die unsere Texte, unsere Kommandos, unsere Ansagen dann gesprochen hat. Jemand, der es gewohnt ist, gut zu artikulieren. Es hat uns viel Geld gekostet, sie einzukaufen. Und dann haben wir versucht, dieses Produkt in den arabischen Raum zu verkaufen und die lassen sich von Frauen gar nichts sagen."

Also Sie sehen: Das ist ein kultureller Fehler gewesen. Ich darf nicht Sprachkommandos in einem Land, das es nicht gewohnt ist, von Frauen Befehle entgegenzunehmen von einer Frau sprechen lassen.

BILD 8.20
Tauchzeichen
(*http://www.buddys.ch/htm/ zeichen/zeichensprache.html*)

Es ist verdammt leicht, mit solchen Kleinigkeiten jemanden zu beleidigen oder jemandem auf die Füße zu treten. Einige von Ihnen tauchen vielleicht oder haben zumindest Taucherfilme schon mal im Fernsehen gesehen: Wenn dann zwei Taucher unter Wasser sich Zeichen geben, indem sie Daumen und Zeigefinger zu einem Ring formen und die anderen drei Finger wegstrecken, dann bedeutet das in der Tauchersprache: O.k., mir geht's gut, ich bin o.k., ich habe genügend Luft. Dieses Handzeichen kann Ihnen in anderen Kulturen oder bei anderen Gelegenheiten erheblichen Ärger einbringen. Achten Sie also darauf, wo Sie so etwas verwenden, achten Sie auf solche kulturellen Unterschiede.

Sie können solche Anforderungen auch in das Kapitel Internationalisierung packen, denn sehr oft sind es internationale Unterschiede, die hier berücksichtig werden müssen.

Wir hatten in unserem CASE-Produkt zum Beispiel ein kleines kulturelles Problem. Wir hatten einerseits Textausgaben und unsere Textfiles hießen natürlich wie üblich.txt. Und wir hatten andererseits, als es noch keine so schönen Grafikdrucker gab, auch noch Plotausgaben. Unsere Plotausgaben hießen.plo. Das kam in manchen Kulturen nicht so gut an, Dateien am Rechner, die.plo-Endungen haben. Wir haben Sie dann umbenannt in.plt, dann war kulturell wieder alles in Ordnung und wir durften das Produkt in diverse Länder verkaufen. Das war ein Übersehen einer kulturellen Anforderung.

■ 8.5 Beispiele für innere Qualitäten

Sehen wir uns ein paar Beispiele für innere Qualitäten an, die naturgegeben schwerer messbar sind.

BILD 8.21
Wartbarkeit

Eine Hauptkategorie ist Wartbarkeit, das Kapitel 14 in Volere. Zu den Fragen rund um Wartbarkeit gehört: Kann ich das System analysieren? Kann ich das System modifizieren? Wie stabil ist das System, wenn es irgendwelche unerwarteten Änderungen gibt? Kann ich das System überprüfen? Kann ich das System übertragen? Ist es skalierbar?

Alles das sind Unterkapitel von Wartbarkeit. Ein Beispiel für eine Wartbarkeitsanforderung wäre: *Das System muss neue Tarife drei Tage nach ihrer Bekanntgabe verarbeiten können.*

Ich möchte das System modifizieren, ich möchte es warten, ich möchte es weiterentwickeln, ich möchte sagen: Neuer Tarif muss innerhalb von drei Tagen einbaubar sein.

Oder: *Das Produkt muss nach Einfügen neuer Kunden ohne Verzögerung im laufenden Betrieb weiterarbeiten können.* Versuchen Sie bitte, bei solchen Wartbarkeits- oder Änderbarkeitsanforderungen immer zu quantifizieren, wie lange es dauern darf, welchen Aufwand Sie reinstecken wollen.

Denn nichts geht ohne Aufwand oder ohne Zeit und Sie wollen im Prinzip festhalten: Ich möchte es ändern, aber maximal mit diesem Aufwand.

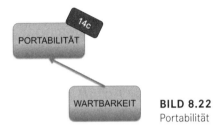

BILD 8.22
Portabilität

Eine Unterkategorie davon ist Portabilität, 14c in Volere. Da geht es um die Anpassbarkeit auf andere Umgebungen, andere Betriebssysteme, andere Datenbanken, andere Frameworks oder auch um Anforderungen an die Installierbarkeit des Systems. Ein Beispiel hier wäre: *Das System soll später auch für Windows 8 und Mac OS X verfügbar gemacht werden* (wenn Sie es derzeit nur unter Linux entwickeln). Damit sagt man den Entwicklern: Bereitet euch schon einmal darauf vor, wir wollen in Zukunft auch diese beiden Betriebssysteme unterstützen können. Oder ein anderes Beispiel: *Das System muss innerhalb von vier Wochen nach Erscheinen eines neuen Datenbankrelease dieses unterstützen.* In dem Zusammenhang haben einige meiner Kunden genau die gegenteilige Forderung: *Das System darf innerhalb der ersten sechs Monate nach Erscheinen eines neuen Release dieses noch nicht nutzen, solange, bis es stabil ist und die Kinderkrankheiten behoben sind.*

Sie sehen, was immer Sie haben wollen, fordern Sie es. Legen Sie einfach den Aufwand fest, den Sie bereit sind, für solche Portierungen zu bezahlen. Einer meiner Kollegen hat definiert: Wenn ich das mit weniger als 20 % des Originalaufwands umändern kann, dann ist das System in meinen Augen portabel; das ist vielleicht eine faire Einschätzung.

■ 8.6 Beispiele für Randbedingungen

Im Folgenden wollen wir noch einige Beispiele für Randbedingungen betrachten. Dazu zunächst die generelle Bemerkung: Randbedingungen werden sehr oft als unechte Anforderungen betrachtet. Aber wir haben in der Einleitung dieses Kapitels schon besprochen: Wer zahlt, bestimmt die Musik. Ich kann also Randbedingungen als Auftraggeber sicherlich auch vorgeben. Als Auftragnehmer haben Sie aber immer den Freiheitsgrad, über die Relevanz und die Verbindlichkeit von solchen Vorgaben nachzudenken. Ist das nun Folklore oder meint der

BILD 8.23
Vorgaben für Einbettung und Verteilung

das ernst? Manchmal hat man bei Willkür von solchen Randbedingungen Verhandlungsspielraum, das nochmals kritisch zu hinterfragen. Wenn Sie z. B. hören: *Das System soll in Java programmiert werden.* Hinterfragen Sie: Das ganze System? Darf ich zusätzlich Skriptsprachen verwenden? Darf ich bestimmte Teile, wo sich vielleicht eine andere Programmiersprache oder eine Java-Variante besser eignet, verwenden? Versuchen Sie herauszubekommen, wie groß Ihre Freiheitsgrade sind. Versuchen Sie aber auch zu verstehen, warum gefordert wird, dass das System in Java zu implementieren ist.

Betrachten wir zunächst die erste Unterkategorie „Vorgaben für die Einbettung und die Verteilung"; in Volere würde ich die in Kapitel 13 unterbringen. Da geht es um vorgeschriebene Nachbarsysteme oder Nachbarapplikationen, meine Einbettung des Systems in diese Umgebung, um Festlegung, Vorgaben von Schnittstellen, Vorgaben für die Systemumgebung. Ich könnte zum Beispiel fordern, dass das neue System *in einer Umgebung einsetzbar sein muss, in dem die Lichtverhältnisse unzureichend sind und der Lärm besonders groß ist oder große Verschmutzung herrscht.* Oder ich könnte Vorgaben über geografische Verteilung machen, über Prozessorverteilung. *Das System soll ein Dreiprozessorsystem verwenden.* Alles das wären Vorgaben für die Einbettung und Verteilung – keine funktionalen Anforderungen, sondern Randbedingungen für das Design, wie ich es gestalten kann.

Die große Kategorie von solchen Randbedingungen für das Design sind vorgeschriebene Technologien. Entweder ich bringe die in Kapitel 4 von Volere gleich unter, unter den Randbedingungen, oder es gibt auch noch die Auswahl zwischen „Make und Buy" im Kapitel 19. In der Kategorie wird der Einsatz bestimmter Hardware gefordert, da werden bestimmte Geräte gefordert, Softwarekomponenten, Middleware, Betriebssysteme oder Datenbanken. Das große Thema der Technologien, die Sie einhalten müssen, gehört in diese Kapitel.

Physikalische Anforderungen sind eher ein Thema für Gesamtsysteme und nicht so sehr für Software. Aber bei einem Gesamtsystem können Sie sehr wohl solche physikalischen Anforderungen stellen, z. B. an die Größe des Systems. Ich hab hier als Beispiel ausgewählt: *Das Produkt muss in handelsübliche Küchenschränke mit einer Tiefe von 60 cm einbaubar sein.* Wenn Sie das im Massenmarkt verkaufen wollen, halten Sie sich bitte eher an die Standardvorgaben von Küchenherstellern.

BILD 8.24
Vorgeschriebene Technologien

BILD 8.25
Physikalischen Anforderungen

Oder bei einem Autoradio: *Es muss in den autoüblichen Schacht oder Doppelschacht passen.* Dafür gibt's Vorgaben an Größenordnungen. Wenn Sie die verletzen, werden Sie das Produkt wahrscheinlich schlecht verkaufen können. Sammeln Sie daher Vorgaben bezüglich der Größe, der Form, des Gewichts, vielleicht aber auch der Stromaufnahme auf. Aber auch Forderungen bezüglich der Produktion: Wie kann ich das Ding herstellen und wie kann ich es unter Umständen ausliefern? Für Software alleine ist diese Kategorie wahrscheinlich nicht sehr relevant, aber für jede andere Art von Gesamtprodukt achten Sie auch auf diese physikalischen Anforderungen.

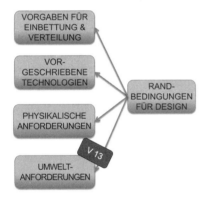

BILD 8.26
Umweltanforderungen

Umweltanforderungen sind heute ein heißes Thema. Wir erfassen sie auch in Kapitel 13 in Volere. Wie hitzeverträglich muss das System sein? Wie viel Vibration oder Stoßfestigkeit braucht es? Besonders, wenn Sie militärische Systeme entwickeln, die hinterher in Panzern eingesetzt werden sollen, ist so etwas wie mechanische Anforderungen besonders wichtig. Aber nicht nur da: Ein MP3-Player, den Sie beim Joggen verwenden wollen, hat auch bestimmte Anforderungen an Vibration und an Stoßfestigkeit, wenn Sie beim Laufen immer noch Musik hören wollen. Für den Entwickler heißt das, dass er bestimmte Arten von Platten nicht einsetzen sollten, die vielleicht mit dieser Schockwirkung nicht zurechtkommen. In diese Kategorie gehören auch elektrische Anforderungen. Was soll passieren bei Unterspannung, bei kurzen Stromausfällen? Das Gleiche gilt für Strahlungsanforderungen, Feuchtigkeit, Verschmutzungsanforderungen. *Das System muss in Fabrikhallen verwendbar sein, in denen ein hoher Lärmpegel und ein großer Verschmutzungsgrad herrschen.* Das heißt vielleicht, dass Sie Abdeckungen über die Tastatur machen müssen oder ähnliche Lösungen, um diese Anforderung zu erfüllen. Sie fordern aber zunächst durch Bekanntgabe Ihrer Umgebung, was Sie haben wollen und was das System auf jeden Fall können muss.

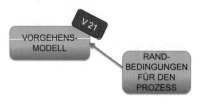

BILD 8.27
Randbedingungen für den Prozess

Eine weitere Kategorie von Randbedingungen sind Randbedingungen für den Prozess. Die meisten Anforderungen beziehen sich auf das Produkt oder das System, das Sie erstellen sollen: Das Produkt soll die Funktionalität leisten, das Produkt soll bestimmte Qualitätseigenschaften haben. Manche Anforderungen beziehen sich aber auch auf den Entwicklungsprozess. Trotzdem sind es Randbedingungen, die man berücksichtigen muss, denn sie haben oft indirekte Auswirkungen auf das Produkt. Sie kennen vielleicht die Grundansage von Total Quality Management, dass man Qualität nicht am Produkt alleine messen kann, sondern den Produktionsprozess beleuchten muss. Das sind Ideen, die von vielen auch in der Softwareentwicklung immer stärker betrachtet werden. Deshalb gibt es eine ganze Menge Leute, die Ihnen Vorschriften bezüglich des Vorgehensmodells machen. Sie müssen sich an ein bestimmtes Vorgehensmodell halten: *„Du sollst das V-Modell einsetzen, Du sollst nach Rational Unified Process entwickeln, Du sollst Dich an unser firmeninternes Vorgehensmodell halten."* Manchmal sind es vorgeschriebene Meilensteine oder in der Automotivebranche bestimmte Musterserien, die vor der Serienreife entwickelt werden müssen.

Manchmal werden damit bestimmte Rollen festgeschrieben. Wir müssen im Projekt folgende Jobs mit dieser und jener Verantwortung besetzt haben. Im V-Modell geht es dabei nicht nur um Softwareentwicklung, sondern auch um Projektmanagement, es geht ebenso um Konfigurationsmanagement und um Qualitätsmanagement. Und zu all diesen Themen kann ich Wünsche äußern und Forderungen stellen, die in Volere im Kapitel 21 festgehalten würden.

BILD 8.28
Inbetriebnahme und Migration

Nicht vergessen sollten Sie Anforderungen bezüglich Inbetriebnahme und Migration. Sehr oft denken Softwareentwickler nur bis zu dem Zeitpunkt der Abnahme. Aber mit dem Zeitpunkt der Abnahme ist das System noch nicht installiert und in Betrieb und in Verwendung. Was muss ich noch alles fordern, um diesen Übergang reibungslos zu gestalten? Welche Daten müssen vielleicht von Altsystemen übernommen werden können in die neuen Systeme, welche Formate müssen umgewandelt werden in neue Formate, welche Anpassungsschritte sind notwendig? Alle diese Forderungen an die Migration eines Systems und an die Inbetriebnahme würden wir im Kapitel 22 festhalten.

Und schließlich gehen Sie noch einen Schritt weiter. Denken Sie an das System in Betrieb und was dann zur Unterstützung, zum Support, notwendig ist. Was muss vorliegen, damit Sie das System vernünftig betreuen können? Erfassen Sie Anforderungen für ein Helpdesk, Anforderungen für eine Hotline zu dem Produkt oder Anforderungen an Built-In-Support,

z. B. folgende eingebaute Hilfesysteme. Ein Beispiel wäre: *Das System soll im Betrieb ohne schriftliches Handbuch benutzbar sein.* Jetzt hab ich als Designer jede Menge Möglichkeiten, wie ich das bewerkstelligen kann. Aber ich muss mir etwas einfallen lassen; es soll ohne Handbuch benutzbar sein. Anforderungen dieser Kategorie werden in Volere im Kapitel 25 festgehalten.

■ 8.7 Messbarkeit von Anforderungen

Nichtfunktionale Anforderungen sind extrem schwer zu prüfen bzw. ich muss mir viele Gedanken darüber machen, wie wir Anforderungen prüfen könnten. Deshalb wollen wir uns in diesem Abschnitt noch mal über die Messbarkeit von Anforderungen generell unterhalten, im Speziellen aber für nichtfunktionale Anforderungen. Ich habe mein Modell aus dem Einstieg dieses Kapitels noch ein Stück erweitert (vgl. Bild 8.29).

Eine Anforderung ist entweder eine funktionale Anforderung oder eine nichtfunktionale Anforderung und wir wissen schon, die nichtfunktionalen Anforderungen schränken die Designfreiheitsgrade für die funktionalen ein. Aber jede Anforderung sollte prüfbar sein und deshalb möchte ich gerne für meine Anforderungen Abnahmekriterien haben. Ein Abnahmekriterium (oder im Englischen Fit Criterion) drückt aus, wie ich die Erfüllung dieser Anforderung beurteilen kann, wie ich prüfen kann, ob ich das, was ich gefordert habe, auch bekommen werde.

Wir üben wieder ein bisschen lesen von Multiplizitäten in Klassenmodellen. In Bild 8.29 steht: Eine Anforderung wird durch ein bis viele Abnahmekriterien überprüft; jede Anforderung sollte also zumindest ein Abnahmekriterium haben, vielleicht sogar mehrere. Die Verfechter agiler Methoden, die heute User Stories schreiben, drehen die Karte, auf der vorne die User-Story steht, einfach um und schreiben hinten die Abnahmekriterien darauf, mehrere zu einer Anforderung, zu einer User-Story.

Umgekehrt: Ein Abnahmekriterium kann unter Umständen ein bis viele Funktionen überprüfen. Ein Abnahmekriterium, das gar keine Funktionen überprüft, wäre sinnlos. Sie haben also hier eine M-zu-N-Beziehung, eine Viele-zu-viele-Beziehung. Ein Abnahmekriterium ist also

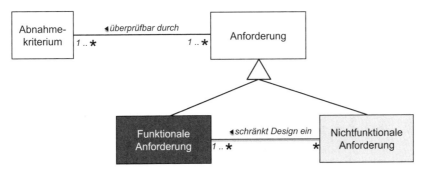

BILD 8.29 Abnahme- und Prüfkriterien

eine Aussage, die festlegt, wie gut das System die eine oder andere primitive Anforderung erfüllt. Für funktionale Anforderungen ist das einfach, denn da ist das Abnahmekriterium ganz einfach: Tut es die Funktion oder kann es mit den Daten arbeiten oder zeigt es das Verhalten? Da ist es leicht zu formulieren, wie wir die Funktion prüfen würden.

> Quantifizieren und Toleranzen festlegen

Im Bereich der nichtfunktionalen Anforderungen sollten Sie sich explizit bei jeder Anforderung Gedanken darüber machen, wie könnte ich sie prüfen? Wie würde ich sie prüfen?

Nehmen Sie als Beispiel die Forderung: *Das System soll im Temperaturbereich von –20 °C bis +40 °C arbeiten.* Sie sollen ein System entwickeln, das von extremer Kälte bis zu extremer Hitze arbeiten soll. Wie sollte das Abnahmekriterium dazu lauten? Wie würden Sie das prüfen? Sie würden es bei den Extremtemperaturen prüfen und es darf maximal ein Fehler in 20 Betriebsstunden auftreten. Sie würden also bei +40° und bei -20° prüfen, ob es in 2000 Betriebsstunden wirklich nur einen Fehler aufweist. Die Kernidee der Prüfung ist immer, solche Anforderungen zu quantifizieren und mit Toleranzen zu versehen.

Wenn Sie bei einer Benutzbarkeitsanforderung gefordert haben: *Das Produkt muss für Personen nutzbar sein, die nicht Deutsch als Muttersprache haben,* dann könnten Sie als Abnahmekriterium jetzt dazu schreiben: *45 von 50 zufällig ausgewählten Personen aus Nicht-Muttersprachlern müssen das Produkt nutzen können und Sie geben denen 25 % mehr Zeit.* Also etwas mehr Zeit als einem Deutschsprechenden, aber 45 aus 50 müssen es mit 25 % Zeitzugabe immer noch schaffen.

Oder Sie haben eine Performanzanforderung am Anfang vielleicht sehr locker formuliert: *Die Funktionalität muss hinreichend schnell sein.* Eine nicht unübliche Formulierung, die wir oft vom Kunden hören, und wenn wir dann fragen: „Was meint ihr mit hinreichend schnell", muss man es langsam präzisieren und sagen: *Jede einzelne Transaktion darf nicht mehr als 15 Sekunden dauern.* Und jetzt müssen Sie in Ihrem funktionalen Modell noch festlegen, was alles Transaktionen sind, damit Sie das auch wirklich messen und prüfen können.

Eine operationelle Anforderung wäre zum Beispiel: *Das Produkt muss von Arbeitern im Stehen, im Freien, in der Kälte benutzt werden können.* Und das Abnahmekriterium dazu könnte lauten: *90 % der Arbeiter müssen im ersten Nutzungsmonat die Funktionalität innerhalb einer vorgegebenen Zeitschranke wirklich durchführen können.* Sie sehen, ich versuche immer irgendwie zu quantifizieren, es messbar zu machen und mit Toleranzen zu versehen.

Eine Sicherheitsanforderung wäre: *Nur direkte Vorgesetzte dürfen die Personaldaten von Mitarbeitern einsehen.* Und das Abnahmekriterium dazu: Machen Sie doch einen Zugriffsversuch durch nicht Vorgesetzte. Der muss scheitern, abgeblockt werden, wenn das System eben nur direkten Vorgesetzten den Zugriff erlauben soll.

Bei rechtlichen Anforderungen gilt es sehr oft, einfach festzulegen, wer die prüfende Autorität ist. Wer ist die Instanz, die sagen kann, ist erfüllt oder nicht erfüllt? Das wird meistens Ihre Rechtsabteilung oder Ihr Hausjurist sein.

Sie haben in dem folgenden Bild 8.30 noch mal ein paar Hinweise für die Volere-Kategorien von 10 – 17, mit welchen vorgeschriebenen Maßstäben man an die Überprüfung gehen könnte. Bei der Kategorie über Look & Feel, über Aussehen, geht es immer wieder um Übereinstimmung mit irgendwelchen Standards und wir würden fragen: Wer prüft das Ganze und wie prüfen wir das? Bei den Benutzbarkeitsanforderungen geht es eher darum, in welcher Zeit muss ich es lernen können? Mit welchem Trainingsaufwand? Wer ist die Testgruppe, die

Req. Typ	Vorgeschlagener Maßstab
10 Aussehen	Übereinstimmung mit Standard – spezifizieren, wer/wie überprüft
11 Benutzbarkeit	Lernzeit Trainingszeit Testgruppe kann Funktionen in vorgegebener Zeit ausführen
12 Performance	Zeit bis zur Beendigung einer Funktion, Mengengerüste für Eingaben, …
13 Operative	Quantifizierung der Zeit/Benutzerfreundlichkeit in der Umgebung
14 Wartbarkeit	Spezifikation der Zeit für Änderungen, Quantifizierung des Portierungsaufwands
15 Sicherheit	Spezifikation, wer das Produkt wann benutzen darf
16 Kultur	Wer akzeptiert, quantifiziert spezielle Vorgaben?
17 Rechtlich	Meinung des Rechtsberaters/Gerichts

BILD 8.30 Prüfmöglichkeiten für nichtfunktionale Anforderungen

das Ganze hinterher probiert? Bei den Performanceanforderungen ist es relativ leicht. Wir werden über Zeiten sprechen bis zur Beendigung einer Funktion oder über Mengengerüste von entsprechenden Eingabewerten. Bei operativen Anforderungen werden wir versuchen, die Zeiten in dieser Nutzung des Systems zu quantifizieren, wir werden die Benutzungsfreundlichkeit in bestimmten Umgebungen versuchen zu quantifizieren.

Bei Wartbarkeitsanforderungen haben wir schon erwähnt, dass wir meist die Zeit festlegen, die es dauern darf, um Änderungen vorzunehmen. Wie viel Portierungsaufwand würde ich investieren? Bei Sicherheitsanforderungen denken Sie darüber nach, wer die Autorität ist, die es prüfen kann. Bei kulturellen Anforderungen ist es besonders schwierig. Wer ist die kulturelle Autorität, die sagen kann, ob das für den Markt brauchbar oder unbrauchbar ist? Und bei rechtlichen Anforderungen sind es die Meinungen von Rechtsberatern oder im schlimmsten Fall natürlich von Gerichten.

■ 8.8 Zusammenfassung

Wir haben in diesem Kapitel über nichtfunktionale Anforderungen gesprochen, über Qualitäten und Randbedingungen. Die Kernempfehlung ist: Schaffen Sie sich einen Hausstandard für die Erfassung solcher Anforderungen – ein standardisiertes Gliederungsschema all der Kategorien, die für Sie relevant sind. Wenn Sie keinen eigenen Standard haben, nehmen Sie einen der in diesem Kapitel vorgestellten; aus Volere oder aus der DIN-Norm. Achten Sie darauf, dass die nichtfunktionalen Anforderungen wesentlich kritischer sind als die funktionalen Anforderungen, wenn es um die Entwicklung einer Architektur oder eines Designs für Ihre Produkte oder Systeme geht. Die nichtfunktionalen Anforderungen sind die Architekturtreiber. Machen Sie daher die Erfassung dieser nichtfunktionalen Anforderungen zu einem zentralen Bestandteil Ihrer Analysearbeit.

Intermezzo

Bevor wir uns im Detail verlieren – oder nach so vielen Seiten Buch schon verloren haben –, gehen wir nochmals zurück, ganz an den Anfang. Business Analysis und Requirements Engineering streben nach einem guten Verständnis heutiger Geschäftsprozesse oder Produktfunktionalität, damit wir gezielt Vorgaben für Verbesserungen, Erweiterungen, Modifikationen etc. machen können. Die Ergebnisse dieser Analysetätigkeiten und die Erkenntnisse wollen wir irgendwie „zu Papier bringen" oder festhalten, damit sie uns als Diskussionsgrundlage dienen und auch als Vorgaben für diejenigen, die uns helfen, die erkannten Probleme zu lösen und unsere Produkte und Prozesse nachhaltig zu verbessern.

Um die Ergebnisse des Analyseprozesses festzuhalten, stehen uns heute eine Vielzahl unterschiedlicher Ausdrucksmittel zur Verfügung. Ich möchte Ihnen, nach den vielen Details in den vorangegangenen Kapiteln, in einem Überblick nochmals die Alternativen aufzeigen, die Ihnen zum Festhalten zur Verfügung stehen.

In der folgenden großen Matrix sehen Sie in der **vertikalen** Achse die unterschiedlichen Arten der Anforderungen: Wir studieren einerseits unsere Geschäftsprozesse oder Produktprozesse, natürlich zusammen mit den Dingen, die dabei verbraucht, bearbeitet oder erzeugt werden. Und wir interessieren uns für Qualitätseigenschaften und Randbedingungen.

Betrachten wir das mit etwas anderen Worten. Wir haben im Wesentlichen funktionale Anforderungen, das, was ein System oder ein Produkt tun soll, die Funktionen und die Daten und das Verhalten des Systems und wir haben daneben noch die beiden anderen Kategorien Qualitätsanforderungen und Randbedingungen. Die funktionalen Anforderungen können wir in die geschäftliche Abläufe oder Produktfunktionalität und in die Daten gliedern. Wir betreiben ja schließlich Informationsverarbeitung: Information sind unsere betrieblichen Daten oder Produktdaten; und die Verarbeitung sind die dazugehörigen Abläufe.

In der **horizontalen** Achse sehen Sie die drei prinzipiellen Möglichkeiten, die Ergebnisse zu erfassen. Alle diese Anforderungen, funktionale Anforderungen und nichtfunktionale Anforderungen, also Qualitätsanforderungen und Randbedingungen, kann ich auf drei unterschiedliche Arten darstellen.

1. Die Form der Spezifikation kann, wie in vielen Projekten heute noch häufig verwendet, einfach Text sein; umgangssprachliche, deutsche, englische oder andere natürlichsprachige Sätze.
2. Wir haben seit 30 Jahren aber auch eine Vielzahl von grafischen Modellen, die wir nutzen können, um die unterschiedlichen Arten der Anforderungen zu Papier zu bringen.
3. Und last but not least stehen uns auch Prototypen zur Verfügung, um Anforderungen transparenter zu machen.

Arten von Anforderungen			Form der Spezifikation		
			Text	(grafische) Modelle	
Funktionale Anforderungen	Abläufe	grob	Das System soll diesen Prozess unterstützen.	Use-Case-Diagramm	Prototyp
		fein, linear	Das System soll Schritt1 ausführen. Danach soll das System Schritt 2 ausführen.	Aktivitätsdiagramm	
		asynchron	Wenn das Ereignis eintritt, soll das System in den Zustand ... wechseln	Zustandsdiagramm (StateChart)	
		beispielhaft	Das System soll folgende konkrete Schrittfolge ausführen: Schritt 1; Schritt 2; Schritt	Sequenzdiagramm	
	Daten		Glossar mit alphabetisch geordneten Begriffsdefinitionen	UML-Klassendiagramm oder Entity-Relationship-Diagramm	
Qualitätsanforderungen			Die Funktion soll folgende Qualitätseigenschaften aufweisen:	Jeweils verknüpft mit funktionalen Anforderungen (d.h. evtl. angehängt an bestimmte Modellelemente)	
Randbedingungen			Folgende Randbedingungen sind einzuhalten: ...		

Unterschiedliche Spezifikation der Analyseergebnisse

Lassen Sie uns im Einzelnen sehen, was das für die unterschiedlichen Arten von Anforderungen bedeutet.

Beginnen wir mit den Abläufen in Textform. Auf einer sehr groben Ebene kann ich ganze Prozesse in einem deutschen Satz fordern. „Das System soll Prozess A unterstützen"; oder „das System soll den Geschäftsprozess B unterstützen" sind umgangssprachliche Sätze, die ganze, eventuell sehr komplexe Abläufe fordern.

Die grafische Alternative dazu sind Use-Case-Diagramme. Wir zeichnen all die gewünschten Prozesse als Ellipsen auf und die dazugehörigen Auslöser, die Akteure, als Strichmännchen. Sie entscheiden, ob Sie lieber deutsche Sätze schreiben oder ob Sie Use-Case-Diagramme malen.

Etwas genauer können wir die Abläufe auch mit deutschen Sätzen beschreiben. Wenn es sich um lineare Abläufe handelt, würden wir ganz einfach sagen. „Das System soll zuerst

Schritt 1 ausführen, dann Schritt 2, danach, unter der Bedingung *x*, den Schritt 3." Damit haben wir umgangssprachlich Aktivitäten beschrieben.

Die UML-Alternative sind Aktivitätsdiagramme. Wir zeichnen die Reihenfolge von solchen Schritten mit entsprechenden Abfragen oder mit ein bisschen Parallelität in Form eines Aktivitätsdiagramms. (Alternativ können Sie natürlich auch Flussdiagramme, BPMN, Petrinetze oder jegliche andere Art von Ablaufmodellen nutzen.)

Wenn die Abläufe nicht ganz so linear sind, sondern eher asynchron durch Ereignisse beeinflusst werden, dann würden wir in Deutsch formulieren: „Wenn das Ereignis eintritt, dann soll das System die oder jene Aktion ausführen und in den Zustand xxx gelangen." Die entsprechende grafische Darstellung sind Zustandsautomaten mit Zuständen und Übergängen. Sie sind beschriftet mit Ereignissen und Aktivitäten und Aktionen.

Ein Teil, den wir aus diesem Buch ausgeklammert haben, sind beispielhafte Abläufe. In den 1980er-Jahren war es unüblich, Beispiele zu verwenden. Wir strebten immer vollständige, konsistente und widerspruchsfreie Spezifikationen an. Mit dem Eintreffen der UML sind Beispiele wieder salonfähig geworden. Wir können ebenso beispielhafte Abläufe spezifizieren, auch wenn wir wissen, dass es nur ein Beispiel ist und keine vollständige Spezifikation, getreu dem Motto: Ein gutes Beispiel ist besser als eine schlechte Abstraktion.

Wir würden uns also einen typischen szenarienhaften Ablauf ansehen und ihn in Deutsch z. B. folgendermaßen beschreiben: „Das System soll ganz konkret diesen Schritt machen. Danach ganz konkret diesen Schritt. Danach diesen Schritt."

Ein Szenario zeigt wenig Alternativen und Verzweigungen auf, sondern ist ein klipp und klarer Durchlauf durch das System. Auch dafür gibt es ein entsprechendes UML-Diagramm, nämlich Sequenzdiagramme, die bei Analytikern nur mittelmäßig beliebt sind; sie erfordern sehr viel Aufwand. Die vorher erwähnten Ausdrucksmittel (Use Cases und Aktivitätsdiagramme) sind wesentliche populärer, aber Szenarien sind ein sehr probates Mittel, um einen beispielhaften Ablauf auszudrücken. Grafisch darstellen würden Sie das als Sequenzdiagramm (oder auch als Kommunikationsdiagramm, als Message Sequence Charts und noch einige andere Diagrammarten).

Sie haben natürlich noch die dritte Alternative. Wenn Sie weder schreiben noch Bildchen zeichnen wollen, können Sie Abläufe einfach prototypen. Sie können einen Prototyp schreiben für einen typischen Geschäftsprozessablauf und diesen dem Kunden als Spezifikation oder als Ergänzung zu einer textuellen oder einer grafischen Spezifikation vorführen.

Wechseln wir in den Bereich der Daten. Auch hier kommen Sie mit Texten alleine zurecht. Ein anständig geschriebenes Glossar mit Begriffsdefinitionen für alle verwendeten Wörter in den Abläufen, alphabetisch geordnet, ist ein wunderbares Nachschlagewerk, um die Funktionen und Abläufe besser zu verstehen und jeden Begriff eindeutig definiert zu haben.

Wenn Sie allerdings sehr viele Begriffe haben, dann werden Sie unter Umständen diese vielen Begriffe in Form eines Entity-Relationship-Diagramms ordnen und viele Attribute zu einer Entity zusammenpacken. In der UML würden Sie zur Darstellung der Entities ein Klassendiagramm verwenden. Das sind nur zwei unterschiedliche Notationen für den gleichen Zweck, oft auch logisches Datenmodell genannt.

Auch für die Daten haben Sie die Möglichkeit, Prototypen zu entwickeln. In dem Fall wären es eher Prototypen für Oberflächen. Sie zeigen die Masken mit den entsprechenden Attributen, die bestimmte Werte annehmen, oder sie zeigen entsprechende Ausgabeformulare, entsprechende Reports, die das System generieren soll und zeigen damit beispielhaft oder ziemlich vollständig, welche Arten von Elementen Sie in den Masken oder in den Reports erwarten.

Nutzen Sie die jeweilige Stärke, nehmen Sie Grafiken vielleicht eher für den Überblick und Sprache eher für die Details und ergänzen Sie dies über entsprechende Prototypen.

Wenn Ihre Leser nicht gewillt sind, viel zu lesen oder Notationen von UML-Diagrammen zu lernen, sind Prototypen vielleicht das bessere Mittel, um über Anforderungen zu sprechen.

Jetzt bleibt uns noch die schwierige Gruppe der nichtfunktionalen Anforderungen, der Qualitätsanforderungen und der Randbedingungen. Diese werden meist in Textform geschrieben. Bei einer Qualitätsanforderung würden Sie zum Beispiel Sätze schreiben: „Das System soll folgende Qualitätseigenschaften aufweisen" und Sie würden etwas über Verfügbarkeit oder Benutzerfreundlichkeit oder über Sicherheit oder rechtliche Anforderungen als deutschen Satz hinschreiben und entsprechend fordern.

Bei Randbedingungen würden Sie sagen: „Folgende Randbedingungen sind einzuhalten." Sie geben technologische Randbedingungen vor, ein bestimmtes Betriebssystem, das genutzt werden soll, eine Library, die eingesetzt werden muss, oder Sie geben zeitliche Randbedingungen vor, wie Maximalzeit für das Projekt, oder Sie geben Vorgaben über Einkaufen im Gegensatz zur Selbstfertigung (Make-or-Buy-Entscheidungen).

Für Qualitätsanforderungen und Randbedingungen verwenden wir keine grafischen Ausdrucksmittel, aber wir binden diese Sätze an die entsprechenden grafischen Ausdrucksmittel von Modellen. Sie würden zum Beispiel eine Performance-Anforderung an einen Use Case binden, um zu sagen, dass dieser Prozess nicht länger als drei Sekunden dauern soll. Oder Sie geben eine Häufigkeitsanforderung für ein Datenelement an und sagen: Von diesem Datenelement brauchen wir 12 000 Stück. Oder Sie binden eine Sicherheitsanforderung an eine ganz bestimmte Aktivität oder eine rechtliche Anforderung an eine andere Aktivität.

Wir schreiben also nichtfunktionale Anforderungen hauptsächlich in umgangssprachlichen Sätzen, verknüpfen sie aber mit entsprechenden Teilen des Modells. Aber auch in diesem Bereich der nichtfunktionalen Anforderungen haben wir noch die Möglichkeit des Prototyping und sollten sie auch sehr stark nutzen. Im Gegensatz zu den Oberflächenprototypen, die uns mehr Daten und Funktionen zeigen, sprechen wir hier von technischen Prototypen, von vertikalen Prototypen, von Durchstichen, um zum Beispiel die Performance bestimmter Technologien auszuprobieren. Wir testen, ob dieses eingekaufte Framework performant oder absturzsicher genug ist mit technischen Prototypen.

Sie haben also die Qual der Wahl beim Spezifizieren. Wollen wir schreiben, wollen wir malen oder wollen wir Prototypen? Und das gilt für alle Arten von Anforderungen, für die beiden Arten von funktionalen Anforderungen (für Abläufe und Daten) wie auch für die beiden nichtfunktionalen Anforderungen, für Qualitätsanforderungen und für Randbedingungen.

9 Anforderungs-dokumente

Über funktionale und nichtfunktionale Anforderungen haben wir genug gelernt. Es ist an der Zeit, uns mit den Dokumenten, mit Anforderungsdokumenten, auseinanderzusetzen. Wir lernen in diesem Kapitel, welche Qualitätseigenschaften ein Requirements-Dokument haben soll.

IEEE, die amerikanische Ingenieursvereinigung, entwickelte dazu einen Standard für Eigenschaften von guten Requirements-Dokumenten. Wir betrachten Standardinhalte für diese Dokumente, unabhängig davon, welches Gliederungsschema Sie für Ihre Requirements-Dokumente gewählt haben.

■ 9.1 Viele Namen und mehrere Dokumente?

Bisher haben wir uns sehr viel über die unterschiedlichen Arten von Anforderungen unterhalten, über funktionale Anforderungen, über nichtfunktionale Anforderungen. Und auch über die unterschiedlichsten Arten, diese Anforderungen darzustellen – als Sprache oder in Form von grafischen Modellen. In diesem Kapitel wollen wir uns systematisch mit Anforderungsdokumenten auseinandersetzen.

Dafür gibt es wiederum viele Namen:

- Anforderungsdokument,
- Anforderungsspezifikation,
- im Englischen: Requirements Specification, was auch auf Deutsch oft Requirements-Spezifikation genannt wird,
- wiederum andere sagen funktionale Spezifikation dazu.

Manchmal gibt es in Unternehmen auch mehrere Ausbaustufen für diese Anforderungsdokumente und daher auch mehr als eine Bezeichnung. So findet man sehr oft zweistufige Darstellungen:

- User Requirements Specification (abgekürzt als URS) oder Business Requirements Specification (BRS); BABOK nennt es „Requirements Package".
- Software Requirements Specification (abgekürzt als SRS). Wenn Hardware involviert ist, z. B. in Embedded-Systemen, wird SRS auch oft als „System Requirements Specification" betrachtet.

In URS oder BRS werden (meist vom Auftraggeber) alle Anforderungen aus Sicht der Endbenutzer und der Auftraggeber gesammelt und dokumentiert. Und in der SRS werden diese (meist vom Auftragnehmer) detaillierter ausgearbeitet und weiter präzisiert. Es werden nicht nur die Wünsche der Stakeholder entgegengenommen, sondern es wird auf Konsistenz geprüft, verfeinert und strukturiert.

Insbesondere im deutschen Sprachraum haben sich auch noch die beiden Ausdrücke Lastenheft und Pflichtenheft für diese beiden Ebenen von Dokumenten etabliert, die im Zusammenhang mit dem V-Modell sehr häufig verwendet werden. Lastenheft ist das Dokument aus Sicht des Auftraggebers, der etwas ausschreiben oder ein Produkt erhalten möchte und zunächst mal die Last für den Auftragnehmer beschreibt: „Das hätte ich gerne geliefert." Ähnlich wie die User Requirements Specification ist es also eine Sicht des Auftraggebers.

Das Pflichtenheft greift ein derartiges Lastenheft dann auf und versucht es schon an die Lösung heranzuführen, durch Präzisierung der Requirements, durch erste Lösungsideen und ergänzt durch Angaben zu den erwarteten Kosten und wie lange es dauern wird, die Lösung zu erstellen. Aufgabe des Pflichtenhefts ist es, das Lastenheft so genau zu machen, dass man auf dieser Basis einen Auftrag erteilen kann.

Hin und wieder werden die Dokumente sogar dreistufig angelegt. Bei einem meiner Kunden heißen die Dokumente dann „Marketing-Spezifikation" und „User-Spezifikation" und „Produkt-Spezifikation". Die Marketing-Spezifikation ist ein ziemlich dünnes Dokument, nur eine Feature-Liste oder eine grobe Bullet-Liste von Wünschen, die das Marketing hat. Wenn wir zur User-Spezifikation übergehen, ist sie schon besser ausgearbeitet (etwas im Sinne eines Lastenhefts), und in der Produktspezifikation sind die Anforderungen so präzise, dass die Hardware- und Softwareentwickler damit gut leben können.

Sie sehen also, wir haben Dutzende von Wörtern, um ein Anforderungsdokument zu beschreiben und zu benennen. Für die folgenden Betrachtungen ist es egal, wie viele Arten von Anforderungsdokumenten Sie verwenden und welchen Namen Sie diesen Dokumenten geben.

■ 9.2 Warum überhaupt Dokumente?

Warum brauchen wir überhaupt Dokumente? Reicht es nicht, uns hinzusetzen und mündlich darüber zu sprechen, was das System tun soll? Sicherlich, das kann im kleinen Rahmen funktionieren. Wenn Sie nur zu zweit sind, ein Auftraggeber und ein Auftragnehmer, im Sinne von eXtreme Programming, dann setzt sich der Auftraggeber auf den Schoß des Programmierers und erzählt ihm dauernd, was er haben möchte. Und der Programmierer programmiert sofort. Dazu braucht man kein Anforderungsdokument.

Sollten Sie mehr als einen Stakeholder haben und alle haben viele Wünsche, dann wird der Schoß des Programmierers vielleicht zu klein und Sie müssen doch ein paar Sachen schriftlich festhalten. Je größer das Projekt wird, je geografisch verteilter wir arbeiten, desto wichtiger wird es, auch etwas Schriftliches zu haben, denn diese schriftliche Äußerung ist die Basis für die weitere Systementwicklung. Das, was in dem Anforderungsdokument drin steht, soll hinterher entworfen, programmiert, getestet und ausgeliefert werden.

Sehr oft brauchen Sie auch ein Dokument, weil Sie etwas rechtlich Relevantes in den Händen halten möchten, einen Anhang zu einem Vertrag, der bei Abnahme dann auch geprüft werden kann, ob er erfüllt ist.

Nur mündlich ist es schwer, sich dran zu erinnern, was irgendwann irgendjemand gesagt hat, was es sein sollte. Daher brauchen wir ein Anforderungsdokument. Je mehr Anforderungen wir haben, je komplexer unser System ist, desto eher müssen wir es unter Umständen schriftlich machen. Wir brauchen einen Überblick, wir wollen die Komplexität bewältigen und das geht mündlich alleine sicherlich nicht. Und bei mehreren Projektbeteiligten wollen Sie auch irgendetwas in der Hand haben, das Sie allen zugänglich machen können, wo alle auf dem gleichen Wissensstand sind, alle die gleiche Grundlage für ihr Verständnis aufbauen können – und das ist eben ein Dokument.

Die Frage ist, wie gestalten wir so ein Dokument inhaltlich? Sie haben bei den einzelnen Methoden für funktionale Anforderungen, für Abläufe, für Daten, für nichtfunktionale Anforderungen schon alle möglichen Stilarten gesehen. Generell bleiben uns die beiden großen Möglichkeiten „schreiben" oder „malen". Teilweise werden wir natürliche Sprache verwenden. Das hat den unübersehbaren Vorteil, dass wir keine besonderen Voraussetzungen an die Leser stellen müssen, außer dass sie die Sprache beherrschen sollten und auch lesen können. Umgangssprachliche Sätze können viele Leute sehr leicht interpretieren und verstehen und es fällt auch kein Lernaufwand dafür an.

> Schreiben oder malen? Ja!

Oder sollten wir in diesen Dokumenten doch eher grafische Modelle verwenden? Die haben ein bisschen mehr Formalität als die Sprache. Der Grad an Formalität ist jedoch unterschiedlich und daher gezielt steuerbar. Sie haben gesehen, dass Use-Case-Diagramme noch sehr wenig Formalität aufweisen, nur ein paar Strichmännchen, ein paar Ellipsen.

Zustandsdiagramme hingegen sind sehr viel formaler und dementsprechend schwieriger ist es auch, diese Modelle zu erstellen und zu verstehen. Für diese Diagramme braucht ein Leser die entsprechende Ausbildung, um sie interpretieren zu können. Aber Sie vermeiden sehr viele Fehler, die vielleicht in der Umgangssprache noch enthalten sind.

Ich kann mit grafischen Modellen auch viel besser einen Überblick über viele Anforderungen herstellen. Sie haben gesehen, dass wir Use Cases in Aktivitäten zerlegen und diese dann beliebig weiter zerlegen können. Ich kann einzelne Attribute zu Klassen bündeln und diese in Überblicksdiagrammen darstellen. Die Komplexität ist mit Grafiken zum Teil viel besser beherrschbar als nur in Textform. Soll ich also schreiben oder soll ich malen? Und die Antwort ist: Ja. Tun Sie beides!

Nutzen Sie die grafischen Modelle eher für den Überblick, für die Grobgliederung, für die Strukturierung des Dokuments (in Form von Use Cases, von Datenmodellen, ...) und nutzen Sie die Zugänglichkeit der natürlichen Sprache für detaillierte Anforderungen, die dann an den entsprechenden Stellen in die Modelle eingehängt oder unterlegt werden.

Eine Mischform ist also heute das, was erstrebenswert ist; eine gelungene Mischung aus Grafiken und Texten, wobei der Wert für den Leser immer im Vordergrund steht. Wir schreiben solche Requirements-Dokumente, damit wir uns unter allen Stakeholdern einigen können, was das System tun soll. Wenn Sie mit der Notation übertreiben und 80 % Ihrer Leser verlieren, haben Sie auch verloren. Dann hätten Sie lieber mehr Umgangssprache verwenden sollen statt grafischer Modelle. Also nehmen Sie Mischformen, berücksichtigen Sie aber die Kenntnisse und die Fähigkeiten Ihrer Leserschaft.

Unabhängig von den Dokumenten werden wir parallel dazu sicherlich auch noch Prototypen entwickeln. Manchmal ist das Anschauen einer fertigen Oberfläche, wie es aussehen wird, leichter als das Begutachten von Dokumenten. Aber wir behandeln in diesem Kapitel hauptsächlich die Dokumente. Vergessen Sie aber nicht, dass man diese durch Prototypen noch untermauern und das Verständnis weiter verbessern kann. Nehmen Sie die Modelle eher für die Strukturierung und die umgangssprachlichen Anforderungen, die natürlichsprachigen Sätze, eher für die Details.

9.3 Anforderungen an Requirements-Dokumente

IEEE, die amerikanische Ingenieursvereinigung, hat einige Forderungen in ihrem Standard 830 aus dem Jahr 1998 bezüglich der Gestaltung von solchen Dokumenten aufgestellt. Bevor wir also über Inhalte und Strukturen der Dokumente sprechen, sehen wir uns an, was wir damit erreichen wollen.

`Eindeutig und konsistent`

Die Forderungen der IEEE beginnen damit, dass so ein Dokument eindeutig und konsistent sein sollte. Voraussetzung dafür ist, dass jede einzelne Anforderung, die wir geschrieben haben, in sich wenigstens schon stimmig, geprüft und eindeutig ist. Im Dokument erwarte ich dann, dass es zwischen diesen Anforderungen keine Widersprüche gibt, dass ich aus den unterschiedlichen Sichten, Daten und Abläufen und nichtfunktionalen Anforderungen, aus denen ich herangehe, zu einer Eindeutigkeit komme.

`Klare Struktur`

Die zweite Forderung der IEEE ist die Forderung nach einer klaren Struktur. Allerdings wird nicht vorgeschlagen, wie diese Struktur unbedingt aussehen muss. Es wird nur gesagt, so ein Dokument sollte eine klare, verständliche Struktur haben. Also überhaupt eine Struktur; nicht nur 3624 Anforderungen einfach nacheinander hingeschrieben, sondern irgendwie strukturiert.

`Modifizierbar und erweiterbar`

Außerdem sollten diese Dokumente modifizierbar und erweiterbar sein. Anforderungen ändern sich mit 1 – 3 % pro Monat. Ich möchte sie im Lauf der Zeit modifizieren, erweitern können. Voraussetzung dafür ist wieder, dass Sie ein vernünftiges Versionsmanagement haben. Das werden wir im Kapitel über Requirements-Management noch genauer betrachten, wie wir mit solchen Änderungen von Anforderungen umgehen. Ich möchte vom Dokument aber auf jeden Fall, dass es modifizierbar und erweiterbar ist.

`Vollständigkeit`

IEEE stellt auch die Forderung nach Vollständigkeit des Dokuments auf. Im heutigen Sinne könnte diese Forderung leicht missverstanden werden. Es heißt nicht, dass wir zu unserem Wasserfallmodell zurückkehren und alle Anforderungen unbedingt am Anfang vollständig kennen müssen. Vollständigkeit ist hier so zu interpretieren, dass die Spezifikation nur für das nächsten Release oder die nächste Iteration vollständig sein sollte. Das, was ich beauftragen möchte, das, was demnächst umgesetzt werden soll, soll auch vollständig beschrieben sein. Im Sinne von SCRUM wäre das also der Sprint für den nächsten Monat. Der muss vollständig sein, weil wir einen Monat später dann wieder auf dieses Dokument (oder diese Kärtchensammlung) schauen wollen, ob alles erledigt ist. Anschließend können wir für andere Anforderungen wieder neue Prioritäten setzen. Wenn Sie nicht nach SCRUM arbeiten, sondern z. B. Releases für jeweils drei oder sechs Monate planen, dann sollten die Anforderungen für so ein Release vollständig sein – was auch immer Ihr Release-Zyklus ist. Vollständigkeit bedeutet also: alles, was ich für das nächste Release, für die nächste Iteration an Anforderungen brauche.

Und eine Forderung kommt noch dazu, die vielen von uns sehr weh tut: die Forderung nach Nachvollziehbarkeit, nach Verfolgbarkeit (engl. Traceability). IEEE fordert, dass Sie ausgehend von einem Anforderungsdokument nachvollziehen können, wo die Anforderungen im Design gelöst sind, wo der entsprechende Sourcecode dazu ist, welche Testdaten dazu gehören. Das gilt aber auch in der anderen Richtung: Wo kommen die Anforderungen her? Wer hat sie überhaupt gestellt? Diese ganze Kette von der Quelle der Anforderungen bis zur Umsetzung im Sourcecode soll nachvollziehbar sein. Eine Forderung an das Dokument ist es auch, diese Nachvollziehbarkeit sicherzustellen. Eine Möglichkeit, um diese Forderungen zu erfüllen, ist es, eine Struktur vorzugeben. Verwenden Sie also irgendeine standardisierte Dokumentenstruktur für Ihre Requirements-Dokumente. Wenn Sie es mehrstufig machen, mit Lastenheft und Pflichtenheft, brauchen Sie vielleicht sogar zwei standardisierte Strukturen. Und wenn Sie es dreistufig machen, für Marketingvorgaben und User Requirements und Software Requirements, brauchen Sie vielleicht sogar drei Vorgaben, wie ein derartiges Dokument zu gestalten ist.

> Nachvollziehbarkeit

Also machen Sie solche Vorgaben und sorgen Sie dafür, dass sie in jedem Projekt eingehalten werden. So eine Vorgabe einer Struktur hilft, um systematisch alle Kategorien von Requirements zu erfassen. Sie halten sich an Ihr Gliederungsschema und Sie füllen jedes Kapitel mit Inhalt. Es hilft aber nicht nur, Requirements systematisch zu erfassen, es hilft auch, die Inhalte, die Vollständigkeit zu prüfen: Haben wir zu dem Thema schon etwas gesagt oder ist hier noch ein großer, weißer Fleck auf der Landkarte?

> Systematische Strukturvorgaben

Und – was Sie nicht unterschätzen sollten bei solchen Vorgaben – sie helfen, Requirements wiederzuverwenden. Sie haben in dem Kapitel über nichtfunktionale Anforderungen gelernt, dass gerade diese Gruppe von Anforderungen, solange Sie in der gleichen Branche bleiben, hochgradig wiederverwendbar sind. Immer wenn Sie unter gleichen gesetzlichen Randbedingungen, mit gleichen technologischen Randbedingungen arbeiten, können solche Gruppen von Anforderungen gut wiederverwendet werden. Ein klar strukturiertes Dokument hilft Ihnen auch, ganze Teile herauszuziehen und im nächsten Projekt wieder einzusetzen.

Machen Sie eine solche Struktur zu Ihrem Hausstandard, etablieren Sie irgendeine Art von Vorlage. Wir können immer noch genügend Freiheitsgrade drin lassen, damit die beteiligten Personen kreativ arbeiten können, aber der Rahmen für das ganze Requirements-Dokument ist vorgegeben.

> Etablieren Sie einen Hausstandard

9.4 Beispiele für die Struktur von Requirements-Dokumenten

Sehen wir uns einige Beispiele für solche Standardstrukturen von Requirements-Dokumenten an. Sie haben es bestimmt schon herausgehört, dass meine Lieblingsstruktur von meinen beiden englischen Kollegen James und Suzanne Robertson von der Atlantic Systems Guild kommt. Sie haben das Volere-Schema vor vielen Jahren vorgeschlagen und es wird seither weltweit tausendfach eingesetzt. Volere ist im Wesentlichen eine derartige Strukturvorgabe für ein Requirements-Dokument. In Bild 9.1 sehen Sie die Hauptkapitel in Englisch, in Bild 9.2 in Deutsch: die Projekttreiber, die Projektrandbedingungen, dann eine große Gruppe von funktionalen Anforderungen, eine noch größere Gruppe von nichtfunktionalen Anforderungen und einige Projektaspekte, die wir später noch behandeln werden. In diesen fünf Hauptgruppen finden Sie insgesamt 27 Kapitel. Viele davon haben wir schon im Einzelnen besprochen.

Project Drivers
  1. The Purpose of the Product
  2. The Stakeholders

Project Constraints
  3. Mandated Constraints
  4. Naming Conventions and Terminology
  5. Relevant Facts and Assumptions

Functional Requirements
  6. The Scope of the Work
  7. Business Data Model & Data Dictionary
  8. The Scope of the Product
  9. Functional Requirements

Non-functional Requirements
  10. Look and Feel Requirements
  11. Usability and Humanity Requirements
  12. Performance Requirements
  13. Operational and Environmental Requirements
  14. Maintainability & Support Requirements
  15. Security Requirements
  16. Cultural Requirements
  17. Legal Requirements

Project Issues
  18. Open Issues
  19. Off-the-shelf Solutions
  20. New Problems
  21. Tasks
  22. Migration to the New Product
  23. Risks
  24. Costs
  25. User Documentation and Training
  26. Waiting Room
  27. Ideas for Solutions

BILD 9.1
Volere-Kapitelstruktur (englisch)

9.4 Beispiele für die Struktur von Requirements-Dokumenten

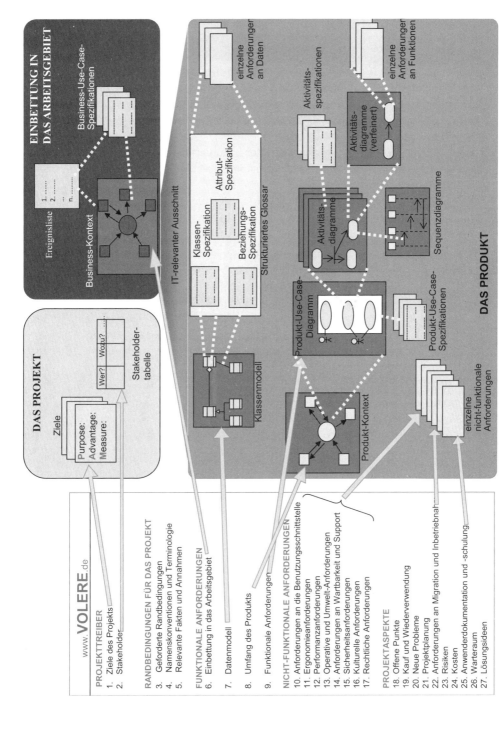

BILD 9.2 Volere (deutsch) mit Vorschlägen für die Inhalte der Kapitel

Wir haben zum Beispiel gesagt, am Projektanfang brauchen Sie Ziele (Kapitel 1). Sie brauchen Ihre Mitspieler, Ihre Stakeholder (im Kapitel 2). Sie sollen den Scope von Ihrem Aufgabengebiet und von Ihrem Produkt abgrenzen (Kapitel 6 und Kapitel 8). All die funktionalen Anforderungen kommen dann in das Kapitel 9. In dem Kapitel finden Sie dann – je nach Ihrer gewählten Methode – entweder Ihrer Use-Cases und Aktivitätsbeschreibungen oder aber umgangssprachliche Anforderungssätze. Die Kapitel 10 bis 17 sind den nichtfunktionalen Anforderungen gewidmet. Jedes davon hat auch noch Unterstrukturen, die wir im Kapitel 7 dieses Buchs behandelt haben. Und dann bleiben noch die ganzen Projektaspekte in den Kapiteln 18 bis 27, wie Projektpläne, Migrationsanforderungen, Kosten und Ähnliches. Die derzeit neueste Version des Volere-Template ist in der dritten Auflage des Buchs „Mastering the Requirements Process" enthalten oder auch als Download über die entsprechenden Webseiten *www.volere.co.uk* oder *www.volere.de* verfügbar.

Volere gibt Ihnen nicht nur diese 27 Schubladen vor, an die Sie beim Arbeiten mit Requirements denken sollten, sondern unterbreitet auch Vorschläge, wie Sie die einzelnen Kapitel füllen könnten. Sehen Sie sich dazu das komplexe Bild 9.2 genauer an. Wir haben über Kontextdiagramme gesprochen, die in den Kapiteln 6 und 8 untergebracht werden können. Ihre Geschäftsprozesse, die teilweise vielleicht durch IT unterstützt werden sollen, bringen Sie in Kapitel 6, direkt nach dem Business-Kontext, unter.

Ab Kapitel 7 bilden wir den IT-relevanten Ausschnitt des Geschäfts ab, das heißt die Teile der Geschäftsprozesse, die automatisiert werden sollen. Wir haben über Produkt-Use-Case-Diagramme mit verfeinerten Aktivitätsdiagrammen gesprochen, die in das Kapitel 9 kommen würden, und über Datenmodelle, für die das Kapitel 7 vorgesehen ist.

So haben Sie also Vorschläge, wie konkret, mit welchen Ausdrucksmitteln man dieses Schema füllen kann. Sie können gerne alternative Notationen einsetzen. Sie müssen nicht Use-Case-orientiert zerlegen, aber Kapitel 9 bleibt trotzdem der Aufbewahrungsort für funktionale Anforderungen. Sie schreiben sie vielleicht in Deutsch oder Sie modellieren sie mit anderen Grafiken als mit Aktivitätsdiagrammen. Es bleibt trotzdem das Kapitel über funktionale Anforderungen.

Wenn Sie eine andere Art der Kontextabgrenzung wählen als das Kontextdiagramm, zum Beispiel eine tabellarische Darstellung, dann würden Sie in die Kapitel 6 und 8 die entsprechenden Tabellen einfügen. Die Vorschläge zum Füllen sind also nur Vorschläge, die Kapitelstruktur bleibt erhalten.

Aber auch diese können Sie als Vorschlag sehen, allerdings ein Vorschlag, der sich bewährt hat. Volere ist inzwischen viele Jahre alt. Wir stehen derzeit bei der Version 16 und es wird jährlich erneuert und die Gliederung hat sich hochgradig bewährt. Es ist auch leicht, diese Kapitelstruktur in gängigen Requirements-Tools einmal anzulegen (als leere Library mit vorgegebener Gliederung), so dass Sie direkt mit Ihrer Arbeit beginnen können.

Volere ist natürlich nicht das einzige Schema am Markt. Eine Alternative zum Volere-Standard ist der IEEE-Standard 830 aus dem Jahr 1998 über Software Requirements Specification.

Auch das ist ein Gliederungsschema, was Sie alles festhalten sollten über Anforderungen. Es beginnt mit einer Einleitung (Introduction). Der allererste Paragraph heißt „Purpose of the document". Da würden Sie wahrscheinlich festhalten, dass dies ein Requirements-Dokument ist. Ich brauche diesen ersten Absatz nicht. Bei mir steht das auf der Titelseite. Aber schon danach folgen die Ziele. Die Ziele, diese allerwichtigsten Anforderungen, sind auch in dem IEEE-Standard weit vorne. Danach kommt ein Absatz über „Links to Resources",

- 1. Introduction
    - » Purpose (of the document)
    - » Goal (of the product)
    - » Links to Resources
    - » Definitions of Terms, Abbreviations
    - » Overview (how is the document structured)
- 2. General Description (of the software product)
    - » Product Perspective (w.r.t. other software products)
    - » Product Functions (summary and overview)
    - » Expected Users
    - » Constraints (for the developers)
    - » Assumptions and Dependencies
- 3. Specific Requirements
    - » Functional Requirements
    - » Nonfunctional Requirements
    - » External Interfaces
    - » Design Constraints
    - » Performance Requirements
    - » Quality Requirements
    - » Other Requirements

BILD 9.3
Gliederungsschema gemäß IEEE 830-1998

auf Deutsch „mitgeltende Dokumente", also ein Verweis auf andere Dokumente, die Sie im Zusammenhang mit diesem Dokument beachten sollten. Solche Einträge führt man – wie hier vorgeschlagen – sehr früh im Dokument auf; manchmal steckt man sie auch in den Anhang. Es ist auf jeden Fall eine gute Idee, in dem Requirements-Dokument auf andere Dokumente, die gültig sind, zu verweisen.

Auch im IEEE-Standard haben Sie „Definition of Terms und Abbreviations". Sie brauchen Ihre Begriffsdefinitionen, Ihr Glossar und Sie brauchen Ihr Abkürzungsverzeichnis, auch hier an prominenter Stelle positioniert.

Der nächste Absatz „Overview – how is the document structured" ist wieder ziemlich überflüssig. Wir arbeiten hier mit einer Standarddokumentenstruktur. Warum schreiben Sie jetzt: Im Kapitel 2 werden Sie Folgendes lesen, im Kapitel 3 wird das drin stehen? Sie arbeiten ohnehin immer mit dem gleichen Standard. Das ist abgeschrieben von guten wissenschaftlichen Publikationen, wo man am Ende der Einleitung immer eine Vorausschau gibt, was jetzt alles kommen wird. Sparen Sie sich das Kapitel lieber. Sie wissen, wie das Dokument strukturiert ist; es ist jedes Mal gleich strukturiert.

Im Teil 2 „General description of the software product" erfassen Sie eine allgemeine Beschreibung des Softwareprodukts. Der erste Absatz ist eine Produktperspektive „with respect to other software products" (im Zusammenhang mit anderen Softwareprodukten). Raten Sie mal, was ich in dieses Kapitel stecken würde? Richtig! Unser Kontextdiagramm, unsere Kontextabgrenzung; unser Produkt in Zusammenhang mit anderen Produkten. Auch das ist also gewährleistet.

Danach kommen Produktfunktionen als Zusammenfassung und Überblick. Ein guter Platz, um zum Beispiel ein Use-Case-Diagramm unterzubringen. Danach folgen „Expected Users". Sie erinnern sich, Benutzer waren ein wichtiger Teil unserer Stakeholder. Die anderen Stakeholder sind hier nicht mit aufgeführt und das hat einen guten Grund. Im Volere ist die Philosophie nicht, ein Dokument zu erstellen, sondern ein Requirements Repository aufzubauen, das alle relevanten Informationen rund um die Requirements enthält. Aus dem Repository kann man dann beliebige Teile extrahieren und für bestimmte Leser ausdrucken. Beim IEEE-Standard handelt es sich um einen konkreten Vorschlag für ein Dokument. Und vielleicht wollen Sie nicht alle Anmerkungen über Stakeholder in dem Dokument drucken – vor allem nicht die Warnungen vor unliebsamen Stakeholdern und Projektgegnern. Verwalten Sie die komplette Stakeholder-Liste daher lieber in einem separaten Dokument. Aber wenigstens an die späteren Nutzer des Systems sollten Sie denken!

Danach kommen Constraints (Randbedingungen), in dem Fall für die Entwickler, gefolgt von Assumptions and Dependencies (Annahmen und Abhängigkeiten), die Ihnen bekannt sind. Sie erinnern sich, das war auch in Volere einer der Absätze in den Projektrandbedingungen.

Das große Kapitel 3 behandelt jetzt die spezifischen Requirements und beginnt mit der offensichtlichen Gliederung in funktionale und nichtfunktionale Anforderungen. Danach folgt ein Kapitel über externe Schnittstellen. Es ist eine sehr gute Idee, auf die Schnittstellen im Requirements-Dokument hohen Wert zu legen. Ich hätte diese bereits bei der Produktperspektive untergebracht, wo ich mein Produkt gegen die Nachbarsysteme abgrenze. Bereits dort hätte ich sehr genau die Schnittstellen recherchiert. Es spielt aber keine Rolle, wo das Kapitel steht. Hauptsache, Sie dokumentieren Ihre Schnittstellen.

Danach kommen jetzt Design Constraints. In Ergänzung zu den Entwicklungsrandbedingungen folgen jetzt also noch Designrandbedingungen, wie z. B. technologische Vorgaben.

Und zum Schluss wird's ein bisschen dubios in der Begriffswelt. Jetzt kommen nämlich Performanceanforderungen – die gelten heutzutage als eine Untergruppe der Qualitätsanforderungen und damit der nichtfunktionalen Anforderungen. Man hat sie hier herausgezogen als eigenes Hauptkapitel. Danach kommen die Qualitätsanforderungen, obwohl wir schon weiter oben nichtfunktionale Anforderungen hatten. Da müssen Sie vielleicht ein bisschen aufräumen, ein bisschen Ordnung schaffen oder Ihre Begriffswelt im Haus schärfen, was Sie in welches Kapitel packen. Ganz zum Schluss haben Sie den Sammeltopf für andere Anforderungen, wenn Sie Dinge sonst nirgends sonst im Dokument untergebracht haben. IEEE 830 ist ein sehr populärer Standard. Viele Firmen haben den zum Hausstandard erhoben und strukturieren grundsätzlich nach dieser Vorgabe.

Sie haben damit den Segen der amerikanischen Ingenieursvereinigung. Zumindest eines Teils davon, denn die gleiche Gruppe hat im gleichen Jahr 1998 noch zwei weitere Standards auf den Markt gebracht, neben IEEE 830 nämlich IEEE 1362 und IEEE 1233. Der eine heißt „Guide for Information Technology – System Definition – Concept of Operations" und der andere lautet „Guide for Developing System Requirements Specifications". Da waren drei Arbeitsgruppen, die sich alle unabhängig voneinander hinsetzten und Vorgaben für eine derartige Gliederung gemacht haben. Suchen Sie sich eine davon aus. Die wesentlichen Punkte sind in allen diesen Standards enthalten.

Nehmen wir als weiteres Beispiel noch das deutsche V-Modell XT dazu. Auch da gibt es ein vorgeschlagenes Gliederungsschema; in dem Fall ist es ein Lastenheft. Das V-Modell schlägt vor, wie aus Sicht des Auftraggebers eine Ausschreibung zu gestalten ist, die dann ein Auftragnehmer entgegennimmt und zum Pflichtenheft ausarbeitet. Und hier gibt es natürlich einen Einleitungsabsatz. Danach folgt die Ausgangssituation und Zielsetzung: Welches Problem haben wir entdeckt, welche Ziele leiten wir daraus ab? So, wie wir es in dem Kapitel über einen sauberen Projektstart kennengelernt haben.

Danach folgen die beiden offensichtlichen Kapitel: funktionale Anforderungen und nichtfunktionale Anforderungen.

Jetzt kommt noch ein neuer Aspekt hinzu im Kapitel 5: eine Skizze des Lebenszyklus und der Gesamtarchitektur. Folgendes ist damit gemeint: Wenn Sie iterativ entwickeln oder mehrere Releases planen, so geben Sie hier eine Vorschau, welche Features wann kommen werden, eine Art Road-Map oder ein grober Überblick über die Projektplanung. In der ersten Phase machen wir diese Teile, in der zweiten Phase jene Teile, danach brauchen wir das.

Im zweiten Absatz, bei der Gesamtarchitektur, geben Sie einen groben Überblick über die Lösungsstrategie. Insbesondere wenn Sie bestehende Systeme modifizieren, haben Sie solche Bilder wahrscheinlich vorliegen. Zeigen Sie auf, welche Systeme betroffen sind. Dieser Abschnitt ist wichtig, denn manchmal muss man – insbesondere wenn man nicht nach logischen Use Cases gliedert – bei der Formulierung von neuen Anforderungen auch Bezug auf Namen nehmen können, die in der Systemarchitektur auftauchen. Deshalb ist es eine gute Idee, die Skizze des Lebenszyklus und die Gesamtarchitektur als Standardkapitel in diese Struktur einzubetten.

Nachdem wir mit dem V-Modell immer in der Auftraggeber-/Auftragnehmersituation sind, handelt der ganze sechste Teil vom Lieferumfang. Was wird geliefert, zu welchen Kosten wird geliefert, bis wann wird geliefert, wer sind die formalen Ansprechpartner und wo muss abgeliefert werden? Das sind im Prinzip vertragliche Randbedingungen, die man hier klärt. Volere hatte die alle unter den Projektaspekten im letzten Hauptteil ab dem Kapitel 18 abgedeckt.

1. Einleitung
2. Ausgangssituation und Zielsetzung
    2.1 Ausgangssituation
    2.2 Zielsetzung
3. Funktionale Anforderungen
4. Nicht Funktionale Anforderungen
5. Skizze des Lebenszyklus und der Gesamtsystemarchitektur
    5.1 Lebenszyklus
    5.2 Gesamtsystemarchitektur
6. Lieferumfang
    6.1 Lieferumfang
    6.2 Kosten
    6.3 Liefertermin
    6.4 Ansprechpartner und Lieferort
7. Abnahmekriterien
8. Anforderungsverfolgung
9. Abkürzungsverzeichnis

BILD 9.4
Gliederungsvorschlag eines Lastenhefts im V-Modell

Die Überschrift von Kapitel 7 müssen wir noch mal erläutern. Hier steht „Abnahmekriterien". Wir haben darüber gesprochen, dass jede Anforderung ein Abnahmekriterium braucht; ein Kriterium, wie man prüfen kann, ob die Anforderung auch erfüllt wurde, wenn die Lieferung eintrifft. Das ist mit diesem Kapitel 7 nicht gemeint. In dem Absatz „Abnahmekriterien" beschreiben wir, wie wir mit dem gelieferten Dokument umgehen, etwa nach dem Motto: „Wir liefern euch das Dokument am 15. März, ihr habt zwei Wochen Zeit, es Korrektur zu lesen. Wir treffen uns dann am 30. März zu einem Meeting und besprechen offene Fragen.

Wir geben euch danach 14 Tage Zeit für die Nachbearbeitung." Das Kapitel regelt dieses Verfahren, wie man mit dem Dokument bei der Abnahme umgeht. Es wird hier schon am Beginn des Projekts festgelegt, damit Klarheit herrscht, wie das Dokument abgenommen wird.

Danach fordert auch das V-Modell die Anforderungsverfolgung, die Traceability. Das heißt, dass Sie Links zu anderen Dokumenten haben müssen, die vorher oder nachher da sind, dass Sie diese Links aufrechthalten und pflegen müssen.

Ganz zum Schluss folgt noch ein Abkürzungsverzeichnis.

Fehlt Ihnen irgendetwas in dieser Gliederung? Wir haben zwar ein Abkürzungsverzeichnis, aber wo sind die Daten? Dafür gibt es offensichtlich kein Hauptkapitel, aber Sie können die Daten natürlich leicht in dem Kapitel über funktionale Anforderungen unterbringen und dieses einfach in Abläufe und Daten untergliedern.

9.5 Mindestinhalte

Treten wir noch mal einen Schritt zurück. Wir haben einige Beispiele gesehen, wie ein derartiges Anforderungsdokument strukturiert sein könnte: das Volere-Schema, die IEEE-Schemata oder das Schema des V-Modells XT. Es gibt auch noch Dutzende andere Gliederungsschemata. Fast jedes große Unternehmen hat sich seinen Hausstandard geschaffen.

Was sollte in jedem Requirements-Dokument unbedingt enthalten sein, egal, wie die Überschrift heißt, egal, an welcher Stelle sie in diesem Ablauf steht? Fassen wir noch mal die sechs Hauptpunkte zusammen, die ich in jedem Dokument erwarte.

1. Ziele. Das sollte auch ganz am Anfang stehen. Klären Sie, was Ihre Langfristziele sind, bevor Sie über zu viele detaillierte Anforderungen sprechen.
2. Mehr oder weniger über die Stakeholder. Sie sollten Sie sehr sorgfältig untersucht haben. Wie viele Sie davon in ein Dokument packen, bleibt Ihnen überlassen. Die relevanten Personen und Organisationen, mit denen Sie reden müssen, sollten auf jeden Fall aufgeführt sein, insbesondere die, die unterschreiben müssen. Diejenigen, die definitiv mitspielen müssen, sollten in der Liste enthalten sein.
3. Die Kontextabgrenzung. Das war der dritte Punkt für einen sauberen Projektanfang und auch den erwarte ich in jedem Dokument. Er regelt: Wer bin ich? Wer sind die anderen? Und wie sieht die Schnittstelle zwischen meinem System und den Nachbarsystemen aus?

Dann benötigen wir definitiv die beiden großen Kapitel:

4. Funktionale Anforderungen
5. Nichtfunktionale Anforderungen

Bei den funktionalen Anforderungen gliedern Sie bitte in Abläufe und Daten. Denn wir sprechen über Datenverarbeitung. Sie brauchen daher die Spezifikation der Verarbeitung und Sie brauchen die Spezifikation und die Randbedingungen für die Daten.

Die nichtfunktionalen Anforderungen hat das International Requirements Engineering Board (IREB) in die beiden Kategorien Qualitätsanforderungen und Randbedingungen gegliedert.

Für die Qualitätsanforderungen können Sie lange Listen von Unterpunkten haben. Bei den Randbedingungen geht es meistens um technische und organisatorische Randbedingungen, inklusive der Ressourcen wie Zeit und Geld, die wir in diesen Kapiteln festhalten wollen.

Und vergessen Sie nicht, wir brauchen

6. ein Glossar und ein Abkürzungsverzeichnis. Auch das sollte in jedem Dokument enthalten sein.

■ 9.6 Zusammenfassung

Nutzen Sie einen Standard oder eine Art Mustergliederung, um Ihre Anforderungen in Dokumenten unterzubringen. Eine derartige Mustergliederung hilft Ihnen, die Vollständigkeit sicherzustellen, an jedes Kapitel zu denken. Es hilft Ihnen bei der Erhebung aller Arten von Anforderungen und es unterstützt uns, die Bedürfnisse unterschiedlicher Stakeholder zu befriedigen, die sich vielleicht nur für einzelne Kapitel dieses Dokuments interessieren. Achten Sie darauf, dass Sie bei Ihrem Gliederungsschema die IEEE-Anforderungen für ein gutes Requirements-Dokument erfüllen: klare Struktur, Verständlichkeit, Änderbarkeit und so weiter.

10 Anforderungen ermitteln

Über die unterschiedlichen Arten von Anforderungen haben wir ausführlich gesprochen. Wir kommen zu dem spannenden Kapitel, wie kann ich Anforderungen ermitteln. Mit welchen Techniken kann ich aus Stakeholdern und anderen Quellen Anforderungen herauslocken? Dazu betrachten wir zunächst die unterschiedlichen Arten von Anforderungen nach dem Modell von Prof. Kano, denn für unterschiedliche Arten von Anforderungen brauchen Sie unterschiedliche Techniken, um sie herauszulocken. Nicht alles kann man in Interviews lernen. Manchmal müssen Sie bei der Arbeit zusehen oder Sie müssen Prototypen verwenden. Sie lernen also gute Gründe, warum Sie unterschiedliche Erhebungstechniken kennen sollten und wann Sie welche Technik einsetzen sollten. Einige der Erhebungstechniken werden wir uns exemplarisch in diesem Kapitel ansehen.

■ 10.1 Das Kano-Modell

Bevor wir über unterschiedliche Erhebungsmethoden sprechen, wollen wir uns ein paar Arbeiten ansehen, die Prof. Kano vor einigen Jahren gemacht hat. Er hat Untersuchungen über Kundenzufriedenheit und Kundenunzufriedenheit durchgeführt in Abhängigkeit von hochgradiger Erfüllung von Anforderungen oder geringer Erfüllung von Anforderungen.

Lassen Sie mich mit einer Beobachtung beginnen. Haben Sie in der IT schon einmal den Satz gehört: „Es ist ein Gerücht, dass die Kunden überhaupt wissen, was sie wollen."? Das ist natürlich die Arroganz der IT-Abteilung. Die da draußen wissen ohnehin nicht, was sie wollen, wir müssen es ihnen sagen! Gehen Sie mal auf die andere Seite des Zauns, auf die Auftraggeberseite, und Sie werden hören: „Wir haben es der IT-Abteilung schon fünf Mal versucht zu erklären. Die hören uns einfach nicht zu oder sie verstehen uns nicht."

> Gegenseitiges Unverständnis?

Scheinbar haben wir ein Kommunikationsproblem zwischen Auftraggeber und Auftragnehmer oder zwischen den Kunden und denen, die Lösungen erstellen können. Einer der Gründe dafür liegt darin, dass es unterschiedliche Arten von Anforderungen gibt (vgl. Bild 10.1).

Es gibt bewusste Anforderungen. Das ist das, was der Kunde weiß, dass er es haben möchte, und was er Ihnen auch erzählt. Es gibt aber auch unbewusste Anforderungen; das will er zwar, aber es ist ihm gar nicht so richtig bewusst, es ist im Unterbewusstsein versteckt und darüber spricht der Kunde vielleicht auch nicht. Und noch schlimmer: Es gibt die nicht mal

BILD 10.1
Eine andere Gliederung von Anforderungen

erträumten Anforderungen. Man kommt nicht mal auf die Idee, danach zu fragen, man kann sich gar nicht vorstellen, dass man das haben könnte, bevor man es gesehen hat.

Und aus dieser Erkenntnis haben wir die Schlussforderung gezogen: Kunden einerseits und Business Analysts und Requirements Engineers andererseits lernen und begreifen in etwa im gleichen Tempo über das, was das System tun soll. Manchmal weiß der Kunde mehr darüber und der Analytiker lernt dazu; manchmal weiß der Auftragnehmer sehr viel mehr über die Sache und der Kunde entdeckt im Laufe der Zeit, dass es schön wäre, so ein System zu haben.

Wir haben das Kapitel in [DeM07] als „Koedukation" bezeichnet – sich gegenseitig erziehen, gemeinsames Lernen zwischen Kunde und Analytiker, zwischen Auftragnehmer und Auftraggeber. Meist hat keine der beiden beteiligten Parteien das Monopol auf die Wahrheit gepachtet, sondern wir schaukeln uns gegenseitig hoch und lernen so gemeinsam darüber, wie man Produkte und Systeme nachhaltig verbessern kann.

Professor Noriaki Kano hat in den 1980er-Jahren den Zusammenhang zwischen dem Erfüllungsgrad dieser unterschiedlichen Arten von Anforderungen und der Zufriedenheit des Kunden untersucht. Bild 10.2 gibt seine Erkenntnisse wieder.

Die beiden Achsen des Modells drücken vertikal den Zufriedenheitsgrad des Auftraggebers aus (von völlig unzufrieden unten über mittelmäßig zufrieden bis sehr zufrieden oben) und horizontal den Erfüllungsgrad (von geringer Erfüllung der Anforderungen links über mittelmäßige Erfüllung der Anforderungen bis zu hochgradiger Erfüllung der Anforderungen rechts).

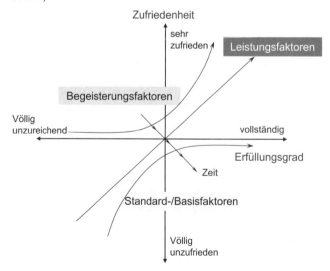

BILD 10.2
Das Kano-Modell

Kanos Bezeichnungen für die Gruppen von Anforderungen sind:

- Standard-/Basisfaktoren (die oft unbewussten, aber dringend notwendigen Anforderungen)
- Leistungsfaktoren (die bewusst verlangten Dinge)
- Begeisterungsfaktoren (die oft nicht einmal erträumten Dinge)

Standard-/Basisfaktoren sind für den Kunden selbstverständlich. So selbstverständlich, dass er meistens gar nicht drüber spricht, die sind fast nicht mehr bewusst. Und jetzt betrachten Sie die Kurve für die Standard-/Basisfaktoren. Wenn der Auftragnehmer wenig davon liefert, ist der Kunde sehr böse. Er erwartet sie ja, sie sind für ihn selbstverständlich. Aber auf der anderen Seite geht die Kurve asymptotisch gegen diese Mittelachse. Je mehr Sie davon machen, desto zufriedener sollte der Kunde werden, aber Sie sehen, er wird nicht wirklich lächeln. Die Mundwinkel bleiben gerade. Bei 80, 90, 100-prozentiger Erfüllung der Standard- oder Basisfaktoren, wird der Kunde sagen: „Ich habe es erwartet, Du hast geliefert. Es ist in Ordnung." Er wird nicht sehr glücklich sein. Er wird auch nicht böse sein. Aber Sie sehen, es reichen auch 70, 80, 85 % davon zu erfüllen, denn zufriedener wird der Kunde nicht.

Die zweite Kategorie von Anforderungen nannte Prof. Kano Leistungsfaktoren. Das sind bewusst verlangte Sonderausstattungen. Der Kunde weiß, dass er es haben möchte, er verlangt es auch explizit, es ist ihm bewusst, er spricht es aus und er ist vielleicht sogar bereit, ein bisschen mehr extra dafür zu bezahlen. Vergleichen wir Standardfaktoren mit Leistungsfaktoren, wenn Sie ein neues Auto einkaufen. Würden Sie dem Verkäufer wirklich mitteilen, dass Sie das Auto abschließen wollen. Nein. Aber Sie wären sehr böse, wenn Sie ein Auto bekommen, das man nicht einmal zusperren kann. Das ist für Sie ein Standard-/Basisfaktor: Sie erwarten, dass man ein Auto absperren kann. Sie würden es nicht erwähnen. Aber Sie würden über das Schiebedach sprechen, über die Metalliclackierung, über Xenon-Scheinwerfer; das sind bewusst verlangte Sonderausstattungen und die sind Ihnen vielleicht sogar den einen oder anderen Euro wert.

Sehen Sie sich den Kurvenverlauf an für die Leistungsfaktoren. Mehr davon ergibt immer mehr Zufriedenheit. Wir haben einen fast linearen Zusammenhang zwischen Erfüllung der Anforderungen und Glücksgefühl beim Kunden. Die Kurve geht linear nach oben; je mehr, desto besser.

Jetzt versetzen Sie sich in die Lage eines (ohnehin schon gestressten) Projektleiters. Sie müssen die Standard-/Basisanforderungen erfüllen, sonst ist der Kunde sehr böse. Warum sollten Sie jetzt überhaupt noch an Leistungsfaktoren denken? Sie kämpfen schon damit, in Zeit und im Budget die Standard-/Basisfaktoren zu erfüllen. Aber die Erkenntnisse von Noriaki Kano sagen Ihnen, Sie sollten auch an Leistungsfaktoren denken. Mit den Standard-/Basisfaktoren bekommen Sie den Kunden nicht zum Lächeln. Das erwartet er einfach; es macht ihn nicht übermäßig glücklich. Sie sollten also in jedem Release, in jeder neuen Produktversion, auch ein paar Leistungsfaktoren mit hineinmischen. Sie müssen es nur geschickt austarieren, denn Sie können nicht ausschließlich Leistungsfaktoren liefern und die Basisfaktoren weglassen. Das macht ihn auch böse.

Jetzt kommt noch die dritte Kategorie ins Spiel: die Begeisterungsfaktoren (Delighters im Englischen). Der Kunde ist entzückt, wenn er so etwas erhält, aber er erwartet es nicht. Es ist definitiv auch nicht explizit vom Kunden ausgesprochen worden, weil er es nicht erwartet. Er träumt noch nicht einmal davon, so etwas zu bekommen.

Warum sollten Sie als Projektleiter jetzt auch noch fantasieren und unerwartete Dinge erfinden und herumspinnen, wo Sie schon damit kämpfen, die Basisfaktoren und die Leistungsfaktoren zu bewältigen? Professor Kano sagt: „Der Kunde will überrascht werden. Er möchte auch Sachen bekommen, die er nicht gefordert hat, wo er hinterher aber sagt: Wie konnte ich so lange ohne das leben?!" Eine gute Projektplanung für das nächste Release schließt also immer ein ausgewogenes Maß an Basisfaktoren, Leistungsfaktoren und Begeisterungsfaktoren mit ein.

> Ständige Innovation ist gefragt

Jetzt gibt es in dem Modell von Noriaki Kano allerdings in der Mitte noch eine Linie, die von den Begeisterungsfaktoren zu den Leistungsfaktoren zu den Standard-/Basisfaktoren geht. Und das ist die Zeit! Denn die Begeisterungsfaktoren von heute sind unsere Leistungsfaktoren von morgen und die 08/15-Ausstattung von übermorgen. Probieren wir das mal im Bereich des Automobils. Erinnern Sie sich noch an die Zeit, als man mit dem Airbag werben konnte, wie toll das Auto ist? Wir haben nicht nur einen Fahrer-Airbag, sondern auch einen Beifahrer-Airbag und es war eine Zusatzausstattung; man konnte zusätzliche Airbags kaufen. Das war in den 1980er-Jahren. Heutzutage sind Airbags ein Standard-/Basisfaktor. Das war einmal eine Überraschung, niemand hat es am Anfang verlangt; dann war es zu bezahlende Zusatzausstattung, heute ist es eher die 08/15-Ausstattung eines Autos.

Nehmen Sie als zweites Beispiel Navigationssysteme. Begeistert Sie ein derartiges System heute noch? Ist es wenigstens etwas, wofür Sie als Leistungsfaktor ein bisschen Geld extra ausgeben würden? Wir sind, glaube ich, heute in dieser Region der Leistungsfaktoren. Die Begeisterung hat sich inzwischen gelegt. Es ist ein schönes System, es hilft einem beim Autofahren, wir sind vielleicht sogar bereit, als Extra-Zubehör dafür zu bezahlen, ein paar 100 Euro für mobile Geräte oder ein paar 1.000 Euro für die eingebauten Geräte. Auch wenn Sie einen Mietwagen nehmen, müssen Sie heute noch ein paar Euro extra zahlen, wenn Sie ein Navigationssystem haben wollen. Meine Prophezeiung: In ein paar Jahren ist es zum Standard-/Basisfaktor geworden und kein Autovermieter der Welt wird mehr Autos ohne Navigationssystem vermieten können. Die Begeisterungsfaktoren von heute sind unsere Leistungsfaktoren von morgen und sind die selbstverständlichen Basisfaktoren von übermorgen.

> Requirements finden und erfinden

Wir müssen also unsere Welt dauernd neu erfinden. Als ich studiert habe, hat man mir gesagt: Gehe hinaus zum Kunden, ziehe Dich anständig an, sei höflich, höre ihm gut zu und schreibe auf, was er haben möchte. Interviews waren unser einziges Mittel, um Anforderungen zu erforschen.

Heute sprechen wir nicht mehr nur über „Requirements finden", sondern wir sprechen auch über „Requirements erfinden". Kreativ sein und Begeisterungsfaktoren finden gehört einfach auch dazu. Das Kunststück wäre es natürlich, Begeisterungsfaktoren zu finden, etwas, was den Kunden wirklich begeistert und das Projekt auch noch billiger macht. Also geniale neue Lösungen, die vielleicht sogar weniger Aufwand in der Umsetzung bedeuten, als das, was der Kunde erwartet, und die ihn dann begeistern. Solche Faktoren zu finden, ist der Gipfel von gutem Produktmanagement.

10.2 Arten von Erhebungsmethoden

Diese unterschiedlichen Faktoren von Prof. Kano haben Auswirkungen auf die Art der Erhebungsmethoden, die wir anwenden, um Anforderungen und Wünsche herauszulocken.

Bild 10.3 zeigt im Überblick unterschiedliche Kategorien von solchen Erhebungsmethoden. Betrachten wir diese von links oben im Uhrzeigersinn. Die populärsten sind immer noch Frage-Antwort-Techniken, Befragungstechniken, Interviews und Ähnliches (angedeutet durch die beiden Sprechblasen). Wir sprechen mit Stakeholdern, wir hören, was sie wollen und wir schreiben es auf.

Eine Alternative, besonders für den Bereich der Standard-/Basisfaktoren, wo der Kunde eher unterbewusst oder unbewusst handelt, sind Beobachtungstechniken (angedeutet mit dem Auge). Es ist ihm gar nicht bewusst ist, dass er das ganz dringend braucht, weil es so selbstverständlich ist. Sehen Sie bei der Arbeit zu. Wenn Sie merken, dass jemand sein Auto beim Aussteigen abschließt, dann wissen Sie, abschließen ist eine der Funktionen, die wir brauchen. Er hätte es vielleicht nie erwähnt, aber Sie sehen beim Beobachten eines Autofahrers, dass das eine benötigte Funktion ist.

Eine weitere Gruppe von Techniken beschäftigt sich mit der Vergangenheit (angedeutet durch die rückwärtsgehende Uhr). Ich nenne diese Techniken sehr oft System- oder Produktarchäologie. Sie funktionieren, weil 80 bis 90 % der Anforderungen an ein neues System im alten System stecken. Daher kann ich mit vergangenheitsorientierten Techniken diese Anforderungen sicherlich in dem alten System finden und für ein neues System explizit machen.

Wir haben noch eine ganze Gruppe von Simulations- und Animationstechniken, wo wir das neue System über Prototyping oder Mockups vorführen und zum guten Schluss brauchen wir heute eine große Gruppe von Kreativitätstechniken (symbolisiert durch die Glühbirne), um auch auf die nicht mal erträumten Anforderungen, auf die Begeisterungsfaktoren zu kommen.

Außerdem haben wir noch zahlreiche Werkzeuge oder Hilfsmittel, unterstützende Methoden, die uns helfen, Anforderungen herauszufinden.

BILD 10.3 Unterschiedliche Methoden zum Finden von Anforderungen

10.3 Was beeinflusst die Auswahl?

Wonach würden wir jetzt entscheiden? Was beeinflusst die Auswahl unserer Erhebungsmethoden? Lassen Sie uns dazu ein bisschen über Chancen und Risiken im Projekt nachdenken, über drei Kategorien von Chancen und Risiken, die die Auswahl von solchen Methoden beeinflussen können:

- menschliche Chancen und Risiken
- organisatorische Chancen und Risiken
- sachlich inhaltliche Chancen und Risiken

Diese Risikofaktoren bestimmen, welche Methode wir auswählen. Beginnen wir beim Risikofaktor Mensch.

Risiko Mensch

Manchmal haben Sie Leute, die wollen gerne mit Ihnen zusammenarbeiten, die sind hoch motiviert. Da ist es natürlich leichter, Systemanalyse zu betreiben, wenn Ihr Gegenüber mit Ihnen arbeiten möchte. Manchmal sind die Stakeholder sehr wenig motiviert, mit Ihnen zu arbeiten. Insbesondere, wenn Sie erscheinen und sagen: „Erzähl mir mal kurz, was Du machst, ich möchte Dich wegrationalisieren, durch Software." Die Reaktion des Gegenübers wird entsprechend sein. Sie werden es vielleicht nicht so brutal ausdrücken, aber die anderen werden es merken und daher ist die Motivation manchmal im Keller.

Überlegen Sie, wie es mit den kommunikativen Fähigkeiten bei den Stakeholdern aussieht. Manche können sehr gut kommunizieren und können das, was sie haben wollen, gut ausdrücken und andere sind zwar fantastische Sachbearbeiter, die machen einen tollen Job, aber sie können nicht darüber sprechen. Man kann denen zuschauen, was sie machen, man kann sie beobachten, aber sie würden es nicht freiwillig erzählen. Mit beiden Menschengruppen müssen wir zurechtkommen. Es ist natürlich leichter, mit Leuten umzugehen, die über alle möglichen Ausdrucksmittel gut kommunizieren können.

Manchmal ist die Art des Wissens sehr bewusst und dann ist es auch leicht, Anforderungen herauszubekommen. Manchmal ist das Wissen in das Unterbewusstsein gerutscht und dann brauchen wir andere Tricks, um es herauszulocken.

Beurteilen Sie, wie es mit dem Abstraktionsvermögen Ihrer Stakeholder aussieht. Wenn Sie Use-Case-Analyse betreiben wollen, also Ihr Gesamtsystem in 15 Prozesse zerlegen, im Überblick, frei von allen Details, dann müssen die Beteiligten gut abstrahieren können. Wenn jemand nicht abstrahieren kann, wenn das Abstraktionsvermögen nur bis zehn Zentimeter über den Boden geht und Sie versuchen es aus der Vogelperspektive, dann werden Sie scheitern. In so einem Fall müssen Sie mit ganz konkreten Szenarien, mit beispielhaften Abläufen daran gehen, mit vielen Beispielen und Gegenbeispielen, und später – im stillen Kämmerchen – abstrahieren. Es ist natürlich leichter, wenn man mit anderen Leuten auch auf sehr hohem Abstraktionsniveau abstrakt über die Zukunft reden kann.

Wie sieht's mit der Homogenität der Stakeholder-Meinungen aus? Wenn Sie Glück haben, haben Sie eine sehr homogene Gruppe und alle wollen dasselbe. Alle wollen in die gleiche Richtung, alle ziehen an einem Strang und es ist leicht, mit denen über Anforderungen zu reden und sie abzustimmen. Manchmal haben Sie eine sehr zerstrittene Gruppe, sehr inhomogene Meinungen. Der eine möchte dahin, der andere dahin, der dritte wieder woanders hin.

Das macht Analyse natürlich wesentlich schwieriger. Sie haben sehr viele unterschiedliche Meinungen und Sie müssen diese zusammenbringen.

Noch schlimmer ist es, wenn jetzt noch gruppendynamische Spielchen dazukommen. Wenn also die Gruppendynamik dazu führt, dass Machtspielchen getrieben werden. „Wenn der gesagt hat, das System soll das und das können, dann bin ich bewusst dagegen, nur weil ich dem nicht gönne, dass er seine Anforderungen erfüllt bekommt." Auch damit müssen Sie als Systemanalytiker umgehen lernen.

Das waren nur die menschlichen Risiken. Wir haben aber auch organisatorische Randbedingungen und Risiken und Chancen. So kommt's zum Beispiel darauf an, ob Sie eine Neuentwicklung vorhaben oder ein Altsystem ergänzen. Bei Altsystemen können und müssen Sie vielleicht auf Systemarchäologie zurückgreifen. Es ist manchmal leichter, etwas von Grund auf neu zu schaffen und kreativ zu sein, als mit all den Randbedingungen zu leben und zu arbeiten, die vielleicht das Altsystem uns auferlegt.

Risikofaktor Organisation

Wie sieht die Komplexität des Markts aus? Arbeiten Sie in einem einfachen Markt oder ist es ein hoch komplexer Markt. Wie sieht mein Vertragsmodell aus? Hab ich einen Ansprechpartner, für den ich Software entwickle oder entwickle ich ein Produkt für den Massenmarkt. Ich muss anders herangehen, wenn ich viele unbekannte Kunden habe für den Massenmarkt, als wenn ich einen bekannten Auftraggeber habe, der mir klipp und klar sagen kann, was er möchte.

Wie sieht's mit Projektdauer und Projektbudget aus? Heutzutage heißt es meistens „fix" und „fix". Wir kennen das Enddatum schon und wir wissen, wie viel Geld wir haben. Variabel ist oftmals nur die Leistung. Es könnte aber auch sein, dass ein Kunde sagt: „Ich hab da ein Problem. Wie lange wird es dauern, was wird es kosten? Unter einem fixen Projektbudget und einem fixen Endtermin müssen Sie ganz anders an die Systementwicklung herangehen, als wenn Sie Funktionalität vorgegeben haben und bestimmen können, wie lange es dauern wird und was es kosten wird.

Zu den organisatorischen Randbedingungen zähle ich auch, wie leicht Sie Zugang zu Ihren Stakeholdern haben. Unter den agilen Methoden gilt heute als Idealzustand: Wir sitzen alle im gleichen Raum, am gleichen Ort, wir können daher dauernd miteinander reden. Diesen Idealzustand haben Sie nicht immer. Manchmal haben Sie Stakeholder, die weltweit verteilt sind und die nicht jederzeit Zeit für Sie haben.

Die zeitliche Verfügbarkeit ist nämlich das letzte Kriterium in dieser organisatorischen Risikoliste: Haben die Stakeholder Zeit für Sie, können sie die Fragen beantworten, können sie die Sachen klären, die Sie noch als Systemanalytiker wissen müssen oder kriegen Sie den Vorstand genau in der Liftfahrt vom ersten bis zum fünften Stock und danach drei Monate nicht mehr? Das ist natürlich schwieriger. Sie sollten dann bitte nicht übers Wetter reden, sondern (nach einer kurzen Begründung) lieber die allerwichtigste Frage stellen, die Ihnen unter den Fingernägeln brennt, wenn Sie den Stakeholder genau 15 Sekunden im Zugriff haben.

Eine dritte Kategorie von Risiken betrifft noch den Inhalt. Manche Systeme sind unkritisch, wenn sie nicht so perfekt sind, passiert nichts Böses. Andere Systeme sind sehr kritisch und beeinflussen Menschenleben oder beeinflussen sehr viel Geld. Ich muss an die Analyse definitiv sorgfältiger herangehen, wenn viel auf dem Spiel steht.

Risiko Inhalte

Manche Systeme sind klein und überschaubar; andere sind riesig. Manche sind eher statisch, wie Datenbanksysteme mit ein paar Abfragen; andere sind hochgradig parallel, viele parallele Prozesse, die dynamisch nebeneinander laufen und sich gegenseitig beeinflussen. Auch in den Fällen muss ich anders an die Anforderungen herangehen.

Manchmal können Sie die Arbeitsschritte beobachten, Sie können sich danebenstellen und zusehen, auch ein zweites und ein drittes Mal zusehen; manchmal sind die Schritte nicht beobachtbar. Wenn Sie sich neben eine Getriebesteuerung stellen, die in irgendeinem Blechbehälter verschlossen unter Ihrem Motor eingebaut und mit ein paar Kabeln angeschlossen ist, können Sie lange daneben stehen. Sie werden trotzdem nicht herausfinden, was die Steuerung tut. Es ist einfach nicht beobachtbar, wie sie arbeitet.

Und manchmal haben Sie sehr harte Qualitätsanforderungen und viele technologische und organisatorische Randbedingungen einzuhalten. Manchmal steht nur die Funktionalität im Mittelpunkt und es ist weniger hart von den Qualitätsauflagen.

Für alle diese Chancen und Risiken kann man nun Empfehlungen aussprechen, mit welchen Methoden und Verfahren man am effektivsten und schnellsten an die Anforderungen herankommt und welche Methoden unter welchen Randbedingungen sogar kontraproduktiv sind. In [Rup09] finden Sie die jeweils neueste Fassung der Matrix von Chancen und Risiken mit den dafür empfohlenen Analyseansätzen.

Wenn Sie einerseits die Ausgangssituation und die Risiken in Ihrem Umfeld explizit betrachten und andererseits mehrere Erhebungstechniken kennen, so bin ich sicher, dass Sie zu den richtigen der im Folgenden skizzierten Vorgehensweisen greifen werden.

■ 10.4 Beispiele für Frage-Antwort-Techniken

Dieses Buch ist zu kurz, um alle diese Techniken detailliert zu beschreiben. Ich möchte aber exemplarisch einige der Techniken herausgreifen und ein paar Aspekte davon beleuchten, wie sie durchgeführt werden und wann sie gut und wann sie schlecht sind.

Wir beginnen mit Frage-Antwort-Techniken. Die gebräuchlichste davon sind Interviews. Haben Sie mal gelernt, wie man ein anständiges Interview führt, wie man es vorbereitet, wie man es durchführt, wie man es nachbereitet? Lassen Sie uns ein paar Regeln wiederholen, die Sie einhalten sollten.

Die richtigen Interviewpartner

Die erste und wichtigste Regel ist: Sehen Sie zu, dass Sie das Interview mit den richtigen Personen führen. Sie kennen das aus der Werbung: Man hätte gleich jemanden fragen sollen, der sich damit auskennt. Also suchen Sie sich den richtigen Gesprächspartner, Sie vergeuden Ihre Zeit und die Zeit anderer, wenn Sie mit den falschen Personen sprechen. Oder in anderen Worten: Geben Sie nichts auf Hörensagen und Meinungen Dritter. Fragen Sie nicht den Chef, der die Sacharbeit vor zehn Jahren gemacht hat, bevor er Chef wurde. Sprechen Sie gleich mit jemandem, der die Arbeit heute macht und der weiß, wie der Prozess abläuft und nicht jemand, der es vor zehn Jahren wusste und inzwischen drei Ebenen befördert wurde. Vermeiden Sie Stellvertreter-Stakeholder, gehen Sie an die Richtigen ran.

Das Nächste ist ein Gebot der Höflichkeit: Erklären Sie, warum Sie überhaupt da sind, warum Sie das Interview führen. Platzen Sie nicht gleich mit einem Katalog von 150 Fragen hinein, sondern erklären Sie, was der Hintergrund ist, warum Sie dieses Interview führen. Sie stören gerade jemanden bei der Arbeit, also motivieren Sie die, dass sie mit Ihnen arbeiten und das Interview führen.

Dann erinnern Sie sich bitte an eine der Grundregeln in Interviews, die auch helfen, Fehler zu vermeiden: Stellen Sie eine Frage, hören Sie sich die Antwort an und wiederholen Sie mit eigenen Worten, was Sie glauben, gehört zu haben. Mit eigenen Worten! Wir haben das bei den Fehlern in den Satzaufbauten schon besprochen. Sie hören normalerweise das, was Sie hören wollen. Wenn Sie aber versuchen, es mit eigenen Worten wiederzugeben, hat Ihr Gegenüber immer noch die Chance zu sagen: „Nein, das hab ich nicht gesagt. Ich habe das bewusst so formuliert! Darauf kommt es mir an." Also immer die Dreiteilung: fragen, zuhören, mit eigenen Worten wiederholen.

Ein weiterer Trick im Rahmen von Interviews ist, ein Interview in einem bestimmten Kontext zu führen. Wenn Sie irgendwo hineinplatzen und fragen: „Was machst Du hier den ganzen Tag?", dann hören Sie vielleicht so Antworten: „Naja, wenn ich morgens komme, prüfe ich zuerst, ob die Kaffeemaschine schon eingeschaltet ist, dann fahr ich meinen Rechner hoch, während der arbeitet und hochfährt, schau ich, wer sonst schon alles da ist …" Das wollen Sie alles nicht hören. Gehen Sie konkret mit irgendwelchen Dingen hin und sagen: „Wenn das Schriftstück auf Deinem Schreibtisch landet, welche Schritte unternimmst Du?" Mein Partner Tom de Marco hat immer gesagt: „Interviewen Sie die Daten und nicht die Personen." Nehmen Sie ein eingehendes Schriftstück, eine konkrete Eingabe, die Sie bekommen, und laufen Sie dieser Eingabe nach. Fragen Sie, was damit als Nächstes passiert, wie es behandelt wird. Wenn Du diese Eingabe erhältst (diese Hausmitteilung, diesen Trigger, diese eingehende Meldung, …), was machst Du damit? Auf solche Fragen erhalten Sie meistens eine klare Antwort. „knicken, lochen, abheften" – oder was auch immer die Tätigkeiten sind, die gemacht werden. Sie laufen damit den Daten nach.

Das ist die Stärke, warum wir mit Use Cases oder Geschäftsprozessen arbeiten. Ein externer Trigger oder ein zeitlicher Trigger und wir untersuchen ausgehend davon den Prozess quer durch das System. Wir konzentrieren uns auf diesen Ablauf; wir wollen nicht alles und jedes gleichzeitig erfassen, wir konzentrieren uns auf den einen Ablauf.

Wir haben schon erwähnt, wie schwer es manchmal ist, Anwender dazu zu bekommen Analysemodelle zu lesen, gerade wenn es komplexe Modelle wie Datenmodelle oder Zustandsautomaten sind. Wenn Sie Interviews führen und Sie wollen mit solchen Ausdrucksmitteln spezifizieren, dann lassen Sie Ihre Interviewpartner gleich bei der Entstehung dieser Modelle zusehen. Die Interviewpartner werden die Angst vor diesen Diagrammen verlieren, wenn sie mit ansehen, wie und aufgrund welcher ihrer Aussagen sie entstehen. Wenn Sie jedoch heimlich mitschreiben und dann zuhause Ihre Diagramme zeichnen und anschließend über den Zaun werfen und fragen, ist das richtig wiedergegeben, so werden Sie auf mehr Widerstand stoßen, als wenn Sie gemeinsam am Flipchart, an der Tafel, wie auch immer, solche Modelle entwickeln. Das nimmt die Angst vor der Notation und es schult gleichzeitig das Lesen und Verstehen der Notation. Die anderen können hin und wieder fragen: „Warum hast Du hier ein Sternchen hingemalt, warum geht der Pfeil in diese Richtung?" und sie werden lernen, wie man diese Notationen einsetzt. Und das völlig schmerzfrei, indem wir einfach wirklich an der Sache arbeiten, die gerade besprochen wird.

> Mitzeichnen beim Interview

Die Begriffe der Domäne verwenden

Achten Sie bitte bei Interviews darauf, dass sie sich in der Sprache an Ihre Stakeholder anpassen. Versuchen Sie als Analytiker nicht, sie auf Ihre IT-Sprache zu trimmen, sondern sprechen Sie in der Sprache des Anwenders, verwenden Sie deren Begriffe. Das alles haben wir schon diskutiert in dem Kapitel über die Modellierung von Daten: Richtige Attributnamen, richtige Entity-Namen, arbeiten Sie mit den Begriffen, die der Kunde hat, auch mit seinen Reports, mit seinen Bildschirmmasken.

Und nehmen Sie sich vielleicht für das Studium zuhause noch ein paar wichtige Artefakte mit. Sagen Sie dem im Interview nicht: „Pack alle Unterlagen zusammen, die in Deinem Büro sind", sondern sagen Sie: „Was sind die wichtigsten beiden Bildschirme, an denen Du 80 % Deiner Zeit verbringst. Kannst Du mir die mal ausdrucken?" Oder: „Was sind die wichtigsten Monatsberichte, die Dich lange Zeit beschäftigen, in der Erstellung oder auch in der Auswertung?" Nehmen Sie genau diese Exemplare mit, damit Sie die Arbeit der Fachleute zuhause noch mal Revue passieren lassen können und noch mehr darüber lernen. Und ganz zum Schluss sagen Sie höflich „danke". Sie haben jemandem durch das Interview Zeit gestohlen, also bedanken Sie sich für die Zeit und schließen Sie damit ein Interview ab.

Es gibt ganze Lehrbücher über „Wie stellt man Fragen?". Ein wirklich empfehlenswertes ist von Dennis Matthies [Mat95], der lange Jahre an der Stanford University in Kalifornien arbeitete, inzwischen seine eigene Firma hat und ein Buch geschrieben hat über „Precision Questioning", sehr präzise Fragen stellen. Ich greife mir von den vielen Punkten (vgl. Bild 10.4) nur zwei oder drei heraus. Der zweite Punkt: Bitte klären Sie die Bedeutung von Dingen. Was meinen wir damit? Fragen Sie nach Beispielen dafür, nach Hintergründen, nach Beziehungen. Genau das hab ich Ihnen in dem Kapitel über Datenmodellierung empfohlen, wenn wir gesagt haben, modellieren Sie die Daten, schreiben Sie Definitionen, finden Sie Beziehungen. Auch in der Fragestellung sollten Sie genau darauf abzielen.

Fragen ....

- Go/No Go Question
  - Warum sprechen wir jetzt darüber? Ist das relevant? Motivation, Bereitschaft zum Mitmachen, Richtung
- Bedeutung klären
  - Was meinen wir damit? Mehrdeutigkeiten, Beispiele, Hintergrund. Dinge und Beziehungen
- Fragen über Annahmen
  - Was nehmen wir an? Existenz, Eindeutigkeit, Maße, Wahrscheinlichkeiten, Werte, Zielpublikum, Kategorien, Änderungswahrscheinlichkeiten
- Die grundlegende kritische Frage:
  - Woher wissen wir, dass das stimmt? Quellen, quantitative Gründe, qualitative Gründe, Forschungsstrategien. Was sollten wir sonst noch fragen? Wen sollten wir sonst noch fragen?
- Fragen zu Gründen:
  - Warum? Wodurch passiert das? Auslöser, Bedingungen, Gründe
- Fragen über Wirkung:
  - Was wird das bewirken? Alternative Szenarien, Wahrscheinlichkeit, Effekte über die Zeit. Was passiert, wenn wir das nicht machen?
- Fragen zu Aktionen
  - Was sollte getan werden? Von wem, wann, welche Strategie?

BILD 10.4 Typische Fragenkomplexe in Interviews

Das Zweite, immer wieder eine gute Eigenschaft eines Systemanalytikers: Fragen Sie fortwährend nach Gründen, wie ein kleines Kind. Immer warum, warum, warum?

Lassen Sie es sich erklären. Wenn Sie die Hintergründe verstanden haben, werden Sie vielleicht auch falsch gesprochene Sätze besser interpretieren können. Der Satz war vielleicht nicht das, was wir wollen, aber wenn Sie nach dem „Warum" fragen, so Sie verstehen den Grund und die Motivation dahinter. Und dann können sie es so umformulieren, dass es die Sache auf den Punkt bringt.

Fragen Sie zu Aktionen (der letzte Punkt in Bild 10.4). Die Schritte, die gemacht werden, was soll getan werden, von wem soll es getan werden, wann, in welcher Reihenfolge soll es getan werden? Dann lernen Sie mehr über die Abläufe.

Man kann also Interviews ausführlich lernen. Man kann ein Interview gut vorbereiten, man kann es sehr effektiv führen und man kann das Wichtigste mitnehmen. Interviews sind garantiert eine der populärsten Techniken, um Anforderungen aus Stakeholdern herauszulocken, aber sie versagen vollkommen, wenn es um die Standard-/Basisfaktoren geht, weil die dem Interviewpartner vielleicht gar nicht bewusst sind und daher in Interviews nicht zur Sprache kommen.

Da müssen Sie auf andere Techniken zurückgreifen, die wir gleich noch besprechen werden. Bleiben wir jedoch noch ein kleines bisschen bei Befragungstechniken. Eine weitere Befragungstechnik sind Fragebögen. Und Fragebögen haben natürlich den Vorteil, dass ich größere Personengruppen abdecken kann. So viele Einzelinterviews könnte ich gar nicht führen. Ich kann Fragebögen international einsetzen, ich kann sie überall hinschicken, ich kann sehr viele Leute dazu kriegen, mir die Fragen zu beantworten.

Fragebögen

Erste Frage dazu: Wie viel dürfen Sie wirklich an Rücklauf erwarten, wenn Sie eine Fragebogenaktion machen? Seien Sie nicht zu optimistisch. Selbst wenn Sie motivierte Personengruppen in Ihrem Projekt haben, ist die Rücklaufquote manchmal im Bereich von 5 bis 15 %, wenn es hochkommt. Sie werden also bei 1000 ausgeschickten Fragebögen keine 800 zurückbekommen.

Es sei denn, es gibt eine gesetzliche Forderung, dass man sie ausfüllen muss, bei Androhung von Gefängnis- oder Geldstrafen. Dann ist die Antwortquote vielleicht höher, aber auch nicht 100 %. Ansonsten werden Sie weniger zurückerhalten.

Es hängt sehr davon ab, wie motiviert die Personen sind, denen Sie einen Fragebogen zuschicken. Wenn ich zuhause ungefragt Fragebogen von irgendjemandem zugeschickt bekomme, landen die meistens im Papierkorb, weil ich kein Interesse habe, für andere Leute meine Zeit zu verschwenden.

Die Wahl des Mediums

Das ist die nächste Frage: Wie machen wir's? Elektronisch oder auf Papier? Das hängt davon ab. Wenn Sie mir einen Papierfragebogen schicken, weiß ich, was damit passiert. Wenn Sie meinen Großeltern einen elektronischen Fragebogen schicken, weiß ich auch, was damit passieren wird. Also richten Sie sich nach dem Zielpublikum und wählen Sie das Medium gezielt so aus, dass die Antworten vielleicht etwas häufiger kommen.

Eine dritte Frage ist: Stellen wir offene Fragen oder Multiple-Choice-Fragen? Multiple-Choice-Fragen sind solche, wo Sie nur Kreuzchen machen müssen. Offene Fragen sind solche, wo Sie selbst Text schreiben müssen. Überlegen Sie: Wo werden Sie eher Antworten zurückbekommen? Ja.

Die Art der Antwortmöglichkeiten

Bei Multiple-Choice-Fragen; Kreuzchen machen geht schneller. Wo lernen Sie allerdings inhaltlich mehr über das, was Kunden wollen? Bei offenen Fragen! Also gestalten Sie es halbwegs ausgewogen zwischen Multiple Choice und Handeinträgen. Ich ärgere mich regelmäßig über Fragebogen, wo vier Antwortmöglichkeiten vorgesehen sind, in elektronischer Form, und ich will eigentlich sagen: keine davon. Aber ich habe kein fünftes Feld Sonstige und ich habe auch keinen Freitext und der Rechner lässt mich nicht zur nächsten Frage, bevor ich nicht irgendein Kreuz gesetzt habe. In solchen Fällen sind Sie Analytiker selbst dran schuld, wenn Sie verfälschte Antworten bekommen. Man wird dann das Kreuz irgendwo machen, nur um weiterzukommen, oder die Aktion abbrechen.

Danke-schön-Goodies

Letzter Punkt zu Fragebogen: Versprechen Sie denen, die einen Fragebogen ausfüllen, irgendwelche Goodies für diese Arbeit. Überlegen Sie für sich: Würden Sie wirklich eine halbe Stunde Ihrer Zeit opfern, wenn Sie einen Kugelschreiber dafür erhalten? Wahrscheinlich nicht. Wahrscheinlich haben Sie genügend Kugelschreiber zuhause. Wenn natürlich die Versprechung ist, jeder Zweite, der den Fragebogen ausfüllt, erhält eine einwöchige Reise nach Hawaii mit Partner, dann ist Ihre Reaktion vielleicht: Oh, geben Sie mir fünf von den Fragebogen! Das Projekt wird dadurch ein bisschen teurer, wenn jeder Zweite eine Hawaii-Reise erhält, aber die Rücklaufquote wird phänomenal sein. Ob die Antworten ehrlich sind, sei allerdings noch dahingestellt.

Was Sie für das Ausfüllen versprechen müssen, hängt stark davon ab, wie motiviert Ihre Zielgruppe ist, mit diesem Fragebogen zu arbeiten. Wenn der Fragebogen ein ganz heißes Thema betrifft und jeder mitarbeiten möchte, dann geht es auch ohne Goodies oder mit kleineren Goodies. Wenn Sie Leute dazu motivieren müssen, das überhaupt zu tun, ist ein bisschen Bestechung manchmal ganz gut.

Selbstaufschreibung

Eine weitere Art von Befragungstechnik ist die Selbstaufschreibung. Selbstaufschreibung heißt, nicht der Analytiker schreibt auf, sondern der Kunde schreibt auf. Wir haben das einmal mit einer Gruppe bei einer Behörde gemacht. Wir haben denen in einer halben Stunde erklärt, was Use Cases sind und wie wir die gerne beschrieben hätten (mit Eingabe, Verarbeitung, Ausnahmen und Ausgabe). Daraufhin haben die gesagt: „Geht nach Hause, wir machen das. Ihr versteht ohnehin nichts von unseren Geschäftsprozessen. Wir haben verstanden, was ihr wollt. Wir schreiben das für euch auf. Am Freitag habt ihr die Ergebnisse." Sie haben dann noch dazu gesagt: „Wir geben euch die Beschreibungen übrigens in Word. Euer Tool, in dem ihr das haben wollt, greifen wir nicht an, damit können wir nicht umgehen." Für uns war das in Ordnung.

Bei Selbstaufschreibung erstellt der Kunde selbst die Analyseergebnisse. Das spart natürlich Analytikerzeit und es kostet Kundenzeit. Aber das sind die, die wissen, wie die Prozesse laufen, und die können es auch aufschreiben. Eine Randbedingung dafür ist, dass sie gut kommunizieren und sich ausdrücken können. Sie müssen in der Lage sein, vernünftig einen zweiseitigen Text auf dem Abstraktionsniveau zu einem Use Case zu schreiben. Sie müssen in der Lage sein, so zu abstrahieren und sich auch kurz auszudrücken. Sonst funktioniert Selbstaufschreibung nicht – und wir müssen vielleicht über sehr konkrete Szenarien und Beispiele gehen und später zuhause abstrahieren.

Onsite-Customer

Die extremste Form von Frage-Antwort-Technik ist der On-Site Customer von Extreme Programming. Der, der den Wunsch nach einer Lösung hat, sitzt auf dem Schoß des Programmierers. Acht Stunden am Tag. Und sie sprechen die ganze Zeit miteinander. Sie hören als Programmierer, was der will, Sie programmieren es, Sie hören neue Wünsche, Sie programmieren wieder. Auch das ist eine Form von Frage-Antwort-Technik, natürlich nur im kleinen Kreis anwendbar mit ganz wenigen Beteiligten. Und wahrscheinlich auch ohne divergierende Stakeholder-Meinungen. Die eine Person ist hoffentlich nicht schizophren, sondern hat eine klare Meinung zu dem, was der Programmierer machen sollte. Der Schoß des Programmierers ist in seiner Größe jedoch begrenzt, also keine brauchbare Technik für viele Stakeholder mit vielen unterschiedlichen Meinungen.

■ 10.5 Beispiele für Beobachtungstechniken

Sehen wir uns einige Beobachtungstechniken an. Zwei der populären Beobachtungstechniken sind die Feldbeobachtung und Apprenticing. „Apprentice" ist das englische Wort für Lehrling (politisch korrekt muss das natürlich „Auszubildende(r)" heißen, kurz Azubi). Apprenticing heißt also: in die Lehre gehen.

Feldbeobachtung bedeutet, Sie gehen als Analytiker vor Ort zu den Auftraggebern, Sie sehen sich die Prozesse in der Praxis an. Sie stellen sich neben den Meister, der den Prozess ausführt, und sehen bei der Arbeit zu und beobachten, was gemacht wird, und schreiben einfach mit. Sie verhalten sich eher wie eine Fliege an der Wand. Sie bleiben im Hintergrund, Sie stören die Arbeit nicht sehr. Sie dürfen schon hin und wieder eine Zwischenfrage stellen: „Warum hast Du hier gerade ein Häkchen gesetzt, warum hast Du hier ein X eingetragen?" und der Meister wird es Ihnen erläutern. Sie schauen aber zu, Sie beobachten.

Der Vorteil ist, dass Sie den Prozess unter Umständen wiederholt beobachten können. Sie sehen auch Ausnahmesituationen. Sie sehen es live ablaufen und können immer wieder zum richtigen Zeitpunkt Zwischenfragen stellen.

Beachten Sie, dass Feldbeobachtung und Apprenticing das Machtverhältnis zwischen Analytiker und Kunde umdrehen. Wenn Sie als Interviewer auftauchen, dann sind Sie der Mächtige und der andere muss Antworten geben. Wenn Sie die Rolle des Lehrlings einnehmen, dann ist der andere der große Meister und Sie wollen etwas lernen. Das Machtverhältnis ist ein anderes; das sorgt auch für eine ganz andere Stimmung untereinander. „Darf ich Ihnen bei der Arbeit zusehen?" Sie wollen lernen und Sie stören auch nicht zu sehr. Am schönsten ausgedrückt haben es Hugh Beyer und Karen Holtzblatt in ihrem Buch „Contextual Design" [Bey98], in dem sie gesagt haben: „Niemand kann besser über das sprechen, was er tut, als wenn man es gerade tut." Wenn man bei der Arbeit zusieht, wenn etwas just in dem Augenblick gemacht wird, vergisst man keinen Schritt. Man erläutert, warum man es macht, man spricht einfach laut zu dem, was man tut. Da spricht man als Kunde unter Umständen auch über die unbewussten Schritte, die man im Interview sicherlich nicht erwähnt hätte.

Die Technik des Apprenticing geht jetzt noch einen Schritt darüber hinaus. Wir schauen jetzt vielleicht fünf Mal zu und beim sechsten Mal fragen Sie mal den Meister „Ich habe es jetzt – glaube ich – begriffen. Darf ich es das nächste Mal selbst ausführen?" Das haben Sie sicherlich an sich auch schon beobachtet. Wenn Sie irgendetwas zum ersten Mal selbst machen, lernen Sie noch viel mehr als nur durch Zuhören oder Zusehen. Fahren Sie doch ein paar Mal als Beifahrer eine Strecke mit und Sie werden immer noch nicht wissen, wo die Abzweigungen sind. Setzen Sie sich selbst einmal ans Steuer und versuchen Sie, die Strecke zu fahren, und jetzt müssen Sie's wissen. Also Apprenticing ist jetzt die aktive Form, Sie schauen nicht nur zu, sondern Sie durchlaufen jetzt unter der aufmerksamen Kontrolle des Meisters den Prozess selbst und lernen dadurch noch viel mehr.

Feldbeobachtung und Apprenticing sind fantastische Techniken, um auch die unbewussten, die unterbewussten Anforderungen herauszubekommen, die Basisfaktoren oder Standardfaktoren von Kano, denn sie werden in dem Prozess einfach gemacht, auch wenn man bewusst nie darüber reden würde.

■ 10.6 Beispiele für vergangenheitsorientierte Techniken

Als nächste Gruppe sehen wir uns die vergangenheitsorientierten Techniken an. Das sind nicht gerade meine Lieblingstechniken, aber manchmal die einzige Art, die Ihnen offen steht.

`Dokumentenarchäologie` Eine davon ist die Dokumentenarchäologie. Sie haben niemanden mehr zu sprechen, es sind keine Stakeholder da, die mit Ihnen reden wollen. Sie können auch nicht zuschauen, das einzige, was man Ihnen vorlegt, sind alte Dokumente. Dokumente vielleicht, die mit dem heutigen System erzeugt werden oder gebraucht werden. Sie erhalten Ein- und Ausgaben heutiger Systeme und Sie dürfen diese studieren. Was steht da? Welche Ergebnisse werden erwartet? Was kommt heraus?

Sie finden zum Beispiel in Bildschirmmasken sehr viele Attribute, Sie finden auch Gruppierungen zu größeren Einheiten und können rückwärts aus solchen Dokumenten jetzt Ihre Daten ableiten. Sie können aus der Folge von Bildschirmen unter Umständen Abläufe rekonstruieren.

Sie haben vielleicht auch noch ein altes Benutzerhandbuch zugänglich. Sie müssen natürlich vorsichtig sein, wie viel von diesen Kapiteln noch wahr ist und ob die Abläufe wirklich so implementiert wurden, wie sie im Benutzerhandbuch beschrieben sind, aber es ist eine wertvolle Quelle.

Im schlimmsten Fall müssen Sie in den Sourcecode gucken. Sie müssen alte Datenbankstrukturen rekonstruieren. Sie haben Beschreibungen von Datenbanktabellen und Sie müssen sehen, was für Attribute gespeichert werden. Fremdschlüssel in Datenbanken sind immer ein schöner Hinweis auf Beziehungen, die es in der realen Welt gibt. Und Sie entdecken aus solchen alten Systemen, was wirklich gefordert wird, denn 80 bis 90 % der neuen Anforderungen stecken auch im Altsystem drin.

Es macht natürlich keinen Spaß. Ich hatte vor vielen Jahren ein Projekt, das war ein über 15 Jahre gewachsenes System, mit vielen einzelnen Applikationen, mit einer massiven Anzahl von Brückenprogrammen zwischendurch, mit denen man fachliche identische Daten von einem System ins andere relativ umständlich manuell übertragen musste.

Das System war am Ende seiner Lebenszeit angelangt und der letzte Programmierer hatte in seiner Verzweiflung bereits gekündigt. Es war also niemand mehr da, der das System richtig kannte. Das Einzige, was wir hatten, waren alte Benutzerhandbücher. Wir sahen natürlich die Oberflächen, die Masken, wir konnten das System laufen lassen, aber es waren einige der Anwender zum Sprechen da. Es dauert natürlich viel länger, wenn man nur mit alten Unterlagen arbeitet, aber es funktioniert. Also nehmen Sie auch Dokumentenarchäologie als ernsthaften Ansatz, um Anforderungen zu ermitteln.

Wesentlich leistungsfähiger als vergangenheitsorientierte Technik ist Wiederverwendung. Ich kann Anforderungen oder Teile von Anforderungen wiederverwenden, wenn ich in ähnlich gearteten Projekten bleibe, wenn ich in ähnlichen Domänen arbeite. Wenn ich als Auftragnehmer immer wieder für eine Versicherung oder eine Bank arbeite, dann kann ich mir diese Erfahrung zunutze machen und die Modelle, die ich einmal entwickelt habe, in die nächste Welt übertragen.

> Wiederverwendung

Bei meiner ehemaligen Firma hatten wir eine Gruppe, die Flughafensysteme entwickelt und Flughäfen mit Anzeigetafeln an den Gates mit den Informationen ausgestattet hat, wer wohin gehen muss, welcher Abflug wo erfolgt. Da dieses Team einen Flughafen nach dem anderen automatisiert hatte, haben sie natürlich solche fachlichen Modelle in der Schublade gehabt. Wir konnten in diesem Bereich von ungefähr 50 Personen Projekte um 20 % billiger anbieten als die Konkurrenz, weil wir uns viel Analyseaufwand gespart haben. Denn die Flughäfen mögen sich zwar in ihrer Anzahl der Gates unterscheiden und im Aufbau, aber die Informationen, die ein Passagier braucht, sind überall dieselben. Die Implementierung ist hinterher vielleicht eine andere: Manche haben Bildschirme, manche haben (noch) Klappentafeln. Was aber auf den Bildschirmen oder Tafeln steht, die Informationen und deren Strukturen, ist identisch und daher kann man sie gut von Projekt zu Projekt wiederverwenden.

Und wenn Sie sich von 25 % Analyseaufwand insgesamt einiges sparen können, ist das sofort gespartes Geld. Meine Einleitungsstory zu dem Kapitel über Datenmodellierung, wo ich den Spion in die Nachbarfirma geschickt habe, war also nicht ganz an den Haaren herbeigezogen. Das Konzentrieren auf bestimmte Domänen und neue Projekte wieder dort anzusiedeln, spart unter Umständen jede Menge Analyseaufwand.

Des Weiteren, wir haben es schon erwähnt, kann man nichtfunktionale Anforderungen gut wiederverwenden. Selbst, wenn die Funktionen anders sind, wir leben vielleicht unter der gleichen Gesetzeslage, mit den gleichen Performanceanforderungen, den gleichen Look & Feel-Anforderungen, wenn wir in einer Domäne, in einer Firma bleiben, sodass auch die ganze Gruppe von nichtfunktionalen Anforderungen beim zweiten, dritten, vierten Projekt nicht mehr neu gefunden werden muss. Wir nehmen die bereits vorhandenen und prüfen sie nur nochmals, ob sie nach wie vor alle gültig sind. Auch das spart massiv Zeit und Geld – vorausgesetzt, Sie haben es in einem Projekt einmal gemacht.

Die Wiederverwendung geht heute so weit, dass für populärere Branchen fertige Modelle käuflich am Markt erhältlich sind. So haben sich zum Beispiel Sparkassen zusammengeschlossen und gemeinsam Sparkassendatenmodelle entwickelt. Oder in anderem Zusammenhang Data-Warehouse-Modelle entwickelt. Auch in der Versicherungsbranche gibt es Standardmodelle, damit nicht jeder die grundlegenden Ideen, enthaltene Dinge und Beziehungen, neu machen muss. Die Modelle werden zum Teil verkauft, zum Teil in der Gruppe veröffentlicht und für alle zugänglich gemacht.

Auch wenn wir zum Thema Glossar zurückkehren. Das Verfassen eines Glossars ist aufwendig, es enthält zahlreiche Begriffsdefinitionen. Aber wenn Sie sie einmal in einem Projekt festgelegt haben und Sie bleiben in der Branche, dann kann man wahrscheinlich Glossare für das nächste Projekt sehr gut weiterverwenden.

■ 10.7 Beispiele für Kreativitätstechniken

Kommen wir als Nächstes zur Gruppe der Kreativitätstechniken. Eine der populärsten ist sicherlich Brainstorming. Ich gehe davon aus, dass jeder von Ihnen schon einmal oder öfter an einem Brainstorming teilgenommen hat und Ideen entwickeln durfte.

War es wirklich die Bezeichnung Brainstorming wert oder hat man alle Grundregeln, die dafür gelten sollten, gründlich missachtet? Was sind denn die Grundregeln beim Brainstorming? Unser Ziel ist, wir wollen den Gruppeneffekt nutzen, wir wollen die Gehirne von vielen Leuten zusammenbringen und sehr kreativ neue Ideen gebären. Und daher gibt es zunächst – überwacht von einem Moderator – keine dumme Idee. Sammeln Sie, sprudeln Sie Ideen nur so heraus, bauen Sie auf den Ideen anderer auf. Irgendjemand hat eine Idee, Sie setzen noch etwas darauf, der setzt wieder etwas darauf. Steigern Sie sich in solche Dinge hinein. Lehnen Sie es nicht gleich ab, wenn Sie es nicht für machbar halten. Sammeln Sie zunächst einmal alles ein.

Engen Sie es nicht gleich auf das Vorstellbare oder Machbare ein. Vielleicht kann man ja Randbedingungen entfernen und eine gute Idee doch noch umsetzen. Jede Idee ist zunächst eine gute Idee.

Manche Brainstormings fangen mit einem bestimmten „Samen" an. Man gibt also einen Begriff vor, von dem aus man sich dann in die Breite bewegt.

Erst wenn wir alle Ideen gesammelt haben, fangen wir an, auszuwerten und über Machbarkeit zu sprechen und ein bisschen zu sortieren. Aber unter 60 verrückten Ideen finden sich bestimmt fünf Perlen, die es wert sind, weiterverfolgt zu werden.

Auch zunächst verrückt klingende Ideen schaden ja nicht. Wir haben sie in kurzer Zeit aufgesammelt und dann können wir ja abstimmen lassen darüber, können Punkte vergeben, welche Ideen wir weiterverfolgen wollen.

Brainstorming Paradox Eine kleine Variante davon, von der Sie vielleicht noch wenig gehört haben, nennt sich Brainstorming Paradox [Kel99]. Jetzt probieren Sie genau das Umgekehrte. Sie suchen nach Dingen, die möglichst im System nicht passieren sollen. Sie suchen nach Dingen, die verhindert werden müssen, unerwünschte Ereignisse, die auf keinen Fall in diesem System auftreten sollten. Es ist ein Brainstorming, Sie versuchen solche Fälle zu ermitteln. Das schärft Ihr Verständnis für potenzielle Risiken und Sie können ganz gezielt Maßnahmen einleiten, damit diese unerwünschten Wege keinesfalls eingeschlagen werden. Hedwig Keller bringt auch gute Beispiele für Brainstorming Paradox in Ihrem Privatleben: Diskutieren Sie im Familienkreis darüber, wie man es anstellen muss, zu Weihnachten unter dem Tannenbaum garantiert wieder zu streiten. Vielleicht lernen Sie daraus doch etwas.

Eine weitere Kreativitätstechnik sind Analogietechniken. Lassen Sie mich dazu eine Geschichte erzählen, die Suzanne Robertson mit anderen Londoner Kollegen für EUROCONTROL gemacht hat. Man hat eine ganze Gruppe von Flugsicherern in Paris zusammengebracht, um Brainstormings für die Flugsicherungssysteme der nächsten 15 Jahre durchzuführen. Visionäre Ideen, wie die Systeme gestaltet werden können. Dazu flog man am Anfang einen indischen Stoffdesigner ein. Dieser sprach einen halben Tag lang darüber, wie er auf Ideen kommt, neue Stoffe zu gestalten, Farben auszuwählen, Muster vorzugeben für bestimmte Zielmärkte, für Asien, für Südamerika, für den europäischen Markt. Die Flugsicherer, die mit Stoffdesign gar nichts am Hut hatten, hörten sich das einen halben Tag lang an. Pause. Mittagessen. Und am Nachmittag: Was können wir in Analogieübertragung von den Erkenntnissen dieses indischen Stoffdesigners für unsere Flugsicherungssysteme der nächsten 15 Jahre brauchen?

`Analogietechniken`

Vier Wochen später: Eingeladen war ein englischer Chefkoch, Inhaber eines Sterne-Lokals in London (ja, auch dort gibt es gute Küche). Er sprach einen halben Tag lang darüber, vor den Flugsicherern, wie er neue Speisen kreiert. Aber auch, wie er seine Lokale so gestaltet, dass sie im Ambiente zu seiner Art von Speisen passen; wie ist die Ausstattung, wie ist die Präsentation? Er hatte natürlich Geschmacksproben und Geruchsproben dabei, damit das Ganze ein bisschen spannender ist. Dann Mittagspause (in der Kantine). Aber am Nachmittag wieder Brainstorming: Was können wir von diesen Ideen des englischen Chefkochs übertragen in die Flugsicherungssysteme der nächsten 15 Jahre?

Vier Wochen später war die Chefdesignerin von Lego da und sprach über Spieleentwicklung und wieder Brainstorming. Das sind Analogiemethoden. Und die Ergebnisse waren so gut, dass es für andere Projekte inzwischen auch so gemacht wird, obwohl es hohe Kosten verursacht. Sie finden auf der Webseite *www.volere.co.uk* im Download-Bereich mehr dazu.

Die Kosten liegen nicht so sehr in dem Einfliegen der Experten. Die Kosten ergeben sich daraus, dass wir viele der Flugsicherer Europas für einen Tag nach Paris schaffen und dort Ideen entwickeln lassen, langfristige Ideen. Sie sehen, das ist keine Methode, um detaillierte Anforderungen herauszulocken. Das ist eine Methode, um einem Projekt eine Richtung zu geben, um neue Ideen zu erhalten, was man überhaupt machen könnte. Für den Kick-off eines großen Projekts ist es eine sehr vielversprechende Technik.

■ 10.8 Erhebungstechniken und Hilfsmittel

Gehen wir auf ein paar Hilfsmittel und Werkzeuge ein. Unterschwellig haben wir schon bei der Modellierung von Funktionen und bei der Beschreibung von Use Cases darüber gesprochen, dass Sie die Anforderungen „essenziell" beschreiben sollten. Die Essenz herauszufinden, ist eines dieser Werkzeuge oder Techniken. Dem zugrunde liegt die Idee, dass die Essenz, der Kerngehalt eines Ablaufs oder einer Funktion, etwas anderes ist als die heutige implementierte technologische oder organisatorische Lösung.

Essenz heißt also immer frei von der Technologie, frei von der Organisation, logisch, konzeptionell, die Kernfunktionalität, die unbedingt

`Essenzbildung`

BILD 10.5
Essenzbildung

gemacht werden muss, betreffend. Wenn es Ihnen gelingt, Funktionen oder Daten essenziell zu formulieren, so haben die Designer unter Umständen viele technische oder organisatorische Möglichkeiten, es umzusetzen und diesen Kern wahr zu machen. Sie geben den Designern mehr Freiheitsgrade, wenn es Ihnen gelingt, die Anforderung auf dieses Niveau anzuheben.

Bei den Daten würden Sie weniger über das Medium sprechen, sondern mehr über den Inhalt. Sie würden bei dem Navigationssystem nicht von der CD oder der DVD sprechen (das ist nur der Träger), sondern vom Kartenmaterial (das ist der Inhalt). Sie bringen es auf den logischen Gehalt und nicht auf das Medium.

Ich möchte Ihnen das noch mal mit zwei kleinen Comicstrips demonstrieren. Sehen Sie in Bild 10.5 die obere Geschichte an. Da haben Sie also den Vorarbeiter, der dem Max Maier sagt, dass der fünfzigste blaue Mustang mit einem T-Trx ausgestattet werden soll. Falls Sie nicht wissen, was ein T-Trx ist, es spielt keine Rolle. Der Max zählt bis zum fünfzigsten blauen Mustang und baut den T-Trx ein, ein vollkommen manueller Prozess.

In dem unteren Comicstrip sehen Sie ein vollkommen automatisches System. Der passive Transponder an dem Auto identifiziert das Auto mit einer langen Nummer. Der Zentralcomputer erhält diese Nummer, prüft die Konstruktionsdatenbank und schickt einen Befehl an einen Industrieroboter mit dem Inhalt: Baue in dieses Auto ein T-Trx ein.

Zunächst sieht das aus wie zwei total unterschiedliche Geschichten. Ein rein manueller Prozess und ein voll automatisierter Prozess. Wenn Sie versuchen, auf die Essenz zu kommen, überlegen Sie, was im ersten Schritt in beiden Abläufen wirklich im Kern gemacht wird. Identifiziere ein bestimmtes Fahrzeug, an dem etwas gemacht werden soll.

Und der Kerngehalt des zweiten Schritts ist: „Baue in dieses Fahrzeug das ein, was vorgesehen ist. Es ist egal, ob das manuell oder durch einen Industrieroboter passiert." Diese Abstraktionsleistung heißt Essenzbildung, wie es in den Büchern von McMenamin/Palmer [McM84] erläutert und in [Rob13] an einem umfangreichen Beispiel aus der Welt des Verkaufs von Werbezeiten bei einem Fernsehsender gezeigt wird.

Auch heute gibt es viele Bücher, die sagen: „Bitte beschreiben Sie einen Use Case essenziell, mit dem Kerninhalt der Funktionalität und nicht, wie es genau gemacht werden soll."

Essenzbildung ist ein Hilfsmittel, um von der heutigen Welt wegzukommen auf eine abstraktere Welt, die es uns dann erlaubt, kreativ neue Lösungen zu finden, ausgehend von dem, was wirklich gemacht werden soll.

Ein weiteres Hilfsmittel sind Snow Cards, kleine weiße Kärtchen, üblicherweise im DIN-A5-Format, wie Sie sie als Karteikarten in vielen Moderatorenkoffern finden. Wahrscheinlich haben Sie bei so einem Kärtchenspiel schon einmal mitspielen dürfen.

> Snow Cards

Wir bringen eine Gruppe von Leuten zusammen, wir haben auf dem Tisch in der Mitte oder irgendwo greifbar für alle viele solche leeren Kärtchen ausgelegt. Wir schildern, was wir in dem Projekt erreichen wollen, und bitten jetzt alle Beteiligten: „Tragt bitte eure Wünsche, eure Sehnsüchte, eure Befürchtungen, Ängste, alles, was ihr wollt, auf solchen Kärtchen ein. Schreibt groß. Schreibt dick drauf und groß, was es sein sollte, und bitte klein unten in der rechten Ecke noch eure Namen, damit wir – wenn wir irgendetwas nicht lesen oder interpretieren können – noch mal fragen können, wer es war und was mit dem Kärtchen gemeint war."

Mit wie vielen Leuten kann man so ein Kärtchenspiel spielen? Gruppen von 15, 20, 30 Leuten ist nicht unmöglich. Wir erklären das Thema und jeder darf Kärtchen ausfüllen.

Wie lange würden wir so ein Kärtchenspiel spielen? In der ersten halben Stunde sind die Ideen zunächst einmal erschöpft. Dann gibt man als Moderator meist noch einen Impuls und sagt: „Geht doch herum und schaut, was auf den anderen Kärtchen steht. Vielleicht bringt euch das auf neue Ideen". Sie sehen, wir nutzen einen Brainstorming-Trick, nämlich das Aufsatteln auf die Ideen anderer, und schreiben noch weitere Kärtchen. Bei schlechter Gruppendynamik führt das natürlich dazu: „Oh, der hat das gefordert, da muss ich sofort das Gegenteil fordern, nur damit es auch schriftlich festgehalten ist."

Aber Sie erhalten aus einer großen Gruppe von Leuten, die vielleicht unterschiedlicher Meinung sind, auf sehr schnelle Art eine große Menge von Anforderungen. Das ist ein typisches Bottom-up-Sammeln von Anforderungen. Im Gegensatz zu dem in Büchern oft bevorzugten Top-down-Ansatz: Wir definieren Ziele und zerlegen diese in Use Cases. Jetzt kommen wir von der Basis und wir haben viele Kärtchen.

Die Technik wird deswegen Snow Cards genannt, weil es, wenn Sie mit weißen Karten spielen, hinterher im Raum aussieht, als hätte es geschneit. Wenn Sie das mit gelben oder blauen Kärtchen spielen, sollten Sie einen anderen Namen dafür verwenden, es hat mit Schnee dann nichts mehr zu tun.

Im zweiten Schritt dieses Meetings sammeln wir die Kärtchen auf und versuchen sie zu gruppieren. Bei der Gelegenheit kann man noch einmal mit den Beteiligten sprechen: „Ihr habt das zwar anders genannt, es klingt aber so, als wäre das Gleiche gemeint" und Sie warten auf ein Nicken oder auf einen Widerspruch und heften sie zusammen oder auseinander.

Sie klären vielleicht noch die Begriffe, die auf den Kärtchen stehen. Sie haben am Anfang lauter unterschiedliche Begriffe, denn wir haben wahrscheinlich noch kein Glossar, es ist nichts vereinbart, jeder spricht, wie er lustig ist. Aber wir bekommen auf sehr schnelle Weise, in einem halben Tag, unter Umständen sehr viele Anforderungen, wir können sie vorläufig kategorisieren und wenn Sie wollen sogar priorisieren.

Dazu verteilen Sie als Nächstes kleine Klebepunkte. Jeder erhält zum Beispiel zehn Stück. Sagen Sie jetzt: „Klebt bitte die Punkte auf irgendwelche Kärtchen, die euch besonders wichtig erscheinen. Ihr dürft mehrere Punkte gruppieren, ihr dürft sie untereinander verteilen, drei hier, eins da, zwei dort, wie auch immer."

Oh, das führt manchmal zu sehr kreativen Effekten. Wir hatten schon Leute, die die kleinen Klebepunkte dann auch noch geviertelt haben, nur damit sie mehr aufkleben konnten. Wir haben sie allerdings dann auch nur zu einem Viertel gezählt im Wert und nicht mit dem vollen Wert. Sie können gerne den Mitarbeitern blaue Punkte geben (die zählen einfach) und den Chefs rote Punkte (die zählen doppelt; oder doch nur halb ☺) und damit auch noch Prioritäten Ihrer Stakeholder ausdrücken.

> Videos von Meetings oder Gesprächen

Eine etwas umstrittene Technik als Nächstes: der Einsatz von Videos. Wir haben heute die notwendige Basistechnologie: billige Webcams oder andere Kameras. Sie sind verfügbar, sie kosten kein Vermögen mehr. Wir könnten sehr leicht mitfilmen, während wir Interviews führen, während wir Workshops machen, während wir einen Prozess beim Kunden beobachten, also auch im Zusammenhang mit Beobachtungstechniken, damit wir hinterher zuhause in Ruhe noch mal anschauen können, was in dem Meeting gelaufen ist.

Insbesondere, wenn Sie als Systemanalytiker alleine sind und sich sehr vielen Stakeholdern gegenüber sehen, ist das vielleicht vorteilhaft. Denn während Sie mit einem sprechen und Interviews führen, sehen Sie nicht unbedingt, was die da hinten tun, vielleicht nur aus dem Augenwinkel. Wenn allerdings irgendwo eine Kamera positioniert ist, dann können Sie hinterher noch einmal schauen, während einer die Antwort gegeben hat, wie haben die anderen reagiert? Haben sie Zustimmung signalisiert, haben sie abwertende Handbewegungen gemacht oder Schiffchen versenken gespielt, weil sie gar nicht an dem Thema interessiert waren. Sie erhalten noch mal einen Eindruck, den Sie vielleicht im Live-Meeting verpasst haben.

Die Technik hätten wir, es kostet nicht viel, es kostet Sie hinterher Zeit in der Auswertung. Aber seien Sie vorsichtig bei der Benutzung von Videos. Manche Leute sind extrem schüchtern. Die machen normalerweise kaum den Mund auf, aber wenn dann noch irgendwo eine Kamera mitläuft, sagen sie gar nichts mehr. Manche Stakeholder werden durch den Einsatz von solchen Medien verschreckt. Fragen Sie bitte vorher offiziell um Erlaubnis, mitfilmen zu dürfen.

Filmen Sie nicht mit versteckter Kamera, das kommt nicht gut an. Und vor allem, versuchen Sie nicht, hinterher zu sagen: „Soll ich dir noch mal vorspielen, was du vor 14 Tagen in dem Meeting gesagt hast?" Wenn Sie das tun, ist die Technik für die nächste Zeit tot und Sie werden nie wieder solche Videos einsetzen können. Ansonsten ist es aber ein nützliches Hilfsmittel, um vielleicht mit der heutigen Technologie mehr Informationen zu erhalten.

Die nächste Abschwächung davon wären Audiomitschnitte. Sie sehen jetzt zwar keine Körpersprache mehr, aber Sie hören immer noch den Tonfall und Sie merken, ob eine Bemerkung sarkastisch oder ernst gemeint war. Bei schriftlicher Kommunikation geht Ihnen all das Wissen über Körpersprache und Tonfall verloren. Sie haben dann einfach einen Satz vorliegen und Sie wissen nicht mehr, ob der sarkastisch oder ernst gemeint war, weil Ihnen auch der Ton dazu fehlt.

Professor Paul Grünbacher in Linz hat ein Forschungsprojekt bei der EU. Die Gruppe forscht daran, mit Kameras irgendwo an den Arbeitsplatz von Leuten zu gehen, zum Beispiel nach der Landung ins Cockpit eines Fliegers zu gehen und mitzufilmen, was die Cockpit-Crew machen muss, um aufzuräumen, bevor sie den Flieger übergeben und nach Hause gehen kann. Stellen Sie sich mal vor, Sie würden die Leute nach einem 10-Stunden-Flug bitten, in einen Interviewraum zu kommen und zu erzählen, was sie da machen. Die sind nur daran interessiert, nach Hause zu gehen. Aber an deren Arbeitsplatz zu gehen, während sie die Arbeit ohnehin machen, das Interview zu führen, die Arbeit zu beobachten und gleichzeitig mitzufilmen, das stört weniger. Und hinter den Use Case „Abschlusstätigkeiten am Ende eines Flugs durchführen" heften Sie einfach das Video. Die heutigen Modellierungstools erlauben das alles. Sie können nicht nur Text hinterlegen, Sie können hier Audiofiles und Videofiles hinterlegen; eine andere Art zu dokumentieren.

Überdenken Sie, ob das für Sie eine Alternative ist, solche Techniken einzusetzen; sie sind sehr preiswert.

Noch ein weiteres Hilfsmittel: E-Mails, Internet und unser Web. Sicherlich haben Sie am Arbeitsplatz Zugang zu all diesen Medien. Die Frage ist, nutzen Sie sie auch produktiv für Ihre Arbeit oder nutzen Sie sie nur in der Freizeit. Es gibt garantiert für fast jedes Problem, das Sie haben, irgendwo auf der Welt eine Gruppe von interessierten Leuten, die Ihnen hilft, dieses Problem zu lösen. Sie müssen nur das richtige Forum finden und die Fragen dort einstellen und die ganze Welt hilft Ihnen, Ihr Problem zu lösen. Das ist vielleicht nicht überall erlaubt. Manchmal haben Sie Sicherheitsrandbedingungen. Sie dürfen über dieses Projekt außerhalb Ihrer Firma nicht sprechen, Sie haben Geheimhaltungsauflagen, Sie dürfen nicht aus dem Umkreis der Firma raus.

Das ist in großen Unternehmen aber kein Problem, weil das Intranet meist immer noch groß genug ist. Ich kenne einige große Konzerne, die helfen Leuten sogar, sich über solche Medien kennenzulernen, gemeinsam neue Ideen zu entwickeln und wenn die Idee dann langsam spruchreif wird, dann fängt die Firma an, diese Gruppen zu organisieren. Vorher sind das Interessensgemeinschaften, die sich über das Web austauschen und über moderne Medien kommunizieren, um irgendein Thema zu behandeln.

Also nutzen Sie diese Chance, dass wir heute diese Sachen haben. Eine harmlose Variante davon, solche Medien zu nutzen, haben wir schon in dem Kapitel über die Daten angesprochen. Wenn Sie Definitionen schreiben müssen, googlen Sie den Begriff ganz einfach, schauen Sie in Wikipedia nach, was andere dazu gesagt haben. Es geht schneller und einfacher, als selbst zu überlegen, wie heißt der Oberbegriff und wie soll ich das Ganze formulieren. Diese Medien sind heute eine der Möglichkeiten, Projekte vielleicht zu beschleunigen, indem wir E-Mails, das Web und alles andere nutzen, was uns am Arbeitsplatz zur Verfügung steht.

Zu den Werkzeugen habe ich noch einen letzten sehr harmlosen Tipp. Nutzen Sie bereits Mindmaps zum Strukturieren Ihrer Gedanken? In Bild 10.6 sehen Sie ein Beispiel aus dem Buch von Tony Buzan [Buz04]. Wenn Sie diese Technik noch nicht kennengelernt haben, lesen Sie zumindest dieses Buch. Eine sehr einfache Technik, um viele Gedanken einfach vorzustrukturieren, in Zweige aufzuteilen, Unterzweige zu bilden, Querbeziehungen herzustellen und zu annotieren. Wesentlich weniger formal als die Modellierungsmethoden und daher auch weniger Berührungsängste bei Projektbeteiligten. Es gibt eine ganze Menge an preiswerten Werkzeugen bis hin zu Gratiswerkzeugen auf den meisten Rechnern und Smartphones und

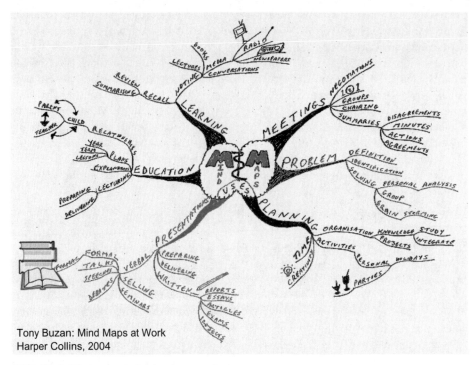

Tony Buzan: Mind Maps at Work
Harper Collins, 2004

BILD 10.6 Mindmaps als Strukturierungsmittel

Tablets, um mit solchen Mindmaps umzugehen. Sammeln Sie Ihre Gedanken, ordnen Sie sie, verschieben Sie Teiläste von hier nach hier, hängen Sie sie anders auf.

Damit kommen Sie rasch zu einer Strukturierung eines größeren Gebiets. Wenn meine Kollegen von der Atlantic Systems Guild und ich irgendwo bei einem Vortrag zuhören, entstehen in unseren Büchlein, die wir normalerweise mitführen, immer solche Mindmaps von dem, was wir gehört haben. Wir schreiben nicht linear mit, wir zeichnen solche Bilder. Ja, andere Leute doodeln beim Zuhören und zeichnen andere Figuren; wir zeichnen solche Mindmaps, um den Inhalt eines Vortrags strukturiert festzuhalten. Je besser der Vortrag ist, desto leichter ist es beim Mitzeichnen, sofort eine gute Mindmap zu kreieren.

■ 10.9 Noch eine Kreativitätstechnik

Ich kehre noch mal zurück zu einer Kreativitätstechnik, die ich zuerst ausgelassen habe, denn ich nutze jetzt eine Mindmap, um Ihnen eine weitere Technik zu erläutern, nämlich den Wechsel der Perspektive (englisch: Change of Perspective). Edward de Bono hat diese Technik entwickelt. Vielleicht haben Sie seine kleinen Büchlein gelesen über die „Six Thinking Hats", die sechs denkenden Hüte oder das Sechsfarbenspiel [DeB85].

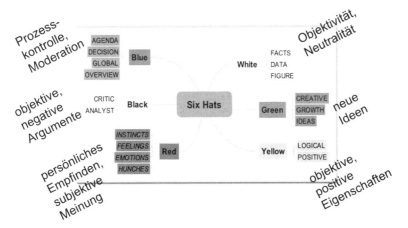

BILD 10.7 Wechsel der Perspektive

Bei dieser Kreativitätstechnik braucht man eine Gruppe von Mitspielern und jeder erhält eine andere Farbe zugewiesen oder einen anderen Hut. Die Rolle, die unbedingt besetzt werden muss, ist die blaue Rolle, die Rolle des Moderators. Der leitet das Meeting, der sorgt dafür, dass jeder in seiner Rolle bleibt, dass niemand aus der Rolle fällt und sich jeder an seine Spielregeln hält.

Eine Rolle, die wir besetzen wollen, ist die weiße Rolle. Die weiße Rolle, das entspricht Commander Spock. Als Vulkanier kennt er keine Emotionen, er kennt nur Daten, Zahlen und Fakten. Und jemand, der die weiße Rolle in so einem Meeting kriegt, hat gefälligst nur zu sprechen, wenn er wirklich etwas weiß und wenn er es belegen kann und wenn Beweise dafür existieren und wenn es Zahlen dahinter gibt. Das heißt, die weiße Rolle sorgt für Objektivität, für Neutralität.

Das Gegenstück ist die rote Rolle, das wäre im Raumschiff Enterprise eher Captain James T. Kirk. Captain Kirk reagiert aus dem Bauch heraus. Er hat Emotionen, er zeigt auch Emotionen, er muss keine Beweise haben für das, was er vorhat und was er plant. Er sagt: „Das würde ich jetzt in der Situation versuchen." Das ist der Grund, warum die Mannschaft in Star Trek so gut zusammenarbeitet; der kühle klar denkende Vulkanier mit dem emotionalen Captain.

Als Roter darf ich Empfindungen haben, darf ich Bauchgefühle zeigen und ich betrachte ein- und dieselbe Sache aus emotionaler Sicht.

Wir haben noch eine weitere Rolle, die des Schwarzen. Der Schwarze ist der Zyniker, der Kritiker. Er sieht alles nur schwarz, er ist immer dagegen, er sieht nur die Risiken, er sieht alles, was schief gehen kann. Ich gehe fest davon aus, dass Sie in Ihrem Team jemanden haben, der prädestiniert ist, diese Rolle zu spielen. Jemand, der immer negativ denkt, jemand, der immer dagegen ist; dem geben Sie bitte als Moderator diese Rolle mit der Aufgabe: finde Gegenargumente, finde das Haar in der Suppe; sage, warum es schief gehen wird, sage, warum es nicht klappen wird.

Das Gegenstück dazu ist bei Edward de Bono die Rolle der Gelben. In Mitteleuropa müsste die Farbe eigentlich rosarot sein. Jemand, der die Welt durch eine rosarote Brille sieht; Edward de Bono hat eine andere Farbe dafür verwendet. Der Gelbe ist jemand, der nur die positiven Eigenschaften sieht, die schönen Dinge im Leben. Wenn so ein Gelber dem Glöckner von

Notre Dame begegnen würde, dann würde er immer noch sagen: „Sieh mal, was der für schöne Ohrläppchen hat." Er würde die ganze Hässlichkeit nicht sehen, er würde sich auf das konzentrieren, was er als schön erachtet. Die Gelben sind sehr beliebte Leute in Projekten. Leute, die nur das Positive sehen, die das Positive herauskehren, im Gegensatz zu den Kritikern, die immer das Negative sehen. Sie sehen, wieder zwei Gegenpole, der Schwarze gegen den Gelben.

Und vielleicht besetzen wir auch noch die Rolle des Grünen. Der Grüne ist der kreative Langfriststratege, der kann sich über alles hinwegsetzen, was heute Randbedingungen sind, der hat Visionen, Träume, der sieht, wo die Welt hingeht. Das sind Personen wie Bill Gates und Steve Jobs, die die Welt verändern wollen. Auch das ist manchmal für Projekte gut, einfach über den Tellerrand hinauszuschauen und Visionen zu formulieren.

Sehen Sie also, wie dieses Spielchen funktioniert. Wir sprechen über das gleiche Projekt sehr neutral, emotional, über die Risiken, über das Positive und über die Visionen, wo wir hinwollen.

Deshalb heißt diese Methode „Wechsel der Perspektive". Wir wechseln die Perspektive, damit wir nicht einseitig werden. Das ist eine besonders gute Technik, die natürlich auch nur eher am Anfang eines Projekts eingesetzt werden sollte, wo Sie noch viele Freiheitsgrade haben, damit Sie nicht zu einseitig werden. Wenn Sie so ein Team von lauter „Yes, we can!-Typen" haben und niemanden, der Risiken sieht, wenn alle „Das kriegen wir durch, wir machen das schon" denken, dann ist es sicherlich sinnvoll, so ein Spielchen zu machen.

Wenn Sie keine sechs Leute zum Mitspielen haben, können Sie es auch auf andere Art spielen. Den Moderator brauchen wir, aber der Moderator gibt jetzt Zeitscheiben vor. Wir sind alle die nächsten zehn Minuten weiß. Ich möchte von jedem Beteiligten nur Fakten hören. O.k. Danke. Wir sind jetzt alle zehn Minuten lang rot. Ich möchte jetzt eure Empfindungen hören, eure Gefühle hören. O.k. Danke. Usw. Jetzt die Gegenargumente, jetzt die positiven Seiten, …

Das hat noch einen schönen Nebeneffekt. Es zwingt einen Kritiker, auch einmal positiv zu denken, und es zwingt jemanden, der nur Bauchgefühle hat, auch einmal Fakten zu präsentieren, und es zwingt einen, vielleicht über den Schatten zu springen und auch mal Ideen zu gebären und kreativ zu werden. Jeder kann kreativ sein, man muss nur versuchen, es zu tun. Eine sehr gute Technik, um nicht einseitig zu werden. Üben Sie das heute Abend zuhause einmal; versetzen Sie sich in die Lage der sogenannten bösen Stiefschwestern des Aschenputtels und argumentieren Sie aus deren Rolle, warum sie sich völlig normal verhalten. Warum das ganz klar ist, dass sie so argumentieren müssen, aus ihrer Sicht heraus. Das Märchen sieht das Ganze immer aus der Perspektive des Aschenputtels. Versetzen Sie sich mal in eine andere Rolle und Sie werden lernen, dass es eine sehr nützliche Sache ist, die Welt auch mal durch andere Augen zu sehen.

10.10 Überblick (Reprise)

Ich fasse das Ganze noch mal mit einer etwas einfacheren Darstellung zusammen als unsere Entscheidungsmatrix am Anfang war, eine etwas vereinfachte Entscheidungsmatrix. Es gibt also bewusste Anforderungen und unbewusste oder unterbewusste Anforderungen und wir haben nicht einmal erträumte Anforderungen. Wir kennen eine ganze Menge an Techniken, in Bild 10.8 auch nur exemplarisch dargestellt, die sich unter der einen oder anderen Randbedingung besser oder schlechter bewähren. Als guter Systemanalytiker haben Sie viele dieser Techniken gelernt und Sie setzen zum richtigen Zeitpunkt die richtige Technik ein oder – besser gesagt – den richtigen Mix aus solchen Techniken, die sie am schnellsten und zuverlässigsten zu Ergebnissen führen.

	Ist-Modelle	Apprenticing	Essenzielle Modellierung	Interviews	Scenarien	Brainstorming	Dokumentenarchäologie	Videos	Fragebogen
Bewusst	✓	✓✓	✓	✓✓	✓✓		✓	✓	✓✓
Unbewusst	✓✓	✓✓	✓✓	✓	✓✓		✓✓	✓✓	
Nicht erträumt			✓	✓		✓✓			

BILD 10.8 Unterschiedliche Techniken für unterschiedliche Anforderungen

10.11 Zusammenfassung

Wir haben in diesem Kapitel besprochen, dass man an die bewussten Anforderungen, an die unbewussten Anforderungen und an die noch nicht mal erträumten Anforderungen auf ganz andere Art herankommen kann. Ein geborener Systemanalytiker nutzt dazu sein Bauchgefühl. Ein gut ausgebildeter Business Analyst oder Requirements Engineer kennt die unterschiedlichen Techniken und Alternativen und wählt ganz bewusst eine Kombination aus den zielführendsten Techniken aus.

11 Anforderungen prüfen und abstimmen

Sie erinnern sich an die vier Hauptaufgaben eines Business Analyst und eines Requirement Engineer? Neben dem Erheben von Anforderungen, dem Dokumentieren von Anforderungen und dem Verwalten von Anforderungen geht es auch um das Prüfen und Abstimmen der Erkenntnisse aus dem Analyseprozess. Und das ist der Inhalt dieses Kapitels.

BILD 11.1
Anforderungen prüfen und abstimmen

Wir lernen Quality Gates kennen und erläutern die Ziele, die wir bei der Prüfung von Anforderungen verfolgen. Wir diskutieren verschiedene Arten, die Anforderungen zu überprüfen, u. a. Walkthroughs, Reviews und Inspections als unterschiedliche Herangehensweisen, um diese Prüfungen vorzunehmen. Wir schlagen vor, wer an der Prüfung beteiligt sein sollte, und wir sprechen vor allem auch darüber, was passiert, wenn bei dieser Prüfung Konflikte entdeckt und Fehler festgestellt werden. Sie sollten wissen, welche Aktionen Sie dann einleiten müssen.

■ 11.1 Quality Gates

Ein zentraler Begriff für das Prüfen von Anforderungen sind Quality Gateways oder kurz Quality Gates, Qualitätstore. Was verstehen wir darunter? Betrachten wir, wie weit wir in unserem Prozess gekommen sind. Wir haben auf irgendeine Art unsere Anforderungen erfasst, umgangssprachlich beschrieben, in Modellform gezeichnet oder auch in Prototypen veranschaulicht. Wir wollen jetzt noch sicherstellen, dass diese Anforderungen bestimmten Qualitätskriterien genügen. Dazu treiben wir sie durch ein Qualitätstor.

Dieser Schritt ist notwendig, weil Anforderungsdokumente sehr oft eine rechtliche Basis für die weiteren Entwicklungsschritte darstellen und diese solide, rechtliche Basis muss erst mal hergestellt werden. Dazu muss ich prüfen, ob bestimmte Qualitätskriterien gewährleistet sind oder noch hergestellt werden müssten. Das Dokument ist sehr oft eine vertragliche Grundlage für alle weiteren Schritte.

Was tun wir bei dieser Prüfung? Wir versuchen, die Anforderungen zu testen. Wir haben sie geschrieben und wir testen sie gegen die Abnahmekriterien und was wir dabei herausfinden wollen, ist unter anderem Folgendes:

- Sind diese Anforderungen vielleicht noch unvollständig?
- Sind sie vielleicht widersprüchlich?
- Sind sie irrelevant?
- Sind sie fachlich nicht korrekt?
- Sind sie von nicht genügend geschäftlichem Wert?
- Sind sie übertrieben („goldene Griffe")?

Alle die wollen wir ausscheiden. Das Quality Gate ist also die einzige Art, wie eine gestellte Anforderung nach Überprüfung gegen alle möglichen Kriterien, gegen unsere Ziele, gegen die Wünsche der Kunden, gegen unsere Terminologie und viele andere Kriterien, hinterher in unserem Dokument landen kann und als akzeptierte Anforderung weiterverwendet wird.

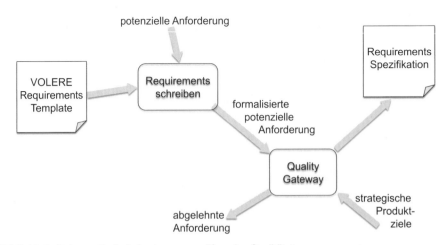

BILD 11.2 Dokumentierte Anforderungen prüfen: das Qualitätstor

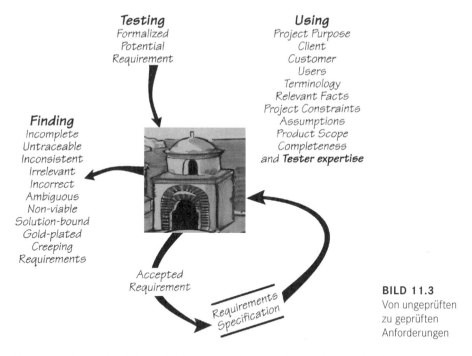

BILD 11.3
Von ungeprüften zu geprüften Anforderungen

Beachten Sie die detaillierten Hilfsmittel und Ergebnisse in Bild 11.3, die meine Kollegen Suzanne und James Robertson [Rob12] für dieses Qualitätstor zusammengestellt haben.

Wir nehmen also unsere Anforderungen, wir haben vordefinierte Qualitätskriterien und wir entscheiden, sind sie o.k. oder nicht o.k. Wie oft sollten wir so ein Quality Gate durchschreiten? Dazu haben Sie im Wesentlichen drei Alternativen: einmal, öfter oder andauernd prüfen.

> Einmal, öfter, immer prüfen?

In sehr vielen Vorgehensmodellen, wo Sie eher nach Wasserfall arbeiten, haben Sie am Ende der Analysephase das große Quality Gate der Prüfung des Requirements-Dokuments. Das wäre eher einmalig. Davor möchte ich ein bisschen warnen. Überlegen Sie sich den Zeitraum, den Sie eingeplant haben, um die Anforderungen zu erstellen und zu schreiben, im Vergleich zu diesem Zeitraum, der normalerweise für die Qualitätssicherung aufgewandt wird. Sie können nicht ernsthaft erwarten, dass in diesem halben Tag oder Tag wirklich noch Qualität geschaffen wird. Die Qualität schaffen müssen wir beim Erarbeiten der Requirements.

Deshalb wäre es mir schon wesentlich lieber, Sie hätten mehrere solche Quality Gates in Ihrem Vorgehensmodell. Wir haben in Kapitel 9 über die Dokumentengestaltung schon erwähnt, dass Sie manchmal mehrere (Stufen von) Requirements-Dokumente haben: ein User-Requirements-Dokument, gefolgt von einem Software-Requirements-Dokument. Bei einer solchen Vorgehensweise gibt es normalerweise auch schon Prüfungen des User-Requirements-Dokuments und dann noch eine getrennte Prüfung für das Software-Requirements-Dokument, dann hätten Sie schon zwei solcher Quality Gates.

Am liebsten wäre mir, Sie würden dieses Quality Gate andauernd durchschreiten. Sobald Sie eine neue Anforderung bekommen, sollten Sie sofort gegen alle diese Kriterien prüfen und sofort ändern oder ausscheiden, wenn es irrelevant oder widersprüchlich oder unvollständig oder Ähnliches ist.

Laufende Prüfungen wären sicherlich eines Ihrer Ziele. In vielen Fällen geht das aber nicht, weil Sie mit vielen Leuten gleichzeitig und verteilt arbeiten und Anforderungen einsammeln. Dann brauchen Sie irgendwelche definierten Zeitpunkte, zu denen Sie solche Prüfungen vornehmen.

■ 11.2 Ziele der Prüfung

Welche Ziele verfolgen wir bei einer derartigen Prüfung in einem Quality Gate (vgl. Bild 11.4)? Auch das ist zunächst mal hauptsächlich Wiederholung, denn wir haben uns schon über die Qualitätseigenschaften unterhalten, die IEEE für einzelne Anforderungen und für Anforderungsdokumente aufgestellt hat.

> Wünsche an das Dokument und einzelne Anforderungen

Ich möchte, dass das Dokument eindeutig und konsistent ist, dass es eine klare Struktur hat, dass es modifizierbar und erweiterbar ist, vollständig und verfolgbar. Sie erinnern sich an diese Qualitätsliste aus dem Kapitel 9. Wir haben auch für jede einzelne Anforderung schon festgelegt (vgl. Kapitel 5), dass sie eindeutig, konsistent, verständlich usw. sein soll, und das sind genau die Kriterien, die wir jetzt bei einer Prüfung heranziehen würden, um festzustellen, ob die Anforderung diesen Bedingungen genügt und ob auch das Dokument diesen Bedingungen genügt. Ich prüfe also die Anforderungsspezifikation einerseits auf Qualität, ich prüfe aber auch auf Vollständigkeit.

Ich möchte in einem solchen Quality Gate feststellen: Habe ich alle Wünsche und Erwartungen der Stakeholder getroffen oder fehlt mir noch etwas? Und vor allem möchte ich auch herausfinden, ob es potenzielle Konflikte gibt, ob verschiedene Stakeholder Unterschiedliches und Widersprüchliches gefordert haben, denn wenn es solche Konflikte gibt, müssen wir sie noch irgendwie auflösen, zum Beispiel durch Kompromissbildung oder aber auch durch Entscheidungen für die eine oder die andere Sache. Wir werden uns später noch ausführlich mit diesen Konfliktauflösungsstrategien auseinandersetzen.

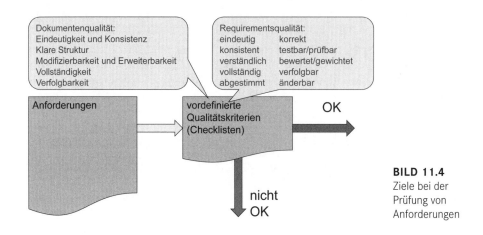

BILD 11.4
Ziele bei der Prüfung von Anforderungen

11.3 Arten der Prüfung

Für das Prüfen von Anforderungen gibt es eine Menge unterschiedlicher Verfahren. Reviews ist der englische Oberbegriff. Wir unterziehen die Anforderungen einem Review. Das kann ich entweder über Inspektionen, über Walkthroughs oder über Stellungnahmen und Gutachten machen. Eine weitere Prüftechnik, die Sie vielleicht namentlich noch nicht kennen, ist perspektivenbasiertes Lesen. Auch dies werden wir gleich noch genauer betrachten.

Dokumentenprüfung

Ich kann aber nicht nur Dokumente prüfen, sondern ich habe vielleicht zusätzlich zu den Dokumenten auch Prototypen der einen oder anderen Art entwickelt und auch die kann ich zur Prüfung heranziehen.

Prüfung über Prototypen

Bevor wir die einzelnen Prüfverfahren etwas genauer unter die Lupe nehmen, lassen Sie mich noch eine Art von Prüfung ausschließen und das sind Audits. Wenn wir über einen Audit sprechen, meinen wir im Normalfall Prozessprüfungen. Ein Auditor kommt und überprüft, ob Sie das Vorgehensmodell der Firma einhalten. Wenn Sie also einen Auditor einladen, wird der eher feststellen, ob Sie nach Ihrem Vorgehensmodell arbeiten, ob Sie die richtigen Schritte gemacht haben, die richtigen Zwischenergebnisse erzeugt haben, das spezielle Projekt interessiert den Auditor meistens gar nicht. Der überprüft hauptsächlich Prozessqualität. Und das wollen wir in diesem Buch nicht weiter diskutieren.

Prozessprüfungen

Die Prüfungen, die wir in diesem Kapitel behandeln, betreffen die Produktqualität, unsere Anforderungen. Die drei Hauptvertreter sind – wie schon erwähnt – Inspections, Walkthroughs und Stellungnahmen.

Beginnen wir mit Stellungnahmen oder Gutachten. Dies ist ein sehr übliches Verfahren. Sie haben ein fertiges Dokument und übergeben es oder schicken es irgendjemandem und bitten um eine Stellungnahme oder um ein Gutachten. Der Gutachter wird sich das Dokument vornehmen (hoffentlich hat er dafür Qualitätskri-

Stellungnahmen/Gutachten

BILD 11.5 Einige Arten von Prüfungsmethoden

terien, nach denen er dieses Dokument prüft) und er wird beim Durchlesen eine Mängelliste erstellen, die er Ihnen dann in Form eines Gutachtens oder einer Stellungnahme zurückgibt.

Normalerweise hängt man dann noch einen halben Tag oder Tag dran, um dieses Gutachten mündlich vorzustellen und zu diskutieren. Oftmals wird es aber auch nur schriftlich übergeben. Sie können natürlich mehrere Gutachten einholen, unterschiedlicher Natur, durch geschickte Auswahl der Gutachter oder der Leute, die Stellungnahmen schreiben sollen.

Inspections

Ein ganz anderes Verfahren sind Inspektionen. Inspections kommen ursprünglich aus dem Bereich der Code Inspections, aus einer Zeit, die man sich heute gar nicht mehr vorstellen kann, wo Computerzeit teuer war und wo wir vor dem Kompilieren unseren Programmcode nahmen, uns nebeneinander hinsetzten und Zeile für Zeile durchgelesen haben, ob da ja keine Fehler drin sind, nur damit wir keine Computerzeit verschwenden.

Heutzutage ist Computerzeit wesentlich billiger als die der Mitarbeiter. In dem Bereich werden Inspektionen nicht mehr so viel gebraucht. Aber ich kann dieses Verfahren auch für Requirements-Dokumente anwenden. Die Voraussetzung ist, Sie haben etwas zum Inspizieren, ein Requirements-Dokument, und Sie sollten es bitte rechtzeitig vorher an die beteiligten Leute an dieser Inspektion verteilen.

Sie legen einen Termin fest, an dem Sie diese Inspektion durchführen wollen. Meine erste Frage als Moderator bei dem Termin wäre: Hat jeder das Dokument gelesen? Wenn dann von den sieben Anwesenden drei sagen: „Ich hatte keine Zeit dazu", würde ich sie sofort bitten, den Raum zu verlassen, denn ich möchte im Zuge einer Inspektion nicht ein 100-Seiten-Dokument im Schnellverfahren durchlesen. Ich möchte, dass Personen, die an einer Inspektion beteiligt sind, gut vorbereitet sind.

Das heißt natürlich, dass Sie das Dokument nicht um 2 Uhr nachts verschicken sollten und die Inspektion für 9 Uhr morgens ansetzen. In der Zeit hat wahrscheinlich niemand das Dokument gelesen. Also geben Sie den Beteiligten wenigstens die Chance, das Dokument rechtzeitig in den Händen zu haben und auch wirklich durchlesen zu können und fragen Sie am Anfang ab, ob es wirklich gelesen wurde.

Dann wird bei einer Inspektion das Dokument Seite für Seite durchgegangen. Hoffentlich hat sich jeder darauf vorbereitet und die persönlichen Anmerkungen in seine Kopie geschrieben. Der Moderator sagt dann: „Gibt es noch Anmerkungen vor Seite 5?" (Meistens sind davor nur das Titelblatt, das Inhaltsverzeichnis und das Copyright der Firma. Vor Seite 5 steht selten etwas Interessantes in den Dokumenten.) Nächste Frage: „Anmerkungen vor Seite 6, Anmerkungen vor Seite 7?" Wir blättern das gesamte Dokument also seitenweise durch und sammeln Meinungen von den beteiligten Personen.

Wenn ich als Leser und Reviewer etwas auf der Seite 6 gefunden habe, würde ich mich melden und sagen: „Ja, zu der Stelle habe ich einen Einwand" Wir halten diesen Einwand fest, schreiben ihn unter Umständen in eine Mängelliste.

Der Ersteller des Dokuments ist bei einer Inspektion meist dabei und er hat das Recht zu sagen: „Warte, das kommt auf Seite 28." Wenn ich den Einwand auf Seite 6 hatte und bis auf die Seite 28 vertröstet werde, habe ich mir sofort eine Notiz gemacht, denn spätestens bei der Seite 28 bin ich mit meinem Einwand wieder da. Ich würde mich nicht einfach vertrösten lassen. Aber das Dokument wird Seite für Seite durchgelesen. Daraus entsteht hinterher eine Mängelliste und die kann weiterbearbeitet werden. Der Ersteller hat auf jeden

Fall die Möglichkeit, Fragen zu beantworten und auf die Einwände zu reagieren, die bei der Inspektion gebracht werden.

Noch viel informeller geht es bei einem Walkthrough zu. Bei einem Walkthrough ist der Ersteller nicht nur beteiligt, sondern er wird die führende Rolle übernehmen. Er wird uns durch das Dokument führen und das Dokument vorstellen. Nicht Seite für Seite, sondern eher nach logischen Gesichtspunkten. Wir werden uns zum Beispiel einen Use Case vornehmen und die Beschreibung dazu ansehen, aber auch tiefere Ablaufmodelle dazu, so wie die entsprechenden Dateneinträge in Glossaren, die dazugehörigen nichtfunktionalen Anforderungen, alles aus Sicht dieses einen Use Case.

> Walkthroughs

Solche Vorgehensweisen sind bei der Prüfung interessanter für die Beteiligten als Inspektionen, wo es Seite für Seite geht, aber auch – und davor möchte ich ein bisschen warnen – etwas gefährlicher. Ein geschickter Präsentator führt Sie gezielt an den Schwachstellen des Dokuments vorbei.

Er weiß ja, wo die Fehler sind. Er weiß, wo die Schwachstellen sind, und er wird sich bemühen, es in der Präsentation nicht auffallen zu lassen. Also seien Sie vorsichtig bei Walkthroughs, hören Sie kritisch zu, stellen Sie Zwischenfragen, zwingen Sie den Präsentator, auf solche Punkte einzugehen, damit man nicht an den Themen, wo es vielleicht noch etwas unschöner ist, vorbeigeführt wird. Walkthroughs sind aber – wie gesagt – eine eher unterhaltsame Form der Prüfung.

In der Praxis werden Sie vielleiht keine dieser Techniken in Reinkultur einsetzen, sondern Sie werden vielleicht Prüfverfahren haben, die aus einer Mischung dieser drei Dinge, Stellungnahmen, Inspektionen und Walkthroughs, bestehen. Wichtig wäre, dass Sie in Ihrem hausinternen Requirements-Prozess Festlegungen darüber getroffen haben, wie Sie Anforderungen prüfen. Welches Verfahren wird bei uns standardmäßig eingesetzt? Wer sollte beteiligt sein? Wie gehen wir vor? In Kapitel 11 werden Sie sehen, dass diese Festlegungen ein Teil des Requirements-Managements sind.

> Mischformen in der Praxis

Kommen wir noch mal zurück auf die perspektivenbasierten Ansätze. Unabhängig davon, ob Sie Stellungnahmen machen oder Inspektionen oder Walkthroughs: Sie sollten immer auch in Erwägung ziehen, perspektivenbasiert zu arbeiten. Perspektivenbasiert heißt, dass Sie ein und dieselbe Sache aus verschiedenen Blickwinkeln beleuchten, um unter ihrem Blickwinkel Besonderheiten zu finden und Schwachstellen zu finden. Sie können das zum Beispiel nach den beteiligten Rollen aufteilen, dass Sie sagen: „Ich lese es unter der Perspektive eines Juristen oder unter der Perspektive eines Datenschützers oder unter der Perspektive eines Verantwortlichen für einen Geschäftsprozess", um genau meine Punkte speziell herauszuarbeiten.

> Perspektiven-basiertes Lesen

Machen Sie das auf jeden Fall. Schalten Sie Spezialisten ein und lassen Sie sie diese besonderen Perspektiven prüfen.

Prüfen kann ich auch in Zusammenhang mit Prototypen. Wenn solche erstellt wurden, ziehe ich sie natürlich bei der Prüfung mit zu Rate und betrachte nicht nur die Dokumente. Sie sollten in dem Zusammenhang zwei Arten von Prototypen unterscheiden, oft auch horizontale und vertikale Prototypen genannt.

> Prüfen über Prototypen

Erstere sind Prototypen, die eher die Systemfunktionalität und die Oberflächen zeigen; Prototypen für funktionale Anforderungen. Die zeigen mir meine Masken, die zeigen mir even-

Unabhängig von der Art der Prüfung:
Perspektivenbasiert arbeiten!

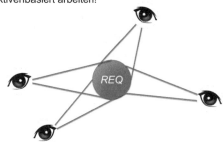

BILD 11.6
Perspektivenbasierte Prüfungen

tuell Maskenfolgen oder gewünschte Abläufe. Das werde ich immer dann als Prüfverfahren zusätzlich einsetzen, wenn die meisten Beteiligten nicht willens sind, dicke Dokumente zu lesen. Man bekommt Anwender einfacher dazu, sich Prototypen anzusehen und zu kommentieren, als sie zu ermuntern, ein dickes Dokument zu lesen. Berücksichtigen Sie das bei der Auswahl Ihrer Methoden von vornherein.

Sie können aber auch technische Prototypen zur Prüfung heranziehen, wenn Sie neue Technologien entschieden haben, neue Frameworks einsetzen, ein unbekanntes Datenbanksystem verwenden, auf eine neue Programmiersprache umgestiegen sind. Machen Sie mal technische Durchstiche als Prototyp (deshalb werden sie oft als vertikale Prototypen bezeichnet, ein Durchstich durch alle Schichten der Software, nicht nur die Präsentation einer Oberfläche). Probieren Sie neben dem Schreiben von Requirements gleich aus, ob das machbar und umsetzbar ist und ob es funktionieren wird. Das ist Risikominimierung, das sind technische Prototypen. Testen Sie Durchsatz und Erweiterbarkeit neuer Datenbanken, machen Sie Lasttests mit bestimmten Teilfunktionen, damit Sie Performancerisiken oder andere Arten von Risiken besser in den Griff kriegen.

Nutzen Sie also Walkthroughs oder Inspektionen oder Gutachten immer im Zusammenhang mit perspektivenbasierten Ansätzen und vielleicht auch unterstützt durch Prototypen.

■ 11.4 Wer sollte beteiligt sein?

Auftraggeber

Lassen Sie uns überlegen, wer an einer solchen Prüfung beteiligt sein sollte. Grundsätzlich natürlich der Auftraggeber. Jemand, der das Projekt haben möchte, der das Produkt in Auftrag gibt, jemand, der den Geldtopf hat. Die müssen zumindest die Ziele absegnen. Die müssen sagen: „Ja, das ist genau das, was ich haben möchte."

Nutzer

Ich würde zu derartigen Meetings auch spätere User, spätere Benutzer einladen, wenn die nicht genügend Mitspracherecht beim Erstellen des Requirements-Dokuments hatten. Wenn Sie die ganze Zeit zusammen mit den Benutzern das Dokument erstellt haben, sparen Sie sich die Einladung für diesen formalen

Akt der Prüfung, die Benutzer haben die ganze Zeit schon mitgeredet bei dem Schreiben des Dokuments. Wenn das fertige Dokument allerdings der erste Zeitpunkt ist, wo ein späterer Benutzer überhaupt sehen kann, was das System tun wird, dann ist es ganz dringend notwendig, dass Sie auch Benutzer zu diesem Meeting hinzuziehen.

Unbedingt notwendig ist es, die Abnehmer des Dokuments einzuladen. Das sind all diejenigen, die im weiteren Verlauf des Produkt- oder Systementwicklungsprozesses jetzt mit diesem Ding arbeiten müssen, also z. B. Softwarearchitekten, Hardwarearchitekten, Organisationsdesigner, Programmierer und Tester; auf Letztere komme ich gleich noch explizit. Laden Sie Personen ein, die ab diesem Zeitpunkt der Freigabe eines Requirements-Dokuments die Verantwortung übernehmen. An der Stelle wurde ich schon öfter mal als Gutachter eingeschaltet, wo jemand behauptet hat, wir haben ein fantastisches Requirements-Dokument geschrieben nach dem Stand der Kunst und die, die weiterarbeiten mussten, haben gesagt, das ist nicht gut genug, wir trauen uns das Risiko nicht zu tragen in diesem Projekt. Jetzt geht es darum, festzustellen, warum diese Gruppe Einspruch erhebt? Wo liegen vielleicht noch die Haken und Ösen, weswegen die Übernehmergruppe sich nicht zutraut, die Verantwortung für dieses Projekt zu übernehmen.

> **Die Nachfolger**

Ist die Spezifikation wirklich gut oder hat sie noch Schwachstellen? Gerade im Bereich der nichtfunktionalen Anforderungen ist das ein heißes Thema, denn die nichtfunktionalen Anforderungen sind die Architekturtreiber. Wenn die nicht bekannt sind, kann ein Designer keine Entscheidungen treffen und da wendet manchmal einer der Architekten zu Recht ein und sagt: „Mir fehlen folgende Punkte in dem Dokument."

Eine weitere Gruppe von Personen, die Sie noch bei der Prüfung einschalten sollten, sind neutrale Leute aus der Qualitätssicherung, aus der zentralen Methodenabteilung, Standardisierungsgruppe oder externe Qualitätssicherer und Tester. Und insbesondere die Tester sollten das Dokument mit dem Augenmerk der Prüfbarkeit noch mal betrachten. Kann ich bei jeder Anforderung wirklich Abnahmetests dazuschreiben? Weiß ich, wie ich es prüfen sollte? Sind die Angaben präzise genug, um daraus Testdaten abzuleiten? Das wäre ein perspektivenbasiertes Lesen durch einen Tester.

> **Neutrale Qualitätssicherer**

Ich habe Dorothy Graham, die Testerin, schon zitiert, die gesagt hat: „Testen ist zu wichtig, um es den Testern zu überlassen." Das ist der Zeitpunkt, wo wir sie einschalten sollten. Nicht erst beim Durchführen der Tests, sondern zu dem Zeitpunkt, wo die Anforderungen auf dem Tisch liegen, sollten Sie die Tester daran lassen unter ihrem Gesichtspunkt: Sind die Anforderungen gut genug, um getestet zu werden?

■ 11.5 Was wird geprüft?

Die Prüfung der Anforderung sollte auf jeden Fall in zwei Schritten passieren. Der erste Schritt ist ein rein formales Review, eine rein syntaktische Prüfung. Der zweite Teil ist dann die semantische, inhaltliche Prüfung dessen, was im Dokument steht.

In dem ersten Teil würde ich ganz einfach prüfen: Ist das Dokument gemäß unserem Hausstandard gegliedert und korrekt und vollständig

> **Prüfung auf Form und Syntax**

ausgefüllt? Wenn wir als Template das Volere-Template heranziehen, dann würde ich jetzt bei der formalen Prüfung feststellen:

- Gibt es überhaupt ein Kapitel 1, in dem Ziele stehen? Ich sage nichts aus über die Qualität dieser Ziele aus und ob das gut oder schlecht formulierte Ziele sind. Ich prüfe nur, ob es das Kapitel 1 gibt, ob jemand Ziele festgelegt hat. Sie glauben gar nicht, wie oft ich Anforderungsdokumente finde, in denen keine Projektziele festgelegt werden und auch kein Verweis auf Projektziele.
- Zweite Frage: Ist das Kapitel 2 gefüllt? Wiederum: Ich kann nicht aussagen, ob das alle relevanten Stakeholder sind, ich kann nur prüfen, ob sich jemand überhaupt Gedanken über die beteiligten Personen und die späteren Benutzer gemacht hat.
- Ist der Scope abgegrenzt, d. h., sind die Kapitel 6 und 8 gefüllt, je nachdem, ob Sie Business-Scope und Produkt-Scope oder nur einen davon festgelegt haben. Gibt es ein Kontextdiagramm? Ist es in dem Dokument enthalten oder besteht das ganze Dokument nur aus einer Aufzählung von einzelnen deutschen Sätzen über individuelle Anforderungen?
- Wenn ich mit Use Cases arbeite, frage ich, sind die Abläufe identifiziert und beschrieben? Gibt es im Kapitel 9 so etwas wie ein Use-Case-Diagramm und Use-Case-Beschreibungen.
- Ist eine Versionsplanung erfolgt?
- Ist der Umgang mit weiteren Punkten, mit offenen Punkten, klar? Weiß ich, wie ich umgehen würde, wenn irgendetwas noch nicht geklärt ist, mit „to be defined" im Dokument steht?

Sie sehen, das sind alles *formale* Fragen, ob die Kapitel überhaupt vorhanden sind und auch gefüllt wurden.

Ich prüfe vor allem auch so Trivialitäten wie: Gibt es überhaupt ein Inhaltsverzeichnis?

> Ein Kunde hat mir als Gutachter eine CD zugeschickt mit acht Dokumenten darauf, unterschiedlicher Dicke. Eins mit 600 Seiten, eins mit 150 Seiten, eins mit 80 Seiten, eins mit 300 Seiten und mein erstes Dilemma war schon mal, den Zusammenhang dieser Dokumente festzustellen. Es war keine Read-me-Datei auf der CD, die mir sagt, so sind diese Kapitel strukturiert. Als ich dann angerufen und gesagt habe: „Gibt's hier kein Inhaltsverzeichnis?" war die Antwort: „Du weißt ja, wie schwierig es ist, ein 1200-Seiten-Word-Dokument sauber zu strukturieren und in eine Datei zusammenzupacken. Wir sind noch nicht dazu gekommen." Allerdings bekam ich eine Woche später dann die entsprechenden Inhaltsangaben nachgeliefert.

Ein zweiter trivialer Punkt ist immer: Finde ich zu den Abkürzungen und zu meinen Begriffen überhaupt ein Glossar oder ein Abkürzungsverzeichnis? Ist ein Abkürzungsverzeichnis Bestandteil des Dokuments? Kann ich Begriffe, die ich nicht kenne, nachschlagen. Kann ich Abkürzungen, die ich nicht kenne, nachschlagen? Wenn ich so etwas nicht finde, ist es ein rein formaler Fehler. Ich hätte natürlich gerne so ein Abkürzungsverzeichnis.

Und eine dritte triviale Prüfung ist immer wieder: Stimmen die Seitenverweise? Wenn Sie in irgendeinem Absatz lesen: siehe Seite 67, und ich blättere zur Seite 67 und da steht nichts zu dem Thema, dann prüfe ich noch mal kurz die Seite 66 und die Seite 68, ob es vielleicht kurz verschoben ist auf die vorherige oder nachfolgende Seite. Wenn's da auch nicht steht, dann knurre ich. Wenn ich ein paar Seiten später finde, siehe Seite 88, und ich finde wieder nichts, dann knurre ich schon etwas lauter. Und beim dritten falschen Seitenverweis schlage ich das Dokument zu. Bin ich denn der Erste, der dieses Dokument überhaupt liest? Das ist schon eine (schlechte) Aussage bezüglich der Qualität des Dokuments. Ich habe inhaltlich noch gar nichts beurteilt, aber jeder Seitenverweis, den ich nachschlage, ist falsch. Das deutet auf ziemlich schlampige Arbeit der Analytiker hin und da ist mir die Zeit vielleicht zu schade, die inhaltliche Prüfung überhaupt zu beginnen, wenn schon formal derartige Schwächen in dem Dokument enthalten sind.

Überlegen Sie aber mal, wie viel Zeitaufwand Sie in diese beiden Arten von Prüfungen investieren würden. Die formale Prüfung gegen die inhaltliche Prüfung? Sie werden mir wohl zugestehen, dass der schwierigere Teil die inhaltliche Prüfung ist, ob die Anforderungen wirklich gut sind – nicht ob die Formalien eingehalten sind.

Je nachdem, wie ausführlich Ihr Vorgehensmodell ist und Ihre Schablone zum Schreiben von Anforderungsdokumenten und wie präzise die Festlegungen für die Methoden sind, kann dieser formale Anteil irgendetwas zwischen 2 – 3 % oder vielleicht maximal 10 % oder wenn's hochkommt, bei sehr gut festgelegten Vorgehensmethoden und Dokumentenstrukturen, vielleicht auch mal 20 % ausmachen. Aber 80 – 95 % der Prüfung sollte eher inhaltlicher Natur sein.

Wir haben die ausschließliche Prüfung von Formalien in [DeM07] als „False Quality Gates" bezeichnet, als falsche Qualitätstore. Denn wenn jemand nur überprüft, ob die Seitennummern stimmen, ob ein Abkürzungsverzeichnis vorhanden ist, hat er eigentlich sehr wenig über die inhaltliche Qualität dieses Dokuments ausgesagt. Leider finden wir in vielen Firmen Qualitätssicherungsabteilungen, die die inhaltliche Prüfung weit von sich weisen und ausschließlich die formale Prüfung von Dokumenten als ihre Aufgabe ansehen. Sie begründen das oft mit der Aussage, dass sie für inhaltliche Prüfungen weder befähigt, noch berechtigt sind, Aussagen zu machen; „Wir verstehen die Thematik nicht".

Das mag ja so sein, aber dann sollte der Aufwand entsprechend auch klein sein. Denn diese formalen Prüfungen erinnern ein bisschen an das Ortsschild der amerikanischen Kleinstadt Gold Hill, wo darauf steht: Gegründet: 1859, Höhe: 8463 Fuß, Einwohnerzahl: 118. Strich darunter. Macht in der Summe 10 440. Das ist zwar formal richtig, sagt aber wenig aus.

11.6 Checklisten für inhaltliche Prüfungen

Der Schwerpunkt der Prüfungen sollte deshalb in dem anderen Teil, in der inhaltlichen Prüfung liegen. In den folgenden Absätzen kann ich Ihnen jetzt eigentlich nichts Neues mehr erzählen, was Sie nicht schon in allen anderen Kapiteln des Buchs gelesen haben. Ich gehe jetzt nur mit den Augen eines Prüfers nochmals an die gleichen Themen heran.

Ich prüfe die Treiber in meinem Projekt, ich prüfe den Scope, ich prüfe die funktionalen Anforderungen in Form von Abläufen und Daten, ich prüfe meine nichtfunktionalen Anforderungen, ich prüfe auch die Randbedingungen ab.

> **Verwenden Sie Checklisten für die Prüfung**

Dazu stelle ich jetzt im umgekehrten Sinn alles als Testfrage, was ich Ihnen in all den anderen Kapiteln als guten Stil erläutert habe. Es ist aber schon eine gute Idee, in einer Firma derartige Checklisten zu haben. Diese Checklisten sind sehr firmenspezifisch. Sie hängen stark davon ab, wie Sie das Dokument gestalten, welche Methoden Sie anwenden, welche Notationen Sie vorschreiben oder offen lassen.

Je mehr Sie vorgeschrieben haben, desto konkreter können die Prüflisten auch sein. Wenn Sie offen lassen, ob man Anforderungen in umgangssprachlichen Sätzen formuliert oder mit Use Cases modelliert oder mit Prototypen herangeht, so kann ich auch keine sehr gezielten Checkfragen erwarten, die unabhängig von all diesen Vorgehen sind.

Nehmen Sie also meine nächsten paar Beispiele als mögliche Checkliste, wenn Sie mit den Ausdrucksmitteln und Methoden gearbeitet haben, die ich Ihnen in den anderen Kapiteln dieses Buchs nahegebracht habe. Ich nehme aber nur ein paar von den Checklistenpunkten heraus und nicht noch mal die komplette Wiederholung meiner Hinweise. Prüfen wir zunächst mal inhaltlich unsere Projekttreiber.

> **Prüfung der Projekttreiber**

Wir betrachten nochmals die Kapitel 1 und 2 von Volere, meine Ziele und meine Stakeholder. Die Frage, die ich inhaltlich stelle und dabei den Produkteigner oder den Auftraggeber ansehe: Sind die hier beschriebenen Ziele wirklich deine hauptsächlichen Wünsche? Kann man an dem, was hier beschrieben ist, wirklich Produkterfolg festmachen? Ja oder nein? Und ich erwarte zu dem Zeitpunkt eigentlich nichts anderes, als dass der Auftraggeber nickt und sagt: „Selbstverständlich, wir haben doch um jedes einzelne Wort gerungen in diesen Sätzen über die Ziele und wir haben lange darüber diskutiert. Ja, das ist der Schwerpunkt dessen, was ich haben möchte." Stellen Sie sich eine andere Situation bei der Prüfung vor. Der Auftraggeber liest das Dokument noch mal kurz und sagt: „Ja, diese drei Punkte sind nicht verkehrt, aber wesentlich wichtiger wäre mir dieser Punkt: ..."

Wenn das passiert, ist in dem Projekt etwas gründlich schief gegangen. Sie haben sich scheinbar nie über die Projektziele wirklich intensiv unterhalten und mit den relevanten Leuten abgestimmt.

Wenn Sie die Ziele gemäß meiner Formel „Purpose-Advantage-Metric" beschrieben haben (nach der PAM-Abkürzung), so würde ich bei den Metriken, bei der Messbarkeit, jetzt auch fragen: Sind denn diese Messgrößen realistisch, um daran Produkterfolg festzumachen?

Ich würde als Nächstes zum Kapitel 2 gehen und fragen: Sind da drin alle wesentlichen Benutzer und alle anderen Stakeholder erfasst? Und wenn bei einem derartigen Inspektionsmeeting sich sofort drei Leute melden und fragen: „Warum ist der Hofmann nicht dabei und warum habt ihr die Karbauer weggelassen?" dann haben wir wohl unsere Stakeholder-Analyse nicht wirklich gründlich gemacht.

> **Scope-Prüfung**

Nehmen wir als anderes Beispiel noch mal die Scope-Abgrenzung heraus. Die Frage, die ich jetzt stellen würde, ist: Ist der Scope of Work und der Scope of Product hinreichend präzise definiert? Und es sollte bitte nicht auftreten, dass einer in dem Meeting sofort sagt: „Hey, hier fehlt die Schnittstelle zu dem Auftragssystem. Wir müssen Daten auch von dem Abrechnungssystem importieren. Es ist hier gar nicht dargestellt als externe Schnittstelle."

Wenn ich sofort neue Nachbarsysteme finde, sofort vergessene Schnittstellen entdecke, dann ist in der Analysearbeit wohl etwas schiefgegangen.

Kann ich die Begriffe, die in dem Kontextdiagramm als Eingaben und Ausgaben gezeigt sind, im Glossar nachschlagen? Gibt es dafür Definitionen oder sind die so selbst erläuternd, dass alle Beteiligten wissen, was gemeint ist (was meistens nicht der Fall ist).

Ich gehe noch eine Ebene tiefer. Betrachten wir uns ein paar Use-Case-spezifische Prüfungen. Ich würde jetzt nicht sagen, gibt es dieses Kapitel und ist da ein Use-Case-Diagramm enthalten, sondern ich würde fragen: Hat jeder Use Case einen aussagekräftigen und treffenden Namen?? Sie erinnern sich: Ein guter Use-Case-Name enthält immer eine Tätigkeit (eine Verbform) und ein Objekt, mit dem diese Tätigkeit durchgeführt wird. Ist diese Verb-/Objektphrase da und spiegelt sie die wirkliche Zielsetzung des Akteurs wieder?

> Use-Case-spezifische Prüfungen

Ist die Managementzusammenfassung auf dem Drachenniveau (dieser Vierzeiler) so geschrieben, dass das Produktmanagement dazu nicken kann? Sind die Eingaben und die Ausgaben auf Wellenniveau explizit gemacht? Sind Zustandsinformationen als Voraussetzungen angegeben? Ist der Ablauf vernünftig beschrieben? Sind Ausnahmen erkannt worden?

Sie sehen, ich stelle inhaltliche Fragen und ich frage nicht, ob eine Use-Case-Beschreibung vorliegt, sondern ob jeder einzelne Abschnitt davon sinnvollerweise gefüllt ist.

Weitere Prüfungen, die ich auf Use Cases machen würde: Habe ich hier zu viel Lösung suggeriert? Ist die Beschreibung so, dass die *Intention* vorgegeben wird und vielleicht noch genügend Designfreiheitsgrade offen gelassen werden? Habe ich zu viele Designeinschränkungen vorgegeben? Habe ich Schritte sequenziell gefordert, obwohl sie unabhängig voneinander ausführbar sind? Auch das sind wieder inhaltliche Prüfungen auf Use Cases.

Bei der Prüfung meines Glossars oder meines Datenmodells würde ich fragen: Ist die Definition wirklich qualitativ gut? Habe ich nur eine Definition durch Beispiel oder habe ich wirklich einen Oberbegriff und ein Unterscheidungsmerkmal? Gibt es auch Angaben über das Warum; nicht nur, was der Begriff in meiner Domäne darstellt, sondern warum es in der Anwendung gebraucht wird.

> Glossar prüfen

Ich würde auch prüfen, ob der Zusammenhang zwischen Daten und Prozessen gegeben ist. Ist klar, welcher Prozess die Daten schafft, welcher Prozess diese Objekte vielleicht wieder zerstört oder abschafft?

Und last but not least, wenn ich ein Datenmodell gezeichnet habe, ein Entity-Relationship-Diagramm oder ein Klassenmodell: Sind die Beziehungen vernünftig benannt? Gibt es gute Beziehungsnamen, sind die Multiplizitäten eindeutig festgelegt, sind sie semantisch aussagekräftig, weiß ich auch, warum die Beziehung gebraucht wird, und nicht nur, dass sie da ist, verstehe ich den geschäftlichen Hintergrund?

Und jetzt gehen wir auf die nichtfunktionale Seite. Sind irgendwelche Mengengerüste, Mengen von Daten, Häufigkeiten, Wertebereiche und Maßeinheiten in dieser Spezifikation erwähnt? Kann der Tester dafür wirklich Testfälle ableiten, für den Normalfall, für die Grenzfälle, für Fehlerfälle? Optional würde ich mir ansehen, ob Beispiele und Gegenbeispiele eingefügt sind? Es ist ja kein Zwang, aber es hilft in der Lesbarkeit.

> Nichtfunktionale Anforderungen prüfen

Bei den nichtfunktionalen Anforderungen würde ich als Erstes (aus leidvoller Erfahrung) fragen: Gibt es das Kapitel überhaupt? Hat man überhaupt Wert auf nichtfunktionale Anforderungen gelegt; das ist ernst gemeint, denn das ist ein oftmals fehlendes Kapitel in Spezifikationen. Hat man dem Kapitel genügend Aufmerksamkeit gewidmet? Dann würde ich jede Kategorie von 10 bis 17 durchgehen und bei jeder nichtfunktionalen Anforderung prüfen: Ist es klar, worauf sie sich bezieht? Auf den ganzen Prozess, auf einen Prozessschritt, auf ein bestimmtes Datenelement oder manchmal auch auf Komponenten meiner heutigen Architektur. Wenn Sie bei der Weiterentwicklung Bezug nehmen, haben Sie sehr oft auch das Anknüpfen an heutige Architekturelemente, wie Komponenten oder Subsysteme.

Weiterhin würde ich jetzt noch mal prüfen, ob auch die Belange der Stakeholder *nach Fertigstellung* der Software berücksichtigt wurden. Das ist übrigens meine dritte Stelle im Vorgehen, wo ich eventuell solche Fehler finden kann. Mein allererster Zeitpunkt ist beim Erstellen des Kapitels 2, der Stakeholder-Liste. Denn ich würde gerne auch Stakeholder haben, die installieren, betreiben, warten, weiterentwickeln oder an der Hotline sitzen. Da hatte ich die erste Chance, an solche Leute heranzukommen. Meine zweite Chance war beim Erfassen der nichtfunktionalen Anforderungen. Da gibt es in Volere Abschnitte für Anforderungen an diese Personen, wie wir in dem Kapitel über nichtfunktionale Anforderungen besprochen haben.

Und jetzt beim Prüfen habe ich die dritte Chance. Hat man wirklich an Leute gedacht, die das System produzieren müssen? Hat man an Leute gedacht, die das System installieren müssen, betreiben müssen, an der Hotline sitzen? Wenn Sie es bei allen drei Punkten übersehen haben, sind Sie wahrscheinlich selbst dran schuld, wenn solche Punkte unbeachtet durchgehen und erst im Betrieb zu Problemen führen.

> Randbedingungen prüfen

Last but not least fragen wir natürlich die Randbedingungen noch mal ab: Sind die technologischen Randbedingungen klar und deutlich formuliert worden? Hat man darüber gesprochen, was wir selbst entwickeln und was wir einkaufen wollen, was wir wiederverwenden möchten? Auch das ist noch mal eine Prüfung der nichtfunktionalen Anforderungen.

> Prüfung der Release-Schritte

Jetzt kommt noch ein weiterer Punkt hinzu. Wir prüfen nicht nur die Anforderungen, sondern – insbesondere, wenn wir iterativ inkrementell entwickeln – wie sehen uns jetzt auch die Versionsplanung an.

Sind die Anforderungen, die für den nächsten Sprint in SCRUM oder für die nächste Iteration, für das nächste Release herausgegriffen wurden, in sich konsistent? Passen die zusammen? Sind das die dringendsten Punkte, die wir im nächsten Release erfüllen müssen? Und vor allem auch: Hat man alle Abhängigkeiten erkannt? Diese Anforderung kann nur gemacht werden, wenn vorher das und das und das erledigt wird. Hat man diese abhängigen Anforderungen in den gleichen Sprint oder in das gleiche Release gezogen?

Wir schauen also noch mal, ob diese Bündelung von Anforderungen, die aus Projektmanagementgesichtspunkten vorgenommen wurde, sinnvoll ist und ob die Voraussetzungen dafür gegeben sind, und gleichen das mit der Erwartungshaltung des Produktmanagements oder mit unserer Roadmap noch mal ab.

11.7 Was tun bei Mängeln?

Ein grundlegendes Prinzip bei all den Prüfungen von Requirements-Dokumenten ist immer wieder die Trennung von Fehlererkennung und Fehlerbehebung. Ich möchte bei all den Meetings und bei all den Gutachten, die wir vielleicht in Auftrag gegeben haben, hauptsächlich Mängel, Schwachstellen und Fehler erkennen.

> Trenne Fehlererkennung und Behebung

Die Fehlerbehebung, die Bearbeitung, die Korrektur davon soll unabhängig von diesem Meeting passieren. Ich würde eine Frist setzen, bis wann ich die Nachbearbeitung gerne haben möchte. Im einfachen Fall würde ich dem Team vertrauen, dass sie das tun, und den Qualitätsstempel doch auf das Dokument setzen, mit der Anmerkung „vorbehaltlich folgender Nachbesserungen". Wenn gravierende Mängel gefunden wurden, würden wir eine Frist setzen und einen Wiederholungstermin für die Prüfung ansetzen.

Bei dem Wiederholungstermin werden wir vorrangig die Teile prüfen, die ursprünglich falsch waren. Aber bitte nicht nur die. Sehen Sie sich noch einmal ein bisschen Querbeziehungen an, was durch die Korrekturen vielleicht falsch geworden sein könnte. Also berücksichtigen Sie beim Prüfen von Anforderungen die Devise: Fehler erkennen ist ein Punkt und Fehler beheben ist ein anderer Punkt; trennen Sie die beiden Aspekte. In den Meetings werden die Fehler und die Mängel hauptsächlich erkannt. Nachträglich sollen sie behoben werden.

Wenn die Prüfung vergessene Anforderungen entdeckt, jemand sagt: „Dazu ist nichts ausgesagt", darf ich das jetzt direkt einarbeiten oder nicht einarbeiten? Das hängt ein bisschen davon ab, wie weit Sie mit Ihrer Release-Bildung sind. Wenn die Prüfung stattfindet, bevor Sie ein Release geschnürt haben, bevor Sie es von einem Auftraggeber an einen Auftragnehmer übergeben haben, dann dürfen Sie das, was in der Mängelliste festgestellt wurde, auch sofort einarbeiten und es dann erst in ein Release übergeben.

> Vergessene Anforderungen

Sollten Sie schon eine Release-Bildung vorgenommen haben und es werden jetzt noch fehlende Teile gefunden, dann müssen Sie wohl, wie wir in dem Kapitel 12 über Requirements-Management noch ausführlich behandeln werden, einen sauberen Change Request stellen, einen Änderungsantrag. Diesen müssen Sie dann nach dem hausintern festgelegten Verfahren über Änderungsanträge behandeln. Sie können also nicht ganz einfach durch ein Prüfverfahren „von unten" neue Anforderungen in das Dokument schieben, die nicht von Auftragnehmerseite genehmigt wurden, die nicht bekannt waren. Also: vor Release-Bildung gerne direkt einarbeiten, nach Release-Bildung sauberes Change Management.

11.8 Konfliktmanagement

Als letzten Punkt müssen wir uns noch ein bisschen mit Konflikten auseinandersetzen. Was passiert, wenn Sie in einem solchen Dokument konfliktbehaftete Anforderungen finden? Halten wir dazu einfach fest: Konflikte wird es definitiv geben, wenn Sie mehr als einen Beteiligten haben. Je mehr Leute Sie haben, desto mehr unterschiedliche Anforderungen werden Sie bekommen und desto größer ist die Wahrscheinlichkeit, dass sich zwei oder drei Leute widersprechen und in andere Richtungen ziehen. Bevor wir über die Behandlung der Konflikte sprechen, lassen Sie uns unterschiedliche Arten von Konflikten ansehen.

Sachkonflikte

Die einfachste Art, auch in der Behandlung, sind reine Sachkonflikte. Wir haben inhaltlich einfach unterschiedliche Meinungen zu dem Thema. Der eine will es blau, der andere will es rot haben. Das passt natürlich nicht zusammen, ich kann es vielleicht nur auf eine Art einfärben, also muss ich eine Entscheidung treffen.

Interessenskonflikte

Sachkonflikte sind im Vergleich zu Interessenskonflikten relativ leicht aufzulösen. Denn jetzt gibt es vielleicht ganz andere Arten von Zielen. Der eine möchte in die Richtung ziehen, der andere möchte in jene Richtung ziehen. Es stecken tiefer liegende Konflikte dahinter, nicht nur reine Sachkonflikte. Ich habe andere Interessen oder andere Ziele. Der eine möchte hauptsächlich OpenSource-Software einsetzen und nur ja nichts selber entwickeln und der andere sagt: „Nur kein OpenSource. Wir zählen auf Standardprodukte, wir wollen etablierte Industrieprodukte." Das ist vielleicht ein Interessenskonflikt.

Wertekonflikte

Noch schlimmer, eine Steigerung davon wären Wertekonflikte. Wenn unterschiedliche Stakeholder ganz unterschiedliche kulturelle oder persönliche Werte als Maßstab anlegen, sind das tiefliegende Konflikte, die vielleicht nicht so leicht aufzulösen sind, die aber immer wieder mal auftreten können. Wir verbiegen keine Gesetze, auch wenn das dadurch sehr aufwendig wird. Wir opfern nicht die Benutzerfreundlichkeit zugunsten schnellerer Entwicklungszeiten.

Beziehungskonflikte

Eine weitere Kategorie von Konflikten sind reine Beziehungskonflikte. Zwei der Beteiligten können sich nicht leiden. Und wenn der eine etwas fordert, ist der andere aus Prinzip dagegen, obwohl er es eigentlich auch haben möchte. Die können einfach nicht miteinander. Und solche Beziehungskonflikte, die auf Emotionen hinauslaufen, die zwischenmenschliche Gründe haben, sollten Sie bitte auch auf der Ebene behandeln. Sie sollten erst gar nicht versuchen, das auf der Sachebene zu diskutieren, sondern es zunächst wirklich auf der Ebene zwischenmenschlicher Zusammenarbeit angehen.

Strukturkonflikte

Was es noch geben kann, sind Strukturkonflikte. Damit meint man Firmenorganisationsstrukturen. Jemand ist Chef von anderen Leuten und Sie kennen die Regel: § 1: Der Chef hat immer Recht. § 2: Wenn der Chef einmal nicht Recht hat, tritt automatisch § 1 in Kraft. So etwas nennen wir einen Strukturkonflikt. Der Chef will es anders als seine Mitarbeiter. Auch das ist ein potenzieller Konflikt, mit dem Sie umgehen müssen, und wir sprechen gleich über Lösungsansätze.

Für alle diese Konflikte – Sachkonflikte, Interessenskonflikte, Wertekonflikte, auch Beziehungskonflikte und Strukturkonflikte – sollten Sie als Systemanalytiker versuchen, im Zuge der Requirements-Prüfung, im Zuge der Quality Gates, eine Lösung zu finden oder zumindest eine Lösung für nach der Sitzung vorzuschlagen.

Was Sie nicht behandeln sollten, sind reine Lösungskonflikte. Wenn man über unterschiedliche Architekturvorgehensweisen, unterschiedliches Design streitet, lassen Sie das bitte den Architekten machen. Wenn die Anforderung klar ist, aber es gibt unterschiedliche Lösungen für die Anforderungen und es sind keine Randbedingungen gesetzt, sondern es ist ein reines Designproblem, dann bitte lassen Sie die Designer den Konflikt lösen. | **Lösungskonflikte**

Und das zweite sind Budgetkonflikte, Geld- oder Zeitkonflikte. Wenn die Anforderung klar ist und man streitet nur darüber, wie lange es dauern darf, wie viel Geld es kosten darf, bitte delegieren Sie derartige Konflikte an das Projektmanagement zur Lösung und versuchen Sie nicht auf dem Requirements-Niveau, einen derartigen Zeitkonflikt oder Geldkonflikt zu lösen. | **Budgetkonflikte**

Wie kann ich jetzt Konflikte, die ich erkannt habe, auflösen? Ich habe Ihnen hier eine ganze Menge Verfahren vorgestellt. Einige davon picke ich im Folgenden heraus. | **Konfliktbewältigungstechniken**

Das Einfachste ist immer „Ober sticht Unter". Ich habe mehr Macht, deshalb kann ich meinen Willen durchsetzen. Sehen Sie in die Stakeholder-Liste. Wir haben die Stakeholder klassifiziert und festgelegt, wer was zu sagen hat, wer wie viel Einfluss hat. Manchmal löst das schon das Problem, wenn man sagt: „Du hast hier leider gar nichts zu sagen. Der andere will es so und weil er mächtiger ist, gewinnt er auch."

Schöner wäre es natürlich, man könnte sich einigen und man diskutiert das Problem und man kommt zu einer einheitlichen Lösung, wie wir es machen wollen.

Oder man schließt einen Kompromiss. Es ist keine wirkliche Einigung, jeder muss ein bisschen nachgeben. Ich gebe an der Stelle nach, du gibst an der Stelle nach und wir kommen damit zu einer Lösung unseres Konflikts. Der typische Ansatz in meinem Heimatland Österreich: Nichts hält länger als ein Provisorium.

Im Zweifelsfall können Sie demokratisch abstimmen. Wer auch immer stimmberechtigt ist, erhält eine entsprechende Anzahl von Punkten oder Stimmkärtchen und die Mehrheit gewinnt. Machen Sie es basisdemokratisch. Mehr als 50 % hat gewonnen.

Wenn Sie es sich technisch leisten könnten, könnten Sie Varianten bilden. Bleiben wir bei der Forderung, einer möchte es rot, der andere möchte es blau. Machen Sie die Farbe doch einstellbar. Es sei denn, es gilt „Ober sticht Unter" und er sagt, die Firmenfarbe ist grün und wir machen daher alles grün und beide haben verloren, weil jemand wichtiger ist. Variantenbildung ist vielleicht eine technisch aufwendigere Lösung, gibt aber den beteiligten Parteien unter Umständen die Möglichkeit, alle ihre Wünsche durchzusetzen.

Und dann gibt es – wie in Bild 11.7 angedeutet – noch eine ganze Menge von formaleren Abstimmverfahren.

„Plus/Minus/Interesting" ist eines dieser Verfahren. Man schreibt sich die Konfliktpunkte auf und prüft: Was spricht dafür, was spricht dagegen – und wenn der Punkt neutral ist, wird er als interessant klassifiziert. Hinterher sieht man sich die Liste an, wie viele Punkte für die eine Sache sprechen, wie viele für die andere Sache, und nimmt die neutralen heraus.

Das Gleiche ist auch „Consider all Facts". Ich nehme mir eine vorgegebene Menge von Einflussfaktoren, ich betrachte die potenziellen unterschiedlichen Anforderungen unter

BILD 11.7
Konfliktlösungsstrategien

all diesen Einflussfaktoren und komme dann zu einer Entscheidung, wie man das Problem vielleicht lösen könnte.

Oder Sie bauen ganz komplexe Entscheidungsmatrixen auf, eine Technik, die sehr aufwendig ist und viel Zeit kostet; unter Umständen finden Sie eine einfachere Art, den Konflikt aufzulösen.

Für mehr Informationen rund um diese Soft Skills, die Sie als Business Analyst und Requirements Engineer zum Auflösen von Konflikten brauchen, lesen Sie [Vig11].

> Alle betroffenen Stakeholder beteiligen!

Wichtig ist in dem Zusammenhang noch: Bitte sorgen Sie dafür, dass bei der Konfliktlösung alle betroffenen Stakeholder dabei sind. Die Betonung liegt auf „alle betroffenen", nicht alle Stakeholder. Nicht jeder muss bei jeder Sache mitreden. Aber die Parteien, die betroffen sind, sollten Sie bei der Konfliktauflösung mit einbeziehen und mit ihnen gemeinsam versuchen, eine Lösung zu finden. Diese Lösung wird dann natürlich in Ihren Requirements wieder dokumentiert. Dazu kann es notwendig sein, dass Sie neue Versionen anlegen. Gerade wenn Sie auch alte Stände festhalten müssen, müssen Sie für die Lösung vielleicht neue Versionen von Requirements oder Teilen des Dokuments anlegen, die dann diese Auflösung des Konflikts beinhalten.

■ 11.9 Zusammenfassung

In diesem Kapitel haben wir festgehalten, wer an der Prüfung der Anforderungen beteiligt sein sollte: wenigstens die Auftraggeber und die späteren Nutzer, sofern sie nicht genügend Mitspracherecht hatten bei der Erhebung der Anforderungen, aber auch Personen, die das Produkt jetzt nach diesen Vorgaben entwickeln müssen, das Entwicklungsteam, die Designer, eventuell Programmierer. Aber sicherlich auch Qualitätssicherer und Tester, die das Produkt hinterher abnehmen müssen.

Die erste Stufe der Prüfung erstreckt sich auf einen formalen Teil, bestimmte Formalien, die in dem Dokument eingehalten werden sollten. Der zweite Teil der Prüfung ist der wesentlich spannendere: Stimmen auch die Inhalte? Und wir haben uns darüber unterhalten, welche Fragen wir bezüglich der inhaltlichen Prüfung stellen würden. Diese Prüfung der Anforderungen sollten Sie als ganz normalen Teil in Ihre Vorgehensweise einbauen und dafür hausintern maßgeschneiderte Checklisten haben.

Verlassen Sie sich bitte nicht auf die einmalige Zeremonie am Ende einer Requirements-Phase, sondern machen Sie das Prüfen von Anforderungen zu Ihrem täglichen Bestandteil der Arbeit.

Schließlich haben wir in dem Kapitel darüber gesprochen, wie welche Konfliktarten es gibt und wie Sie Konflikte auflösen können. Sie sollten verschiedene Strategien und Techniken kennen, mit Konflikten umzugehen. Definieren Sie das bitte im Vorfeld, so dass klar ist, was passieren sollte, wenn eine Prüfung derartige Konflikte aufzeigt.

12 Requirements-Management

Nach dem Erheben, Dokumentieren und Prüfen bleibt uns noch das Thema Verwalten von vorhandenen Anforderungen. Wir sehen uns eine Definition von „Requirements-Management" an und beantworten die Frage: Was alles gehört in dieses große Gebiet des Umgangs mit Anforderungen?

Wir werden über die Festlegungen von Rollen im Bereich Business Analysis und Requirements Engineering diskutieren, über unterschiedliche Prozessmodelle und Vorgehensweisen, über Anzahl und Arten von Dokumenten, die in diesen Prozessen entstehen sollen und auch über Werkzeuge, die wir dazu nutzen können.

Wir diskutieren danach, welche zusätzlichen Attribute wie Status oder Priorität oder Erfasser wir zu den einzelnen Anforderungen festhalten wollen und warum wir sie festhalten sollten. Wir behandeln das Festlegen von Prioritäten, aber auch das Änderungsmanagement, denn Änderungsanträge sind schließlich nur zu spät gekommene Anforderungen.

Ein weiteres Kernthema im Bereich Requirements-Management ist auch Traceability oder Nachvollziehbarkeit oder Verfolgbarkeit von Anforderungen. Wo kamen sie her, wo standen sie im Pflichtenheft und im Lastenheft, wo wurden die Anforderungen im Design umgesetzt und welcher Sourcecode und welche Testdaten gehören zu dieser Anforderung? Traceability, d. h. Nachvollziehbarkeit von Anforderungen, ist eine Forderung, die von vielen Vorgehensmodellen explizit zur Pflicht gemacht wird.

■ 12.1 Definition: Requirements-Management

Beginnen wir dieses Kapitel mit einer Definition, was Requirements-Management bedeutet. Nachdem mir die Definitionen in einigen Lehrbüchern nicht so aussagekräftig erschienen, habe ich meine eigene Definition entwickelt (vgl. Bild 12.1).

Requirements-Management umfasst zwei Gruppen von Tätigkeiten:

1. Vorbereitende Tätigkeiten (eher einmalig)
2. Laufende Tätigkeiten

Die erste davon sind Tätigkeiten, die man hoffentlich nur einmal pro Firma oder einmal pro Hauptabteilung durchführen muss und nicht in jedem Projekt wiederholen sollte. Dazu gehört die Festlegung meiner Vorgehensweise bei der Business-Analyse und beim Require-

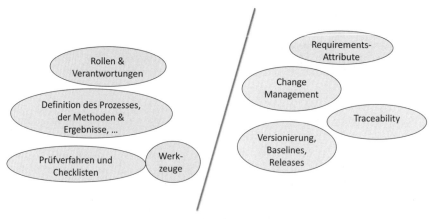

BILD 12.1 Einmalige und laufende Requirements-Management-Tätigkeiten

ments Engineering; d. h. die Definition meines Analyseprozesses. Welche Schritte bzw. Aktivitäten möchte ich durchführen, welche Zwischenergebnisse will ich erzeugen? Dazu gehört ebenfalls, die Dokumentenstruktur festzulegen, die wir in unserem Analyseprozess füllen wollen, und die Auswahl von Methoden und Tools, die eingesetzt werden sollen, die Auswahl von Prüfverfahren, also Antworten auf die Frage „Wie prüfen wir Requirements?", und vieles andere, was man hoffentlich nur einmalig festlegt.

Der zweite Teil des Thema Requirements-Management betrifft dann den täglichen Anteil, die laufenden Tätigkeiten. Dazu gehört, dass ich Requirements nicht nur ermittle und beschreibe, sondern sie auch mit weiteren Attributen ausstatte, die ich hinterher einerseits verwende, um Sichten zu bilden, und andererseits, um meine Anforderungen einzelnen Releases zuzuordnen, zu gruppieren und auch, um Änderungsanträge zu bearbeiten. Denn Requirements leben einfach und sie ändern sich und sie müssen verwaltet werden.

Je nach Lehrbuch finden Sie eine breitere oder eine engere Definition des Themas Requirements-Management. Auf jeden Fall eingeschlossen ist der zweite Teil meiner Definition: das Verwalten von Requirements, die laufenden Tätigkeiten, nachdem wir sie ermittelt und dokumentiert und geprüft und abgestimmt haben.

Ob Sie auch den ersten Teil meiner Definition, die vorbereitenden Tätigkeiten, dazu nehmen oder nicht, ist mehr oder weniger Geschmackssache. Aber machen müssen Sie diese vorbereitenden Tätigkeiten. Sie müssen Ihren Prozess, die Ergebnisse, die Werkzeugfrage und Ähnliches regeln.

Wiederum andere Firmen verwenden das Wort Requirements-Management sogar als Oberbegriff für *alle* Tätigkeiten rund um Anforderungen, also auch für das Erheben, Dokumentieren und die Prüfung, nicht nur für das Verwalten von Anforderungen. „Management" klingt einfach wichtiger als „Engineering".

Eine andere Art, sich dem Thema Requirements-Management zu nähern, ist eine Diskussion darüber, wann eigentlich viel oder wenig gemanagt werden muss. Sehen Sie sich dazu das folgende Bild an.

Wenn Sie für Ihr nächstes Teilprojekt nur 20 Anforderungen haben, schreiben Sie sie bitte in eine Word-Datei oder in ein Excel-Spreadsheet und Sie werden nicht viel verwalten müssen.

weniger nötig	Requirements-Management	mehr nötig
wenige Anforderungen	<->	viele Anforderungen
kurzlebiges System	<->	langlebiges System
wenig Änderung	<->	häufige Änderungen
wenige Beteiligte	<->	viele Beteiligte
Stakeholder mit viel Zeit	<->	Stakeholder mit wenig Zeit
geringe Qualitätsansprüche	<->	hohe Qualitätsansprüche
keine Wiederverwendung	<->	Wiederverwendung gewünscht
einfacher Analyseprozess	<->	komplexer Analyseprozess
homogene Meinungen	<->	inhomogene Meinungen
Ein Projekt, ein Produkt	<->	viele Releases, Produktfamilien

BILD 12.2 Viel oder wenig Requirements-Management nötig?

Wenn Sie aber 3000 Anforderungen haben, werden Sie mehr verwalten müssen. Das Managen der Anforderungen wird dann wichtiger, wenn Ihre Software lange lebt. Wenn Ihre Software über zehn oder 20 Jahre lebt und Sie alle sechs Monate neue Releases herausbringen, müssen Sie die Anforderungen ständig managen, ständig verwalten.

Je häufiger Anforderungen geändert werden, desto mehr müssen Sie managen. Wenn Sie aber Extreme Programming betreiben, wenn also der Kunde auf dem Schoß des Programmierers sitzt und ihm den ganzen Tag erzählt, was er programmieren soll, brauchen Sie nicht viel zu managen. Die Anforderung wird gesagt und gleich programmiert.

Wenn im Lauf der Zeit mehr und mehr Leute darüber reden und doch andere Meinungen haben und noch mal revidieren und umschreiben, dann müssen Sie diese Horde von Stakeholdern managen und den Zustand festhalten, in dem sich Anforderungen derzeit befinden. Zu zweit kann man sich schnell einigen; wenn Sie jedoch zehn oder 50 Personen oder noch mehr unter einen Hut bekommen müssen, dann müssen Sie Anforderungen managen.

Je schlechter die Verfügbarkeit der Stakeholder ist, umso wichtiger wird Requirements-Management. Sie haben vielleicht einen Verdacht, was gewollt wird, und den schon mal hingeschrieben, im Status bereits erfasst, aber noch nicht geprüft. Dann haben Sie erst drei Wochen später wieder Zugang zu dem Stakeholder, um zu prüfen, ob das wahr ist, was Sie aufgeschrieben haben, und schließlich finden Sie erst zwei Wochen später jemanden, der Ihnen das genehmigt. Jetzt muss ich den Zustand von Anforderungen verwalten und festhalten, wie weit diese Anforderung schon gediehen ist.

Wenn die Qualitätsansprüche an Ihre Systeme sehr hoch sind, müssen Sie die Anforderungen besser verwalten, besser qualitätssichern und besser prüfen. Wenn Anforderungen nur für ein Projekt gebraucht und direkt umgesetzt werden, ist Anforderungsmanagement leichter, als wenn Sie die Anforderungen irgendwo wieder auffindbar lagern müssen, in Reuse-Libraries, die andere Leute auch durchforsten, um herausfiltern zu können, was sie brauchen.

Requirements-Management wird auch aufwendiger, wenn Ihr Prozess komplexer ist. Wenn Ihr Prozess nur aus einem Schritt besteht, z. B. aus der einen Aufforderungen „Schreibe gute Anforderungen", dann brauchen Sie wenig zu verwalten. Wenn Ihr Prozess sehr viele Schritte hat, müssen Sie sehen, wo Sie stehen und wer als Nächster weiter macht.

Eine weitere Rechtfertigung für ausgefeiltes Requirements-Management sind konfliktbehaftete Stakeholder-Meinungen. Sie erhalten eine Aussage von einem Ansprechpartner, eine Zusatzmeinung von einem Zweiten, einen Widerspruch von einem Dritten und Sie müssen immer wissen, wer hat zu der Anforderung was gesagt? Haben wir schon abgestimmt? Hat schon jemand entschieden? In welchem Zustand befinde ich mich eigentlich? Da ist viel Requirements-Management angesagt.

Besonders schwierig wird es im Rahmen iterativer, inkrementeller Softwareentwicklung, je mehr Releases Sie entwickeln, je mehr Sprints Sie in SCRUM machen. Jetzt müssen Sie Ihren ganzen Product Backlog sehr gut verwalten, um zu wissen, in welchem Release was drankommt.

Und der Gipfel der Schwierigkeit im Requirements-Management sind Produktfamilien: Sie schreiben nicht nur Anforderungen für ein Produkt, sondern Sie haben wie bei einem Automobilhersteller eine ganze Palette von Fahrzeugen und Sie wollen Anforderungen für Ihren ganzen PKW-Bereich verwalten. Sie haben unterschiedliche Modelle, die mit unterschiedlichsten Motoren ausgestattet sind, mit unterschiedlichsten Ausstattungen und das alles wird in Varianten und Versionen kreuz und quer verwaltet und Sie müssen immer wissen, welche Anforderung unter welchem Modell mit welcher Variante gültig ist.

Das ist heutzutage fast noch jenseits des State of the Art. Hierfür sind sehr pragmatische Lösungen notwendig. Dazu sagen die Lehrbücher noch herzlich wenig. Die Methoden sind nicht ausgereift genug für Produktfamilien und auch die Werkzeuge unterstützen standardmäßig solche Dinge nicht.

Sie sehen also, unter all diesen Randbedingungen wird Requirements-Management zu einem wirklich heißen Thema.

■ 12.2 Vorbereitende Tätigkeiten

Konzentrieren wir uns im nächsten Abschnitt auf die vorbereitenden Tätigkeiten. Was alles gehört zu den Dingen, die wir hoffentlich nur einmalig oder relativ selten machen (z. B. einmalig pro Hauptabteilung, einmalig pro Abteilung) und nicht jeden Tag wieder modifizieren müssen.

Dazu gehört die Festlegung meines Analyseprozesses. Typische Vorgehensmodelle oder Prozessmodelle bestehen immer aus drei Teilen: Welche Schritte werden gemacht, welche Zwischenergebnisse oder Endergebnisse werden dabei erzeugt und wer sind die handelnden Personen, die Rollen, die diese Schritte durchführen und die Ergebnisse erzeugen müssen? Wir sehen uns also an, wie der Analyseprozess gestaltet sein könnte.

Wir werden Festlegungen treffen müssen bezüglich unserer Dokumentationsmethoden. Arbeiten wir eher mit Texten oder doch mit Grafiken? Wenn Grafiken, mit welchen Arten von grafischen Modellen? Welche Arten von Werkzeugen setzen wir dazu ein? Machen wir das mit Word und Visio oder verwenden wir Modellierungstools oder Requirements-Management-Tools?

Wir müssen entscheiden, welche Strategien zur Anforderungserhebung erlaubt sind und nicht. Darf ich Kameras einsetzen? Soll ich Fragebögen erstellen und verteilen? Wie kann ich auf meine Stakeholder zugreifen? Was ist üblich im Unternehmen? Welche Techniken sind erlaubt, welche sind verboten, welche werden gefördert, welche werden eher unterbunden? Wie prüfen wir Anforderungen? Welche Techniken zum Prüfen setzen wir ein? Wer prüft? Auf welche Art wird geprüft? Wann und wie oft wird geprüft?

Alles das sind (hoffentlich) einmalige Festlegungen.

■ 12.3 Der Requirements-Prozess

Beginnen wir mit dem Vorgehensmodell, mit dem Analyseprozess. Ich werde Ihnen bei vielen von diesen Punkten am Anfang immer die Extreme vorstellen, das eine Extrem gegen das andere Extrem stellen und dann ein paar Mittellösungen zeigen.

BILD 12.3
Extreme Meinungen zum Thema „Prozess, Vorgehensmodell"

Das untere Extrem beim Analyseprozess wäre, dass Ihr ganzer Prozess aus einem Schritt besteht: „Mache gute Business-Analyse und Requirements Engineering." Weitere Vorschriften gibt es nicht. Und das ist alles, was Ihnen gesagt wird: „Erzeuge ein gutes Anforderungsdokument."

> Wenige Schritte, viele Schritte?

Das Gegenstück auf der anderen Seite der Extremskala ist zum Beispiel der Rational Unified Process, wo Sie unter den 16 000 HTML-Seiten Beschreibung dieses Prozesses (ja, es sind wirklich 16 000 Seiten Beschreibung des Prozesses) alleine 2000 Seiten finden, die das Thema Requirements Engineering behandeln. Sie haben also eine 2000-Seiten-Anleitung, was Sie beim Requirements Engineering alles machen könnten. Natürlich muss man zur Verteidigung des Rational Unified Process sagen, es ist nicht vorgesehen, dass Sie diese 2000 Seiten wörtlich befolgen. Das sind Möglichkeiten, das sind Alternativen. Die können Sie unter bestimmten Randbedingungen übernehmen, Sie können es aber auch sein lassen.

Diese ausführlichen Prozessmodelle schreien alle danach, maßgeschneidert zu werden, maßgeschneidert für Ihr Projekt. Wir haben allerdings im Rahmen unseres letzten Buchprojekts [DeM07] beobachtet, dass viele Leute davor zurückschrecken, diese Maßschneiderung vorzunehmen. Man folgt lieber diesem komplexen Prozess, statt sich zu trauen, den Prozess anzupassen. Wir haben das Kapitel mit einem kleinen Scherz übertitelt. Normalerweise verwendet man in Amerika die Abkürzung „SDLC" für System Development Life Cycle, das Vorgehensmodell, das Sie haben. Wir haben diesen Zyklus „System Development Lemming Cycle" genannt, weil Sie wie die Lemminge einfach jeden Schritt machen, egal ob es Sinn macht oder nicht. So große Vorgehensmodelle bergen also die Gefahr in sich, dass sie zu wörtlich befolgt werden, statt dass man sie maßgeschneidert und für das eigene Projekt anpasst. Sie sehen also die Extreme: ein einziger Schritt oder 2000 Seiten Handlungsanweisungen.

Dazwischen liegt zum Beispiel eine Vorgabe in einer Firma, dass wir das ganze dreistufig machen. Wir werden im ersten Schritt „Marketing Requirements" vorgeben und daraus entsteht eine Feature List.

> Die Mitte:
> *einige* Analyseschritte

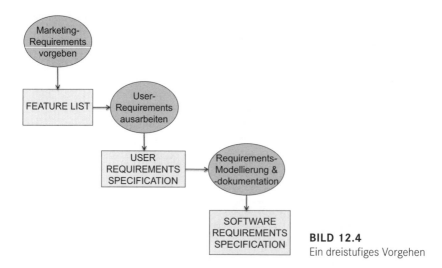

BILD 12.4
Ein dreistufiges Vorgehen

Sehr oft ist das nicht viel mehr als ein Einseiter oder ein Zweiseiter mit Bullet-Punkten: „Wir brauchen das, wir brauchen jenes, wir brauchen auch das", eine Aufzählung mit den Highlights des Produkts, die insgesamt geliefert werden sollen.

Irgendjemand nimmt diese Feature List und arbeitet sie im zweiten Schritt um in „User Requirements". User Requirements sind schon besser formuliert, aber nur aus Sicht des Benutzers, und noch nicht unbedingt nach allen Feinheiten des Requirements Engineering aufbereitet und auf Konsistenz geprüft, aber schon wesentlich ausführlicher als die Marketing Requirements. Und im dritten und letzten Schritt werden daraus dann vielleicht „Software Requirements" gemacht. Man detailliert das Lastenheft zu einem Pflichtenheft. Somit hat man einen dreistufigen Prozess mit drei Quality Gates.

Sie sehen, ob der Prozess einstufig oder zweistufig oder dreistufig ist, das ist Ihre Entscheidung. Und Sie könnten jetzt ja noch eine Ebenen tiefer gehen und sehr viel detailliertere Angaben pro Schritt festhalten, was jemand, der den mittleren Schritt „User Requirements spezifizieren" durchführt, alles tun darf oder muss. Auch dazu könnten Sie wieder Subaktivitäten vorgeben, Zwischenergebnisse definieren, festlegen, wie das Enddokument im Unterschied vielleicht zu der endgültigen Software Requirements Specification aussehen sollte.

Ich zeige Ihnen noch ein weiteres Modell aus dem Zwischenbereich zwischen den Extremen, das Modell, das James und Suzanne Robertson ihrem Volere-Schema unterlegt haben.

In dem Modell besteht der Analyseprozess im Wesentlichen aus sieben Haupttätigkeiten. Sie sehen oben links in Bild 12.5 den Project Blastoff oder auch Project Kick-off genannt, eine Eröffnungsveranstaltung. Die Wünsche von Kunden gehen als Input hinein und wir erhalten zumindest das als Ergebnis, was wir in Kapitel 2 einen erfolgreichen Projektanfang genannt haben. Dann folgt eine Tätigkeit „Trawling for Requirements", also Requirements suchen. Den Ausdruck „Trawling" kennen Sie wahrscheinlich von den Fisch-Trawlern, die Netze auswerfen und – in diesem Fall – Requirements statt Fische einfangen. Dahinter verbirgt sich die Anwendung der unterschiedlichen Erhebungstechniken, die wir in Kapitel 10 besprochen haben. Vielleicht haben Sie einen Anteil an Wiederwendung (Reuse), dass Sie nicht alle Requirements finden müssen, sondern einen Teil aus einer Reuse-Library extrahieren können, z. B. die nichtfunktionalen Anforderungen aus einem ähnlich gelagerten Projekt.

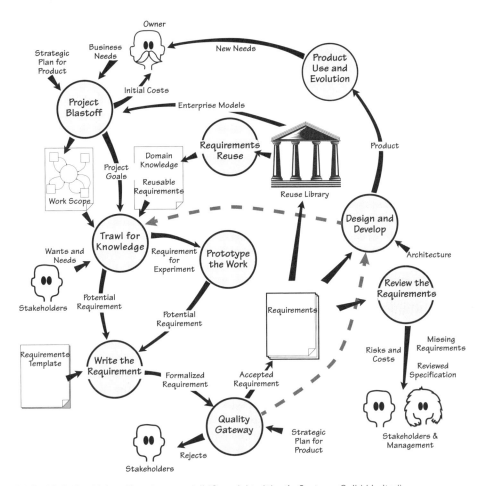

BILD 12.5 Das Volere-Vorgehensmodell (Copyright: Atlantic Systems Guild Limited)

Wenn wir Anforderungen ermittelt haben, schließt sich für einen Teil davon vielleicht eine Prototypenentwicklung an. Hinterher werden wir auf jeden Fall Requirements schreiben oder malen. Danach geht das Ganze durch ein Quality Gate und wird auf Konsistenz und Ähnliches geprüft und noch mal mit den Endkunden reviewt.

Das sind die sieben vorgeschlagenen Tätigkeiten von Volere. So ist das auch im Buch [Rob12] gegliedert, das beschreibt, wie man mit diesem Volere-Schema umgeht. Im Anschluss sehen Sie noch die Tätigkeiten Designen und Bauen sowie das Produkt einsetzen; die beiden Schritte, die nichts mehr mit Requirements zu tun haben, sondern den Rest des Lebenszyklus grob abdecken. Der Einsatz des Produkts führt sicherlich wieder zu neuen Wünschen, zu einer nächsten Version, womit sich der Kreislauf schließt.

Meine Lieblingsversion für die Vorgaben an den Analyseprozess ist ein sehr agiler Gedanke. Ich würde mir wünschen, dass wir nur das Ergebnis vorgeben, so wie es schon in der Bibel geschrieben steht: „An ihren Früchten sollt ihr sie erkennen." Geben Sie ein Ergebnis vor und sagen Sie nicht, wie man da hinkommt.

> Die agile Variante:
> nur das Ergebnis festlegen,
> den Prozess offenlassen

Lassen Sie die Schritte offen, schreiben Sie nicht zu viele detaillierte Schritte vor, sondern sagen Sie nur: Hier ist mein Ergebnis und das möchte ich erreichen. Seien Sie also so pragmatisch, dass Sie zwar einerseits genügend Festschreibungen machen, damit im Unternehmen eine bestimmte Requirements-Kultur entsteht, dass alle gleichartig denken und arbeiten, dass die Mitarbeiter es aber es nicht als Fessel empfinden, dass sie nicht durch das Prozessmodell gesteuert werden, was sie als Nächstes machen, sondern durch Mitdenken, was notwendig ist.

Ich brauche genügend Freiheitsgrade, weil ich unter Umständen sehr viele unterschiedliche Auftraggeber oder Kunden oder Stakeholder habe und jeder liebt irgendeine andere Notation oder möchte ein anderes Tool verwenden oder möchte eine andere Art der Ergebnisgestaltung haben. Ich habe auch unter Umständen andere Projekttypen. In manchen Fällen werden Sie gezwungen, wasserfallartig zu arbeiten, weil es von außen als Vorschrift an Sie herangetragen wird. In anderen Projekten können Sie iterativ arbeiten.

Manche Firmen entwickeln dann eine Familie von solchen Vorgehensmodellen für den Analyseprozess. Eines für ihre wasserfallartigen Projekte, eines für iterative inkrementelle Projekte, eines für hochgradig agile Projekte usw.

Sie brauchen diese Freiheitsgrade in den Vorgehensmodellen vielleicht auch wegen der unterschiedlichen Branchen. Wenn Sie in einer typisch datenorientierten Domäne wie Banken oder Versicherungen arbeiten, sollten bei der Analyse sicherlich Datenmodelle und Glossare im Vordergrund stehen. Wenn Sie in einer sehr technisch orientierten Welt, an Embedded Systems arbeiten, werden wahrscheinlich Zustandsmodelle und sehr viele nichtfunktionale Anforderungen im Vordergrund stehen. Sie sehen also, one size fits all funktioniert nicht. Wir müssen anpassen, wir können nicht das gleiche Schema auf jedes Projekt aufsetzen.

Ich möchte nicht, dass Sie den Mitarbeitern zu detaillierte Fesseln für diesen Prozess anlegen. Überdenken Sie für Ihr Umfeld die eher ergebnisorientierte Variante. Deuten Sie den Prozess nur grob an, schulen Sie die „Firmenkultur"; sehen Sie zu, dass die wichtigen Erkenntnisse im Bauch der Mitarbeiter landen und nicht in Tonnen von Papier oder Intranetseiten, die keiner liest.

■ 12.4 Rollen

Zu dem Prozess gehören aber nicht nur die Vorgehensweisen, die Schritte und die Ergebnisse, sondern auch die beteiligten Personen, die Rollen. Und hier können wir wieder zunächst mal die Extreme betrachten.

BILD 12.6
Rollen: die Extremmeinungen

Wir unterhalten uns jetzt schon 300 Seiten lang über Requirements Engineers und Business Analysts. Es gibt Firmen, wo es diese Rolle überhaupt nicht gibt. Trotzdem muss dort jemand Geschäftsprozesse untersuchen, optimieren und Anforderungen behandeln. Irgendjemand in dem Team zwischen Auftraggeber und Auftragnehmer macht einfach Anforderungen, obwohl er oder sie nicht Requirements Engineer heißt, nicht Systemanalytiker und nicht Business Analyst. Die Arbeit muss trotzdem gemacht werden, aber Sie haben vielleiht gar keine spezielle Rolle und Jobtitel dafür.

Am andern Extrem finden Sie sehr explizite Rollen. Wir haben vielleicht Business Analysts, die eher zuständig sind, Geschäftsprozesse zu untersuchen ohne Bezug zur IT. Wir haben einen Systemanalytiker, der dann diese Vorgaben von Geschäftsprozessen auf IT-Anforderungen umsetzt. Wir haben vielleicht explizit benannte Fachexperten, die zu einem bestimmen Thema in dieser Domäne das Sagen haben. Und wenn Sie mehrere von diesen Fachexperten zum gleichen Thema haben, dann brauchen Sie auch noch einen verantwortlichen Fachexperten. Jemand, der entscheidet, wenn sich die anderen Fachexperten nicht einig sind. Dann muss ich auch noch die Rolle des Entscheiders besetzen, der dann die Entscheidung treffen muss in dem Fall, dass mehrere Experten zu dem gleichen Thema unterschiedliche Meinungen haben. Sie haben vielleicht auch im Zuge des Requirements-Prozesses die Rolle des Testers schon etabliert. Es wäre ein sehr schöner Gedanke, wenn man die Tester zu diesem Zeitpunkt bereits einschalten würde. Sie erinnern sich an das Zitat von Dorothy Graham im Kapitel 1.12? Fangen Sie zum Requirements-Zeitpunkt schon an, mit dem Blick eines Prüfers auf diese Dokumente zu schauen. Ein Tester ist sehr gut geeignet, um zu sagen: Das ist schon prüfbar oder noch nicht prüfbar. Das kann ich testen oder nicht. Ich kann also eine formale Rolle in meinem Analyseprozess für Tester vorsehen. Und schließlich hat auch der Projektleiter beim Auftragnehmer noch eine formale Rolle im Zuge des Requirements Engineering, denn er übernimmt auf jeden Fall die formale Verantwortung für das Projekt nach außen. Für das Projekt nach außen ist der Projektleiter an allem schuld. Das ist der Hauptansprechpartner für den Kunden, deshalb verantwortet er auch die Requirements nach außen; er hat auf jeden Fall die juristische Verantwortung im Projekt. Wie viele Sternchen auf den Schultern Sie vergeben, wie viele Rollen Sie explizit machen oder wie wenige Rollen Sie haben, bleibt Ihnen unterlassen.

Aber Sie sollten im Unternehmen ein Gespür dafür haben: Was gibt es als Rollen, was haben die als Verantwortung, welche Schritte des ganzen Prozesses werden von wem gemacht?

Hier nur ein kleiner Ausblick, auch wieder in die agile Welt. Im Umfeld von SCRUM wird derzeit die Rolle des „Product Owner" forciert. Der Product Owner, der Produkteigner, ist derjenige, der für alle Requirements zuständig ist. Weitere Rollen werden im Requirements-Bereich nicht explizit vergeben. Die anderen Rollen sind ein SCRUM-Master und ein Team. Die haben etwas mit der Lösung zu tun bzw. mit Konfliktmanagement zwischen dem Team und dem Product Owner.

> Ein Exkurs zu den „agilen Rollen"

Der Product Owner muss einerseits alle Stakeholder domptieren, der muss sehen, dass er mit allen Leuten, die eine Meinung haben, zurechtkommt, er muss andererseits auch dem Team regelmäßig die richtigen Häppchen füttern, d. h. für jeden Sprint detaillierte Requirements vorgeben, die so gut sind, dass das Team eine Lösung entwickeln kann. Sie sehen, hier hat man es bewusst auf eine einzige, verantwortliche Rolle zurückgefahren, auf die Rolle des Product Owner. Dieser macht alles rund um die Anforderungen. Er muss gleichzeitig Visionär sein, der weiß, wo er langfristig hin will, er ist aber auch bis zu den detaillierten Vorgaben zuständig (inklusive den Abnahmekriterien!), mit denen er das Team Monat für Monat füttern kann. Man hat bei SCRUM absichtlich darauf verzichtet, viele andere Rollen rund um den Product Owner formal vorzugeben, sondern macht den Product Owner verantwortlich für alles rund um die Anforderungen im Product Backlog.

Zwischen den Extremen sollten Sie auch alle anderen Themen einmalig klären, die einer Klärung bedürfen. Legen Sie also Ihre hausinternen Dokumente und deren Struktur fest. Entscheiden Sie, wie Sie Anforderungen prüfen, mit welchen Werkzeugen Sie arbeiten, mit welchen Methoden und Notationen Sie arbeiten.

Sie haben immer die Extreme. Bei den Notationen zum Beispiel „nur Schreiben" oder „hauptsächlich Malen". Oder aber ein ausgewogenes Maß an Schreiben und Malen. Bei den Werkzeugen gar nichts außer ihrer Testverarbeitung oder aber hochspezialisierte ausgeklügelte Werkzeuge, wie wir sie in dem Kapitel über Requirements-Werkzeuge noch besprechen werden.

■ 12.5 Laufende Tätigkeiten

Kommen wir zu dem zweiten Teil von Requirements-Management, zu den laufenden Tätigkeiten. Zu diesem Thema gehört das Ausstatten von Requirements mit zusätzlichen Attributen wie Prioritäten, Zustand und Bearbeiter und alles Mögliche, was ich sonst noch über das Requirement wissen möchte. Zu den laufenden Tätigkeiten zählt auch das Selektieren von bestimmten Ausschnitten aus meiner gesamten Informationsmenge, das Bilden von Sichten zu bestimmten Zwecken. Es gehört ebenfalls dazu, über Prioritäten von Anforderungen zu sprechen, denn selten haben wir das Geld, alles auf einmal zu implementieren. Ich muss also sagen, was mir wichtiger ist und was mir weniger wichtig ist. Es gehört auch dazu, Baselines zu bilden, Basislinien, als Grundlage für den nächsten Iterationszyklus, um wieder ein Softwareprodukt zu schaffen.

Voraussetzung dafür ist, dass Sie eine vernünftige Versionsverwaltung haben, dass Sie wissen, in welcher Version das Requirement derzeit vorliegt. Es gehört auch Change Management dazu, denn wenn man einen Schritt zurücktritt, dann sieht man, dass ein Change Request, ein Änderungsantrag, eigentlich nur ein Requirement ist, das ein paar Tage zu spät gekommen ist. Wär's ein bisschen früher da gewesen, wäre es ein Requirement gewesen, jetzt wird es ein Änderungsantrag, weil wir schon eingefroren haben.

Zu den laufenden Tätigkeiten gehört schließlich noch – wie auch von IEEE und vielen anderen Vorgehensmodellen gefordert – das Thema Traceability (Nachvollziehbarkeit, Verfolgbarkeit von Requirements).

Welche Idee ist wie im Requirements-Dokument spezifiziert, ist wie im Design umgesetzt, ist wo im Sourcecode und in den Testdaten abgedeckt? Auch das ist ein Teil der täglichen Arbeit. Und auch dafür müssen Sie Festlegungen machen, wie viel oder wie wenig Sie davon tun wollen.

12.6 Attributierung von Requirements

Wir beginnen mit dem Thema Attributierung von Requirements. Ich möchte vielleicht Anforderungen mit zusätzlichen Informationen ausstatten und auch hierbei können wir wieder über Extreme diskutieren; von gar keiner Zusatzinformation (Hauptsache, wir haben wenigstens einen Satz zu dem Requirement) bis zu Dutzenden von Attributen.

| Keine Attribute ⟷ Viele Attribute | **BILD 12.7** Requirements-Attribute: die Extreme |

Lassen Sie mich nur ein Beispiel für so ein Attribut herausgreifen: den Status einer Anforderung. Sie können bei jeder Anforderung unter Umständen Status-Flags vergeben, deren Bedeutung Sie im Vorfeld festgelegt haben. Zum Beispiel könnte eine Anforderung den Status „eingetroffen", „dokumentiert", „formalisiert", „geprüft" und schließlich „abgelehnt" oder „akzeptiert" haben. Für derartige Statusinformationen könnten Sie natürlich einen schönen Zustandsautomaten gezeichnet haben, mit allen Ereignissen und Aktionen, wie wir es in dem Kapitel 7 über Statecharts kennengelernt haben.

Dann würden Sie auch spezifizieren, wer den Status ändern darf, wer es von eingegangen auf dokumentiert und formatiert setzen darf, welche Spielregeln bei der Prüfung gelten, wer prüfen darf, wer sagen darf, ist es jetzt geprüft? Sie haben die Zuordnung zu bestimmten Rollen, zu bestimmten Machtverhältnissen im Projekt, wer darf den Übergang schalten, wer darf den Status verändern.

Das ist nur ein Beispiel für ein zusätzliches Attribut, das man bei Requirements verwalten könnte. Sehen wir uns mal an, was Volere vorschlägt, welche Attribute wir bei einem Requirement verwalten könnten.

Volere hat ein eigenes Template, in dem Sie festhalten können, was Sie zu einem einzelnen Requirement wissen sollten. Unbedingt notwendig in Bild 12.8 ist die zweite Zeile, die Beschreibung, die eigentliche Formulierung der Anforderung.

Fast alle Analysemethoden der Welt schlagen auch vor, dass ein Requirement eine eindeutige Nummer oder eine eindeutige Bezeichnung erhält, damit man es leichter identifizieren kann und nicht immer auf einen kompletten Satz verweisen muss.

> Eindeutige ID

Das Volere-Template schlägt zusätzlich vor, dass Sie bei jedem Requirement die Schubladennummer des Templates notieren, eine Requirements-Kategorie. Ist das eine funktionale Anforderung, kommt es in Kapitel 9. Ist es eine Look&Feel-Anforderung, dann gehört sie ins Kapitel 10. Ist es eine rechtliche Anforderung, dann landet sie im Kapitel 17. Bei den funktionalen Anforderungen halten wir neben der Schubladennummer 9 auch noch fest, welcher Use Case oder welcher Geschäftsprozess betroffen ist bzw. welches externe Ereignis diese Kette von Anforderungen auslöst. Wir ordnen also die funktionalen Anforderungen nicht nur ins Kapitel 9, sondern gliedern dort nach Prozessen. So weit, so gut.

Die nächste Zusatzinformation, die Volere vorschlägt, ist die Erfassung einer Begründung für die Anforderung. Die Idee ist an und für sich gut. Ich habe Ihnen schon nahegelegt, dass das eine der Grundeinstellungen eines Systemanalytikers ist. Wenn Sie eine Anforderung hören, sollten Sie sofort fragen: „Warum?

> Begründung

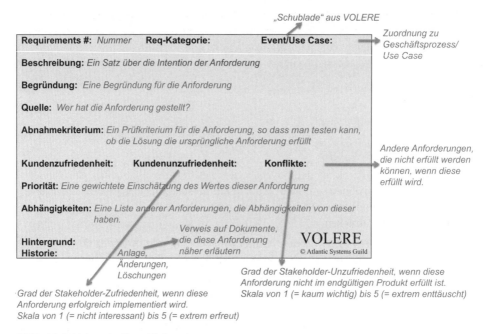

BILD 12.8 Volere-Attribute für Requirements

Wozu ist das gut?" Denn wenn Sie die Begründung verstanden haben, können Sie den Satz vielleicht treffsicherer formulieren. Die Frage ist nur: Wollen wir bei jedem Requirement wirklich eine Begründung festhalten? Wollen wir dies schriftlich machen?

Es ist eine gute Gewohnheit, es als Analytiker zu erfragen, aber Sie müssen diesen Begründungssatz nicht unbedingt schreiben. Dieses Template soll Sie daran erinnern, dass es eine gute Idee ist, zu fragen. Keiner meiner Kunden füllt dieses Feld „Begründung" regelmäßig aus, aber eine gute Idee wäre es schon. Es ist aber viel Arbeitsaufwand.

Beteiligte Personen

Als Nächstes finden Sie im Template die Angabe einer Quelle. Wer hat das gefordert? Woher kommt das Requirement?

Lassen Sie uns das vielleicht etwas allgemeiner diskutieren. Wie viele Personen könnte ich denn mit einem Requirement verbinden. In Volere halten wir nur fest, woher es kommt, wer es gesagt hat, wer die Quelle für diese Anforderungen ist. Sie könnten natürlich neben dem, der es gesagt hat, auch noch den festhalten, der es aufgeschrieben hat. Sie erinnern sich: Gesagt ist nicht gehört und gehört ist unter Umständen nicht richtig wiedergegeben. Also wollen wir nicht nur den, der es gesagt hat, sondern auch den, der es aufgeschrieben hat. Wir könnten auch noch den festhalten, der es fachlich überprüft hat, dass es wirklich eine korrekte Anforderung ist. Wir könnten noch jemanden festhalten, der es methodisch überprüft hat. Wir könnten jemanden festhalten, der das Ganze testen muss und der die Abnahmetests dafür festhält. Wir könnten jemanden noch hinzufügen, der die Managementverantwortung für dieses Requirement übernimmt. Wenn wir noch ein bisschen nachdenken, kommen wir vielleicht auf noch mehr Personen.

Meine Frage ist: Wie viele Personen *wollen* Sie denn pro Requirement verwalten? Meine Lieblingszahl wäre die Null, weil mich jedes zusätzliche Attribut Aufwand und Zeit kostet und gepflegt werden muss. Sie sollten also für jede Person, die Sie pro Requirement verwalten wollen, definitiv einen guten Grund haben, warum Sie das tun. Die meisten Requirements-Management-Tools haben heute kein Problem damit, sehr viele Attribute pro Anforderung zu verwalten. Diese Werkzeuge basieren auf Datenbanken und eine Datenbank hat kein Dilemma, noch fünf Spalten einzufügen und noch fünf Leute mehr festzuhalten. **Sie** haben das Dilemma, wenn Sie das manuell pflegen müssen; wenn Sie die Einträge per Hand machen und korrigieren müssen. Dann wird es schwierig, das Ganze konsistent zu halten. Überlegen Sie sich einmal, wenn Sie das Requirements-Dokument in Word schreiben, wo würden Sie die ganze Information hinschreiben, dass das Dokument noch lesbar bleibt? In Word wird das leicht unübersichtlich. Einfacher ist es in datenbankbasierten Systemen oder auch in einem Tabellenverwaltungsprogramm, denn da können Sie es in getrennte Spalten schreiben, die Sie auch ausblenden können und nicht mitdrucken müssen. Damit hätten Sie zwar unter Umständen die Attribute, Sie müssen sie aber nicht unbedingt sehen und Sie müssen sie auch nicht unbedingt drucken.

Mit reiner Textverarbeitung wird jedes Attribut zur echten Herausforderung und Sie sollten sich sehr gut überlegen, wie viel davon Sie wirklich haben wollen und zu welchem Zweck.

Jedes Lehrbuch der Welt über das Thema Requirements Engineering schlägt Ihnen vor, dass ein Requirement auch eine Abnahmebedingung braucht, ein Abnahmekriterium (im Englischen oft als Acceptance Criteria oder Fit Criteria bezeichnet). Ein Abnahmekriterium ist also ein Prüfkriterium, wie wir bei der Abnahme des Systems prüfen würden, ob wir das, was wir gefordert haben, auch erhalten haben. Die Lehrbücher sagen alle, ein Requirement braucht ein Abnahmekriterium. In der Praxis finde ich sehr viele Projekte, die schon sehr zufrieden damit sind, wenn sie überhaupt schriftlich formulierte Anforderungen haben, ohne alle weiteren Angaben dazu. Denn Sie haben natürlich auch gewonnen, wenn Sie die Anforderung so präzise formuliert haben, dass der Tester weiß, wie er es prüfen würde.

> **Abnahmekriterien**

Auch die agilen Methoden gehen dazu über, Abnahmekriterien explizit zu verlangen. Wenn Sie heute Story-Cards mit User-Stories schreiben, dann schreiben wir vorne die Story darauf, die gefordert ist. Dann drehen wir das Kärtchen um und schreiben auf der Rückseite die Abnahmetests, aber gleich die konkreten Testfälle, keine abstrakte Formulierung als Abnahmekriterium, aus dem sich erst fünf Tests ableiten, sondern die wirklichen Tests, die wir machen wollen. Eine gute Idee, aber selten in der Praxis gelebt und auch ausgeführt.

In dem Volere-Template finden Sie noch zwei Felder zum Festhalten der Kundenzufriedenheit und der Kundenunzufriedenheit. Das ist ein weiterer Trick von Professor Kano, um über die Wichtigkeit dieses Requirements in den Augen der Kunden zu sprechen. Er hat gefragt, wie wichtig das Requirement ist, das ihm gerade genannt wurde, auf einer Skala von 1 unwichtig bis zu 10 extrem wichtig. Was glauben Sie, was Sie als Antwort erhalten? 11! Oder wenn er einen guten Tag hat, sagt er 9,5. Aber Sie werden nie zwei oder drei hören. Weil, ich habe es ja gerade gesagt! Natürlich ist diese Anforderung für mich wichtig!

> **Kundeneinschätzung**

Deshalb schlug Kano vor, das lieber auf zwei gegenläufigen Skalen abzufragen. Fragen Sie auf einer Skala von 1 bis 5: „Wie glücklich wärst Du, wenn Du das bekommen würdest, was Du gerade gesagt hast?" 1 heißt gar nicht besonders glücklich, 5 heißt extrem glücklich. Dann stellen Sie die zweite Fragen und fragen: „Wie böse wärst Du, wenn Du nicht bekommen würdest, was Du gerade gefordert hast?" 5 heißt extrem böse und 1 heißt, naja, ist es halt nicht da.

Wenn Sie es mit diesen zwei Fragen machen, lernen Sie zum Beispiel anhand des Wertepaares (1,5): Es macht mich nicht besonders glücklich (1), aber ich bin extrem böse (5), wenn es nicht da ist. So was ist eine Basiseigenschaft, eine Standardeigenschaft. Der Kunde ist nicht glücklich, aber er braucht es dringend. Umgekehrt, es würde mich extrem glücklich machen (5), aber ich kann auch eine Zeit lang ohne es leben (1–2), das kennzeichnet Zusatzwünsche, „Nice to have Features", goldene Griffe, die man nicht unbedingt haben muss.

Sie sehen, wenn Sie nach einer einzigen Skala priorisieren, so ist es schwer, hinterher zu einer Differenzierung zu kommen. Deshalb schlug Kano vor, die beiden Fragen zu stellen: „Wie glücklich wärst Du, wenn Du es bekommst? Wie unglücklich wärst Du, wenn Du es nicht bekommst?"

Konflikte

In dem Template werden auch Konflikte festgehalten – diese Anforderung steht im Konflikt zu dieser Liste von anderen Anforderungen. Denn Sie wissen schon, wir müssen diese Konflikte früher oder später auflösen.

Priorität

In diesem Formblatt wird auch eine Priorität festgehalten. In Kapitel 12.8 diskutieren wir gleich, warum Priorität etwas anderes ist als nur die Meinung des Kunden zu dem Thema, warum wir unter Umständen noch andere Faktoren mitberücksichtigen.

Schließlich gibt Ihnen das Formblatt noch die Möglichkeit, eine Liste von Abhängigkeiten zu anderen Anforderungen zu erfassen, z. B. „Die Anforderung leitet sich aus dem Ziel ab" oder „sie ist zerlegt in folgende Anforderungen". Das sind eine ganze Menge Zeiger oder Verweise auf andere Anforderungen, die man in dem Zusammenhang kennen muss, weil die Anforderung abhängig davon ist. Vielleicht halten Sie auch noch Verweise auf Hintergrundmaterial fest.

All das sind Vorschläge für Attribute. Sie müssen das nicht alles machen, Sie sollen das nur als Anhaltspunkt nehmen, um darüber nachzudenken, ob Sie das brauchen oder wollen. Die Minimalforderung in fast allen Methoden ist nur das Requirement mit einer eindeutigen Kennung.

Ich habe Ihnen auch noch einen zweiten Vorschlag mitgebracht, was man verwalten könnte (vgl. Bild 12.9).

Sie sehen wieder die Minimalforderung nach der eindeutigen Identifizierung. Und jetzt haben Sie mehrere Personen: den Autor, der es geschrieben hat, und den Verantwortlichen, der den Inhalt verantwortet, und den nächsten Bearbeiter. Stellen Sie sich vor, Sie haben ein Requirements-Tool, das, wenn Sie einen Zustand umgeschaltet haben, z. B. „das Requirement ist jetzt erfasst", das Werkzeug automatisch in den Eingangskorb von jemanden schiebt, der es jetzt prüfen muss. Und wenn der es geprüft hat, schicken Sie es einfach weiter in den Eingangskorb von jemand, der es jetzt genehmigt oder priorisiert. Wenn ein Tool das unterstützt, dann ist es sinnvoll, auch gleich den nächsten Bearbeiter einzutragen.

- Eine eindeutige Identifizierung
- Autor (der das Requirement verfasst hat)
- Verantwortlicher (der den Inhalt der Anforderungen verantwortet)
- Nächster Bearbeiter
- Status
- Version
- Ableitungen/Zerlegungen, Abhängigkeiten, Konflikte
- Bearbeitungs-/Änderungshistorie

BILD 12.9

Requirements-Attribute nach [Rup09]

Sie sehen auch einen Status für eine Anforderung, darüber haben wir schon gesprochen, und eine Versionsnummer. Lassen Sie mich die Versionsnummer zum Anlass nehmen, um zu diskutieren, auf welchem Niveau wir attribuieren sollten. Bisher haben wir über zusätzliche Attribute bei jeder einzelnen Anforderung gesprochen. Geschickter ist es natürlich, wenn Sie diese Versionsnummer für eine große Menge von Anforderungen festlegen können, nämlich für das ganze Dokument. Sagen Sie: Das ganze Dokument hat derzeit Version 1.3. Das spart Ihnen jede Menge Detailarbeit bei 739 Requirements. Aber nicht immer geht das. Wenn Requirements ihren Zustand unterschiedlich ändern und Sie wissen müssen, das eine ist noch in der Version 1.1, das andere ist schon dreimal umgeschrieben worden, ist in der Version 1.4, dann müssen Sie die Versionsnummer auf tieferem Niveau setzen. Das ist viel mehr Aufwand.

> Versionsnummern

Das Gleiche gilt bei der Zuordnung der Personen. Wenn Sie auf dem Titelblatt Ihres Dokuments sagen können, folgende drei Leute sind zuständig in der und der Rolle, sparen Sie sich die Angabe bei jedem einzelnen Requirement. Das reicht aber nicht, wenn Sie 150 Stakeholder haben und wirklich wissen müssen, von wem das Requirement kommt. Dann reicht Ihnen die Liste auf dem Titel des Dokuments nicht. Sie müssen also bei jedem Attribut auch noch entscheiden, auf welchem Abstraktionsgrad Sie dieses Attribut anhängen. Je höher, z. B. am Gesamtdokument, desto weniger Arbeit bedeutet es für Sie. Je mehr Sie es bei jedem einzelnen Requirement machen, desto mehr Arbeit haben Sie. Machen Sie sich das bitte bewusst.

Auch diese Liste schlägt vor, dass Sie über Ableitungen und Zerlegungen diskutieren. Das Requirement ist aus jenem anderen abgeleitet worden oder ist daraus zerlegt worden, da gibt es Abhängigkeiten ebenso wie Konflikte.

Auch hier wird vorgeschlagen, eventuell eine Bearbeitungshistorie, eine Änderungshistorie mitzuführen. Wenn Sie das machen, überlegen Sie, wozu sie gut ist. Quälen Sie nicht jeden Beteiligten damit, bei jeder Änderung auch noch Begründungen dazuzuschreiben, wenn Sie die Historie gar nicht wissen wollen, sondern nur, auf welchem Stand das Requirement heute ist. Dann können Sie sich viele von diesen Attributen sparen.

Wie viele Attribute Sie haben wollen und wie viele Sie verwalten wollen oder müssen, ist eine Festlegung, die wir hoffentlich einmalig getroffen haben. Aber machen Sie es mit Augenmaß, überlegen Sie sich bei jedem Attribut einen guten Grund, warum jemand es erfassen sollte. Jedes Attribut verursacht Aufwand, aber andererseits kann jedes Attribut natürlich unter Umständen genützt werden, wie wir im nächsten Abschnitt besprechen.

12.7 Sichtenbildung

Die Nutzung dieser Attribute ist das Nächste, was wir uns ansehen wollen. Warum haben wir überhaupt attributiert. Die Kernantwort darauf ist: Wir wollen nach solchen Attributen selektieren können, wir wollen Sichten bilden können.

Ich möchte zum Beispiel nach dem Status greifen und sagen: Gib mir alle, die schon abgesegnet sind, oder gib mir alle, die noch nicht geprüft sind. Dazu führe ich ein Feld Requirement-Status, damit ich auf einen Griff diejenigen selektieren kann, die vielleicht noch einen Bearbeitungsschritt erfahren müssen. Oder: Gib mir alle, die von Müller gemacht wurden, oder gib mir alle, die zur Version 1.3 dazugehören. Oder gib mir für den Manager nur in einem Überblick die Prozesse mit Kurzbeschreibungen, nur ja keine Details. Wenn Sie Ihr Anforderungsdokument so aufgebaut und strukturiert haben, können Sie nach all diesen Kriterien selektieren.

Wir haben bei den nichtfunktionalen Anforderungen auch schon besprochen, warum diese eventuell in eigenen Kategorien stehen. Warum haben wir in Volere Kategorie 17, juristische Anforderungen? Damit wir mit einem Griff in die Datenbank die juristischen Anforderungen herausziehen können und sie einem Juristen zum Korrekturlesen übergeben können. Wir haben auch gesprochen, dass diese hoffentlich Querverweise enthalten, also verbunden sind mit den dranhängenden funktionalen Anforderungen. Wenn Sie diese Querverweise und Abhängigkeiten festgehalten haben, dann kann man durch Anpacken der juristischen Anforderungen auch alle anhängenden Anforderungen aus dem Dokument herausziehen.

Diese Sichtenbildung ist der wichtigste Grund, warum wir überhaupt über Attribute sprechen. Ich möchte selektieren, z. B. nach Stakeholder-Interesse. Ein Stakeholder interessiert sich nur für seinen Geschäftsprozess und die anhängenden Daten und die anhängenden nichtfunktionalen Anforderungen; ein Manager interessiert sich nur für den Überblick, aber nicht für die Details.

Ich möchte anhand von all diesen Attributen feststellen können, wie das zusammenhängt, welche Beziehungen ich habe, welche Glossareinträge zu diesem Use Case passen, welche operationellen Anforderungen an dieser Funktion hängen.

Ein Teilnehmer einer unserer Requirements-Konferenzen entwickelte vor ein paar Jahren eine fantastische Visualisierung dieses Konzepts. Wir hatten ein Kreativitätstraining und er hat mit seiner Gruppe von 20 Leuten ein Requirements-Ballett aufgeführt. Er stand als Dompteur in der Mitte und sagte: „Liebe Requirements, bitte rund um mich antreten." Die anderen haben sich im Kreis rund um ihn aufgestellt. Dann hat er sich umgesehen, ehe er aufforderte: „Bitte jetzt alle mit Priorität 1 vortreten". Bestimmte Requirements haben einen Schritt nach vorne gemacht. Er hat sich umgesehen und gesagt „Ok, zurück ins Glied" und hat sie wieder zurückgeschickt. Dann sprach er: „Jetzt alle, die zur Version 1.2 dazugehören, vortreten." Daraufhin sind die, die zur Version 1.2 gehören, vorgetreten und wieder zurück. „Und jetzt alle Usability-Anforderungen vortreten." Damit hat er mit einer Gruppe von Menschen deutlich demonstriert, was Sichtenbildung heißt und was ich alles daran lernen kann. Es war eine sehr schön inszenierte menschliche Demonstration dessen, was Requirements-Tools normalerweise liefern können, wenn man nach Attributen selektiert.

12.8 Priorisierung

Ein weiteres Thema, das wir im Zuge des Requirements-Managements betrachten müssen, sind Priorisierungen von Requirements. Sehr oft wird das sehr pragmatisch gehandhabt und man vergibt einfach nur drei Werte, A, B, C. In der Bedeutung: A ist hohe Priorität, muss unbedingt gemacht werden. B wäre schön, wenn wir es bekommen könnten, wir haben aber wahrscheinlich kein Geld und zu wenig Zeit dafür. C hat die Bedeutung: Träume nicht einmal davon, das werden wir nicht schaffen. Es ist eine sehr grobe Priorisierung vielleicht in drei Bereiche A, B, C oder auch in „high, medium und low". Sie haben zuerst gesehen, dass das Schema von Professor Kano ein bisschen ausgeklügelter ist. Er fragt auf zwei Skalen von eins bis fünf, wie glücklich bzw. wie unglücklich der Kunde wäre. Jetzt kann ich natürlich diese Antworten relativ leicht wieder in ein Drei-Punkte-Schema umrechnen, wie Bild 12.10 zeigt.

	Kundenzufriedenheit				
	1	2	3	4	5
1	L	L	L	L	L
2	L	L	L	M	M
3	M	M	M	M	M
4	M	M	H	H	H
5	H	H	H	H	H

(Zeilen: Kundenunzufriedenheit)

BILD 12.10
Kano-Prioritäten pragmatisch betrachtet

Sie sehen hier die beiden Skalen von eins bis fünf. In der Matrix wird eingetragen, wenn der Kunde extrem unzufrieden wäre oder es ihn sehr, sehr glücklich macht, dann schreiben wir „H" wie „high" hinein.

Umgekehrt, wenn die Kundenunzufriedenheit nicht besonders groß ist oder die Kundenzufriedenheit nicht besonders groß ist, dann schreiben wir „L" wie „low" hinein und der Rest ist „M" wie „middle". Ich kann also auch aus dem gezielteren Wissen hinterher wieder auf einfachere Darstellungen zurückgreifen.

Aber wer will denn schon nur nach dem Wert des Kunden allein beurteilen, wie wichtig ein Requirement ist? Sie kennen den Spruch: „Der Kunde ist König", aber wir wollen nicht mehr unbedingt die Monarchie haben.

Überlegen Sie, welche Kriterien Sie noch heranziehen würden, wenn es darum geht, eine Anforderung zu priorisieren. Ist es wirklich nur die Meinung des Kunden? Ja, wenn Sie ein kundenspezifisches Projekt für einen speziellen Auftraggeber machen, dann wird die Meinung des Kunden einen sehr hohen Stellenwert einnehmen.

> Weitere Priorisierungskriterien

Trotzdem glaube ich, dass Sie auch andere Kriterien im Hinterkopf haben. Lassen Sie uns ein paar davon ansehen. Wie passen diese Anforderungen zu den übergeordneten Geschäftszielen – unterstützen sie die Geschäftsziele stark oder weniger stark? Oder bei einer Produktentwicklung: Wie oft wurde diese Anforderung genannt?

Als wir unser Software-Engineering-Environment verkauften, überlegten wir uns sehr wohl: Ist der Kunde, der den Wunsch geäußert hat, einer, der uns 50 Lizenzen abgekauft hat, oder ist das jemand, der eine billige PC-Lizenz gekauft hat? Dementsprechend unterschiedlich wurde dieser Wunsch gewichtet. Eine Äußerung von einem Großkunden wurde anders gewertet als die eines Kunden, der vielleicht nur eine einzelne Lizenz gekauft hat.

Ein weiteres Kriterium, das Sie neben der Meinung des Kunden und der Unterstützung der Unternehmensziele heranziehen könnten, wäre: Was kostet mich die Umsetzung? Kann ich das in Zeit und Budget überhaupt machen? Und wenn ich es nicht machen kann, muss ich es vielleicht so zerlegen, dass ein Teil davon jetzt gemacht werden kann und ein anderer Teil später. Oder noch ein anderes Kriterium ist: Wie risikoreich ist die Umsetzung? Sie können ganz verschiedene Strategien fahren: Risiko zuerst entfernen, die risikoreichen Anforderungen hoch priorisieren, damit das Projekt hinterher glatt läuft oder zuerst einmal die sogenannten niedrig hängenden Früchte (low hanging fruits) ernten. Nach dem Motto: Lass uns zuerst das machen, was einfach ist, damit wir schon etwas liefern können. Über die schwierigen Teile unterhalten wir uns ein bisschen später. Sie sehen, zwei gegenteilige Strategien, um eine Priorisierung vorzunehmen.

Wie dringend ist das Requirement? Haben wir eine bestimmte Time to Market, haben wir ein offenes Marktfenster? Wenn Sie Hersteller von Videospielen sind, dann nützt Ihnen ein Freigabedatum 22. Dezember gar nichts. Sie haben das Weihnachtsgeschäft verpasst. Ihr Fenster schließt sich im Oktober. Wenn das Spiel dann nicht in den Geschäften ist, haben Sie wieder viel Zeit. Dann ist es plötzlich wesentlich weniger dringend geworden, als wenn Sie den Termin noch halten und das ganze Weihnachtsgeschäft mitnehmen können. Wenn Sie zu knapp an Weihnachten dran sind, haben Sie Ihr Geschäft verpasst. Das Marktfenster hat sich geschlossen, die Priorität ist vielleicht dadurch wieder gesunken.

Welche finanziellen Auswirkungen hat das Requirement zum Beispiel auf den nächsten Quartalsumsatz? Wenn wir das jetzt liefern, machen wir dicken Umsatz. Oder bringt das gar nichts vom Geld her? Sie sehen, der Wert des Kunden ist eine Sache, aber all diese anderen Kriterien sind vielleicht auch entscheidend, inklusive der Auswirkungen auf das laufende System. Wie weit beeinflusst das neue Requirement das, was heute läuft, wenn wir es umsetzen?

Jetzt gibt es in der Literatur zum Teil sehr ausgeklügelte Verfahren. Sie könnten sich von den oben genannten Kriterien eine Teilmenge heraussuchen, zum Beispiel die drei Kriterien: Wert für den Kunden, wie viel Geschäft mache ich im nächsten Quartal damit und wie sehr stimmt das mit den Firmenzielen überein.

Und Sie geben denen unterschiedliche Gewichte, die aufaddiert den Wert 100 ergeben. Danach gehen Sie Punkt für Punkt durch und beurteilen alle Anforderungen nach diesen unterschiedlichen Kriterien. Als Ergebnis erhalten Sie eine angepasste Priorität, eine ausgerechnete Priorität, gewichtet aus all diesen Faktoren.

Ich habe in Bild 12.11 als Beispiel vier Faktoren herangezogen. Hier zählt zum Beispiel der Wert für den Kunden 40 %. Der Wert für das Geschäft, der Beitrag zu den Geschäftszielen ist mit 20 % eingestuft, die Implementierungskosten mit 30 % und die Implementierungsrisiken mit 10 %. Das ergibt zusammen 100 % und jetzt kann jemand auf einer Skala von 1 – 10 zum Beispiel sagen, wie wichtig ihm das als Kunde wäre. Und ein Risikomanager sagt auf einer Skala von 1 – 10, wie hoch das Risiko ist. Und jemand anderer schätzt den Beitrag zum Geschäft ein und hinterher multiplizieren wir das Ganze mit den entsprechenden Prozentzahlen und kommen zu einer Gewichtung dieses Requirements, zu einer Priorisierung.

Ähnlich wie wir es bei allen Attributen gesagt haben, überlegen Sie bitte auch bei der Prioritätsvergabe, auf welchem Niveau Sie das abschätzen. Wenn Sie über 2000 Requirements haben, werden Sie das nicht für jedes einzelne tun, sondern Sie werden das vielleicht auf der

Req./Use Case-Nr.	Wert für den Kunden Gewicht = 40%		Wert für das Business Gewicht = 20%		Implementierungskosten Gewicht = 10%		Implementierungsrisiko Gewicht = 30%		Gesamtgewicht
Req. 1	2	0,8	7	1,4	3	0,3	8	2,4	
Req. 2	8	3,2	8	1,6	5	0,5	7	2,1	
Req. 3	7	2,8	3	0,6	7	0,7	4	1,2	
Req. 4	6	2,4	8	1,6	3	0,3	5	1,5	
Req. 5	5	2,0	5	1,0	1	0,1	3	0,9	
Req. 6	9	3,6	5	1,0	6	0,6	5	1,5	
Req. 7	4	1,6	3	0,6	6	0,6	7	2,1	

BILD 12.11 Priorisierungsmatrix

Ebene der Use Cases machen oder auf der Ebene von Aktivitäten oder in der agilen Welt auf der Ebene von Epics, Features oder Themes. Sie werden also in der ersten Spalte der Tabelle nicht einzelne Requirements, sondern gröbere Themenblöcke haben, denn wir wollen das ja handhabbar halten. Die Matrix soll nicht riesengroß werden.

Und ich gehe noch mal zurück in die Praxis. In der Praxis geht das meistens etwas hemdsärmeliger zu. Wir schauen uns die Requirements an und sagen A, B oder C und es ist relativ schnell entschieden. Im Hinterkopf berücksichtigen wir viele von diesen Faktoren, aber das bleibt Bauchgefühl und die Festlegung ist hinterher nur eine Dreiteilung.

Die agilen Leute machen das noch ein bisschen anders. Die nehmen einfach paarweise Requirements, die auf Kärtchen notiert sind und legen diese auf dem Tisch weiter nach links oder weiter nach rechts. Wenn es wichtiger ist, wandert es weiter nach links; wenn es weniger wichtig ist, wandert es weiter nach rechts. Damit haben Sie nicht drei Werte, sondern so viele Prioritäten, wie Sie Requirements haben. Das Wichtigste steht dann ganz links und das Unwichtigste befindet sich ganz rechts nach heutigem Stand. Wenn Sie jetzt jedoch Abhängigkeiten zwischen den Requirements haben, nach dem Motto: Das wäre zwar wichtig, hat aber eine Voraussetzung, dann schieben Sie die Voraussetzung definitiv weiter nach links, damit sie auf jeden Fall realisiert wird, bevor Sie das andere machen.

Und für das nächste Release nehmen Sie von links beginnend so viele weg, wie Sie in der Zeit schaffen können, und der Rest wird einfach nicht oder später gemacht. Auch das ist eine Möglichkeit, Requirements zu priorisieren.

Warum wollen wir überhaupt Requirements priorisieren? Ich habe den Grund gerade genannt. Weil wir wahrscheinlich nicht genug Geld haben, alles auf einmal zu machen. Deshalb muss ich wissen, was besonders wichtig ist und früher gemacht werden muss, weil ich nicht alles auf einmal erledigen kann. Die Festlegung, was kommt in ein frühes Release, was kommt in ein späteres Release und was machen wir noch später, das ist Requirements-Priorisierung. Sie können die Priorität aber auch noch als Indikator dafür nehmen, wie viel Sie vielleicht testen sollten. Requirements, die sehr wichtig sind, sollten Sie vielleicht härteren Tests unterziehen als Requirements, die nicht ganz so wichtig sind. Nur für den Fall, dass die Tester wieder einmal Zeitknappheit haben und nicht alles gleich intensiv testen können, dann sollten Sie die höher priorisierten Requirements vielleicht etwas härter als die anderen testen.

■ 12.9 Baselines und Releases

Zwei weitere Begriffe, die wir im Zuge des Requirements-Managements kennenlernen, sind Baselines und Releases. Baselines (oder auf Deutsch Basislinien) sind eine Menge von Requirements, die wir zu einem bestimmten Zeitpunkt bündeln und einfrieren, damit wir diese Requirements jemandem in die Entwicklung übergeben können. Eine Baseline ist also eine Konfiguration von Anforderungen.

In Bild 12.12 zum Beispiel haben wir Requirements 1 und 8 und 17 und 23 und 48 und 97 genommen und zur Baseline 1 zusammengefügt. Das sind die Dinge, die jetzt im nächsten Release implementiert, getestet und freigegeben werden sollten.

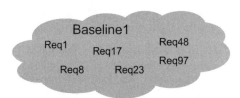

BILD 12.12
Baseline: eine festgelegte Menge von Anforderungen

Warum ist eine Baseline so wichtig? Warum bilden wir solche Basislinien? Die Antwort darauf ist ganz einfach: Ab diesem Zeitpunkt ändern sich die Spielregeln im Analyseprozess.

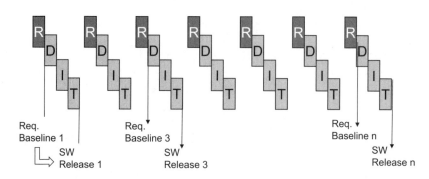

BILD 12.13 Baselines und Releases

Vorher durften wir beliebig an den Requirements arbeiten und sie modifizieren und ergänzen und präzisieren und alles Mögliche. Wenn Sie aber eine Basislinie gezogen haben, dann dürfen Sie das nicht mehr so einfach modifizieren. Denn jemand hat auf dieser Basis eine verbindliche Schätzung abgegeben, hat gesagt, was es kosten wird und wann er liefern wird, jetzt können Sie es nicht so einfach wieder umschreiben. Ab dem Zeitpunkt, wo wir eine Basislinie gebildet haben, setzt sauberes Change Management ein. Sobald wir Anforderungen in einer Baseline eingefroren haben, müssen Sie einen Änderungsantrag stellen. Darauf kommen wir gleich, wie das Ganze bearbeitet wird.

Eine Baseline ist der Zeitpunkt, wo Requirements festgefroren sind, auf deren Basis eine Lösung entwickelt werden soll. Bei einer iterativen Vorgehensweise werden wir das natürlich immer wieder machen. Wir haben schon im allerersten Kapitel darüber gesprochen, dass wir heute nicht einen Durchgang machen, sondern viele Durchgänge, und Sie werden immer wieder Requirements, Design, Implementierung, Tests machen. Aber sobald die Requirements in eine Basislinie einbezogen wurden, ist an der Stelle Schluss mit Änderungen daran.

Für das nächste Release kann ich wieder eine Basislinie bilden, für das dritte Release ebenso. Ich arbeite iterativ, inkrementell und ich friere einen bestimmten Satz von Requirements zu einem bestimmten Zeitpunkt ein. Über die Zyklen, ob Sie das zweimal im Jahr machen oder viermal im Jahr oder jeden Monat oder wie auch immer, haben wir uns schon unterhalten.

■ 12.10 Change Management

Was heißt jetzt sauberes Change Management? Nach Übergabe oder nach Einfrieren der Anforderungen ändert sich die Spielregel und ich muss jetzt grundsätzlich sauberes Change Management berücksichtigen, sauberes Änderungsmanagement. Das heißt, ich kann eine Anforderung nicht mehr umschreiben, sondern ich muss einen Änderungsantrag einreichen.

Ein Änderungsantrag bedeutet, dass Sie irgendetwas, was wir schon festgelegt haben, doch gerne anders hätten oder dass wir gerne mehr hätten. Änderungsanträge sind also Anforderungen, die zeitlich einfach etwas zu spät kommen, nämlich erst nach Bildung einer Baseline. Als Stakeholder muss ich meine neuen Wünsche oder Änderungswünsche als „Change Request", als Änderungsantrag, stellen. Als Auftragnehmer bin ich verpflichtet, diesen Change Request ernst zu nehmen.

Die Gruppe, die normalerweise solche Änderungsanträge beurteilt, hat in Firmen unterschiedliche Namen. Eine der üblichen Bezeichnungen wäre Change Control Board, CCB. Manchmal heißt es auch CMB, Change Management Board. Meist ist es eine Gruppe von Personen, manchmal aber auch ein einsamer Diktator.

> Change Control Board

Das Change Control Board hat die Pflicht, regelmäßig Änderungsanträge entgegenzunehmen, dem Antragsteller zu bestätigen, dass der Antrag eingegangen ist, und dann die Auswirkungen dieses Änderungsantrags zu untersuchen. Was heißt das? Was würde sich ändern, wenn wir das mit aufnehmen? Ob Sie es dann ganz dringend oder weniger dringend machen, ist eine Entscheidung dieses Change Control Board. Sie entscheiden auf jeden Fall darüber, sie entscheiden, dass es vielleicht erst in das nächste Release kommt oder sogar in das übernächste Release, und sie teilen dem Antragsteller diese Entscheidung auch mit, was sie beschlossen haben.

Wie formal oder informell Sie dieses Change Management handhaben, ist wieder eine der zentralen Festlegungen, die Sie hoffentlich einmalig getroffen haben. Wer sind die Leute, die darüber entscheiden dürfen? Wie oft treffen sich diese Personengruppen? Wie läuft der Change-Management-Prozess ab? Wie sieht ein Change-Antrag aus? Was muss alles ausgefüllt werden? Wie sieht der Prozess aus, diesen Antrag zu bearbeiten, zu entscheiden und den Antragsteller zu informieren? Das alles erfolgt hoffentlich einmal für alle festgelegten Änderungsmanagementprozesse. Das kann informeller oder formeller sein, aber es sollte geregelt sein.

Und eines müssen Sie wahrscheinlich außerdem noch regeln. Wenn von außen in das Projekt so etwas Neues reinkommt, brauchen Sie vorher noch eine Weiche, um zu entscheiden. Ist das eine Fehlermeldung oder ist das ein Change Request? Sie kennen sicherlich den Spruch: This is not a bug, it is a feature. Irgendjemand muss zwischen Fehlern und wirklichen Änderungswünschen entscheiden. Denn bei Fehlern müssen Sie unter Umständen schneller und anders reagieren als auf Änderungsanträge und nicht immer sagt der Stakeholder, dass das ein Fehler ist. Manchmal nennt er einen Änderungsantrag einen Fehler, nur damit es schneller geht. Sie brauchen also irgendwo noch ein Gremium, das sagt, das ist ein Fehler, der geht in die Fehlerbehandlungsschiene, und das ist ein Änderungsantrag und den wollen wir mit sauberem Change Management abhandeln.

Die drei Tätigkeiten, Versionen bilden, Baselines bilden und Change Managements stehen in Abhängigkeiten untereinander, wie in Bild 12.14 gezeigt wird.

Ein sauberes Versionsmanagement ist die Voraussetzung für das Bilden von Baselines. Sie müssen wissen, in welchem Zustand die Anforderungen sind. Denn eine Anforderung in einem bestimmten Zustand wird in so eine Basislinie mit reingenommen oder nicht mit reingenommen. Wenn Sie jetzt eine Basislinie gebildet haben, ist das der Auslöser, um ab dem Zeitpunkt Change Management zu betreiben. Und die Ergebnisse des Änderungsmanagements gehen wieder in die Basislinien ein. Wir beschließen, es in diesem Release zu machen, es ist noch dringend, oder wir beschließen, es in einem nächsten Release zu machen. Damit werden Basislinien wieder beeinflusst.

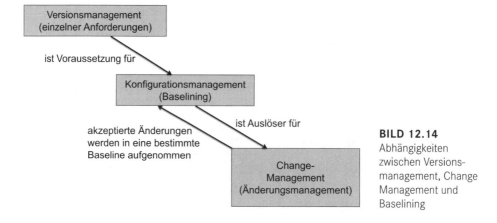

BILD 12.14 Abhängigkeiten zwischen Versionsmanagement, Change Management und Baselining

Ich möchte Ihnen noch den Mechanismus zeigen, den Volere anwendet, um mit solchen Change Requests umzugehen. Eine der 27 Schubladen, nämlich die vorletzte, die Schublade 26, heißt in Volere „Warteraum" (waiting room). Alle Anforderungen, die in den Kapiteln 1 – 25 stehen, sind derzeit gültig und bilden meine derzeitige Basislinie, mit der ich arbeite. Ab dem Zeitpunkt der Festlegung der Basislinie kommt alles, was neu eingeht, in das Kapitel 26, in den Warteraum. Wenn dann das Change Management Board tagt, untersuchen wir den Warteraum, ob wir einzelne Teile davon in die gültigen Anforderungen mit aufnehmen wollen oder ob wir sie im Warteraum sitzen lassen. Wir treffen Entscheidungen über alle Requirements, die sich inzwischen im Warteraum angesammelt haben, weil sie in der ersten Baseline nicht mehr enthalten waren. Lassen Sie mich das grafisch darstellen. Ich habe in Bild 12.15 nochmals die 27 Kapitel im Überblick: alles, was ich eingerahmt habe, derzeit die Anforderungen in der gültigen Version, also meine Baseline. Alles neue, alle Änderungsanträge stehen in Kapitel 26, dem Warteraum.

Ich habe bewusst den Rahmen nicht um das Kapitel 1 gezogen, denn Sie erinnern sich, die Ziele des Projekts sind hoffentlich die Anforderungen, die sich während der Projektzeit nicht ändern. Sollte das trotzdem der Fall sein, dass ein Änderungsantrag sogar die Ziele des Projekts in Frage stellt, so müssen Sie im Change Control Board eventuell sogar auf diesem Niveau eingreifen.

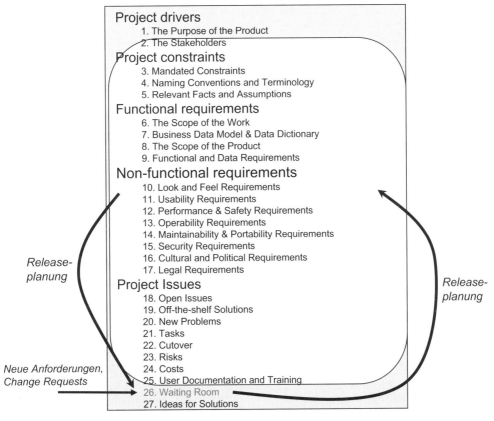

BILD 12.15 Change Management in Volere

Bei einer Release-Planung können jetzt zwei Sachen passieren: Dinge aus dem Warteraum werden in die gültigen Anforderungen übernommen. (In SCRUM würde man ganz einfach sagen, dass Sie aus dem Product Backlog jetzt einfach Teile in den Sprint Backlog übernehmen.) Es kann aber sein, dass bei der Gelegenheit auch schon gewünschte Anforderungen aus der Baseline herausfallen, nach dem Motto, das ist dringender als etwas anderes, und wenn du das noch haben willst, musst du etwas anderes opfern und das wandert zurück in den Warteraum. In dem Warteraum sitzen manchmal auch Anforderungen jahrelang herum, weil sie nie wichtig genug werden, um in das nächste Release aufgenommen zu werden. Wir haben diese Wünsche zwar gehört, wir haben sie entgegengenommen, wir haben sie erfasst, sie sind in unserem Repository enthalten, aber sie werden nie wichtig genug, in das nächste Release aufgenommen zu werden. Das kann durchaus passieren. Hin und wieder muss man den Warteraum aufräumen, wenn wir sehen, dass wir keinerlei Chance haben, diese Wünsche in absehbarer Zeit umzusetzen.

■ 12.11 Traceability

Letztes wichtiges Thema im Bereich Requirements-Management ist Traceability (oder auf Deutsch: Verfolgbarkeit oder Nachvollziehbarkeit). Wir unterscheiden unterschiedliche Arten von Traceability, die in Bild 12.16 im Überblick dargestellt sind. Gehen wir davon aus, dass wir unsere Anforderungen im Bild in der Mitte haben.

`Pre-Traceability` Den Bezug zu allem, was es *vor* diesen Anforderungen gab, nennen wir Pre-Traceability. Wir verweisen zurück von unserem Anforderungsdokument auf irgendwelche Quellen, wo diese Anforderungen herkamen, z. B. auf informell geäußerte Wünsche, auf eingegangene E-Mails, auf irgendwelche Absätze in Protokollen von irgendeinem Meeting, auf Verträge, auf Standards, auf Normen, auf all die Quellen von Anforderungen, die wir angesprochen haben. Jetzt haben wir bei der Pre-

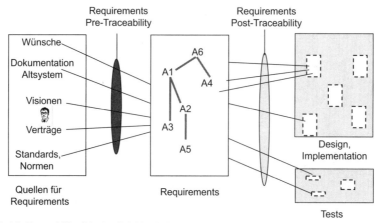

BILD 12.16 Traceability (Nachvollziehbarkeit)

Traceability zu diesen Quellen meistens ein erhebliches Problem. Diese Quellen haben keine eindeutigen, leicht benennbaren IDs. Bei den Anforderungen im Anforderungsdokument haben wir gesagt, es wäre sehr wünschenswert, eine eindeutige Anforderungsnummer oder -kennung zu haben.

Die Quellen dieser Anforderungen, der Ausgangspunkt dafür, sind oftmals nur mit komplizierten Aussagen zu beschreiben, wie „der 3. Absatz im Protokoll vom 13. April, das Ihnen zugestellt wurde" oder „auf eine E-Mail von Herrn Huber sowieso am 18. Mai, Absatz 2".

Sie sehen, es ist sehr schwer, diese Links zu diesen Quellen aufrechtzuhalten. Daher wäre meine Empfehlung – wenn es Ihnen irgendwie gelingt –, Pre-Traceability im Projekt loszuwerden. Sorgen Sie dafür, dass Sie es nicht machen müssen. Halten Sie vielleicht bei der Beschreibung der Anforderung selbst noch die Quelle fest, aber sehen Sie zu, dass all die anderen Schriftstücke, die vielleicht im Projekt herumschwirren, nicht mehr als Grundlage formal gültig sind, sondern dass Ihr Anforderungsdokument das erste gültige Dokument im Projekt ist, worauf Sie (vertraglich etc.) Bezug nehmen.

Wenn Sie allerdings so ungeschickt waren, einen Vertrag zu schließen, wo im Anhang diese 300 Ausgangsdokumente aufgezählt waren, diese Rückseiten von Briefumschlägen, Servietten, Hausmitteilungen, Protokolle, E-Mails und Ähnliches, dann bleibt Ihnen nichts anderes übrig, als bei jeder Änderung an den Anforderungen auch die Auswirkungen auf diese Quellen zu untersuchen und zu entscheiden, ob Sie die immer noch einhalten oder nicht einhalten. Dann haben Sie sehr viel Arbeit. Also Pre-Traceability bitte, wenn es geht, versuchen zu vermeiden.

Post-Traceability bedeutet, dass Sie ausgehend von den Anforderungen Bezüge in die andere Richtung, zu Design, zu Sourcecode, zu Testdaten herstellen. Sie wollen festhalten: Diese Anforderung ist durch folgende Komponenten umgesetzt, in folgenden Sourcecode-Teilen implementiert und durch folgende Testfälle abgedeckt. Auch das ist viel Arbeit, aber gängige Vorgehensmodelle wie ISO 9000 oder CMMI fordern, dass diese Traceability existiert, dass Sie auf jeden Fall diese Zusammenhänge nachweisen können. Wir sprechen gleich darüber, warum diese ganzen Links gehalten werden sollen. [Post-Traceability]

Nehmen wir vorher noch den dritten Begriff dazu, Traceability innerhalb der Requirements. Sie wollen auch im Requirements-Dokument Zusammenhänge zwischen den Anforderungen nachvollziehen können. So zum Beispiel: Welcher Use Case erfüllt welches Ziel? Welche Aktivität gehört zu welchem Use Case oder zu mehreren Use Cases dazu? Welche Daten gehören zu welcher Aktivität? Wenn Sie Ihre Anforderungen mit Modellierungstools erfasst haben, ist ein Teil von diesen Zusammenhängen durch das Tool automatisiert. Sie können mit einem Doppelklick tiefer in Verfeinerungen hineinzoomen oder wieder aufsteigen. Wenn Sie alle Anforderungen als Textdokument in Umgangssprache geschrieben haben, müssen Sie alle diese Links selbst setzen. [Traceability innerhalb der Anforderungen]

Das ist Traceability innerhalb der Anforderungen. Und es kann noch schlimmer werden. Wenn Sie nicht *ein* Anforderungsdokument haben, sondern zum Beispiel zwei – ein Pflichtenheft und ein Lastenheft oder eine User Requirements-Spezifikation und eine Software-Requirements-Spezifikation –, dann haben Sie nicht nur Traceability innerhalb dieser Dokumente, sondern auch noch zwischen den beiden. [Traceability zwischen unterschiedlichen Anforderungsdokumenten]

Sie gehen also von irgendwelchen Quellen über das Lastenheft zum Pflichtenheft zum Design und es können sehr viele Traces sein, die Sie jetzt erstellen und pflegen müssen. Voraussetzung für diese Nachvollziehbarkeit ist, dass jede Anforderung eine eindeutige ID hat, sonst müssen Sie nämlich immer auf ganze Sätze verweisen. Es wäre schön, wenn eine Anforderung eine Nummer oder eine eindeutige Kurzbezeichnung hat.

Warum Traceability?

Sie sollten auf jeden Fall darauf achten, dass Sie ziemlich klare Vorstellungen darüber haben, warum Nachvollziehbarkeit für Sie wichtig ist. Warum Sie diesen Aufwand machen wollen, all diese Verweise zu erstellen, all diese Links nachzuvollziehen und zu pflegen. Die Motivation der meisten Unternehmen für Traceability ist sehr einfach: Sie wollen es gar nicht, aber das Vorgehensmodell fordert es! Sie bekommen kein ISO-9000-Zertifikat, wenn sie es nicht tun. Sie erhalten keine CMMI-Bestätigung, dass sie Level 3 erreicht haben, wenn sie es nicht tun. Selbst auf CMMI-Level 2 müssen sie schon tracen.

Warum machen wir uns diese Arbeit? Warum wollen wir überhaupt zwischen all diesen Dingen tracen und nachvollziehbar sein? Eine der Antworten ist: Wir wollen Vollständigkeit prüfen. Wir wollen prüfen, ob alles, was in den User-Requirements-Specifications steht, auch in den Software-Requirements wirklich abgedeckt ist. Oder ob alles, was im Software-Requirements-Dokument steht, in Ihrem Design-Dokument abgedeckt ist und auch getestet wird.

Wir wollen aber auch eine Änderungskontrolle vornehmen. Wir wollen Auswirkungen von Änderungen beurteilen können. Was passiert, wenn ich diese Anforderung ändere? Welche Teile im Design, welche Teile im Sourcecode und welche Teile in den Testdaten sind von dieser Änderung an den Requirements betroffen. Oder umgekehrt: Wenn ich ein Modul im Sourcecode umprogrammiere, welche Auswirkungen hat das unter Umständen auf die Anforderungen? Wir haben Sourcecode geändert, welche Anforderungen sind davon betroffen.

Diese Vorwärts-/Rückwärtsprüfungen zwischen unterschiedlichen Entwicklungsergebnissen, die Sie erstellen, das soll die Traceability sicherstellen. Sie wollen damit auch Hilfe bei Aufwandsaussagen bekommen. Wenn ich an dieser Schraube drehen würde (an einer Anforderung), wie viel Arbeit kostet das, den Sourcecode wieder korrekt zu machen und das Ganze zu testen? Sie wollen anhand der Pfeile, die von der Anforderung weggehen, feststellen, wie aufwendig es ist, eine solche Änderung vorzunehmen.

Traceability erfordert viel Disziplin

Jetzt überlegen Sie einmal Folgendes: Diese Aussagen, was betroffen ist, funktionieren nur dann, wenn Ihre Traces perfekt erstellt und gepflegt sind. Und die meisten Verbindungen werden Sie als Mensch setzen, durch manuelle Arbeit. Das wird Ihnen nicht von den Werkzeugen zur Verfügung gestellt. Manche Links können die Modellierungstools automatisch pflegen. Wenn Sie schön hierarchisch zerlegen und das in einem Modellierungstool gepflegt haben, werden einige Traces unter Umständen auch für das Requirements-Management gerettet. Viele davon werden Sie von Hand setzen. Und für den Fall, dass Sie jetzt eine neue Version von irgendetwas anlegen, eine neuere Version eines Requirement, eine neuere Version einer Use-Case-Beschreibung, ist nicht automatisch garantiert, dass der ursprünglich gesetzte Pointer, dass dieses Requirement zu dem Modul gehört, jetzt immer noch richtig ist. Bei jeder Änderung, die Sie an irgendeiner Stelle machen, müssen Sie auch noch mal alle diese Links überprüfen.

Diese Traceability ist ein ziemlich großer Aufwand. Die Menge an theoretischen Links, die man hier halten könnte, ist extrem groß. Deshalb sollten Sie ein ziemlich klares Ziel haben, warum Sie das machen wollen. Ein klares Ziel ist die Einhaltung Ihres Vorgehensmodells, weil Sie sonst Ihren Status verlieren. Dann müssen Sie es machen. In diesem Fall sollten Sie aber pragmatisch sein. Sie müssen nicht immer bei so einer hierarchischen Zerlegung der Requirements auf der allerunterstein Ebene tracen. Diese Pyramide geht nach unten natürlich weit auseinander. Die Anzahl der Pfeile, die ganz unten verbunden werden könnten, ist extrem groß, die Anzahl der Pfeile ist auf höherer Abstraktionsebene schon kleiner und ganz oben in der Pyramide noch kleiner. Sie werden aber bei keinem Auditor, bei keinem CMM-Audit oder ISO-Audit damit durchkommen, zu sagen, dieses ganze Requirements-Dokument verweist auf dieses Designdokument und auf dieses Testdokument. Also Tracing auf der Spitze oben, auf den ganzen Dokumenten ist nicht zulässig. Aber ein Stückchen darunter, auf Feature-Ebene bei den Requirements, auf Aktivitätsebene, kommen Sie bei den meisten Auditoren bei der Prüfung durch, wenn Sie sinnvoll erklären können, dass Ihnen das hilft, Änderungsverfolgung, Aufwandsschätzungen, Änderungsaussagen vorzunehmen. Versuchen Sie, sehr pragmatisch zu sein, denn Sie können sich mit Traceability auch zu Tode arbeiten. Es ist ein extremer Aufwand, diese Links alle zu pflegen.

Die Theoretiker haben hier unendlich viele Wünsche. Die wollen nicht nur, dass Sie diese Links halten. Die würden sich auch bei jedem Link gerne noch merken: Wer hat ihn gesetzt? Wann wurde er gesetzt? Wer hat ihn genehmigt, wer hat ihn freigegeben? Deren Wunsch ist also, nicht nur die einzelnen Objekte in unseren Requirements-Dokumenten mit Attributen zu versehen, sondern auch noch die Links mit solchen Attributen auszustatten, damit man es auswerten kann.

Wie könnten Sie das, wofür Traceability gedacht ist, ohne explizite Verlinkung aller Artefakte hinbekommen? Nun, dann würden Sie sich zu dem Zeitpunkt, wo das Design fertiggestellt ist, einmal zu einem Quality-Gate treffen und zu dem Zeitpunkt prüfen, ob Ihr Design alle Anforderungen erfüllt. Das ist natürlich eine zeitpunktbezogene Prüfung. Zu dem Zeitpunkt, wo Sie es machen, gilt dann die Aussage. Wenn Sie irgendwo rechts oder links weiterentwickeln, gilt die Aussage nicht mehr. Der Wunsch bei Traceability ist einfach, diese Links ständig über die Zeit hinweg aufrechtzuhalten, um bei Änderungen rasche Aussagen der Auswirkungen und der Kosten für andere Teile machen zu können.

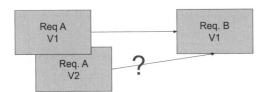

BILD 12.17
Eine neue Version eines Requirement beeinflusst Traces.

Das funktioniert aber nur, wenn Ihre Links wirklich gut gepflegt sind, und das ist sehr aufwendig.

Treffen Sie also bitte für jedes Thema, das wir in diesem Kapitel Requirements-Management angesprochen haben, Ihre Entscheidungen, wie viel oder wie wenig Sie machen, wer es machen muss, wie Sie das Ganze machen, wie viele Attribute Sie setzen wollen, wie Sie priorisieren, wie Sie mit Baselines umgehen, wie Change Management bei Ihnen im Haus funktioniert, wer darf alles mitreden? Sie können damit Requirements-Managements sehr viel einfacher oder sehr viel komplexer machen. Requirements-Management ist ein wichtiges Thema. Aber die Entscheidungen, wie viel oder wie wenig Sie davon machen, sollte eine bewusste Entscheidung sein. Sie sollten nicht einfach in dieses Thema hineinstolpern.

12.12 Zusammenfassung

Für ein gutes Requirements-Management müssen Sie möglichst einmalig ein paar Punkte regeln.

- Wer darf oder wer muss mitspielen? Die Rollen in Business Analysis und Requirements Engineering.
- Wie läuft Ihr Analyse-Prozess ab? Wie viele Schritte haben Sie, wie viele unterschiedliche Phasen im Prozess, was sind die Ergebnisdokumente dieser einzelnen Schritte, wie erheben und wie prüfen Sie?
- Was wollen Sie alles für jede einzelne Anforderung an möglichen Zusatzattributen festhalten?

Im laufenden Projekt bedeutet Requirements-Management, mit den Anforderungen gezielt umzugehen: Sie vergeben Prioritäten, wie wichtig diese Anforderung ist; Sie treffen Statusentscheidungen, Sie fassen zu Releases zusammen, zu Baselines, aus denen dann Software Releases entstehen. Sie gehen gezielt mit Änderungsanträgen um, schaffen evtl. neue Versionen Ihrer Anforderungen und Dokumente und legen auch fest, wie Configuration Management bei Ihnen gelebt wird und wie viel Traceability Sie brauchen.

13 Requirements-Werkzeuge

Wir kommen jetzt zum letzten Kapitel dieses Buchs, zu den Werkzeugen für Systemanalytiker. Sie lernen in diesem Kapitel, welche Arten von Tools das Thema Business Analysis und Requirements Engineering unterstützen können. Wir diskutieren über die Kriterien für die Auswahl von solchen Werkzeugen und wir behandeln auch die Frage, wie Sie Werkzeuge sinnvoll im Unternehmen einführen können.

■ 13.1 Kategorien von Werkzeugen

Dieses abschließende Kapitel über Analysewerkzeuge soll Ihnen keinen kompletten Überblick über den Markt vermitteln, sondern nur grundlegende Aussagen zu den Kategorien von Werkzeugen, zum Umgang damit sowie zur Einführung machen, sodass Sie hinterher eine Marktsichtung vornehmen können.

Beginnen wir mit den unterschiedlichen Kategorien von Werkzeugen, die Ihnen als Systemanalytiker, als Business Analyst oder als Requirements Engineer zur Verfügung stehen. An allererster Stelle sind hier die typischen Office-Tools, die generischen Tools, zu nennen wie Word, Visio, Excel und ähnliche Produkte. Sie sind definitiv nicht speziell für das Thema Business Analysis und Requirements Engineering erstellt worden. Aber jeder hat sie, jeder kann sie leicht einsetzen, sie sind fast überall installiert und wir nutzen sie daher selbstverständlich, um auch Pflichtenhefte und Lastenhefte zu schreiben und die entsprechenden Bilder zu zeichnen.

Die nächste Kategorie sind Requirements-Management-Tools. Requirements-Management-Tools sind hauptsächlich Repository-basierte Werkzeuge. Im ihrem Kern steckt eine Datenbank. Daher sind diese Requirements-Management-Tools gut zur Verwaltung von vielen Attributen, zur Bildung von Sichten, um alle Aspekte, die Sie dokumentiert haben wollen, geordnet festzuhalten und zu verwalten. Der Umgang mit Grafiken oder mit Tabellen ist vielleicht bei dieser Kategorie von Werkzeugen nicht ganz so ausgeprägt, obwohl es inzwischen schöne Mischformen gibt, die nicht nur rein textbasierte Datenbanken enthalten, sondern die auch mit Bildern und Tabellen ganz gut umgehen können. Die Hauptstärke dieser Art von Werkzeugen liegt darin, dass sie gewohnt sind, mit vielen Daten, mit großen Datenmengen umzugehen. Die Datenbanken sind sehr stabil, man kann sehr viele Anforderungen erfassen, weit mehr, als es mir vielleicht gelingt, in Word oder in Excel zu verwalten.

Dann haben wir noch die große Kategorie der Modellierungstools. Es gibt allein zur standardisierten Notation von UML mehr als 300 Tools am Markt – von gratis über sehr preiswert bis zu extrem teuer. Die sind allesamt darauf ausgelegt, die standardisierten Grafiken zu unterstützen. Sie kennen die Syntax der einzelnen Diagramme, Sie erlauben es Ihnen, leicht Use-Case-Diagramme zu zeichnen, Datenmodelle zu erstellen, Zustandsautomaten und Activity-Diagramme, weil sie speziell auf diese Notation ausgelegt sind. Das Leistungsspektrum dieser Modellierungstools ist sehr unterschiedlich, von reinen Zeichenhilfen bis zu solchen, die voll integriert sind, mit Sourcecode-Generierung, mit Re-Engineering und mit allem drum und dran.

Requirements-Management-Tools sind also eher für das Verwalten von Requirements mit Attributen gedacht und Requirements-Modellierungstools eignen sich eher dafür, mit den grafischen Modellen effizient zu arbeiten. Mischformen sind natürlich erhältlich.

In den letzten Jahren dringt noch eine ganz andere Gruppe von Werkzeugen in diesen Markt ein. Werkzeuge, die ursprünglich für einen ganz anderen Zweck gemacht wurden, zum Beispiel zur Fehlerverwaltung, Bug Tracking Tools. Die Hersteller von solchen Tools haben sich gesagt: Wenn wir Fehler verwalten können, können wir auch Anforderungen verwalten. Die Oberfläche wurde ein bisschen adaptiert und verkaufen Sie jetzt in den Zielmarkt der Analyse-Tools. Das Gleiche gilt für Konfigurationsmanagementwerkzeuge. Wenn wir Konfigurationen von Sourcecode managen können, können wir auch Konfigurationen von Requirements managen. Es waren Tools, die ursprünglich gar nicht für den Markt gemacht wurden, die aber in diesen Markt hineindrängen.

Und sehr populär werden in letzter Zeit Tools für den leichten, gemeinsamen Umgang mit mehreren Personen, Wikis, die Sie relativ locker implementieren können, wo viele Leute gleichzeitig daran arbeiten können. Die brauchen ein bisschen einen Organisator (einen Wiki-Gärtner), jemanden, der das Ganze aufsetzt, organisiert und in Schwung hält, aber dann ist es relativ einfach, damit umzugehen.

■ 13.2 Leistungen von Werkzeugen

Betrachten wir die Leistungsfähigkeit von solchen Werkzeugen aus funktionaler Sicht. Was können alle diese Analysewerkzeuge, egal, aus welcher Kategorie sie stammen, mehr oder weniger gut?

Im Kern steht natürlich Informationen verwalten (vgl. Bild 13.1). Ihre Texte und Ihre Bilder können in solchen Werkzeugen verwaltet werden und fast alle davon können inzwischen halbwegs brauchbare Dokumente drucken. Textverarbeitung ist natürlich dafür gemacht, um hinterher ausgedruckt zu werden, aber auch die datenbankbasierten Tools und auch die Modellierungstools und all die anderen haben inzwischen ganz gute Dokumentengeneratoren, die man manchmal allerdings erst an seine Bedürfnisse anpassen und maßschneidern muss. Man muss sich sein eigenes Inhaltsverzeichnis zusammenstellen, entweder zusammenklicken oder über Skriptsprachen programmieren, und dann erhält man die unterschiedlichen Sichten, die man drucken möchte, auch aus diesen Werkzeugen heraus generiert.

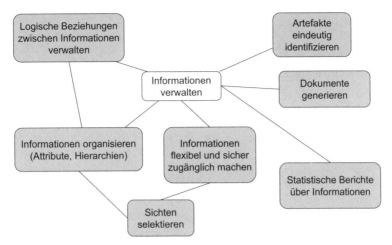

BILD 13.1 Leistungen von Analysewerkzeugen

Einige Werkzeuge unterstützen die Identifizierung von Anforderungen. Das Verwalten von Anforderungsnummern, das eindeutige Kenntlichmachen dieser Anforderungen. Gerade die datenbankbasierten Tools sind hier extrem stark, da sie immer eine eindeutige ID haben. Wenn Sie Informationen verwalten können und eindeutige IDs vergeben, können Sie auch logische Beziehungen aufbauen. Bei den Modellierungstools wird relativ automatisch gehalten, wie man von einem Use Case zu der nächsten Verfeinerungsebene kommt, wie man eine Aktivität in andere Aktivitäten weiter zerlegt hat. Ich kann eventuell mit Doppelklick etwas, was als Eingabe spezifiziert ist, in dem Glossar finden. Derartige logische Beziehungen zwischen den Informationen werden von den Managementtools und den Modellierungstools sehr gut verwaltet.

Einige können mehr noch, als nur einzelne Beziehungen halten: hierarchische Strukturen aufbauen, Inhaltsverzeichnisse aufbauen, und alles, was wir in einem gut strukturierten Requirements-Dokument sehen wollten, auch wirklich 1:1 nachbilden.

Wenn so ein Werkzeug jetzt zusätzlich noch ein Rollen- und Rechtekonzept hat und man sich als Benutzer in einer bestimmten Rolle mit bestimmten Rechten anmeldet, dann kann das Tool zusätzlich noch sicherstellen, dass ich an die Informationen auch nur entsprechend meiner Rechte herankomme. Sie können dann mit diesen Werkzeugen Teile gegeneinander absichern. Nicht jeder muss alles sehen. Manche Personen bekommen nur Zugriff auf diesen Anteil, andere auf andere Anteile. Ich kann meine Sichten noch sehr selektiv gestalten, wer was davon zu sehen bekommt. Und ein Zusatz-Feature, das Ihnen Datenbanksysteme fast gratis mitliefern und viele andere auch, sind statistische Auswertungen. Wie viel oder wenig Ihnen das bringt, wenn Sie wissen, dass Sie 57 Use Cases haben, 538 Glossareinträge und insgesamt 1218 Requirements, von denen schon 742 genehmigt und 128 in Bearbeitung sind, und 232 für die Version ausgewählt wurden, sei einmal dahingestellt.

Aber derartige statistische Auswertungen und Berichte über Ihren derzeitigen Informationsstand sind natürlich leicht zu erstellen.

13.3 Stärken und Schwächen der Kategorien

Wo liegen jetzt die Stärken und die Schwächen dieser verschiedenen Kategorien. Ich glaube, das ist ziemlich offensichtlich. Warum verwenden viele Projekte und viele Firmen einfach Textverarbeitung und Grafikprogramme wie Word und Visio, um ihre Requirements-Dokumente zu schreiben? Und die Antwort liegt auf der Hand. Jeder hat diese Tools, jeder kann damit umgehen, wir haben sie auch zu anderem Zweck schon angeschafft, ich muss nichts lernen, es ist sehr leicht, mit solchen Produkten zu arbeiten, und sie sind weit verfügbar an vielen Stellen. Hingegen sind die spezialisierten Requirements-Tools, egal ob aus der Managementecke oder aus der Modellierungsecke, besonders stark, wenn es um das Attributieren geht, wenn es um das Bilden von Sichten geht, um das Kategorisieren und zum Teil auch um das Prüfen. Die Prüfungen sind noch ein bisschen schwach ausgeprägt bei den Modellierungstools, weil uns gerade die UML sehr viele Freiheitsgrade in der Gestaltung dieser Diagramme zugesteht.

Lassen Sie mich hier noch eine typische Geschichte aus einem Projekt erzählen. Einer unserer Auftraggeber wollte die Ergebnisse einer Requirements-Analyse hinterher in einem Requirements-Management-Tool, in dem Fall in DOORS, haben, hat uns aber sofort gesagt: „Bitte, bitte während ihr arbeitet und das Dokument erstellt, liefert es lieber in Word und Visio ab, denn wir haben zwar alle Lizenzen gekauft für dieses Produkt, aber keiner von uns kann es vernünftig benutzen. Wenn ihr uns Datenbanken in diesen Requirements-Management-Tools abliefert, werdet ihr wahrscheinlich kein Feedback von unserer Seite bekommen, weil niemand damit umgehen kann, weil es keiner gelernt hat und weil wir auch keine Zeit haben, das zu lernen. Liefert uns lieber Word-Dokumente oder PDF-Dokumente. Die kommentieren wir gerne und dann bekommt ihr auch Feedback."

Sie sehen, Requirements-Managements-Tools und Modellierungstools brauchen einen oft nicht unerheblichen Einarbeitungsaufwand. Sie sind zum Teil sehr komplex zu bedienen, man muss lernen, damit umzugehen. Das andere kann man ganz einfach. Wir haben es in dem Projekt dann auch wirklich so gemacht. Wir haben ein Jahr lang mit Word und Visio gearbeitet, was zur Folge hatte, dass wir uns im Projekt noch zwei Sklaven halten mussten. (Sklave heißt natürlich offiziell „Auszubildender im dritten Lehrjahr", jemand, der gut Bilder und Texte konsistent halten kann.) Da hätten uns andere Tools vielleicht besser unterstützt. Aber der Einsatz von generischen Werkzeugen hat uns geholfen, Feedback von den Benutzern zu erhalten. Und das ist sicherlich wichtiger als bessere Werkzeugunterstützung. Deshalb werden diese einfachen Werkzeuge so gerne eingesetzt und verwendet.

13.4 Werkzeugauswahl

Welche Aspekte sollten Sie berücksichtigen, wenn es in Ihrem Unternehmen jetzt zur Werkzeugauswahl kommt? Sicherlich steht die Benutzersicht im Vordergrund. Welche Funktionalität bringt das Werkzeug mit und wie leicht oder wie schwer ist es zu bedienen? Das sollte aber bitte nicht das einzige Auswahlkriterium sein, das Sie heranziehen. Schauen Sie auch, ob das Produkt zu Ihren Dokumenten und zu Ihren gewünschten Reports passt. Ein noch so leicht zu bedienendes und gut funktionierendes Tool, das aber nicht den Firmenstandard als Ergebnis liefert und auch nicht auf den Firmenstandard anpassbar ist, wird Ihnen wahrscheinlich wenig helfen.

Schauen Sie vor allem auch, ob das Werkzeug zu Ihrer gewählten Methode dazu passt. Kaufen Sie kein SDL-Werkzeug, wenn UML Ihr Hausstandard ist. Oder kaufen Sie sich nicht ein Tool für Business Process Modeling Notation (BPMN), wenn Sie UML machen wollen und umgekehrt. Schauen Sie, dass Ihre Methoden von dem Tool auch wirklich unterstützt werden.

Ein nicht zu unterschätzendes Argument ist auch die Stellung des Anbieters. Der Markt der Requirements-Tools ist ein ziemlich schwieriger Markt. Nichts davon ist Mainstream, nicht allzu viele Leute brauchen solche Werkzeuge, daher geht es all den Herstellern nicht so besonders gut. Der Marktführer von heute ist nicht unbedingt der Marktführer von morgen. Wenn Sie also Tools auswählen, achten Sie darauf, welche Stellung der Hersteller hat. Kann er Sie auch unterstützen, gibt es so etwas wie eine Hotline, erhalten Sie, wenn Sie anrufen, auch Hilfe zu diesem Werkzeug? Bei manchen Werkzeugen bekommen Sie nur Hotline-Unterstützung, wenn Sie zu amerikanischen Geschäftszeiten anrufen, zwischen 9.00 und 17.00 Uhr in der jeweiligen Zeitzone in Amerika oder in Indien, weil es keine lokalen Vertretungen dafür in Europa gibt.

Prüfen Sie das vorher nach, ob man mit dem Werkzeug wirklich arbeiten kann und ob das wirklich unterstützt wird vom Anbieter. Denn wenn der Marktführer wechselt und Sie wollen Ihre Werkzeuge wechseln, dann ist das keine allzu schwierige Sache. Man kann heute die Daten, die Sie erfasst haben, sehr leicht übertragen. Die meisten Werkzeuge haben Exportschnittstellen und Importschnittstellen. Man kann die Daten in Form von standardisierten Datenformaten herausbekommen und woanders importieren. Das ist nicht ganz schmerzfrei, aber Sie verlieren nichts, wenn Sie irgendwann nach zwei oder drei Jahren einmal den Anbieter wechseln. Und der Neue, bei dem Sie kaufen wollen, wird Ihnen bestimmt sehr hilfreich unter die Arme greifen, um Ihre Daten zu retten, wenn er nur sehr viele Lizenzen dafür verkaufen kann.

Achten Sie bei der Werkzeugauswahl auch ein bisschen auf die Infrastruktur, auf die technische Sicht. Passt das zu meinen Datenbanken? Sie bekommen mit manchen Werkzeugen ein bestimmtes Datenbanksystem ins Haus. Wenn Ihnen das nicht gefällt, seien Sie vorsichtig, Sie haben durch die Hintertür unter Umständen eine Datenbank bekommen. Oder achten Sie auf die Betriebssysteme; das ist immer eines meiner Probleme, dass es gerade für Macintosh wenige spezialisierte Tools gibt. Gott sei Dank hat das MAC-Betriebssystem ein anständiges UNIX-System darunter und man kann daher sehr viel der Werkzeuge aus der UNIX-Umgebung einsetzen.

Achten Sie auf Schnittstellen zu anderen Werkzeugen, zu Projektmanagementwerkzeugen, zu Code-Generatoren, zu Test-Tools. Und – last but not least – schauen Sie ein bisschen auf das

Geld und zwar nicht nur auf die Anschaffungskosten, sondern auch auf die Betriebskosten. In manchen Fällen ist das so wie mit subventionierten Handys. Die Anschaffung ist relativ preiswert, aber Sie sind dann gebunden an einen Wartungsvertrag und das wird vielleicht teurer. Überzeugen Sie sich von vornherein, was Sie das nicht nur in der Anschaffung, sondern auch im laufenden Betrieb kosten wird, und ziehen Sie alle diese Aspekte in Betracht, wenn Sie Werkzeuge auswählen.

■ 13.5 Einführung von Werkzeugen

Ein letztes Wort noch zur Einführung von Werkzeugen. Wie sollten Sie Werkzeuge im Unternehmen einführen? Dazu mein Vorschlag: Machen Sie ein ganz normales Projekt daraus! Was ist ein normales Projekt? Sie setzen sich Ziele, Sie stellen ein Budget zur Verfügung und Sie fixieren einen Zeitrahmen, in dem Sie das erledigen wollen. Warum ich das betone? Ich kenne Unternehmen, die machen fünf Jahre lang Werkzeugauswahl und haben immer noch keine Entscheidung getroffen. In den fünf Jahren hat der Marktführer natürlich mindestens dreimal gewechselt und es sind andere Werkzeuge auf den Markt gekommen. Schließen Sie so ein Projekt beizeiten ab. Legen Sie am Anfang lieber einmal fest, wie Sie Business-Analyse und Requirements Engineering machen wollen, fixieren Sie zuerst die Methodik, schulen Sie die Methodik und setzen Sie dann ein Werkzeug ein.

Ich bin manchmal so brutal mit Kunden, dass ich vorschlage, sie müssen die ersten vier Wochen mit Papier und Bleistift arbeiten, nur mit dieser Methodik und ohne Werkzeug. Denn nach vier Wochen manueller Arbeit nimmt man mir praktisch jedes Werkzeug ab und sieht über all die Kinderkrankheiten hinweg, wenn man es nur nicht länger mit Papier und Bleistift machen muss. Wenn Sie hingegen am Tag 1 des Projekts ein Werkzeug einführen, dann werden unter Umständen die Kinderkrankheiten in diesen Werkzeugen zum Anlass genommen, um damit das Kind mit dem Badewasser auszugießen und auch die Methodik abzulehnen.

Führen Sie also zuerst die Methodik ein, sagen Sie, wie wir arbeiten wollen, legen Sie Ihre Ergebnisdokumente fest und suchen Sie sich dann ein passendes Werkzeug aus. Für dieses Einführungsprojekt definieren Sie Ihre Ressourcen, definieren Sie, was Sie von dem Werkzeug wollen, was es leisten können muss. Suchen Sie einige aus, erstellen Sie eine Shortlist von zwei, drei Kandidaten, die diese Requirements erfüllen, machen Sie Pilotinstallationen von diesen paar Werkzeugen, eine Benutzerschulung oder lesen Sie das Benutzerhandbuch.

Machen Sie ein Pilotprojekt, probieren Sie, ob das nicht nur in der Demo gut aussieht, sondern ob man damit auch im echten Projekt arbeiten kann, und berücksichtigen Sie bitte in diesem Projekt mehr als nur die Lizenzkosten.

13.6 Zusammenfassung

Wir haben in dem Teil über Werkzeuge darüber gesprochen, dass die Auswahl von solchen Werkzeugen unter Umständen eine heikle Sache ist. Die Auswahl ist weniger ein technisches Problem, sondern eher ein soziologisches Problem, sich Anfreunden mit diesen Werkzeugen. Der Markt ist außerdem raschen Schwankungen unterworfen. Es kommen immer neue Anbieter von Requirements-Tools. Der Marktführer von gestern ist nicht unbedingt der Marktführer von morgen.

Vielleicht haben wir aber doch ein technisches Problem. Viele von den Tools kämpfen noch mit Kinderkrankheiten. Seien es managementfähige Reports, schöne, vorzeigbare, nach dem Firmenstandard aufbereitete Berichte, seien es Konsistenzprüfungen bei Modellierungstools, es gibt noch viele offene Wünsche. Nicht zuletzt auch die Integration mit anderen Werkzeugen, die wir im Softwareentwicklungsprozess brauchen. Seien Sie deshalb sehr pragmatisch in der Auswahl und im Einsatz der Werkzeuge.

Setzen Sie Ihre Erwartungshaltung nicht zu hoch an, aber im Endeffekt gilt: Jedes Werkzeug ist besser als gar kein Werkzeug.

Literatur

[Bey98]	*Beyer, H., Holtzblatt, K.:* Contextual Design – Defining Customer Centered Systems, Academic Press, 1998
[BABOK]	Business Analysis Body of Knowledge, Version 2.0, IIBA, 2009
[BPMN11]	Business Process Model & Notation, OMG, 2011
[Buz04]	*Buzan, T.:* Mind Maps at Work, Harper Collins, 2004
[Con99]	*Constantine, L., Lockwood, L.:* Software for Use, ACM-Press, 1999
[DeB85]	*DeBono, E.:* The Six Thinking Hats, *www.edwdebono.com*
[DeM79]	*DeMarco, T.:* Structured Analysis and System Specification, Yourdon Press, Prentice Hall, 1979
[DeM07]	*DeMarco, T., Hruschka, P., Lister, T., McMenamin, S., Robertson, J. Robertson, S.:* Adrenalin Junkies und Formular Zombies, Hanser, 2007
[Ham93]	*Hammer, M., Champy, J.:* Reengineering the Corporation: A Manifesto for Business Revolution, Harper Business Book, 1993
[Han13]	*Hanschke, I.:* Business-Analyse – einfach und effektiv: Geschäftsanforderungen verstehen und in IT-Lösungen umsetzen, Hanser, 2013
[Har87]	*Harel, D.:* StateCharts: A Visual Formalism for Complex Systems, Science of Computer Programming 8, North Holland, 1987
[Hru02]	*Hruschka, P., Rupp, C.:* Agile Software-Entwicklung für Embedded Real-Time Systems, Hanser 2002
[Hru07]	*Hruschka, P.:* Bottom-up Use-Cases, Objekt-Spektrum 04/2007, SIGS-Datacom
[IIBA]	International Institute of Business Analysis, *www.iiba.org*
[IREB]	International Requirements Engineering Board, *www.certified-re.de*
[Jac92]	*Jacobson, I.:* Object Oriented Software Engineering, A Use-Case Driven Approach, Addison-Wesley, 1992
[Jon08]	*Jones, C.:* Vortrag bei der 4th World Conference for Software Quality, 2008
[Kan84]	*Noriaki Kano:* Attractive Quality and Must-be Quality; Journal of the Japanese Society for Quality Control, H. 4, S. 39-48, 1984
[Kel99]	*Keller, H.:* Die besten Kreativitätstechniken; Mvg-Verlag Landsberg 1999
[Lev95]	*Leveson, N.:* Safeware, System Safety and Computers, Addison-Wesley, 1995
[Mat95]	*Matthies, D.:* Precision Questioning, Stanford University Bookstore, 1995
[McM84]	*McMenamin, S., Palmer, J.:* Essential Systems Analysis, Yourdon Press, Prentice Hall, 1984
[Rob12]	*Robertson, J., Robertson, S.:* Mastering the Requirements Process, 3rd Edition, Addison-Wesley, 2012
[Rob13]	*Robertson, J., Robertson, S.:* Complete Systems Analysis, Addison-Wesley, 2013 (e-Book)
[Rup09]	*Rupp, C.:* Requirements-Engineering und Management, 5. Auflage, Hanser, 2009

[Sch01] *Scheer, A.:* ARIS – Modellierungsmethoden, Metamodell, Anwendungen. 4. Auflage, Springer 2001

[Vig11] *Vigenschow, U., Schneider, B., Meyrose, I.:* Soft Skills für Softwareentwickler: Fragetechniken, Konfliktmanagement, Kommunikationstypen und -modelle, dpunkt, 2011

[VOLERE] Das VOLERE-Requirements-Portal, *www.volere.de*

Stichwortverzeichnis

Symbole
80/20-Regel 87

A
Abkürzungen 134
Abkürzungsverzeichnis 247, 284
Abnahmekriterium 227
Abnahme- und Prüfkriterien 227
Abstimmverfahren 291
Acceptance Criteria 307
Actions 183
Activities 183
Actor 69, 70
after 181
Aggregation 159
Akteur 68, 70, 71
– generalisieren 71
Aktionen 183
Aktivitäten 183
– zerlegen 107
Aktivitätsdiagramm 102, 103, 110, 196
– Grundelemente 103
Analogietechniken 265
Analyse 19
– Aufwand 19
Analyseergebnisse 232
Analyseprozess 298, 299
Analysewerkzeuge 323, 325
Änderungsantrag 315
Änderungskontrolle 320
Anforderung 8, 11, 12, 61, 62, 101, 231, 273
– abstimmen 275
– änderbar 125
– eindeutig 123
– ermitteln 7, 249
– falsch 3
– finden 211, 253
– funktionale 12, 61, 62
– gliedern 63
– Granularität 61
– hierarchisch 62
– implizit 3
– interpretierbar 3
– konsistent 123
– kulturelle 221
– managen 7
– Messbarkeit 227
– nichtfunktionale 12, 203, 205, 207
– prüfen 275, 283
– Quellen 41
– rechtliche 220
– spezifizieren 7
– textuelle 161
– verständlich 124
– verwalten 295
– zuordnen 211
Anforderungsdokument 235
Anforderungserhebung 298
Anforderungsspezifikation 235
Antragsteller 70
Anwender 35
Anwendungsfälle 61, 67
Anzahl, Use Cases 83
Apprenticing 261
Art der Funktionalität 131
ARTE 209
Assoziation 72
Attribute 145, 147
Attributierung 305
Aufgabenverteilung im Team 17
Auftraggeber 35, 282
Aufwandsverteilung 20
Ausgangssituation 31
Auslöser 69

B
BABOK 5, 9
Bahnen 109

Baseline 314, 315
Basisfaktoren 251
Basislinien 314
Bedienbarkeit 215
Bedingungen 181
Begeisterungsfaktoren 251
Benutzbarkeit 206
Benutzbarkeitsanforderungen 214
Benutzer 35, 282
Beobachtungstechniken 261
Beziehung 72, 152, 153, 158
– spezifizieren 154
Beziehungskonflikte 290
bottom-up 116, 117
BPMN-Standard 102
Brainstorming Paradox 264
Branchenhintergrund 22
Bug Tracking Tools 324
Business-Analyse 1
Business Analysis 1, 2, 3, 7, 9, 10, 19, 48
– Argumente 3
– Aufwand 19
– Definition 7
Business Analysis Body of Knowledge 9
Business Analysis Book of Knowledge 5
Business Analyst 14, 15
– Aufgaben 14
Business Process Diagrams 102
Business Requirements Specification 235
Business-Scope 43
Business Use Cases 78

C
Capers Jones 2
Cardinalities 156
Certified Professional for Requirements Engineering 5, 162
Change Control Board 315
Change Management 315, 316
– in Volere 317
Change Request 315
Checklisten 286
Cockburn, Alistair 88
Constraints 13
CPRE 5, 162
Create-Regel 150, 155
CRUD-Matrix 168

D
Darstellungstransformationen 126

Data Dictionary 140
Daten 137, 167
Datendefinitionen 140
Datenflüsse 51
Datenflussdiagramme 120, 121
Datenmodell 164
Datenstrukturmodell 152
Deep History 191, 194
Definition 141
Delete-Regel 150, 155
Delighters 251
Differenzialgleichungen 102
DIN-Normen 221
Dokument, Inhalt 237
Dokumentationsmethoden 298
Dokumentationsvorgaben 8
Dokumentationsvorschriften der Organisation 8
Dokumentenarchäologie 262
Domänenhintergrund 22
Drachenniveau 90
– Beschreibungselemente 90
Dreierbeziehungen 153

E
Effizienzanforderung 206
Effizienzanforderungen 217
Einarbeitungsaufwand 326
Entity 147, 148
Entity-Klassen 147, 148
Entity-Klassen-Modelle 151
Entity-Modell 151
Entity-Relationship-Diagramme 151
Ereignis 79
– extern 80
Ereignisliste 82
Ereignisprozessketten 102
Erhebungsmethoden 253, 254
Erlernbarkeit 216
Essenzbildung 266
Extensions 74
Extreme Programming 24

F
False Quality Gates 285
Feature-Gliederungen 97
Fehler 3
Fehlerbehebung 289
Fehlererkennung 289
Fehlerminimierung 129

Feldbeobachtung   261
Fischniveau   93
Fit Criteria   307
Fit Criterion   227
FlexRay   115, 119, 199
FlexRay-Spezifikation   115
Fork   104
Formblatt für Aktivitätsbeschreibungen   113
Formular   93
Frage-Antwort-Techniken   256
Fragebögen   259
Fragenkomplexe in Interviews   258

G
Genauigkeit   218
Genauigkeitsanforderungen   218
Generalisierung   75, 127, 159
Geschäftsprozesse   61
Geschäftsprozessanalyse   41, 66
Geschäftsprozessoptimierung   66
Gesetze   221
Glossar   140, 162, 247, 287
– strukturieren   144
Glossareintrag   140, 143
Grafiksymbole   88
Granularitätsebenen   62
Granularitätshierarchie   62
Grauzonen   48
Guards   181
Gutachten   279

H
Harel, David   190
Heuristik 95   153
Heuristiken   169
– zur Datenmodellierung   174
Hidden Agendas   37
History   191

I
IEEE   238
IEEE-Forderungen   123
IEEE-Standard 830   242
IIBA   5
Inbetriebnahme   226
Includes   74
Inspections   280
Interaktionsdiagramme   102
Interessenskonflikte   290
Interessensvertreter   34

International Institute of Business Analysis   5
International Requirements Engineering Board   5, 162
IREB   5, 162
ISO/IEC-9126-Standard   209
ISO/IEC-Norm 25000   211

J
Jacobson   61
James Champy   66
Join   104

K
Kano   307
Kano-Modell   249, 250
– Basisfaktoren   251
– Begeisterungsfaktoren   251
– Leistungsfaktoren   251
– Zeit   252
Kano-Prioritäten   311
Kapazitäten   217
Kapazitätsanforderungen   217
Kardinalitäten   156
Klassendiagramm   56, 151, 161
Knowledge Areas   9
Kommunikationsdiagramme   102
Komplexität   189
Komposition   159
Konfliktbewältigungstechniken   291
Konflikte   308
Konfliktlösung   292
Konfliktlösungsstrategien   292
Konfliktmanagement   290
Kontext   42
Kontextabgrenzung   246
– Tabelle   55
Kontextdiagramm   51, 54
– Fehler   54
– UML   56
Korrektheit der Anforderungen   124
Kosten   3
Kreativitätstechniken   264
Kulturen   22
Kulturkreis   22
Kundenzufriedenheit   307

L
Lastenheft   244, 245
Leistungsfaktoren   251

M

Make und Buy 224
Mandarinenmodell 98
Mängel 289
Measure 32
Mengenlehre 157
Michael Hammer 66
Migration 226
Mindmaps 270
Mockups 253
Modellierungstools 324, 326
Multikulturell 23
Multiplizitäten 155, 157, 227
- Beziehungen 156
- festlegen 157

N

Nachbarsystem 86
Nachvollziehbarkeit 239, 318
Nassi/Shneiderman-Diagramme 102
Niederschrift 125, 126
Normen 42
Notationen 149
Nutzergruppen 39

O

Oberflächen 214
Oberflächenanforderungen 214
Office-Tools 323
Organisationsstruktur 64

P

Paketierung, Use Cases 84
PAM 32
Parallelität 104, 107
Performanzanforderungen 212
Personas 40
Pflichtenheft 236
Portabilität 223
Portabilitätsanforderung 206
Post-Traceability 319
Pre-Traceability 318
Priorisierung 311
Priorisierungsmatrix 313
Priorität 308
Problemstellung 31
Product Backlog 24
Product Owner 18, 303
Product Use Cases 78
Produkt strukturieren 63

Produktarchäologie 253
Produktfunktionalität 61
Produktgrenze 43
Produktkoffer 33
Produkt-Scope 44
Project Blastoff 300
Project Kick-off 300
Projekt, Ziele 30
Projektbeteiligte 34
Projektbetroffene 34
Projektleiter 18
Projektstart 29
Projektziele 29, 30, 284
Prototypen 281
Prototyping 24, 253
Prozessgliederung 64
Prozesskette 66
Prozessorientierung 66
Prozessverben 131
Prozesszerlegung 101
Prüfung
- zum CPRE 5
- Teilnehmer 282
Purpose 33

Q

Qualitäten
- äußere 214
- innere 222
Qualitätsanforderungen 13
Qualitätsansprüche 297
Qualitätseigenschaften 203, 210
Qualitätssicherung 283
Qualitätstore 276
- falsche 285
Quality Gate 276
- Ziele 278
Quasi-Parallelität 104
Quellen für nichtfunktionale Anforderungen 212
Querverweismatrix 167

R

Randbedingung 203, 204, 209, 223, 288
- für den Prozess 226
Rational Unified Process 5
Raute 153
Realität 126
Rechtsverbindlichkeit 130
Redundanz 113

Rekursive Beziehung   153
Release   314, 315
Release-Schritte   288
required constraints   203
required features   203
Requirement   1, 11
- Attributierung   305
- Quelle   306
Requirements-Analyse   7
Requirements-Attribute   305, 308
Requirements-Aufwand   20
Requirements Creep   3
Requirements-Dokument   213, 235, 246
- Anforderungen   238
- Mindestinhalte   246
- Struktur   240
Requirements Engineer   17
Requirements Engineering   1, 2, 3, 7, 8, 10
- Argumente   3
- Definition   7
Requirements-Management   7, 295, 297
- laufende Tätigkeiten   304
- Vorbereitung   298
Requirements-Management-Tätigkeiten   296
Requirements-Management-Tools   323
Requirements-Prozess   299
Requirements Specification   235
Requirements-Spezifikation   235
Requirement-Status   310
Requirements Template   129
Requirements-Werkzeuge   323
Review   279
Risiko
- Inhalte   255
- Mensch   254
Risikofaktoren   254
Risikofaktor Organisation   255
Rollen   302
Rumbaugh   143

S

Sachkonflikte   290
Safety   220
Satzschablone   129, 133
- Festlegung der Objekte   131
- Funktionalität   131
- Rechtsverbindlichkeit   129
- Tätigkeit   130
- zusätzliche Bedingungen   132
Säulen   6

- erfolgreiche Projekte   6
Schachtelung   191
Schwachstellen identifizieren   9
Scope   29, 42, 85, 86, 284
- abgrenzen   43
- festlegen   42
- Kontext   42
Scope of Business   43
Scope of Product   43
Scope of Work   43
Scope-Abgrenzung   286
Scope-Festlegung   51
SCRUM   18, 24
Seitenverweise   284
Selbstaufschreibung   260
Sequenzdiagramme   102
Sicherheit   219
Sicherheitsanforderung   206
Sichtenbildung   310
SMART   32
Snow Cards   267
Softwarearchäologie   41
Software Requirements Specification   235
Spezialisierung   75, 159
Spezifikation   231
- Ausdrucksmittel   101
- Entity-Klassen   149
Spezifikationsmuster   149
Spezifikationsprozess   88
Sprache   22
- natürliche   76
Sprintziele   31
SQuaRE   211
Stakeholder   8, 29, 34, 35, 246, 254, 258, 284, 297
- Fähigkeiten   39
- finden   36
- Nutzer   39
Stakeholder-Tabelle   37
Standardisierung   5
Standards   42
States and Transitions   179
State Charts   177, 180
State Diagram   180
State Transition Diagram   180
Stellungnahmen   279
Stilregeln   133
Stilvorgaben   133
Struktogramme   102
Strukturkonflikte   290

Strukturmodell   152
Substantivheuristik   169
Swimlanes   108, 109
Synonyme   133, 144
Syntax   71
Systemanalyse   7, 21, 47, 66
Systemanalytiker   15
Systemgrenze   43
System Scope   43
Szenarien   102

T
T-Modell   24
T-Stich-Verfahren   24
Teile-Ganzes-Beziehung   158
Teilprozess   74
Teilzustände, parallele   190
Terminologie   133
Testbarkeit von Anforderungen   124
Top-10-Risiken in Projekten   2
top-down   116
Total Quality Management   226
Traceability   15, 239, 246, 318, 319, 320
Transitionen   181
Trawling for Requirements   300

U
Umgangssprache   123
UML   158
Umweltanforderung   206, 225
Use Case   61, 65, 67, 70, 198, 284
– Anzahl   83
– beschreiben   88
– Drachenniveau   90
– extern getriggert   82
– finden   78
– Formalien   67
– strukturieren   73
– zeitgetriggerte   82
Use-Case-Diagramm   55, 67
– Elemente   72
Use-Case-Modell   61, 68, 199
– Vereinfachung   85
Use-Case-Spezifikation   67, 89
Use-Case-spezifische Prüfungen   287
User Requirements Specification   235

V
Verbesserungen entwickeln   9
Verfügbarkeit   218

Verhaltensmodelle   177
Versionsmanagement   316
Versionsplanung   284
Vertrauen   22
Verzerrungen der Realität   127
Verzweigungen   107
Verzweigungssymbol   103
Visionsdokumente   41
V-Modell   5, 245
V-Modell XT   244
Volere   208
– Change Requests   317
Volere-Attribute für Requirements   306
Volere-Kapitelstruktur   240
Volere-Kategorisierungsschema   207
Volere-Schema   57, 207, 300, 301
Volere-Template   305
Volere-Vorgehensmodell   301
Vollständigkeit
– der Anforderungen   124
– prüfen   320
Vorgängersystem   64
Vorgehensmodell   5

W
Wächterbedingungen   182
Wahrnehmung   125
Wahrnehmungstransformation   125
Walkthrough   281
Wartbarkeit   222
Wartbarkeitsanforderung   212, 222
Wasserfallmodell   23
Wechsel der Perspektive   271
Wellenniveau   91
– Stil   94
Werkzeuge   323
– Einführung   328
– Kategorien   323
– Leistungen   324
Werkzeugauswahl   327
Wertekonflikte   290
Werteregel   170
Wertschöpfung   66
Wiederverwendung   263
Wikis   324

Z
Zeitanforderungen   217
Zeitereignis   80, 81
Zertifizierung   5

Ziele 30, 246
- mehrstufige 31
- spezifizieren 32
Zielformulierung 33
Zusammenhänge 152
Zustände und Übergänge 179
Zustandsautomat, geschachtelt 189
Zustandsdiagramme 102, 177
Zustandsmodell 178, 184, 187, 196, 198, 200
- erstellen 186
- FlexRay 200
- Grundelemente 179
- History 191
- prüfen 186
- Prüfregeln 186
- Tempomat 185
- zyklisch 180
Zustandsübergangsdiagramme 177
Zuverlässigkeit 218
Zweierbeziehungen 153

»Gesamtnote: sehr gut«
DOTNETPRO

DeMarco, Hruschka, Lister, McMenamin, Robertson, Robertson
Adrenalin-Junkies & Formular Zombies
228 Seiten. Vierfarbig
Inklusive kostenlosem E-Book
€ 24,90. ISBN 978-3-446-41254-5

Auch einzeln als E-Book erhältlich
€ 19,99. E-Book-ISBN 978-3-446-41405-1

Nerd, Überflieger, Bandit, Leckermaul, Zicke, Primadonna, Wichser, Workaholic... Wir kennen viele Begriffe, die menschliches Verhalten im Alltag anschaulich beschreiben. Für das Verhalten in Softwareentwicklungs-Projekten kennen wir solche Begriffe nicht – bis jetzt.

Die Mitglieder der Atlantic Systems Guild haben Tausende von Projekten unter die Lupe genommen und beschreiben hier typische Verhaltensweisen – schädliche wie nützliche. Sie zeigen, wie man mit *Schönreden*, *Management nach Gemütslage* oder *Bleistiftstummeln* Projekte in Schwierigkeiten bringen kann. Dagegen lässt sich die Arbeit der Entwicklungsteams mit *Endspiel üben*, *Natürlicher Autorität* und – nicht zu vergessen – *Essen++* befördern.

Mehr Informationen finden Sie unter www.hanser-fachbuch.de

Software- und System-Engineering:
Von der Vision einer besseren Welt ...
... zur industriellen Praxis

Mein Ziel ist Ihr Erfolg:

Stellen wir gemeinsam fest,
wo Sie stehen und wo Sie hinwollen.

Dann übernehme ich
zielgerichtet Ausbildung und
Betreuung Ihrer Teams

Schwerpunktthemen:

➤ **Business Analysis &
Requirements Engineering**

➤ **System- und Software-
Architekturen**

➤ **Risikomanagement,
Aufwandsschätzungen**

➤ **Agile Methoden**

**Der Abschluss ...
oder der Beginn?**
Reviews & Audits

Der Anfang ...
Bestands-
aufnahme

Die Nachsorge ...
Consulting &
Coaching

**Wo wollen Sie in
1 – 5 Jahren sein?**
Strategische
Zielplanung

Die Ausbildung ...
Workshops, Seminare,
Videotrainings

Dr. Peter Hruschka
Atlantic Systems Guild
+49 (172) 241 1656
hruschka@b-agile.de
www.systemsguild.com
www.b-agile.de

Das preiswerte Videotraining für Business Analysts & Requirements Engineers

www.reomnis.eu

Für alle Rechner, Tablets und Smartphones
Mit vielen Fragen zur Zertifizierungsvorbereitung
Erfolgskontrolle durch Management-Dashboard